Franz Häußler · Marktstadt Augsburg

Franz Häußler

Marktstadt Augsburg

Von der Römerzeit bis zur Gegenwart

Verlag Dr. Wißner · Edition Presse-Druck
Augsburg

Zum Einbandbild:

Das großformatige Ölgemälde »Der Wochenmarkt zu Augsburg
um die Jahrhundertwende« von T. Richter hing jahrzehntelang in den Gasträumen
des Hotels Post an der Fuggerstraße. Es hält den morgendlichen Beginn
des Wochenmarktes auf dem »Eiermarkt« rund um den Augustusbrunnen fest.
Die vom Land kommenden Anlieferer sind mit dem Abladen ihrer Viktualien
von den Eiern bis zur Gans beschäftigt, während das Rathaus im Hintergrund erst teilweise
in das frühe Licht des Tages getaucht ist.

Die Deutsche Bibliothek – CIP-Einheitsaufnahme

Marktstadt Augsburg : Von der Römerzeit bis zur Gegenwart /
Franz Häußler. - Augsburg : Wißner, 1998
ISBN 3-89639-120-8

Verlag Dr. Wißner · Edition Presse-Druck
Augsburg

© Copyright: Verlag Dr. Wißner Augsburg, 1998
Umschlaggestaltung und Buchlayout: Franz Häußler
Herstellung: Presse-Druck- und Verlags-GmbH Augsburg
Printed in Germany

Texte und Bilder (auch ausschnittweise) dieses Buches dürfen nur mit
ausdrücklicher Zustimmung des Autors weiterverbreitet werden.

Inhaltsverzeichnis

Von der Idee zum Buch…	6
Vorwort	7
Die Funktion der Märkte Fleisch, Fisch, Obst, Korn, Wein, Holz für die Städter	9
Der Wochenmarkt Großeinkaufstage auf Straßen und Plätzen	17
Der Fischmarkt 17 Fischarten für die Reichstagsgäste Anno 1555	29
Der Brotmarkt Bäcker buken schon 1276 »saemlin« und »braetzcen«	39
Der Fleischmarkt Anno 1560: 13 000 Ochsen für 35 000 Augsburger	47
Der Obstmarkt 2. Oktober 1467: 107 Kärren Äpfel, Birnen, Nüsse	55
Der Milchmarkt Der Milchberg: Erinnerung an einen Marktplatz	61
Der Gänsemarkt Bilanz 1845: 10 410 Gänse in Federn und 8740 gerupft	67
Der Vogelmarkt König Ludwig erließ Anno 1866 Vogelschutzgesetze	73
Der Stadtmarkt »Markthallen« beendeten Romantik der Straßenmärkte	79
Der Weinmarkt und der Salzmarkt Händler vereinten sich 1397 in der Salzfertiger-Zunft	87
Der Kornmarkt Die Schranne: 700 Jahre Getreidehandelsplatz	95
Das Tanzhaus – Markthalle und Festsaal Über 200 Jahre »Einkaufszentrum« am Weinmarkt	107
Die Fronwaage und der Schmalzmarkt Zwei rechtliche Kuriosa in der Marktgeschichte	111
Das Hallamt und die »Halle« Steueramt, Lager und Markt für »trockene« Ware	117
Der Hafnermarkt Rigorose Einfuhr-Beschränkungen für Töpferwaren	123
Die Dult Anno 1276: »Ostermarckt« und »Sant Michels Messe«	129
Der Plärrer »Dult-Anhängsel« wurde Schwabens größtes Volksfest	139
Das Turamichele Michaelitag: Dultbeginn, Zahltermin, Mieterwechsel	157
Die Jakober Kirchweih Fest und Markt mit ungewisser Frühgeschichte	165
Der Christkindlesmarkt Weihnachten 1498: Lebzelterbuden an Perlach und Dom	181
Die Geschichte des Christbaums … und sein noch »junger« Markt in Augsburg	195
Der Trödelmarkt Augsburger Flohmärkte haben 500 Jahre Tradition	207
Der Fegsand-Verkauf Hausierer mit Pferd und Wagen auf Tour	213
Der Holzmarkt Fuhrwerke und Flöße brachten Brennmaterial	217
Der Holzkohlenmarkt »Schwebisch kol« kam aus den westlichen Wäldern	227
Der Torfmarkt Augsburgern stank Anno 1575 der »Dorffen« zu sehr	233
Der Heu- und Strohmarkt Stadtpferde wären ohne Heu-Importe verhungert	237
Die Viehmärkte Rinder, Schweine, Kälber auf Stadtstraßen verkauft	245
Der Schweinemarkt 1495 rümpfte Kaiser Max die Nase über »Straßensäue«	251
Der Roßmarkt »Roßtäuschler« überwachten den Pferdehandel	257
Die Kitzen- und die Schafmärkte Zicklein gaben ältester Marktstraße den Namen	261
Der Wollmarkt Wollbörse sollte ab 1835 die Schafzucht fördern	265
Der Hopfenmarkt Verkaufslokale: Jesuitenkirche und bei St. Margareth	269
Die Lechhauser Märkte Ab 1882 Viehmarkt und Wochenmarkt	275
Bildnachweis	279
Abkürzungen · Quellen · Literatur	280
Anmerkungen für das gesamte Buch	281

Von der Idee zum Buch...

Eine Geschichte des Marktwesens suchte man bislang vergeblich in der umfangreichen Augsburg-Literatur. Marktbilder waren nur wenige veröffentlicht. Solche »Mangelerscheinungen« ließen die Idee für dieses Buch reifen. Doch es sollte nicht nur eine vielzeilige Märkte-Schilderung mit ein paar eingestreuten Abbildungen sein! Um in der heutigen Überfülle visueller Reize in Druckmedien und Fernsehen bestehen zu können, mußte die Illustrierung in Umfang und Informationsgehalt zumindest gleichrangig mit dem Text sein. Schließlich spiegeln Bilder auf anschauliche, leicht faßbare Weise mehr oder minder realistisch die Wirklichkeit wider, sie ergänzen den Text und sie sagen bisweilen bedeutend mehr aus als viele Worte. Das Zusammenwirken von Bild und Schrift beflügelt zudem das Vorstellungsvermögen. »Der Mensch, ein Augenwesen, braucht das Bild«, stellte Leonardo da Vinci fest.

Das berücksichtigte man schon in den Klosterschreibstuben des Mittelalters: Miniaturen oder gar Bildseiten schmücken die dort entstandenen Codices. Der Buchdruck war erst wenige Jahre erfunden, da erschien 1461 in Bamberg das erste illustrierte Buch – eine Fabelsammlung mit 203 Holzschnitten – in dieser neuen Vervielfältigungstechnik. Selbst der wortgewaltige Johann Wolfgang von Goethe erkannte die Wirkung des Bildes an: »Worte und Bilder sind Korrelate, die sich immerfort suchen...«, so schrieb er 1823.

Diese jahrhundertealten Erkenntnisse und die eigenen Erfahrungen aus fast zwei Jahrzehnten Veröffentlichungstätigkeit, bei der stets Bild und Text eine Symbiose bildeten, liegen dem Buchkonzept zugrunde. Auch die Tatsache, daß bunte Illustrationen entschieden mehr Anziehungskraft für das Auge ausüben als schwarzweiße, konnte nicht unberücksichtigt bleiben.

Zwischen den Idealvorstellungen und deren Verwirklichung lag ein langer Weg, der nicht allein zu bewältigen war. Den Grundstock für diese Marktgeschichte und ihre Bebilderung lieferte zwar die eigene umfangreiche Augustana-Sammlung – doch damit ließ sich lediglich das »Buchgerüst« erstellen, dessen Ausfüllung einer Vielzahl weiterer Quellen bedurfte. Erst dank der uneigennützigen Hilfe durch etliche Sammler und durch intensive Nutzung der Augsburger Archive kam der mit rund 300 Bildern und Faksimiles von Dekreten illustrierte Band »Marktstadt Augsburg« zustande.

Die Bildbestände der Graphischen Sammlung standen ebenso uneingeschränkt zur Verfügung wie die Archivalien des Stadtarchivs, in dem das Augsburger Marktwesen am detailliertesten schriftlich dokumentiert ist. Die Staats- und Stadtbibliothek mit ihren Buchschätzen von der handgeschriebenen Chronik bis zum Zeitungsband sowie das Bildarchiv des städtischen Hochbauamtes zählten zu den weiteren unverzichtbaren Quellen. Das Archiv des städtischen Fotolabors, das fotografisch festgehaltene jüngere Zeitgeschichte enthält, wurde in bezug auf das Marktwesen ausgewertet.

Die genannten Institutionen unterstützten mit großer Hilfsbereitschaft und oftmals zeitraubender Sucharbeit freundlich und unbürokratisch meine vielfältigen Bilder- und Vorlagewünsche von Archivmaterial. Für dieses Entgegenkommen herzlichen Dank vor allem an Dr. Gode Krämer (Graphische Sammlung), Archivdirektor a. D. Dr. Wolfram Baer, Privatdozent Dr. Wolfgang Wüst und Diplomarchivar Helmut Rischert (Stadtarchiv) sowie Bibliotheksdirektor Dr. Helmut Gier (Staats- und Stadtbibliothek Augsburg). Ein Dankeschön auch dem Leiter des Städtischen Hochbauamtes, Günter Billenstein, und dem Stadtarchäologen Dr. Lothar Bakker, der für dieses Buch den römerzeitlichen Markt Augusta Vindelicums per Computer rekonstruieren ließ.

Professor Dr. Rolf Kießling schulde ich großen Dank für die Durchsicht des Manuskripts und wichtige Hinweise sowie das Vorwort. Daß aus den »Markt-Geschichten« und vielen Bildern das vorliegende Buch wurde, dafür sorgten Verleger Dr. Bernd Wißner und Verlagsleiter Andreas Scherer (Presse-Druck- und Verlags-GmbH), die in Kooperation Herstellung, Herausgabe und Vertrieb übernahmen. Für ihr spontanes Interesse an der Thematik und die unproblematische Zusammenarbeit gilt ihnen mein ganz besonderer Dank. Für die technische Umsetzung eines aufwendigen Konzepts waren Können und Feingefühl vieler Fachleute nötig. Alle haben ihre Aufgabe bestens erfüllt. Herzlichen Dank dafür!

Franz Häußler

Vorwort

»Marktstadt Augsburg« – der Gedanke, die Augsburger Märkte in einem Buch zu porträtieren, ist naheliegend und bewundernswert zugleich: naheliegend, weil Augsburg als Reichsstadt im Spätmittelalter und in der Frühen Neuzeit wie als Industriestadt im 19./20. Jahrhundert ein Zentrum war, dessen Handel mit Importwaren und eigenen Gewerbeprodukten die Stadt trug, dessen Versorgung mit Nahrungsmitteln und Rohstoffen aber gleichermaßen lebensnotwendig war – noch heute tragen zahlreiche Plätze und Straßen die Namen der vielen Spezialmärkte. Bewundernswert, weil die gewiß nicht schmale wissenschaftliche Forschung über die Stadt sich dieses Themas noch kaum angenommen hat, so daß das Buch weitgehend Neuland betritt – die Fixierung auf das »Goldene Augsburg«, die Stadt der Fugger und Welser, hat die elementare Seite der Wirtschaft bislang nahezu ausgeblendet. Um so verdienstvoller ist es, daß mit Franz Häußler, vielen Lesern als fundierter Kenner der Lokalgeschichte bekannt, nicht ein »professioneller« Historiker, aber gleichwohl der Tradition geschichtsbewußter Augsburger Publizisten folgend, diesen Märkten einmal detailliert nachgeht.

Die 35 Kapitel über das Augsburger Marktleben lassen die vielfältigen Aspekte Revue passieren, von denen heute nur mehr rudimentäre Vorstellungen existieren, schwanken doch unsere Assoziationen zwischen dem Schlagwort von der »Globalisierung der Märkte« und dem unterhaltsamen Besuch der »Flohmärkte«. Dem Autor gelingt eine lebendige Charakterisierung der vielfältigen alten Spezialmärkte, die ehemals über die ganze Stadt verteilt waren – dabei werden auch so exotische wie der Vogelmarkt oder der Fegsandverkauf nicht vergessen –, und er führt den Leser bis hin zu den jüngeren »modernen« Entwicklungen wie dem Schlacht- und Viehhof und dem erst 1930 ins Leben gerufenen heutigen Stadtmarkt. Zu Recht wird als die »andere Seite« der Ökonomie auch das bunte Leben und Treiben geschildert, das sich im »Plärrer« und »Turamichale« oder in der »Jakober Kirchweih« verselbständigte. Gründliche Recherchen im Stadtarchiv und in der lokalen Presse geben die Authentizität der langjährigen Forschungsarbeit zu erkennen, und die zahlreichen Stiche und Abbildungen erweisen sich als Quellen mit hohem eigenständigem Aussagewert.

Das Buch eröffnet eine Vielzahl von neuen Einsichten selbst für einen Kenner der Augsburger Geschichte. Es ist aber keineswegs nur ein nostalgisches oder gar lokalpatriotisches Buch, in dem sich der Augsburger seiner Identität vergewissern kann.

Das umfassende Porträt spiegelt nicht zuletzt auch eine fundamentale generelle Entwicklung: den Weg einer sich zunehmend differenzierenden städtischen Wirtschaft; das Bild von den Regelmechanismen, die sie zunächst dem Grundprinzip des »gemeinen Nutzens« unterwarf, die Konkurrenz zu reduzieren versuchte und deshalb den Warenaustausch auf den »Marktplatz« konzentrierte und kontrollierte; die schrittweise Öffnung in Richtung auf einen »freien Markt«, die schließlich in das heute (noch) gültige Erscheinungsbild von sich selbst versorgenden »Einzelhandelsgeschäften« führte – und den traditionellen Markt an den Rand drängte. Es ist der Weg der allgemeinen Wirtschaft, der sich auch und gerade in Augsburg abspielt. Der große französische Historiker Fernand Braudel widmete nicht zufällig in seiner weitgespannten Geschichte der »Materiellen Kultur«, in der es um die Entwicklung zur Weltwirtschaft geht, den ersten Band dem »Alltag« – und dabei ist der städtische Markt der zentrale Ort, an dem sich die Moderne entfaltet.

Auch wenn der vorliegende Band über die »Marktstadt Augsburg« sich ganz unprätentiös und kurzweilig gibt und sich ganz auf Augsburg beschränkt, so bietet er doch plastische Schlaglichter zu diesem spannenden Thema.

Professor Dr. Rolf Kießling
Ordinarius für bayerische und schwäbische Landesgeschichte
Universität Augsburg

Die Funktion der Märkte

Fleisch, Fisch, Obst, Korn, Wein, Holz für die Städter

Als Handelsstadt und Sitz international tätiger Familienunternehmen wurde Augsburg schon im Mittelalter wohlhabend. Jahrhundertelang bildeten die hier entstandenen Webwaren und die aus Gold und Silber gefertigten Kunstwerke eine der Grundlagen für den Wohlstand der Reichsstadt und für ihr Ansehen in Europa. Zu diesen Themen liegt bereits eine Vielzahl von Veröffentlichungen vor. Auch das städtische Marktwesen war für begrenzte Zeitabschnitte Forschungsobjekt von Historikern. In diesem Buch soll nun erstmals zusammenfassend aufgezeigt werden, wie die Deckung alltäglicher Bedürfnisse der Augsburger auf öffentlichen Märkten gesichert wurde. Ausgeklammert blieben der für die Weberstadt Augsburg wichtige Garnhandel sowie die Schafwolle-Beschaffung vor 1835. Die Schilderung dieser nur teilweise über den Augsburger Markt abgewickelten Rohstoffversorgung einer Vielzahl von Handwerkern – 1536 zählte die Weberzunft 1451 Mitglieder, 1612 gab's 3024 Webermeister – würde in dem in diesem Buch üblichen Rahmen der speziellen Thematik nicht gerecht. Sie wird in Werken zur Textilgeschichte eingehend behandelt.[1]

Die großen Kaufmanns- und Unternehmerfamilien wie Höchstetter, Welser, Ilsung oder Fugger, deren Namen man mit der Reichsstadt verbindet, spielen im Marktleben keine Rolle. Die geschilderten »Versorgungsmärkte« sind verbunden mit meist anonym gebliebenen Kleinhändlern (»Huckern«), Fischern und Metzgern, Hafnern, Köhlern und Bauern und vielen anderen, die den vielfältigen Bedarf der Bewohner einer Großstadt deckten.

Die Augsburger Marktgeschichte beginnt bereits vor rund 2000 Jahren: Die römerzeitliche Hauptstadt der Provinz Rätien, Augusta Videlicum, habe im 2./3. Jahrhundert bei einer Ausdehnung von rund 65 Hektar zwischen 10 000 und 15 000 Einwohner gezählt, schließt Stadtarchäologe Dr. Lothar Bakker. Die Versorgung der Römerstadt erfolgte hauptsächlich durch Händler, sie organisierten den Fernhandel, beherrschten wohl auch den regionalen Lebensmittelmarkt. Fleisch, Milchprodukte, Getreide, Gemüse, Obst, Honig kamen aus der Nähe von den Gutshöfen und den bäuerlichen Kleinsiedlungen und Gehöften. Feigen, Datteln, Wein, Öl und die offenbar beliebten Fischsaucen[2] legten weite Wege zurück, ehe sie auf dem Augsburger Markt angeboten wurden.

Römischer Zentralmarkt an der Stephansgasse

Der Markt der Römer ist erst seit Beginn der 1990er Jahre bekannt: An der Stephansgasse entdeckten die Archäologen Spuren eines 45 mal 72 Meter großen, vierschiffigen Hallenbaues (siehe linke Seite), der einen Innenhof umschloß. In diese Markthalle war eine Vielzahl von Läden eingebaut, die in einem inneren und einem äußeren Umgang trockenen Fußes zu erreichen waren. Mindestens 250 Jahre erfüllte der Markt seine Versorgungsfunktion, 4650 Fundstücke erinnern jetzt daran.[3]

Im Dezember 1994 traten Überbleibsel eines römerzeitlichen Lechhafens ans Tageslicht: Balkenreste von Senkkästen, die als Schiffs- oder Floßanlegestelle dienten, kamen bei Bauarbeiten auf dem Gelände des Vincentinums zum Vorschein. Hier, ein paar hundert Meter vom Zentrum der römischen Stadt auf der Hochterrasse bei St. Stephan entfernt, brachten die auf dem Lech ankommenden Wassergefährte nicht nur die als Baumaterial benötigten Natursteine, sie transportierten sicher auch Viktualien. Steinmonumente und Inschriften belegen den Wein-, Woll- und Schweinefleischhandel unter den Römern. Auch römische Geschirrhändler sind nachweisbar.[4]

Als Marktstadt Anno 1030 urkundlich genannt

Die Schlüsse über das Marktwesen im römischen Augsburg zogen die Archäologen aus Fundstücken und der wissenschaftlichen Auswertung ungezählter Grabungsbefunde. Schriftliche Belege für das Marktwesen in Augsburg gibt es erst ab dem Mittelalter. So bescheinigt eine für Donauwörth Anno 1030 ausgestellte Urkunde das Bestehen von Märkten in Augsburg. Das Stadtrecht von 1156 und weit ausführlicher jenes von 1276 geben dann genauere Aufschlüsse über die Marktstadt Augsburg. Da-

---

Linke Seite: Perspektivische Ansicht der römischen Markthalle (Macellum) an der Stephansgasse im 2./3. Jahrhundert und Blick in den Innenhof des Gebäudes; nach den Ausgrabungen des Römischen Museums/Stadtarchäologie Augsburg von 1991 bis 1993. Computerrekonstruktion von Dr. D. Rothacher, Informationsdesign (Freiburg). Erhalten waren bei den Grabungen lediglich die Fundamente und die Kiesschotterung im Hof. Der Rekonstruktionsversuch wurde anhand von in Italien und Nordafrika ausgegrabenen und besser erhaltenen römerzeitlichen Marktgebäuden erarbeitet.

nach liefern Zunftbücher, Ratsprotokolle, Erlasse, Marktordnungen, Aufzeichnungen von Chronisten und zum Teil dicke Aktenbündel Informationen zum Marktwesen. Seit dem Ende des 18. Jahrhunderts ist manches aus Amtsblättern und Zeitungen zu erfahren.

Über den Markt und den Hausierhandel wurde im allgemeinen bis ins 16. Jahrhundert, bei Holz oder Milch noch im 19. Jahrhundert, die Stadtbevölkerung versorgt. Ladengeschäfte gab's zwar im römerzeitlichen Zentralmarkt, jedoch nicht im Mittelalter. Sie entwickelten sich meist im 15./16. Jahrhundert neben den Märkten. Die Marktordnungen schließen dann teilweise Geschäftsinhaber vom Straßenmarkt aus. Hausierer und »Profis« durften sich auch erst nach den Hausfrauen auf dem Markt bei Erzeugern eindecken. Noch nach 1816 hatten solche Bestimmungen Gültigkeit.

Warum Augsburg so sehr auf ein reibungsloses Marktwesen angewiesen war, schildert Paul von Stetten 1788[5] sehr prägnant unter der Überschrift »Sorge für Herbeyschaffung, auch Kauf und Verkauf der Nahrungsmittel und Bedürfniße«: »Da die Stadt Augsburg, nach Verhältniß ihrer Volksmenge, ein lange nicht hinreichendes Gebiethe hat, so wird bey weitem der größte Theil aus benachbarten Ländern und Herrschaften zu der Stadt gebracht.« Die Stadt hatte kein »Eigengebiet« vor ihren Mauern, die Hoheitsgrenzen endeten teilweise nur wenige hundert Meter vor den Toren: Oberhausen, Pfersee, Göggingen, Haunstetten waren schon »Ausland«.

Unsichere Versorgung aus dem Bayerischen

Der Lech bildete im Osten die Grenze zu Bayern, dessen Herrscher der reichen Stadt zwischen Lech und Wertach nicht immer wohl gesonnen waren. Des öfteren bekamen die Augsburger die Macht der Bayern-Herzöge bzw. -Kurfürsten spüren, wenn diese ein Embargo über die kaiserliche Stadt und Handelsmetropole verhängten. Augsburg ging es in solchen Zeiten schnell an den Lebensnerv. Mangel auf vielen Marktbereichen und als Folgeerscheinung Preisanstiege machten dann innerhalb weniger Wochen der Stadtbevölkerung zu schaffen.

1468 war dies der Fall. Der Chronist Burkard Zink erlebte es. Er notierte darüber: »... man soll wißen, daß man weder groß noch klain, weder viech, küe, kelber noch kainerlai weder flachs noch garen, schmaltz noch air, heu, stro noch holtz in die Statt nit gan lat ...« Er nennt damit die Vielzahl der Produkte, die Augsburg aus dem bayerischen Gebiet jenseits des Lechs geliefert bekam. Mit den wenigen »Stadtbauern« und den paar tausend Bäumen im eigenen Hoheitsbereich konnte sich die Reichsstadt nicht einmal in Notzeiten selbst versorgen.

Denn Augsburg war nach damaligen Verhältnissen eine Großstadt. Um das Jahr 1500 war die Stadt dem jüngsten Stand der Forschung zufolge von zirka 30 000 Menschen bevölkert[6]. 1626 wurde der Höchststand mit rund 40 000 Menschen erreicht. Dann folgten furchtbare kriegs- und seuchenbedingte Reduzierungen – die Zählung von 1635 ergab nur noch 16 432 Einwohner. Die 40 000er-Grenze wurde erst wieder um 1862 überschritten.

13 000 Wagen Korn und 5000 Ochsen pro Jahr

Eine solche Ansammlung von Menschen war für den alltäglichen Bedarf an Nahrungsmitteln, Holz, Viehfutter, Flachs, Garn usw. auf ein großflächiges bäuerliches Umland angewiesen. Andererseits war ein weites Gebiet um die Großstadt auf diese als Absatz- und Marktort orientiert. Historiker haben errechnet, daß in Augsburg im 16. Jahrhundert ein Bedarf von jährlich 7000 bis 8000 Tonnen Getreide bestand, was etwa 13 000 Wagenladungen entsprach. Getreideprodukte deckten zeitweise 70 Prozent des Nahrungsbedarfs, vonnöten waren jedoch auch Fleisch und Fisch, Geflügel und Eier, Obst und Gemüse, Butter und Schmalz in großen Mengen. Alle diese Lebensmittel waren überwiegend Importware.

Die um das Jahr 1500 jährlich benötigten 5000 bis 7000 Schlachtochsen konnten nicht ausschließlich aus dem nahen Umland beschafft werden. Deshalb kauften Augsburger Metzger gemeinsam auf Viehmärkten im Ries, in Niederbayern oder in Nürnberg ein. Sie schickten sogar zeitweise Aufkäufer nach Böhmen, Ungarn und Polen, um Großvieh zu beschaffen, und trieben es in Herden bis zu 5000 Stück auf stadtnahe, gepachtete Weiden. Dort wurde es vor der Schlachtung nochmals gemästet.

Heu und Holz, Kohle und Korn...

Zur Bau- und Brennholzbeschaffung zog das federführende städtische Proviantamt mehrmals gewaltige Unternehmungen auf: Es kaufte am Lech-Oberlauf in Tirol Wälder, ließ sie schlagen und das Holz auf dem Lech nach Augsburg schwemmen. 1563 und 1568 erfolgten solche Driften mit 250 000 bzw. 350 000 Stämmen. Ansonsten kam ein Großteil des Holzes per Floß »aus dem Oberland« auf Lech und Wertach in die Stadt. Als Fracht war dann von Südtiroler Wein bis zu Kalksteinen oder Vieh vielerlei geladen. Brennholzmärkte – zumeist an drei Stellen in der Stadt – dienten der Zufuhr per Fuhrwerk aus dem Umland. Holzkohle kam auf Flößen und von Köhlern aus den Wäldern der Stauden, des Schwäbischen Holzwinkels oder im Bayerischen. Heu und Stroh für die vielen in der Stadt gehaltenen Pferde gab's zeitweise an vier Plätzen.

FUNKTION DER MÄRKTE

Die Kornschranne, der Wein- und der Salzstadel und die verschiedensten Marktplätze waren die Umschlagorte der eingeführten Produkte. Der gesamte Handel lief unter den Augen städtischer Marktbediensteter vom »Stättmeister« bis zum Kornmesser und Schrannenkehrer ab. Anbieter, Käufer und Überwachungspersonal waren strengsten Vorschriften unterworfen. Bereits im Stadtrecht von 1276 galt das Grundprinzip: Viktualien und die meisten sonstigen Zulieferungen sollten möglichst ohne Beteiligung eines Zwischenhändlers vom Erzeuger über den Markt direkt zum Verbraucher gelangen.

Anno 1276: »Fürkauf«-Verbot als Preisbremse

Der vielmals auftauchende Begriff »Fürkauf« ist schon 1276 im Gebrauch und eindeutig erklärt: Wer z. B. Fisch innerhalb einer Meile um die Stadt kauft, um ihn wieder zu verkaufen »unde daran gewinnen wil, der hat den furkauf getan« und soll bestraft werden. Zwischenhandel wurde als preistreibend angesehen, und dagegen schritt die Stadt mit scharf überwachten Verordnungen ein. Sie legte rund um das Stadtgebiet einen für die verschiedenen Waren unterschiedlich weit gezogenen Ring, aus dem der Markt direkt beliefert werden mußte.

Bei Fleisch genügte 1433 noch die Ein-Meilen-Zone (1 Meile = 7,45 Kilometer). Im 16. Jahrhundert wurde dieser Bereich auf vier bis sechs Meilen (30 bis 45 km) erweitert. Für Fisch (Anno 1276 eine Meile), Holzkohle oder Garn beispielsweise werden diese Fürkauf-Verbotszonen je nach Bedarf des öfteren neu festgesetzt. Die am 4. Januar 1816, zehn Jahre nach Ende der Reichsfreiheit, von einem königlich-bayerischen Beamten in Kraft gesetzte Marktordnung legt immer noch ein Aufkaufverbot im Umkreis von »drei deutschen Meilen« (ca. 22,5 km) für alle Viktualien fest.

Ungezählte Dekrete regelten den Marktbetrieb

»Auß Stadt-Vätterlicher Obsorg« und »zu gemainer Nutz dieser Statt«, so heißt es in etlichen Ratserlassen, geschahen die häufigen Reglementierungen selbst geringster Handelschaften auf den öffentlichen Märkten. Durch ungezählte Ratsbeschlüsse und Ordnungen wurden die Märkte geregelt. Die Strafen bei Nichtbeachten der Vor-

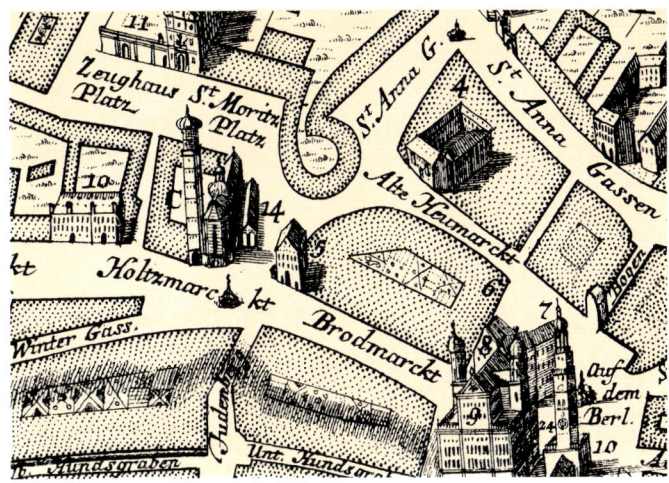

Der um 1730 gedruckte Stadtplan von Matthäus Seutter nennt einige der Marktstraßen: Alter Heumarckt, Holtzmarckt, Brodmarckt. Unten: Titelblatt der »Erneuerten Marckt-Ordnung« von 1738.

Abbildung auf der nachfolgenden Doppelseite: Die 1722/32 von Salomon Kleiner gefertigte Zeichnung ist das informativste Augsburger Marktbild des 18. Jahrhunderts. Es ist Wochenmarkt- und Schrannentag, an dem Heu und Stroh ebenso beim Merkurbrunnen verkauft werden wie Holz und Gänse. Geschäftiges Treiben an der Stadtwaage ist im Hintergrund erkennbar, viele Menschen sind unterwegs, alle Arten von Beförderungsmitteln wiedergegeben.

schriften waren gleich an die jeweilige Verordnung angefügt. Es gab keine Marktware, die ohne schriftlich fixierte Ordnung gehandelt wurde. Einige der jahrhundertelang gültigen Reglementierungen fielen nach einem Jahrzehnt bayerischer Herrschaft weg – diese ersten Lockerungen finden ihren Niederschlag in der 1815 neugefaßten Augsburger Marktordnung. Das bayerische Gewerbegesetz vom 11. September 1825 brachte weitere Handelserleichterungen. Noch entschieden weiter ging das von König Ludwig II. am 30. Januar 1868 signierte »Gesetz, das Gewerbswesen betreffend«. Es hatte auf das Marktwesen in ganz Bayern tiefgreifende Auswirkungen. Wesentliche Erleichterungen im Handel brachte im 19. Jahrhundert die Bereinigung im Maß- und Gewichtswesen. Um 1800 galten in Bayern beispielsweise über 350 verschiedene örtliche Getreidemaße, die Münchner Elle hatte eine an-

Verordnung
Wie? und wo die Märkte künfftig zu halten seyn?

An Sonn- und Feyertagen.
Der Vogel/ Sing-Vögel/ und Tauben-Markt, wie auch die Ameißen/ Eyer/ auf dem Fischmarkt/ jedoch bloß allein hinter dem Brunnen/ oder Röhr-Kasten allda.
Eyer/ Butter/ Doppen/ Häffen-Leuth und Oberländer vor der Metzg.

Am Montag.
Der St. Ulrichs Markt/ auf dem mittlen Graben vor Barfüßer Thor.
Die Erd-Käuffler/ auf dem untern Graben unter dem Pilger-Hauß hinab/ und fürüber.
Die kleine Ständlen auf der andern Seite bey den Häußern.

Am Dienstag.
Die Häffen-Leuth und Oberländer; item Eyer/ Butter/ Doppen ꝛc. vor der Metzg.

Am Mittwoch.
Der Geflügel-Markt/ Eyer und Butter ꝛc. vor der Metzg.
Die Kräutel-Waar; item die hiesige und fremde Fischer/ Frösch/ Ameiß/ Eyer ꝛc. vor Barfüßer-Thor.

Am Donnerstag.
Die Brod-Karren bey dem Pilger-Hauß im Eck gegen Barfüßer-Thor herauf/ die hiesige Becken mit ihrem alt gebackenen Brod vorüber.

Am Freytag.
Die Salz-Kärren beym Pilger-Hauß vorüber/ und die hiesige gleich daran.
Die Häffen-Leuth und Oberländer vor der Metzg.
Der Geflügel-Markt auf dem mittlen Graben.
Die hiesige Fischer von der Schmidte herauf gegen den Mittlen Gang.
Die fremde Fischer gegen über bey dem Gumper.
Die hiesige Becken/ ober den Brod- und Salz-Karren.
Die Kräutler und Gärtner/ ober dem Geflügel-Markt gegen den Mittlen-Gang hinauf.
Die Nagelschmidt aber auf dem untern Graben/ von dem Schleichischen/ anjetzo Brinhaußerischen Eck gegen das Pilger-Hauß hinab vor den Häußern;
Die Erd-Käuffler gegen über am Graben.
Die Kretzen/ Körbe/ Wannen/ Katzenwedel/ Schachtelheu/ Besen/ Leitern/ Stangen und dergleichen; item Hanf/ Flachs/ und Wert/ unter dem Pilger-Hauß hinab zu beyden Seiten.

Am Samstag.
Das Geflügel/ Eyer/ Butter ꝛc. vor der Metzg.
Die Häffen-Leuth und Oberländer vor Barfüßer-Thor.
Gärtner und Fischer/ auf dem Mittlen-Graben.

Der Heu-Markt. verbleibt auf dem Creutz bey der Heuwaag.

Der Kohlen-Markt. verbleibt auf dem Creutz an dem alten Orth.

Der Schwäbische Holz-Markt. Am Katzen-Stadel hinab auf den Platz bey dem untern Zeughauß: theils auch auf dem Creutz an dem Kohlen-Markt biß zum Egen-Wirth.

Der Bayrische Holz-Markt. Der in Jacober-Vorstadt/ bleibt daselbst; der auf dem Wein-Markt aber/ oder bey dem Siegel-Hauß/ kommt auf den Kitzen-Markt.

Der Obst-Markt. Auf den obern Graben gegen das Vogel-Thor hinauf/ dahin auch das dürre Obst gehöret.

Der Gänße-Markt. Die gerupfte/ unterhalb dem Pilger-Hauß.
Die lebendige/ auf dem s. v. Schwein-Markt.

Der St. Niclas und H. Christ-Markt. In die alte Gasse vom Klauberischen-Eck biß zum Wachthauß.

Der Hafen und Geschirr-Markt. Auf den Frauen-Hof.

Der Kessel-Markt. Bleibt an vorigem Ort/ aber näher an dem St. Martinischen Stiftungs-Hauß/ sowohl an St. Ulrichs- als Michaelis Kirchweyh.

Der Schäffler-Markt. Vor Barfüßer-Thor/ auf der Seithe bey dem Fischerwirth hinaus; item die Stroh-Hüte.

Der Loh-Rinden-Markt. Unten am Judenberg gegen dem Bauren-Tanz/ und das blaue Krüglen.

Der Markt am Palm-Tage. Bey St. Ulrich hinter dem obern Salz-Stadel an den Häußern hinauf gegen dem Milch-Berg.

Der Stock-Fisch-Markt. Sowohl der ordinairen Stockfischer/ so am Freytag auf dem Fisch-Markt feil haben; als die andere/ so in der Fasten auf dem Markt verkauffen/ bey dem Fischer-Wirth im Thäle gegen den Fisch-Graben.

Die Metzg-Stände bey dem Zeug-Hauß. Unterhalb an dem Maurberg.

Der Bayrisch Rieben-Markt. Bey dem Vogel-Thor.

Der Kraut- und Wersich-Markt. Eben allda.

Decretum in Senatu, den 13. Augusti 1761.

Faksimile der Marktplätze-Neuordnung von 1761. Manche Märkte nahmen täglich einen anderen Platz ein, andere, wie der Heumarkt und die Holzmärkte, hatten stets gleiche Standorte. Der alljährliche »St. Niclas und H. Christ-Markt« wird 1761 in die Alte Gasse verlegt.

dere Länge als die Augsburger. 1809 erfolgte die bayernweite Vereinheitlichung, und seit 1. Januar 1872 gilt das gebräuchliche Dezimalsystem. Während die ab 1809 gültigen Maß-/Gewichtseinheiten – amtlich errechnet – auch in Dezimalzahlen vorliegen,[7] fehlt bislang eine gleichartige Publikation sämtlicher Augsburger Stadtmaße und -gewichte, an die vier am Rathaus angebrachte metallene »Eichmaße« erinnern.[8]

Bilder erzählen Augsburger Marktgeschichte

Der Tatsache, daß das Markttreiben auch die Zeichner und Verleger Augsburgs interessierte, verdanken wir aufschlußreiche Marktbilder vom 17. bis ins 20. Jahrhundert. Häufig verwendeten die Künstler Marktszenen wie die Milchhändlerinnen auf dem Metzgplatz oder ein Holzfuhrwerk als Staffage bei großformatigen Kupferstichen bekannter Bauwerke oder Straßenzüge. Das aufschlußreichste »Marktbild« ist eine Zeichnung von Salomon Kleiner, die er 1722 begann und 1732 vollendete (im Großformat auf den Seiten 12/13). Eine Serie kleiner, eher handwerklich als kunstvoll gearbeiteter Augsburger Straßenansichten um 1740 zeigt unter anderem den Obstmarkt, die Stadtwaage und die Jakoberstraße, »wo die ungarischen Ochsen geteilt werden«.

Kupferstichblätter, gefertigt »zur Belustigung der Kinder« gegen Ende des 18. Jahrhunderts, halten in kleinen kolorierten Bildern den Gänsehandel ebenso fest wie den Fegsandverkäufer oder die Fischmarktstände. Die Schranne südlich der Moritzkirche sowie die langen Wein- und Salzstadel zwischen Herkulesbrunnen und Ulrichskirchen zählen zu den häufigeren Genres. Zum Trödelmarkt auf dem Oberen Graben dagegen begab sich offenbar nur der Zeichner J. N. Hofbauer um 1815. Er sah sich auch auf dem Obstmarkt und dem Eiermarkt um, zeichnete Marktfrauen in Tracht, skizzierte Karren, Körbe und Leiterwagen und natürlich die angebotene Ware vom Krautkopf bis zur Gans. Nur drei fertige farbige Marktbilder entstanden im selben Jahr. Sie sind selbstverständlich in diesem Buch wiedergegeben.

1930: Romantik der Straßenmärkte wird vermißt

Ab 8. Oktober 1930 machte der neue Stadtmarkt die Stadtstraßen für den Verkehr frei, indem er alle Viktualienmärkte »aufsog«. Da besann sich ein Zeitungsredakteur angesichts einer ausgestorbenen Innenstadt des Flairs einstiger Geschäftigkeit auf Plätzen und Straßen und bedauerte: »Die Eröffnung der Augsburger Markthallen raubte uns die Romantik des Straßenmarktes.« Nur eine Handvoll Märkte blieben bis in die Gegenwart erhalten: der Christkindlesmarkt und die Jakober Kirchweih, die Dult und ihr ursprüngliches Vergnügungsanhängsel, der Plärrer. Die jüngere Zeit bescherte eine Märkte-Renaissance. Die Devise »Vom Erzeuger direkt zum Verbraucher« ließ in mehreren Stadtteilen Wochenmärkte für Viktualien wiederaufleben. Töpfermärkte lösen vielerorts gewaltigen Zulauf aus, und Flohmärkte haben sich seit Beginn der siebziger Jahre etabliert. Dies zeugt vom nach wie vor bestehenden Bedürfnis der Menschen, in einer Zeit, in der längst Geschäfte die einstige Funktion der Märkte übernommen haben, Marktatmosphäre zu erleben. Augsburgs Rolle als Marktstadt ist keineswegs abgeschlossen. Das Marktgeschehen unterliegt nur einem Wandel!

Marktplätze
September 1890

Für die verschiedenen Gattungen von Wochenmarktgegenständen sind folgende Plätze als Marktplätze bestimmt:

1) für den **Viktualienmarkt** (Eier, Butter, Schmalz, Geflügel) der Ludwigsplatz am Augustusbrunnen und die Westseite der unteren Maximilianstraße bis zum Feuerhause,
2) für den **Gemüsemarkt** die Karolinenstraße bis zum Dom,
3) für den **Obstmarkt** der Platz von der Karolinenstraße längs des Riedingerhauses bis zum Hafnerberg und am Hafnerberg,
4) für den **Fischmarkt** der Platz in der Maximilianstraße vor den Häusern C. 9—12,
5) für den **Wildpretmarkt** der Platz oberhalb des Fischmarktes,
6) für den **Blumenmarkt** der Platz nördlich vom Perlachthurm und in der Karolinenstraße vor den Häusern C. 29—33,
7) für den **Brodmarkt** der Platz an der Nordseite der Karlsstraße von der Karolinenstraße an,
8) für den **Käsemarkt** der Platz in der Karolinenstraße vor den Häusern D. 65—69,
9) für den **Kartoffelmarkt** der Platz am Kesselmarkt und an der Nordseite der Ludwigstraße,
10) für den **Rübenmarkt** der Platz an der Nordseite der Karlsstraße von dem Brodmarkte gegen die Ludwigstraße,
11) für den **Krautmarkt** der Platz am oberen und mittleren Graben,
12) für den **Holz- und Torf-Markt**
   a) der Platz an der blauen Kappe von dem Hause F. 176 an und in der Volkhartstraße bis zum Hause Nr. 5 dortselbst,
   b) der Jakobsplatz und der Platz in der Jakoberstraße bis zu dem Hause G. 40,
13) für den **Heu- und Stroh-Markt** der Platz am oberen und mittleren Kreuz und in der langen und alten Gasse.

Im September 1890 wurden viele Verkaufsplätze ein letztes Mal neu festgelegt. Die traditionellen Straßenmärkte blieben weit gestreut.

Der Wochenmarkt

Großeinkaufstage auf Straßen und Plätzen

Schon die römische Augusta Vindelicum war auf ein weites agrarisches Umland zur Lebensmittelversorgung angewiesen. Nicht anders die spätere Reichsstadt. Ein gut eingespieltes und städtischerseits gelenktes Marktwesen war darauf ausgerichtet, der Bevölkerung Viktualien, Heizmaterial und die vielen anderen Dinge des täglichen Bedarfs preisgünstig und in ausreichender Menge zu bieten. Der Import aus der nächsten Umgebung war das Idealziel. Dies änderte sich auch in den ersten Jahrzehnten nach der Einverleibung in das neue Königreich Bayern (1806) nicht.

Das Transportmittel Eisenbahn begünstigte die Anlieferung aus entfernteren Bereichen, die nicht über die Wasserwege Lech und Wertach mit Augsburg verbunden waren. Andererseits lebte ein weiter Bereich rund um die Stadt von den alltäglichen Bedürfnissen der Metropole. Und die Wochenmärkte unter freiem Himmel waren über viele Jahrhunderte die wichtigsten Verkaufsplätze nicht nur für Naturalien – es gab hier von den Flechtwaren und Gegenständen aus Holz bis zu Sensen und Leitern alles, was irgendwie in städtischen und ländlichen Haushalten benötigt wurde!

Markttag: »Ein buntbewegtes, malerisches Bild«

Bis zum Herbst 1930 galt: »Der Verkauf von Gemüse, Obst und Viktualien vollzieht sich hier nach althergebrachter Sitte noch auf offenen Märkten, den sogenannten Wochenmärkten, welche jeden Montag, Mittwoch, Freitag und Samstag abgehalten werden.« So informiert ein Bericht 1902 über das Marktgeschehen in Augsburg an jeweils vier Tagen der Woche, »was namentlich an den Freitagen inmitten der alten Straßen ein buntbewegtes, malerisches Bild gibt«.[1]

Was sich da auf etlichen Straßen und Plätzen der Innenstadt abspielte, das verdeutlichen Stiche, Zeichnungen und Fotos wie jenes auf der linken Seite entschieden besser als jede Beschreibung: Es ging eng, geschäftig und bunt zu auf dem »Eiermarkt« rund um den Augustusbrunnen vis-à-vis dem Perlachturm, auf dem Fischmarkt gegenüber, beim Grünzeughandel auf der angrenzenden Karolinenstraße, der Karlstraße oder ein kleines Stück weiter auf dem Obstmarkt und bei dort auftretendem Platzmangel am Kesselmarkt und in der Ludwigstraße.

Warum an Wochenmarkttagen altbayerische und schwäbische Dialekte teils stadtferner Dörfer zu hören waren, das erläutert Anno 1788 der Augsburger Patrizier und Historiker Paul von Stetten[2] in einem einzigen Satz: »Da die Stadt Augsburg, nach Verhältnis ihrer Volksmenge, ein lange nicht hinreichendes Gebiethe hat, so wird bei weitem der größte Theil aus benachbarten Ländern und Herrschaften zu der Stadt gebracht.«

Aus dem schwäbischen und bayerischen Umland…

Stetten spricht damit das Grundproblem Augsburgs an: Die Stadt war immer »auf die Zufuhr der dringendsten Lebensbedürfnisse, deren Selbsterzeugung vorzüglich in dem Berufe des Landmannes liegt«, angewiesen. So formuliert es die Marktordnung von 1816. Aus dem schwäbischen wie dem bayerischen Umland kamen die Wochenmarktbeschicker.

Viktualien außer Fleisch und Brot, für die Sonderregelungen galten, durfte auf dem Wochenmarkt zu Augsburg jedermann verkaufen. Für Berufsfischer, Gärtner oder Obsthändler galt gleichermaßen wie für Gelegenheits-Marktfrauen oder -Lieferanten nach dem Stadtrecht von 1276[3] und in den folgenden Jahrhunderten das Grundprinzip »Vom Erzeuger direkt zum Verbraucher«. Preistreibender »Fürkauf« der meisten Wochenmarktartikel – Aufkauf zwecks teurerem Wiederverkauf, also Zwischenhandel – war aus diesem Grund auf dem Markt und in einem bestimmten, meist weiten Umkreis um die Stadt verboten.

Vom Erzeuger direkt zum Verbraucher

Jegliche Ware aus diesem zu verschiedenen Zeiten unterschiedlich festgelegten Radius zwischen einer und sechs Meilen (à 7,5 km) mußte »auf dem ordentlichen und öffentlichen Markt« angeboten werden, durfte keinesfalls bereits »vor oder unter den Stadttoren« weggekauft oder angeboten werden, wie es in einem Anschlag formuliert wurde. Das heißt, es herrschte strikter Marktzwang.

Linke Seite: Wochenmarkt im April 1907 auf der Karolinenstraße. Mitten durch die beidseits von Händlern und Marktbesuchern belegte Straße fährt als einziges Verkehrsmittel die Straßenbahn. Ansonsten war dieser Bereich zur Marktzeit Fußgängerzone.

Viele Ratsdekrete hatten den verbotenen, jedoch stets mit vielen Tricks dennoch betriebenen Zwischenhandel zum Inhalt. So verfügte jenes von 1657[4], daß kein »Fürkäufel« (Zwischenhändler) Wildpret, Hasen, Rebhühner und anderes Geflügel, auch Schnecken und Lerchen innerhalb von sechs Meilen (zirka 45 km) »um diese Stadt kaufen oder bestellen solle«, sondern dies alles »aus erster Hand auf offenen, feilen Markt gebracht« werden müsse.

Noch 1815 legte die bereits von königlich-bayerischen Beamten neu gefaßte Augsburger Marktordnung fest: Vom Obst über Fisch, Geflügel, Käse bis zum Krautskopf muß jegliche Ware aus weniger als drei Meilen (etwa 22,5 Kilometer) Entfernung auf dem Wochenmarkt vom Erzeuger angeboten werden.

Auf Hygiene, Güte und Preiswürdigkeit legte die städtische Obrigkeit zu allen Zeiten größten Wert. Die »Stadt-Vätterliche Obsorge« – wie es in manchen Dekreten heißt – für das Wohl der Bürger schlug sich in den schriftlichen Anweisungen für die städtischen Marktbediensteten vom Marktmeister über die Obsthüter bis zum Fleischbeschauer nieder. Diese waren auf die ab 1609 im »Stättmeisterbuch«[5] niedergeschriebenen, sehr ausführlich und unmißverständlich formulierten Marktordnungen vereidigt, auf die im gesamten 17. Jahrhundert in amtlichen Dokumenten Bezug genommen wird.

Zuerst die Hausfrauen, dann die Wirte...

Die privaten Endverbraucher, also die Hausfrauen und Mägde, hatten auf dem Wochenmarkt ein behördlich sanktioniertes Vorkaufsrecht. »Von Georgi bis Michaelis... soll das Geflügel und andere Victualien bis 9 Uhr der Bürgerschaft allein; von 9 bis 10 Uhr neben der Bürgerschaft auch denen Weinwirten und Bierbräuern, folgends nach 10 Uhr männiglich (= jedem), wohin auch die Hühner-Käuflerinnen und sogenannte Gänß-Weiber gewiesen seien, einzukaufen gestattet werden«, legte 1695[6] der Rat die gestaffelten sommerlichen Einkaufszeiten für private Verbraucher einerseits und Wirte bzw. Geflügel-Hausiererinnen als den »zweitrangigen« Marktgästen fest. Im Winterhalbjahr durften die Geschäftsleute erst eine Stunde später auf dem Markt erscheinen, der ja wegen des verzögerten Tagesbeginns auch erst zu einem späteren Zeitpunkt begann.

Die »Erneuerte Marckt-Ordnung in deß Heil. Reichs-Stadt Augspurg« von 1738«[7] schildert unter der Kapitelüberschrift »Ordinari Wochen-Märckt, wann und wo selbige gehalten werden« sehr anschaulich deren Verlauf. »Zu Feilhab und Erkauffung aller Victualien als andern brauchbar- und nothwendigen Feilschaften werden allhier jede Wochen 4 Märckt gehalten«: am Montag auf dem Platz bei St. Ulrich und an einer Seite entlang den Weinstadeln (auf der Maximilianstraße), am Mittwoch vor der Metzg und den Perlachberg hinauf, am Freitag beim Fischmarkt und vom Augustusbrunnen die ganze Karolinenstraße hinab und am Samstag wieder wie am Mittwoch vor der Metzg. Wechselnde Marktplätze also an vier Tagen der Woche!

Wochenmarkt begann im Morgengrauen

Im Morgengrauen begann die Marktzeit und endete mittags um 12 Uhr. In dieser Zeit war jedes Hausieren verboten, ebenso jeglicher Einkauf durch »Profis«, in den amtlichen Weisungen Kipperer und Kauderer genannt. Diese Wiederverkäufer durfen erst nach Ablauf der Marktzeit die Restbestände aufkaufen. Die Bäuerinnen

Bauer und Bäuerin mit ihren Produkten auf dem Weg zum Markt. Zeichnung um 1570 nach einem bekannten Dürer-Holzschnitt im Emblembüchlein eines Augsburger Patriziersohnes.

Ausschnitt aus dem »Jahreszeitenbild« um 1530. Der Maler vereint auf dem Perlachplatz alle Märkte vom Holzhandel bis zum Korn- und Schweineverkauf, die in Wirklichkeit an anderen Stellen stattfanden. Das Zerteilen eines Schweines an dieser Stelle hat jedoch seine Richtigkeit: Es hängt an der damaligen Stadtmetzg. Der Fischmarkt verblieb bis 1902 zwischen dem Rathaus und der St.-Peters-Kirche.

und Marktfrauen konnten nach 12 Uhr mit ihren übriggebliebenen Waren auch hausieren gehen. So bestimmten es die streng überwachten Marktregeln von 1738.

Der Freitag war schon im Jahre 1276 Hauptwochenmarkttag. Dies bestätigen auch Ratsbeschlüsse Anno 1433.[8] Daran änderte sich in den nachfolgenden 500 Jahren nichts. Deshalb ist dem Freitagmarkt in der Marktordnung von 1738 ein Extraabschnitt gewidmet, um durch genaue Verteilung der Verkaufsplätze für die unterschiedlichsten Warengruppen über die Innenstadt eine Entflechtung zu erreichen und eventuell chaotische Verhältnisse zu vermeiden.

Am Mittwoch und erst recht am Freitag gesellten sich nämlich den ortsfesten Verkäufern noch jene fliegenden Händlerinnen und Händler hinzu, die um 1790 Kupferstichblätter vom Marktgeschehen zeigen: Mausefallenverkäufer und Marmeladehändlerinnen, Schachtelhalm- und Besenhausiererinnen und viele andere, die ihre selbstgefertigten Artikel bei sich trugen und ausriefen. Zudem waren am Freitag der Holz- und der Heumarkt stärker als an den übrigen Tagen frequentiert, der Hafnermarkt fand freitags statt, ebenso der Salz- und Weinverkauf. Außerdem war »Schrannentag«, das heißt, die Kornschranne war zum Handel geöffnet.

Täglich Zufuhr »dringender Lebensbedürfnisse«

Nach den Anweisungen von 1738 waren täglich nur Holz, Kohlen, Heu, Stroh, Obst, Flachs, Hanf, Leder und »alle kaufmännischen Waren und Güter« zum Verkauf zugelassen, die meisten Viktualien dagegen nur an den vier Wochenmarkttagen. Das änderte sich 1815 mit einer neuen Marktordnung. »Täglich mögen die dringenden Lebensbedürfnisse zugeführt werden, als Milch, Schmalz, Butter, Eier, grünes Zeug, Gemüse, welches die Jahreszeit in voller Reife liefert, Erdgewächse, Kartoffeln usw. Geflügel jeder Art, Feder- und anderes Wildprät, Fische, Krebse usw. Auch Obst, feinere Früchte als Pomeranzen, Zitronen, Melonen usw. Ebenso Heu, Stroh, Holz, Kohlen.« So lautete die Auflistung der »dringenden Lebensbedürfnisse« in der Neufassung aller Regulative für Wochen- und Viktualienmärkte von 1815[9].

Damit durften fortan theoretisch alle Wochenmarktartikel außer an hohen Feiertagen an jedem Tag – auch sonntags nach den Gottesdienstzeiten – öffentlich auf den Straßenmärkten verkauft werden. Praktisch änderte sich an den bisherigen Marktgepflogenheiten kaum etwas. Es blieb bei vier Wochenmarkttagen, und zwar bis zum Jahr 1930. Und die größten Umsätze ergaben sich bis zur Abschaffung der Straßenmärkte am Freitag. Von einem Wechsel der Veranstaltungsstraßen und -plätze an verschiedenen Wochentagen, wie noch 1738 üblich, sah man ab 1815 ab. Alle Artikel waren ab diesem Zeitpunkt also an jedem Markttag am selben Ort zu finden.

Laut Marktordnung von 1815 lag die Geschäftszeit zwischen 6 und 12 Uhr, »ohne daß jedoch dadurch die Marktbesuchenden zur längeren Feilhaltung der nicht verkauften Vorräte gehindert werden sollen«. Diese unbeschränkte Marktzeit erwies sich als nicht zweckmäßig, und am 14. November 1817 legte der Königliche Polizeidirektor Dr. Wirschinger – bis 1818 höchste amtliche Autorität in Augsburg – das Marktende auf Punkt 13 Uhr fest. Zu diesem Zeitpunkt nicht verkaufte Ware mußte abgefahren oder an bereitgestellten Plätzen bis zum nächsten Tag eingelagert werden. Bis 1830 durften Obsthändler beispielsweise erst ab 15 Uhr die Restbestände der privaten Anbieter aufkaufen,[10] ab diesem Jahr konnten die Erzeuger ihre gesamte vom Land hereingebrachte grüne Ware auch gleich direkt zu den »Obstnern« bringen, was zuvor streng verboten war.

Anlieferung per Wagen, Karren und in Kraxen

Welch hohe Umsätze auf dem Wochenmarkt zustande kamen, verdeutlichten beispielsweise Marktumsätze vom September 1808 und die Jahresstatistik von 1845[11] (siehe Faksimile-Wiedergaben auf den Seiten 26 und 27). Die am weitesten entfernten Heimatorte der Wochenmarktbeschicker lagen im 19. und 20. Jahrhundert bei etwa 35 Kilometern. Aus Welden, Lauterbach an der Zusam (Abfahrt von dort mit Planwagen eine Stunde nach Mitternacht) und Thierhaupten dürften jene Marktfrauen gestammt haben, die am frühesten aufstehen mußten. Die meisten ländlichen Anbieter kamen aus stadtnahen Dörfern, von wo sie per Fuhrwerk, zu Fuß mit einem Handwagen, der Schubkarre oder der Kraxe auf dem Rücken zu nachtschlafender Zeit aufbrachen, um in aller Herrgottsfrüh – Marktbeginn um 6 Uhr! – ihre meist angestammten Plätze zu belegen. Diese wies ihnen der Marktmeister zu, dem sie ihr Angebot genauestens zu deklarieren hatten – die nach seinen Aufzeichnungen angelegten Statistiken zeugen von Zähl-Akribie! Er kassierte die Marktgebühren und kontrollierte die Ware nach Frische und einwandfreier Beschaffenheit. Erst dann durfte der Verkauf beginnen.

Drei Kreuzer Marktgebühr pro Fasan

Ohne Obolus in die Kasse der Reichsstadt und ab 1806 der Königlichen Kreishauptstadt Augsburg durfte nichts auf dem Wochenmarkt verkauft werden. Teils war eine durch Anschlag bekanntgemachte Gebühr für die jeweilige Ware zu entrichten, teils wurden pauschal Standgelder

Wochenmarkt auf dem »Eiermarkt« am Augustusbrunnen im Jahre 1823. Die Vorlage für diesen Druck fertigte Johann Michael Voltz. Er bannte die angeregte Unterhaltung der Einkäuferinnen ebenso aufs Papier wie das auf dem Tisch aufgehäufte Gemüse und den Gänsehändler.

kassiert. Eine der ausführlichsten derartigen Listen ist der mehrseitige »Tarif für den künftigen Bezug der Wochenmarkt-Gefälle in Augsburg« von 1838.[12] Nach »Maß, Gewicht oder Zahl« wurden beispielsweise Butter (pro Pfund ein halber Pfennig), Eier (25 Stück 1 Pfg.), wilde Enten (Stück 1 Kreuzer), Fasanen (Stück 3 Kreuzer) und viele weitere Lebensmittel mit Marktgebühr belegt. Konzessionierte Fischer, Gärtner, Obstner und Wildbrethändler zahlten Standgeld zwischen einem und drei Kreuzer (1 Kreuzer = 4 Pfennig, 60 Kreuzer = 1 Gulden). Die höchsten Wochenmarktgebühren wurden für eine Wagenladung Kirschen, Zwetschgen oder Weichseln fällig: 15 Kreuzer. Mit großem Abstand folgten ein ganzer Hirsch und ein Wildschwein mit 6 Kreuzern, während für eine zweispännige Fuhre Heu gerade 2 Kreuzer in die Stadtkasse zu entrichten waren. Zugleich überliefert dieser 128 Positionen umfassende Gebührentarif die ganze Vielzahl von Marktartikeln von A wie Äpfel bis Z wie Zwirn, wobei die zu Tausenden verkauften Frösche, Kienholz, Hopfenkeime oder Lerchen zu den heute eher kurios anmutenden Waren zählen.

Anno 1878: Weg von Straßen und Plätzen!

Im ausgehenden 19. Jahrhundert wurden bereits Vorschläge zur Zentralisierung aller Straßenmärkte auf einem abgeschlossenen Areal diskutiert. Im Oktober 1878 beschäftigt sich eine Leserzuschrift[13] mit den auf dem Wochenmarkt auf öffentlichen Straßen und Plätzen auftretenden vielfachen Behinderungen und schlägt die Verlegung auf das Gelände des 1802 aufgehobenen Katharinenklosters (jetzt Holbein-Gymnasium) vor. Als 1881 die Pferdetram in Augsburg Einzug hielt und ausge-

WOCHENMARKT

Oben: »Mittwoch Wochen Marckt in Augsburg« ist ein großes, buntes Blatt aus einer um 1790 entstandenen Marktbilder-Serie betitelt. Gezeichnete Szenen in der Manier heutiger Foto-Schnappschüsse spiegeln den Wochenmarktbetrieb: Der Verkäufer preist seine Reisigbesen an, das Huhn ist offenbar schon gekauft.

»Augsburger Ausrufe« auf dem Wochenmarkt hält ein weiteres Blatt um 1790 fest. Bayerische Rüben ruft das Mädchen mit den beiden Körben aus, »hörene Schuh« – Hausschuhe aus Filz – hat die zweite abgebildete Marktfrau zu bieten. Sie gehörten zu den vielen standlosen Anbietern mit den unterschiedlichsten Waren.

rechnet der Hauptmarktplatz beim Augustusbrunnen zum wichtigsten Umsteigepunkt avancierte, mußte dies zwangsläufig zu Komplikationen führen. 1885 entbrannte über das Für und Wider eines von etlichen Bürgern vorgeschlagenen Baus einer Markthalle nach Pariser Vorbild auf dem Gelände des ehemaligen Jesuitenkollegs eine heftige öffentliche Debatte.

Um die Stadtkasse aufzubessern, wurde 1880 die Wiedereinführung der offensichtlich zeitweise abgeschafften Viktualienmarkt-Gebühren beschlossen und abermals eine ellenlange Liste veröffentlicht. Sie erfaßte – wie schon jene von 1838 – von der Taube (1 Pfg. pro Stück) bis zur zweispännigen Fuhre Kraut und Wirsing (30 Pfg.) alles, was auf den Markt kam. Zehn Jahre später, im September 1890, erging dann eine komplett neue Wochenmarkt-Ordnung. Auch sie hielt an den vier Markttagen Montag, Mittwoch, Freitag und Samstag fest. Offizielle Verkaufszeit war von 6 bis 13 Uhr, anschließend durfte nur noch auf angewiesenen, den Verkehr nicht behindernden Flächen weiterverkauft werden. Gleichzeitig wurden die Wochenmarktplätze für verschiedene Warengattungen neu bestimmt.[14] Die meisten blieben wie althergebracht, einige Produkte sollten an neuen Standorten angeboten werden. »Für den Viktualienmarkt (Eier, But-

Auf dem Augsburger Gemüsemarkt Anno 1815. Die Hausfrau verhandelt mit dem Gärtner, die Magd steht mit dem großen Einkaufskorb dabei. Das jahreszeitlich verfügbare Angebot auf den Schragentischen ist bunt und sehr reichlich. Auch Blumen zählen zur »grünen Ware«.

Die drei Fotos verdeutlichen, daß der Wochenmarkt um 1910 noch weit über die Kernstadt verstreut stattfand. Oben links: Blumen gab's am Kesselmarkt, Gedränge herrschte auf der Ludwigstraße (oben rechts), auf der auch die Kartoffelbauern plaziert waren (unteres Bild).

ter, Schmalz, Geflügel) der Ludwigsplatz am Augustusbrunnen und die Westseite der unteren Maximilianstraße bis zum Feuerhause« (ehem. Schranne an der Moritzkirche), »für den Gemüsemarkt die Karolinenstraße bis zum Dom«, bestimmten die ersten beiden Punkte. Der Obstmarkt blieb dort, wo er heute noch so heißt, und durfte auch den Hafnerberg belegen. Fisch und Wildbret gab's weiterhin zwischen Perlachturm und Rathaus, Blumen nördlich vom Perlachturm in die Karolinenstraße hinein, Kartoffeln am Kesselmarkt und in der Ludwigstraße, Rüben und Brot in der Karlstraße. Außerdem durften Käse in der Karolinenstraße und Kraut am Oberen und Mittleren Graben verkauft werden.

1899: »Filial-Wochenmarkt« bewährt sich nicht

Eine Dezentralisierung bzw. Aufsplittung durch einen »Filial-Wochenmarkt« jeweils freitags auf der Südseite der Straße Auf dem Kreuz sollte ab Mai 1898 Entlastung für die Innenstadt bringen.[15] Auf den traditionellen Marktstraßen reichte an manchen Freitagen die Belegung vom Schmiedberg bis zum Weberhaus (Moritzplatz), und auf dem Obstmarkt und anliegenden Gassen bis zur Ludwigstraße drängelten sich die Menschen, berichten Zeitungen.[16] Nur wenige Händler hatten 1898 die angebotene Ausweichmöglichkeit in der »unteren Stadt« wahrgenommen, waren aber nach mangelndem Käuferzuspruch wieder an ihre Stammplätze in den Laufstraßen der Stadtmitte zurückgekehrt. Die Marktinspektion reagierte nach wenigen Monaten: Anstatt am Freitag sollten ab Januar 1899 jeweils Dienstag und Donnerstag alle üblichen Wochenmarktartikel Auf dem Kreuz angeboten werden.[17] Auf diese Weise versuchte man diesem Filialmarkt mehr Attraktivität zu verleihen, da er nun die Lücken zwischen den seit alters stark beschickten Mittwoch- und Freitagsmärkten schloß. Doch das Experiment mißlang, die Käufer stellten sich trotzdem nicht ein.

1904 war aufgrund eines Unfalles der Wochenmarkt auf der Karolinenstraße zum wiederholten Mal Thema öffentlicher Debatten. »Es ist doch wirklich kein Zustand, mitten durch einen so frequenten Markt die Straßenbahn

Haupteinkaufszeit auf dem Wochenmarkt um 1880. Auf dem Ludwigsplatz – im Volksmund nur »Eiermarkt« genannt – herrscht an der Ecke zur Steingasse (nach links) Hochbetrieb. Aus Kisten und Körben verkaufen die Marktfrauen aus dem Umland ihre Viktualien.

»Eyr«- und Hühnerhändler um 1790 auf dem Augsburger Markt. Aus der Kiste strecken zwei Hühner ihre Köpfe, während obendrauf offenbar Gänseeier angeboten werden. – Links: Die Wochenmarkt-Statistik vom September 1808 verdeutlicht die Viktualienvielfalt und welch hohe Umsätze in einem Monat auf den Straßenmärkten zustande kamen.

in einem durchaus nicht langsamen Tempo fahren zu lassen«, empörte sich ein Schreiber.[18] Es sollte noch ein paar Jahrzehnte dauern, ehe ein »Zentralmarkt« eingerichtet werden konnte und damit die Konflikte zwischen Tram und Wochenmarkt-Käufern der Vergangenheit angehörten. Zwischenzeitlich war auch der Dom-Vorplatz als günstig gelegenes Marktareal vorgeschlagen worden – allerdings ohne ernstliche Verwirklichungschance.
Regelmäßige ausführliche Wochenmarktberichte in den Zeitungen mit einer Vielzahl von Preisen vom Ei bis zu Heu und Holz hielten Anbieter und Käufer auf dem laufenden. Mit Beginn des Ersten Weltkriegs und allgemeiner Lebensmittelverknappung wurde die nun landesweit gültige Bestimmung strenger gehandhabt, nach der Händler erst ab 11 Uhr als Einkäufer auf dem Wochenmarkt erscheinen durften. Die »Profis« hatten nämlich auf den Straßen anliefernde Bauern abgefangen, ihnen die gesamte Ware abgekauft und waren dann selbst als Direktanlieferer aufgetreten. Doch auch als Verkäufer durften sich Zwischenhändler nicht vor 11 Uhr auf dem Markt sehen lassen![19]

10. Oktober 1930: letzter Straßen-Wochenmarkt

Das Gelände der stillgelegten Lotzbeckschen Tabakwarenfabrik nördlich der St.-Anna-Kirche stand Mitte der zwanziger Jahre zum Verkauf – und die Stadt griff zu: Dieses 11 244-qm-Areal war der Idealplatz für einen Markt! Ab 8. Oktober 1930 erfolgte die schrittweise Marktbelegung, und am Freitag, den 10. Oktober 1930, fand der letzte Wochenmarkt auf Augsburgs Straßen statt. (Dazu ausführlich: »Der Stadtmarkt«, ab Seite 78.) Als Relikt der früheren Wochenmärkte unter freiem Himmel blieb im Stadtmarkt der sogenannte Bauernmarkt mittwochs, freitags und samstags auf der Freifläche zwischen Stadtarchiv und Markthalle. Da herrscht an manchen Tagen der Haupterntezeiten für Gartenfrüchte ein Leben und Treiben wie früher auf dem Rathausplatz oder auf der Karolinenstraße. Man könnte sich auch auf den einstigen Obstmarkt zwischen Hohem Weg und Kesselmarkt versetzt fühlen.

Viktualienmärkte vielerorts wiederbelebt

So ganz ist die alte Tradition der Direktvermarktung auf Straßen und Plätzen der Stadt nicht ausgestorben – ja, sie erlebte eine Wiedergeburt. Zwar nicht mehr rund um den Augustusbrunnen im Zentrum, sondern in den Stadtteilen an der Peripherie – in Lechhausen, in der Hammerschmiede und in Hochzoll – wurden in den letzten Jahren freitags oder samstags wieder Wochenmärkte eingeführt. Hier gibt es eine Vielzahl von Landprodukten wie früher »aus erster Hand«. Das Sortiment ist – einem erstarkten Gesundheits- und Geschmacksbewußtsein Rechnung tragend – um Lebensmittel aus natürlichem Anbau erweitert. Die Warenpräsentation entspricht unserer motorisierten Zeit: Nicht mehr vom zweirädrigen Handkarren oder aus der Kraxe werden die Viktualien angeboten, sondern im modernen Verkaufswagen – teilweise ausgestattet mit Kühltheke und Glasabdeckung –, den hygienischen Erwartungen unserer Zeit entsprechend!

Aus den marktamtlichen Verzeichnissen ergibt sich, daß auf den verschiedenen Märkten im Jahr 1845 folgende Viktualien verkauft wurden:

Schmalz	122,575 Pfd.	Spanferkel	528 Stck.
Butter	154,030 =	Karpfen	17,750 Pfd.
Eier	17,780 Körb.	Hechte	6,872 =
Toppen	8,744 Gelt.	Rothfische	1,345 =
Toppenkäse	30,540 =	Forellen	766 =
Hennen (alte)	2,250 Stck.	Backfische	23,590 =
Hühner (junge)	38,420 =	Stockfische	5,750 =
Kapaunen	812 =	Grundeln	125 Maaß
Gänse in Federn	10,410 =	Krebse	14,700 Stck.
do. ohne	8,740 =	Frösche	96,700 =
Gänse-Junges	7,270 =	Schnecken	84,500 =
Enten, lebende	7,354 =	Krautsköpfe	670 Wag.
Enten ohne Federn	6,962 =	Wersich	405 =
Enten-Junges	5,926 =	Kartoffeln	6,714 Säck
Tauben	5,436 =	Bayerische Rüben	439 Mez.
Indian	746 =	Weiße Rüben	977 =
Wilde Gänse	127 =	Flachs	9,452 Pfd.
Wilde Enten	428 =	Aepfel	240 Wag.
Rephühner	692 =	Birnen	328 =
Schnepfen	854 =	Nüsse	530 Säck
Wachteln	320 =	Zwetschgen	172 Wag.
Krametsvögel	690 =	Kirschen	176 =
Halbvögel	396 =	Weichseln	42 =
Haasen	2,542 =	Erdbeere	470 Mäß.

Die Jahres-Marktstatistik 1845 erfaßt alle Lebensmittel von den 96 700 Fröschen bis zu 328 Wagen Birnen. – Unteres Bild: Ein Teil der Umsätze erfolgte auf dem »Eiermarkt« beim Augustusbrunnen.

Der Fischgraben beim Barfüßertor, östlich der Barfüßerkirche und des Jakobsstifts, auf einem Stich von 1677. Hier gab es lebende Fische in reicher Auswahl. In den vom Stadtgrabenwasser durchflossenen Fischkästen standen Renken ebenso zum Verkauf wie Karpfen, Forellen und viele weitere Fischarten, die meist aus den Bächen, Flüssen, Teichen und Seen einer weiten Region – wie dem Ammersee – stammten.

Der Fischmarkt

17 Fischarten für die Reichstagsgäste Anno 1555

Im Jahre 1260 sind offensichtlich schon länger fest installierte Fischstände und andere Verkaufsbuden zwischen der St.-Peters-Kirche am Perlach und dem »Dinghaus«, dem späteren Rathaus, Streitgegenstand zwischen den Stiftsherren von St. Peter und der Stadt[1]. Diese frühe Erwähnung des Fischverkaufs auf dem hervorragend gelegenen Marktplatz, der heute noch den Namen »Fischmarkt« trägt, ist ein Beleg dafür, daß Fisch in Augsburgs Küchen schon im 13. Jahrhundert große Bedeutung zukam. Bis in unser Jahrhundert hinein war das der Fall – zumal die Katholiken während der Fastenzeit sowie grundsätzlich freitags kein Fleisch außer jenes von Kaltblütlern essen durften. Edelfische wurden häufig durch starke Nachfrage von »Schleckmäulern« (wie es 1617 hieß), durch die Wirte und durch ihre Beliebtheit bei Festlichkeiten im Preis hochgetrieben.

Im Stadtrecht von 1276[2] ist den Fischen und den Fischern breiter Raum gewidmet. Insbesondere werden bestehende Marktrechtsverhältnisse schriftlich fixiert. So ist darin der Verkauf der von weither gebrachten Heringe, Aale und Störe geregelt und der so oft genannte »Fürkauf« heimischen Fischs angeprangert und unter Strafe

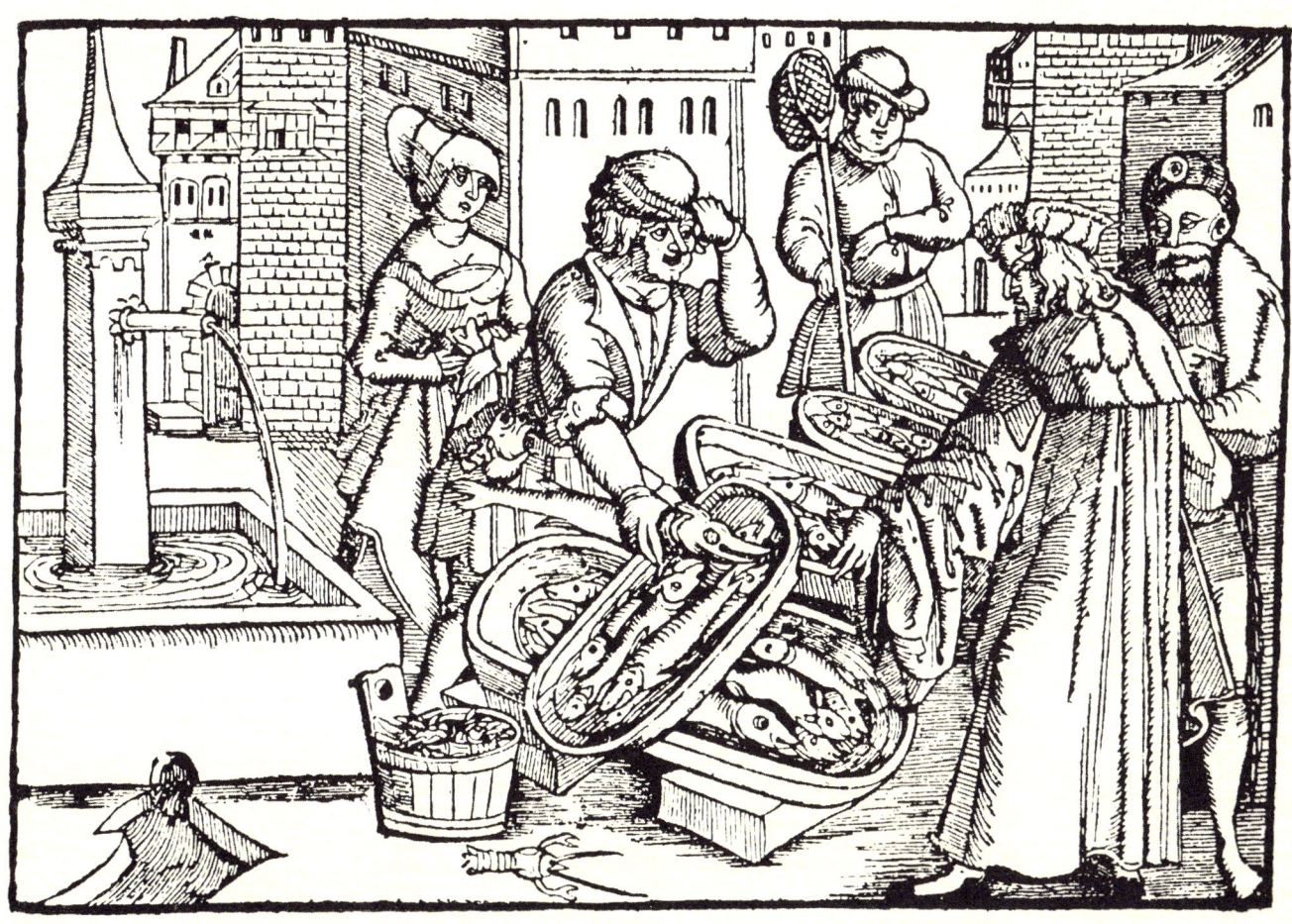

Fischmarkt im 16. Jahrhundert. Ähnlich sah es auch in Augsburg auf dem Platz zwischen St.-Peters-Kirche und Rathaus aus, der noch heute »Fischmarkt« heißt. Neben Frischfisch wurden hier Krebse, Frösche sowie Stockfische und auch Wildbret angeboten. Zum Fischmarkt gehört ein Brunnen – insgesamt rund 200 Jahre stand dort der seit 1888 endgültig auf den Jakobsplatz ausgesiedelte Neptunbrunnen.

Der Fischmarkt um 1530 – Ausschnitt aus dem großformatigen Jahreszeitenbild »Der Winter«. In Körben sind Fische, Krebse und Muscheln erkennbar. Als Brunnenfigur überragte damals offenbar eine goldglänzende gewappnete Figur das Marktgeschehen.

gestellt. Niemand dürfe im Umkreis von einer Meile (7,5 km) Fische aufkaufen, der sie wieder verkaufen »und daran gewinnen will« – so die Erklärung für den Begriff Fürkauf, also Zwischenhandel. Bringt ein Mann Fische in die Stadt, der nicht Augsburger Bürger ist, soll er sie selber verkaufen – und zwar auf dem Markt.

Fischmarkt mit schauriger Vergangenheit

»Fischmarkt« wurde für den Platz zwischen Rathaus und St.-Peters-Kirche früh zur offiziellen topographischen Bezeichnung. Der Name blieb, obwohl hier im Jahre 1902 der Fisch- und Wildbretverkauf zu Ende war. Daneben hatte dieser Bereich eine recht schaurige Geschichte: Zwischen 1350 und 1750 wurde hier über 636 Menschen das Todesurteil verkündet und an einigen auch vollstreckt. Doch die eigentliche Zweckbestimmung war der Fischmarkt. In Bottichen und Körben lagen nicht nur heimische Süßwasserfische aller Preisklassen, auch luftgetrocknete Stockfische (meist Dorsch-Arten), Krebse, Frösche und Schnecken wurden hier in Massen gehandelt.

Wer sich Fische frisch aus dem Wasser aussuchen wollte, mußte nur den Perlachberg hinunter und nach der Barfüßerkirche ein paar Stufen abwärts an den »Fischgraben« gehen. Über denselben Zugang erreicht man jetzt das »Barfüßercafé« als Fischmarkt-Nachfolger. Anno 1545 ist die Erneuerung und 1578 der weitere Ausbau dieses

FISCHMARKT

Gepflastert und mit Platten ausgelegt ist 1619 der Fischmarkt. Kleine Läden begrenzen ihn an zwei Seiten. Eine liegende Figur mit Dreizack statt des 1593 von dort entfernten Neptun plazierte der Künstler als Mittelpunkt des Platzes vis-à-vis dem Augustusbrunnen.

gemeinsamen Verkaufsplatzes der Stadtfischer überliefert. Dort hingen ortsfeste Fischkästen im Wasser, denn auf diesem vom Brunnenbachwasser durchflossenen Areal durften nur lebende Fische und Krebse verkauft werden. Und das Angebot war vielfältig: 16 verschiedene Arten vom teuren Lachs bis zur preiswerten Brachse nennt der Marktbericht von 1883. Kaum anders war das schon über 300 Jahre früher, wo während des Reichstags von 1555 dank Festschreibung der Preise alle geläufigen Fischarten (es waren 17) namentlich aufgelistet wurden.
Ein weiterer Lebendfischverkauf befand sich unterhalb des Fischertores. Hier lag das Fischerviertel, nach dem seit etwa 1450 das »Fischertörlein« benannt wurde. Dieser kleine Mauerdurchlaß sollte den dortigen Bewohnern den leichteren Zugang zur Innenstadt ermöglichen. Nicht weit davon nutzten die Fischer den Stadtgraben: Beim Stephingertor wurde 1545 ein Fischreservoir erneuert, wo »hiesige Vischer ihre Visch und Krebß in gelöcherten Schifflin und Reuschen auf den Kauff im Vorrath hielten«. »Einen neuen Fischgraben beim Barfüßertor angelegt und ihn mit geräumigen Fischkästen besetzt« habe die Stadt im selben Jahr, vermerken die Chroniken.[3] Schon wenige Jahre später, Anno 1553, wird ein weiterer Fischgraben vor dem Wertachbrucker Tor im Fischerviertel ausgebaut – ein abermaliger Beleg für die Bedeutung des Nahrungsmittels Fisch für Augsburg.

Der Fischmarkt beim Rathaus war naturgemäß der Idealplatz für einen Brunnen. Ein solcher Wasserspender ist Anno 1456 Inhalt eines Ratsbeschlusses: Den 1416 auf dem Perlachplatz aufgestellten Brunnen mit vier Röhren soll man auf den »Vischmarckt« verlegen, weil er »da am geschicktesten« stehe.[4] Ein gutes halbes Jahrhundert später: »So ward im Wintermonat der steinerne Kasten zum Röhrbrunnen auf dem Vischmarckt zwischen dem Rathauß und der Kirchen S. Peter erstlich auffgericht«, berichtet die Welser-Chronik über das Jahr 1509. Offenbar war der zuvor dort stehende Brunnen recht einfach und bekam nun ein steinernes Becken. 1510 schuf Martin Loscher dafür eine hölzerne St.-Ulrich-Figur, die im folgenden Jahr bemalt und vergoldet wurde. 1518 kam noch ein kupferner Adler darauf.[5]

1537 löste Neptun, die älteste erhaltene Augsburger Brunnenplastik, den Ulrichsbrunnen auf dem Fischmarkt ab. Bis 1593 bildete der Meeresgott den passenden Mittelpunkt auf dem Fischmarkt. Danach stand er bis 1745 auf der Weißmalergasse, der nunmehrigen Karolinenstraße, in Höhe der Einmündung der Karlstraße, ehe er wieder auf den Fischmarkt zurückkehren durfte. Bis 1888 verblieb er dort. Mit dem Bau des städtischen Verwaltungsgebäudes erfolgte seine »Ausweisung« in die Jakobervorstadt auf den Jakobsplatz.

Lech- und Wertachfische reichten nicht

Lech, Wertach und Singold waren zwar fischreich, auch die Stadtgräben wurden schon im 15. Jahrhundert als Fischwasser genutzt, doch die Augsburger Fischer mußten stets von außerhalb zukaufen, um den reichsstädtischen Markt ausreichend versorgen zu können. Zudem war es »jedem Fremden gestattet, Fische und Krebse auf dem Fischmarkt oder am Graben zum Verkaufe anzubieten«. So bestimmte es noch die Marktordnung von 1816. Diese Regelung und das gleichzeitige Verbot für die hiesigen Fischer, im Umkreis von drei Meilen (22,5 km) Fische aufzukaufen, verstärkte den Konkurrenzdruck durch die Singold-, Schmutter- und Zusamfischer.

Es war schließlich über Jahrhunderte das Bestreben der Regierung des Stadtstaates Augsburg, durch Direktvermarktung aller Importe aus einem bestimmten Umkreis ein Preis- und Angebotsregulativ zum Nutzen der Bevölkerung zu schaffen. Dieses »Fürkaufverbot« wurde jedoch zu verschiedenen Zeiten gelockert und der Einkauf städtischer Fischer zwecks Wiederverkauf in der Stadt beispielsweise Anno 1549 in Fischach, Zusmarshausen, Welden, Meitingen, Aichach, Prittriching, Merching und anderen eigentlich in der »Sperrzone« liegenden Orten aufgrund von Versorgungsengpässen erlaubt.

Es lohnte sich für die Fischer, die Forellen, Hechte und Karpfen aus dem Ries oder gar aus dem Fränkischen – also teils über mehrere Tagesetappen – lebend in wassergefüllten Holzzubern heranzutransportieren. Krebse aus dem Altmühltal und Renken vom Ammersee waren im 16. Jahrhundert genauso auf dem Augsburger Fischmarkt zu haben wie Donaufische, die in Neuburg, Ingolstadt oder Donauwörth eingekauft worden waren. Angesichts einstiger Wegverhältnisse bedeutete dies für die Spediteure eine schwierige Aufgabe, deren hohe Kosten sich natürlich in den Preisen niederschlugen.

Mit Karpfenladung in der Donau gekentert

Eine spektakuläre, weil fehlgeschlagene »Einkaufstour« im Jahre 1529 ging sogar in eine Augsburg-Chronik ein: Der Augsburger Fischer-Zunftmeister Hans Pfefferlin kaufte in »Behem« (Böhmen) 84 Zentner Karpfen um 400 Gulden, ein weiterer Fischer 14 Zentner. Die Fische waren für den Augsburger Markt während der Fastenzeit bestimmt. Auf einem großen Schiff wurden die Karpfen lebend in Fässern, von Pferden getreidelt, donauaufwärts befördert. In Regensburg stieß das Schiff an einen Brückenpfeiler und kenterte. Die Fässer landeten auf dem Donaugrund. Dort sollen sich die Karpfen auf engstem Raum zusammengedrängt haben – zur Freude der Regensburger Fischer: Sie umgaben die Karpfen mit Netzen und »ernteten« sie. Eine Herausgabe dieses Fischzuges verweigerten sie jedoch. Der Augsburger Fischer-Zunftmeister überstand das Unglück, kam jedoch fast ruiniert von seiner Einkaufsreise zurück.[6]

1555: Ein dreigängiges »Vischmal« für 14 Kreuzer

Der 1555 stattfindende Reichstag beschert uns viele Nachrichten über den Fischmarkt. Es seien alle Viktualien sehr teuer gewesen, vermerkt ein Chronist, und so erließ der Kaiser neben anderen Reglementierungen während seines Aufenthaltes zweimal eine jeweils gedruckte und verteilte »Ordnung und Satzung deß Vischkauffs«[7], in der die Preise festgeschrieben wurden. Damit ist die gesamte Angebotspalette von 1555 dokumentiert. Vom Hecht über die Karpfen, Nasen, Brachsen, Aale, Äschen und Renken bis zu den Krebsen sind noch heute geläufige Arten aufgelistet. Doch auch »Rugeten, Atlanten, Fürhen, Haslen oder Kleine Lech-Sengle« und Kleinfische wie Grundeln, Groppen, Pfrillen und Schwarze Sengle finden sich auf der Preistafel. Zu deren Identifizierung muß heutzutage das »Verzeichnis für die Lokalnamen der Fische Süddeutschlands« herangezogen werden, das rund 50 Arten aufführt.[8] Als »gesaltzen Wahr« kamen 1555 dazu Lachs, Hering, Stockfisch und »Plateissen«.

Ratserlaß über den Fischhandel vom 11. Juli 1719. Dieses Dekret weist auf die schon in den Jahren 1583, 1585 und 1593 publizierten und noch gültigen Verbote des verteuernden »Fürkaufs« (= Zwischenhandel) für Fisch innerhalb bestimmter Entfernungen um die Stadt hin.

Selbst Speisekarten mit vorgegebenen Preisen wurden zum Reichstag 1555 herausgegeben. Darauf erscheint häufig Fisch, da es im katholischen Kirchenkalender viele fleischfreie Fast- und Abstinenztage gab. »An den Vischtägen. So man die Herren Vischmal, daran man Drey Essen Visch, nämlich Gesotten, Gebachen, Gebraten oder Eingemacht visch und Wein darzue gibt, mag der Wirth für jedes solches Mal vierzehen Kreutzer und nicht mehr nemmen.« So das Preisdiktat für die Wirte für ein üppiges Fischmahl. Zwölf Kreuzer waren beim Reichstag fällig, wenn der Gast Fisch zu Kraut oder anderen Beilagen nahm. In den Jahren 1583, 1585, 1593 ergingen ausführliche Dekrete zum Fischhandel. Und als 1609 erstmals alle Marktordnungen in einem handgeschriebenen Buch zusammengefaßt wurden, das die Dienstanweisung für die Marktmeister und ihre Knechte bildete[9], da nahm der Teil »den Fisch-Marckt betreffend« 26 Seiten ein – beginnend mit dem Ratserlaß von 1583 mit vielen Nachträgen. Dort wurde 1626 eine eigene »Ordnung der Beschauer über die gesalzene und andere dergleichen Fasten-Fische« angefügt und mit 12 Nachträgen bis 1727 fortgeführt. Schon im Stadtrecht von 1276, dann 1442 und 1507 wurden drei Heringsbeschauer bestimmt, ohne deren Kontrolle kein Hering verkauft werden durfte.[10] Allein

Skizze von einem überdachten Fischverkaufsstand mit der typischen Fischwaage auf dem Augsburger Markt im Jahre 1815.

aus diesen vielen ausführlichen und oft modifizierten Anordnungen ist zu ersehen, welche Wichtigkeit dem Fisch als Grundnahrungsmittel zukam.

1719: »In Fürkauffung der Fische grosse Exceß…«

Eines dieser Dekrete im Auszug: »Nachdem Ein Hoch-Edel- und Hoch-Weiser Rath dieser des Heil Reichs Stadt Augsburg sehr mißfallend vernehmen müssen, was in Fürkauffung der Fische grosse Exceß eingerissen…« beginnt ein Ratserlaß vom 11. Juli 1719,[11] worin an die immer noch gültigen Verbote des Zwischenhandels aus den letzten 150 Jahren erinnert wird. Drei Meilen (22,5 km) um die Stadt ist für die Augsburger Fischer der Einkauf zwecks Wiederverkauf auf dem Augsburger Markt verboten. Dabei ist auch zu erfahren, woher von außerhalb Fische kamen: Mittelstetten, Fischach, Dinkelscherben, Zusmarshausen, Welden, Biberbach, Sand an der Ach, Aichach, Bayrmenchingen (Merching), Prittriching und Kleinaitingen sind als Beschicker des Augsburger Fischmarktes aufgeführt. Außerdem werde ständig die Anweisung umgangen, alle Fische auf dem Markt anzubieten, beklagt der Rat zum wiederholten Male. Man durfte die Fische oder Krebse weder Wirten noch Bürgern direkt ins Haus liefern. Dies hätte das Marktangebot für die Bürger verknappt, den unerwünschten Zwischenhandel gefördert und die Preise hochgetrieben.

Die ausführliche, bis 1815 gültige »Erneuerte Marckt-Ordnung« von 1738[12] widmet dem Fischhandel ungewöhnlich viele Zeilen, was wiederum auf dessen Stellenwert deutet. »Fisch und große Krebs seynd alle Tag in dem Fisch-Graben unter Barfüsser-Thor und am Freitag ob dem Fisch-Marckt und grossen Röhr-Kasten zu haben«, nennt die Ordnung die nach wie vor gleichen Verkaufsplätze. Von auswärts gekommener, am Freitag nicht verkaufter Fisch konnte samstags und an anderen Markttagen vor der Metzg feilgehalten werden. Nur wenn die Menge allzu groß war, durfte der Rest zur Hälfte von »hiesigen Fisch-Käuflern« erworben werden. Die Fischmarktknechte (Aufseher) waren angewiesen, streng darauf zu achten, daß von »solchen fremden Fischen kein hiesiger noch fremder Fischer, auch kein fremder Wirth oder Kauderer« (Händler) vor 11 Uhr etwas kaufe. Dem Endverbraucher sollte dadurch der preiswerte Einkauf gesichert und nur im äußersten Fall – kurz vor dem Verderben – die Fische von Nichtstädtern gekauft werden.

Heringe und Stockfische beim »Spezereykrämer«

Auch Paul von Stetten vergißt in seiner Beschreibung der Reichsstadt Augsburg von 1788[13] den Fischmarkt nicht: »Lebende Fische und Krebse halten die Fischer im Fischgraben bey der Barfüßerkirche, wo auch der Markt ist. Häringe und Stockfische verkaufen die Spezereykrämer, und letztere werden auch von den Stockfischern, die allein mit dieser Ware Kramerey treiben, auf dem Fischmarkt verkauft.« Welche Umsätze auf den Fischmärkten gemacht wurden, zeigt eine Statistik 20 Jahre später: Im September 1808 kauften die Augsburger 21 600 Krebse (20 bis 100 Kreuzer pro 100 Stück), 30 800 Frösche (16 bis 90 Kr./100), 3582 Pfund Frischfische, 79 Pfund Stockfische und 16 Maß Grundeln (Kleinfische).[14]

1845: 147 000 Krebse und 97 000 Frösche verkauft

Paragraph 14 der Marktordnung von 1815, »Auf dem Fisch- und Krebsmarkte«, bestimmt immer noch: »Es ist jedem Fremden, der Fische oder Krebse zuführt, gestattet, täglich dieselben an dem Fischmarkte oder Graben zum Verkaufe anzubieten.« Auch das Einkaufsverbot für die hiesigen Fischer innerhalb von drei Meilen um die Stadt ist dort erneuert. Aufkauf überschüssigen Marktangebots unterliegt weiterhin einer förmlichen Genehmigung, »um nicht auf solche Art Unter- oder Vorkäufe zu masquieren« – Zwischenhandel ist wie zu Reichsstadtzeiten verboten. Eine lebensmittelpolizeiliche Anweisung erhellt eine offenbar damals geübte gesundheitsschädliche Praxis beim »Aufbereiten« von Stockfisch: Dessen Wässerung mit einem Zusatz von Kalk wird ausdrücklich verboten. Nur »lauteres Wasser« sei dafür zu verwenden. 1845 erläutert ein kleiner Stadtführer: Auf dem Fischmarkt beim Rathaus könne man Wildbret, Fische und

FISCHMARKT

Krebse von Fremden kaufen, ebenso Stockfisch während der Fastenzeiten, in denen dafür großer Bedarf besteht. »Man kann aber bei unsern Stadtfischern, welche eine eigene Zunft bilden, jeden Tag aus ihren Behältern im sogenannten Fischgraben Fische der edelsten Gattung, als Forellen, dann Hechte, Karpfen und zuweilen Rothfische (eine Art Salmen) bekommen«, ist in dem Stadtführer festgehalten. Dieses Büchlein enthält auch die Marktstatistik von 1845. 17 750 Pfund Karpfen, 6872 Pfund Hechte, 766 Pfund Forellen, 23 590 Pfund Backfische, 5750 Pfund Stockfische und nicht weniger als 147 000 Krebse und 96 700 Frösche (zu je 25 Stück auf einen Weidenrutenring aufgespießt) wurden in diesem Jahr verkauft.[15]

Aus dem Jahre 1850 liegt eine genaue Beschreibung des Fischgrabens aus der (technischen) Sicht des auch für den Wasserbau zuständigen, historisch interessierten Stadtbaurats Kollmann[16] vor: »Fischbehälter bei C 232, Abteilung des mittleren Stadtgrabens. Errichtet 1545 und 1578. Nutznießer: die Fischerzunft. Zwei Reihen Fischkästen, je 19 und 20 Stück, von 5' Länge, 5' Breite und 3' 6" Tiefe. Inmitten ein künstlicher Bewässerungskanal mit Stau-Schütze und Wehr, 120' lang, 2' breit, 1' tief.« Es gab also insgesamt 39 Fischkästen von 1,46 x 1,46 Meter Größe, die bis in 1,02 Meter Tiefe reichten. Ein 35 Meter langer und etwa 60 Zentimeter breiter Kanal sorgte für stete Durchspülung mit frischem Brunnenbachwasser, das bis 1840 den Augsburgern auch als Trinkwasser gedient

Zu Tausenden wurden lebende Krebse in Holzschäffern in die Stadt gebracht und auf dem Fischmarkt beim Rathaus verkauft.

Unten: Aus einem Bilderbogen um 1790 stammen die beiden Marktszenen vom Fisch- und vom Froschverkauf. Froschschenkel zählten zu den »Pfennigartikeln« und wurden in Massen angeboten.

Der Lebendfischverkauf fand im Stadtgraben östlich des Chores der Barfüßerkirche und des Jakobsstifts (am linken Bildrand) statt. Im Hintergrund das 1825 abgebrochene Barfüßertor.

hatte. Genauso wie hier beschrieben, zeigt sich der Fischgraben auf Stichen aus dem 17. und 18. Jahrhundert und Fotos zwischen 1870 und 1930. Darauf ist auch das Waaghaus abgebildet, an dessen Wand noch 1850 eine Steintafel daran erinnerte, daß 1731 die Ufer befestigt und steinerne Fischkammern angelegt worden waren.

Reiches Angebot: Lachs, Forelle, Waller, Schill...

Ein Einblick in die Preise im Jahre 1883: Der Wochenmarktbericht vom 13. April[17] führt 16 Fischarten auf, von denen in dieser Woche nur Äschen nicht angeboten waren. Lachs war mit bis zu 3,50 Mark pro Pfund der teuerste Fisch, gefolgt von der Forelle mit 2,40 Mark. Entschieden billiger waren da schon Waller und Schill (1,30 bis 1,50). Mit 1,20 Mark folgte der Hecht. Rutte und Karpfen waren für eine Mark pro Pfund zu haben. Das waren die »Luxussorten«. Ärmere Bevölkerungsschichten konnten sich meist nur die billigeren, in reicher Auswahl angebotenen Weißfische leisten. Schleihe, Orfe, Brachse, Karausche lagen zwischen 60 und 90 Pfennig, während 500 Gramm des Lech- und Wertach-Massenfisches »Nase« nur 10 bis 20 Pfennig kostete. Die grätenreichen Rotaugen gab's gar für 3 bis 5 Pfennig. Wer Appetit auf Blaufelchen hatte, mußte im April 1883 durchschnittlich eine Mark pro Stück auf den Tisch legen, und Krebse wurden je nach Größe für –,80 bis 1,30 Mark/Pfund ausgewogen. – Zum Vergleich einige Fleisch- und Geflügelpreise: Bestes Mastochsen- und Schweinefleisch kosteten 65 Pfennig/Pfund, ein junges Huhn –,90 bis 1,40 Mark, eine Ente 1,30 bis 1,50 Mark, eine Gans 3 bis 4 Mark (pro Stück, geputzt).

Fisch- und Wildbretmarkt ab 1902 in der Halle

Bis 1902 bestand der Fischmarkt zwischen Rathaus und St. Peter. Nach Eröffnung des Schlacht- und Viehhofes im Jahre 1900 wurde die bisherige, 1850 erbaute Schlachthalle neben der Metzg frei. Nun konnte »dem längst gefühlten Bedürfnisse der Verlegung des seitherigen Fisch- und Wildpret-Marktes in der Maximilianstraße in eine gedeckte Halle Rechnung getragen werden«, drückt der städtische Oberbaurat Fritz Steinhäußer 1902 die Erfüllung einer von Marktbeschickern wie Käufern längst geäußerten Forderung nach einer Markthalle aus.[18] Für 28 Jahre zieht in der 27 Meter langen, 8,5 Meter hohen Halle der Fisch- und Wildbretmarkt in unmittelbarer Nachbarschaft der Stadtmetzg ein.

Dem per Eisenbahn in Kühlwagen schnell transportierbaren Seefisch kam wegen seines günstigen Preises und Massenanlieferung seit der Jahrhundertwende erhöhte Bedeutung als Marktware zu. Im Juli 1914 nennt der Marktbericht beispielsweise neun tatsächlich angebotene von 19 aufgelisteten möglichen Meeresfischarten. Vom Seelachs (30 Pfennig pro Pfund) über den Angelschellfisch (40 Pfg.) und den Karbonadenfisch (50 Pfg.) bis zur Rotzunge (60 Pfg.) reicht die Vielfalt. Dazu kommen noch 14 verschiedene Süßwasserfische, die im Preis großteils entschieden höher liegen. Auch Krebse werden zum Pfundpreis von 1,80 bis 2,80 Mark angeboten. (Zum Vergleich: Ochsenfleisch 70 bis 110 Pfg./Pfund, Schweinefleisch 75 bis 95 Pfg.)[19]

Seefischtage im Ersten Weltkrieg propagiert

Mit Beginn des Ersten Weltkrieges häufen sich die Berichte über den Seefischmarkt. Ihm kommt jetzt eine bedeutende Rolle in der Volksernährung zu. »In keinem Haushalt macht sich die Einschränkung des Mehlkonsums fühlbar, wenn an Stelle von Mehl- und Fleischspeisen ein- bis zweimal wöchentlich Seefischgerichte auf den Tisch kommen«, machen schon Anfang 1915 Empfehlungen in den Zeitungen auf die »billigen Seefischtage« von Dienstag bis Donnerstag mit besonders preisgünstigem Einkauf aufmerksam.

Am Freitag, 10. Oktober 1930, werden in der Halle am Schlachthausgäßchen letztmals Fluß- und Seefische verkauft.[20] Am 13. Oktober beginnt für die Fischhändler die neue Ära in den »Augsburger Markthallen«, wie der Stadtmarkt zu dieser Zeit genannt wurde. Dort wurden die Seefischhallen und der Fischmarkt unter freiem Himmel als eigene Bereiche ausgewiesen. Auch die auswärtigen Fischer, die sogenannten »Landfischer«, vergaß man beim Ausbau des neuen zentralisierten Marktes nicht: Für sie sind dort noch in unseren Tagen Wasserbehälter unter einem schützenden Dach aufgestellt. Aus diesen verkaufen Fischzüchter an bestimmten Tagen Lebendfisch aus Teichen der Region. Sogar Fluß- und Edelkrebse aus Zuchtgewässern krabbeln wieder im Korb.

Im Stadtmarkt läßt sich am ehesten der jahrhundertelang übliche Fischmarktbetrieb nacherleben. Dort wird immer noch die ganze Vielfalt heimischer Süßwasserfische präsentiert. Die einst zu Zehntausenden angebotenen Frösche aus den Bachläufen des Augsburger Umlandes sind allerdings aus dem Sortiment verschwunden – sie zählen längst zur streng geschützten Fauna. Dafür sind jetzt ganzjährig in den Fischgeschäften des Stadtmarktes die exotischsten Meerestiere aus aller Welt in unwahrscheinlicher Vielfalt parat. Schon im 13. Jahrhundert gab's zwar im weit von der See entfernten Augsburg auch Meeresfische, doch diese kamen bis zum Ausbau eines deutschlandweiten Eisenbahnnetzes ab Mitte des 19. Jahrhunderts nur getrocknet als Stockfisch oder in Fässern eingesalzen auf den Markt. In einem weiteren Stadtmarktgeschäft wird die uralte Markttradition aufrecht erhalten: Es bietet immer noch das früher auf dem Fischmarkt am Rathaus übliche Angebot von vielerlei Wild und Fisch.

Um 1900: Der Fischgraben mit den vielen Fischkästen, in denen die unterschiedlichsten Fische im Grabenwasser schwammen. Der noch erhaltene schmale Zugang über einige Stufen von der Barfüßerstraße aus ist in der Bildmitte erkennbar. Durch ihn erreicht man jetzt das Barfüßercafé, das die Räume der an den Kirchenchor angebauten einstigen »Fischmarkt-Lokalitäten« mit der Waage einnimmt.

Der Brotmarkt mit den zweirädrigen, überdachten, in einer Reihe stehenden Brotkarren gab jahrhundertelang dem Teilstück der Maximilianstraße zwischen Rathaus und Weberhaus den Namen. Am Donnerstag und am Freitag wurde hier Brot von Landbäckern verkauft.

Der Brotmarkt

Bäcker buken schon 1276 »saemlin« und »braetzcen«

Brot und andere Backwaren zählen zu den wichtigsten Nahrungsmitteln. Dies schlägt sich in der Vielzahl von Erlassen über die Herstellung, die Überwachung von Güte und Preis, über Bestrafung betrügerischer Bäcker und über den Verkauf seit über 800 Jahren nieder.[1] So wird bereits Anno 1156 im ersten Augsburger Stadtrecht den Bäckern auferlegt, ihr Brot nach dem richtigen Gewicht zu backen. Der Burggraf hatte bei dreimaligem Verstoß gegen dieses Gebot zu strafen.[2] Fast 100 Jahre später, im Jahre 1248, werden erstmals Brot-Verkaufstische im Freien erwähnt, an denen sechserlei Brotsorten angeboten werden mußten. Einer der Brotmarktplätze war der heutige Fischmarkt zwischen Rathaus und Perlachturm. Dort verlieh 1248 der Probst von St. Peter einen Brotladen an der Kirche als »Leibgeding«.[3]

Das Stadtrecht von 1276 enthält umfangreiche Bestimmungen für die Bäcker und deren Erzeugnisse. Da sind bereits »saemlin« und »braetzcen« erwähnt, die sechserlei Brotsorten genau beschrieben und der Verkauf von altem Brot verboten. Das Brot mußte allwöchentlich auf Größe, Gewicht und Geschmack geprüft werden. Das Gewicht-Preis-Verhältnis wurde alljährlich am Jakobstag (25. Juli) durch Probebacken nach jeder Ernte festgelegt. Erhöhte oder ermäßigte sich danach der Kornpreis, wurde nicht der Brotpreis geändert, sondern das Gewicht des Laibes. Diese 1276 niedergeschriebene Regelung hatte noch im 19. Jahrhundert Gültigkeit.

Augsburger Brot auf Tischen, Landbrot in Karren

Sieben Jahre später, Anno 1283, wurde erneut eine Bäckerordnung erlassen.[4] Einer der Gründe dafür: Die überdeckten beweglichen Brotstände am Perlach wurden in diesem Jahr durch ein Brothaus ersetzt. Nun sollten die Augsburger Bäcker »im neuen Oberen Brothaus« und an öffentlichen Brottischen ihre Backwaren feilhalten. Diese am Straßenrand stehenden Tische waren ausschließlich für Augsburger Gebäcke vorbehalten.

Von auswärts kommende Bäcker, aber auch Einheimische, die außerhalb der Stadt hergestellte Backwaren anboten, mußten von Karren und Wägen verkaufen. »Vor sant Lienhart« – bei der Leonhardskapelle an der Ecke Karolinen-/Karlstraße – konnten die »Bäckerknechte« bis zur Mittagsstunde dieses »Importbrot« anbieten. Vier einheimische Meister hatten auf den Brotmärkten über die Einhaltung der Vorschriften zu wachen. Dazu zählte auch die Bestimmung, daß sich der Verkäufer grundsätzlich hinter seinem Tisch oder Wagen zu plazieren habe, um den einkaufenden Frauen nicht unschicklich zu nahe zu kommen. »Wer unzuht begat mit wordten oder mit werchen«, den soll der Burggraf mit einem Monat Stadtverbot strafen, heißt es Anno 1283. So streng und sittlich ging es auf dem Brotmarkt zu!

Die Bäcker beschäftigen die Augsburger Obrigkeit permanent. Doch nicht nur der Überwachung des Brotmarktes widmete sie ihr besonderes Augenmerk – sie sorgte auch für wetterfeste Verkaufsmöglichkeiten. Die Bäcker erhielten in dem 1396 neu erbauten Tanzhaus auf dem Weinmarkt, das im Parterre eine weiträumige Markthalle war, ebenso Verkaufsstände wie die Metzger.

Ein Bäckergeselle am Verkaufsstand mit Brezen, Semmeln und Brot mit den Preisen und Gewichten aus dem Teuerungsjahr 1817.

Die in unserer Zeit verstärkt praktizierte Kombination Bäcker/Metzger unter einem Dach ist also keine Neuerfindung – sie war schon im Tanzhaus üblich! Darin gab's über 200 Jahre lang einen Fleisch- und Brotmarkt unter einem gemeinsamen Dach.[5]

Tanzhaus und Zunfthaus ersetzen Bäckerhütten

Zwei Jahre nach Zuweisung dieser Markthalle, Anno 1398, berichtet die Welser-Chronik vom Bau des ersten Bäcker-Zunfthauses: »Da brannten durch ein unversehenes Feuer alle Häuser auff dem hohen Weg von dem Eckhaus an gegen S. Peters Capell über bis an der Minoriten Closter (= Barfüßer-Kloster unterhalb des Perlachberges)... gantz hinweg. Hiernach bracht die Becker Zunfft bey dem Rath zuwegen, daß man ihnen allda ein Hauß gebauen und denselben Platz zu einem Marckt gegeben hat. Dann sie vor diesem nur hölzern Läden vom Judenberg an biß an die Schmidgassen (außgenommen auf dem Berlach nicht) an einer Zeil nach einander gehabt hatten. In deren obersten Gemächern zuvor die Schuster feil gehabt, unten aber die Becker dazumal noch Brodt verkaufften. Seyt der Zeit seynd solche Hütten abgebrochen und gar hinweg gethan worden.«[6]

Sechs Jahre vor dem Brand von 1398 hatte die Stadt die Häuser an der Ecke Perlachberg/Karolinenstraße eingetauscht.[7] Die Katastrophe ermöglichte auf diesem Platz die Errichtung des Bäckerhauses und des Schuhhauses. Nach deren Bau mußten die in der Chronik geschilderten doppelstöckigen Holzhäuschen (»hölzern Läden«) zwischen Moritzplatz und Schmiedberg verschwinden, in denen zu ebener Erde Bäckerläden untergebracht waren. Dies ist die erstmalige Erwähnung von »Einzelhandelsgeschäften«, in denen der Brotverkauf erfolgte.

Elias Holl baut 1602 das »Beckenhaus«

Über 200 Jahre später, am 7. Januar 1602, bekam Elias Holl von der Stadt den Auftrag, das alte »Beckenhaus« abzubrechen und es durch einen Neubau zu ersetzen. Nach dem Dreißigjährigen Krieg sah die Reichsstadt sich aus Geldnot gezwungen, den Bäckern dieses Zunfthaus für 3000 Gulden zu verkaufen. 1863 veräußerte die Zunft kurz vor ihrer Auflösung (1868) das Gebäude. 1944 ging es im Bombeninferno in Flammen auf, seine erhaltbaren Außenmauern wurden gesprengt. – Soviel zur Geschichte des Bäcker-Zunfthauses.

Ein Ratsbeschluß von Anno 1424 überrascht: Die Bäcker sollten auch Fleisch aus eigener Erzeugung verkaufen! (Weiteres dazu in den Kapiteln »Fleischmarkt« und »Schweinemarkt«!) Es war eine Notzeit, und es herrschte großer Fleischmangel. Deshalb forderte der Rat die Bäcker auf, ihre mit den Backstubenabfällen und der beim Mehlmahlen übrigbleibenden Kleie, mit Nachmehl und Gerste gemästeten Schweine selbst zu schlachten und das Fleisch am Dienstag und Samstag feilzuhalten – und zwar etwas billiger als die Metzger. Sie bekamen zu diesem Zweck im Jahre 1424 Verkaufsstände an der St.-Peters-Kirche am Perlach zugewiesen.

15 Jahre später, am 18. August 1439, wiederholte der Rat diese Aufforderung und bestimmte weiters, daß den Bäckern erlaubt sei, »ainen freyen markt mit flaisch zu ewigen tagen zu halten«. An dieser Bestimmung sollten die Metzger auch weiterhin nicht rütteln. Der Fleischverkauf der Bäcker aus Eigenerzeugung wurde also zur Dauereinrichtung. Die Bäcker bauten diese Abfallverwertung zu einer »Mast-Kooperative« aus und legten große Schweineställe vor dem Wertachbrucker Tor und dem Jakobertor an. Erst 1863 verkaufte die Zunft diese Ställe, die dann rasch abgebrochen wurden.[8]

Gefürchtete Bäckerstrafe: das »Schupfen«

1442 waren die Bäcker derart unangenehm aufgefallen, daß die Stadt zu einer drastischen Maßnahme schritt: »Vor die Becken aber, welche an der damaligen Theuerung viel Schuld hatten, und mit dem Gewicht großen Betrug trieben, ließ der Rath einen Wipp-Galgen bey der Roß-Schwemme zu St. Ulrich aufrichten. Diese Schmach verdroß die Becken-Zunft so heftig, daß sie alle nach Friedberg in die Freyung gingen, allein der Mangel brachte sie bald wieder nach Augspurg, da sie dann leyden mußten.«[9]

Der Wippgalgen über einem kleinen Weiher auf dem Kitzenmarkt war bei den Bäckern sehr gefürchtet, wurden damit doch ihre schwarzen Schafe gestraft. Diese Prozedur lief folgendermaßen ab: Am Galgen befestigte man einen Flaschenzug, durch den ein Seil mit angehängtem großem Korb lief. In diesen wackeligen Behälter mußte sich der Missetäter setzen und wurde mitten über die Lache hochgezogen. In der Höhe baumelnd, war er dem schau- und spottlustigen Publikum preisgegeben, das auf den »Höhepunkt« der Strafaktion wartete: Wollte sich der arme Bäcker nicht alsbald freiwillig in die Pferdeschwemme fallen lassen, half ein Stadtknecht mit einer langen Stange nach, so daß er aus dem Korb kippte und ins Wasser plumpste. Es war vor allem die öffentliche Brandmarkung als Betrüger, die dem »Schupfen« anhaftende Schande, die diese Ehrenstrafe so gefürchtet machte. Sie war für das Backen und Verkaufen von nicht exakt den Vorschriften entsprechendem Brot bereits im Stadtrecht von 1276[10] angedroht und gleichzeitig festgelegt, daß diese Schmach unter aller Augen stattfinden solle.

Im Jahre 1444 sah sich der Rat »wegen des Gemeinnutzes und aus Notdurft« schon wieder gezwungen, in den Brotverkauf einzugreifen.[11] Die Bäcker sollen künftig allezeit durch Anschlag wissen lassen, um welchen Preis sie Weizen und Roggen einkaufen und zu welchem Gewicht sie die davon gebackenen Ein-, Zwei- oder Drei-Kreuzer-Brote abgeben. Anno 1491 erinnerte der Rat nicht zum ersten Mal an die Bestimmungen über das Brotgewicht, die nicht in dem gewünschten Maße befolgt würden. Er führte noch strengere Kontrollen ein und ließ fortan »das feile Brodt alle Wochen wiegen«.[12] Die schon 1276 und 1283 beschriebene »Brot-Visitation« war noch 400 Jahre später üblich und wird in einer Verordnung zur Brotbeschau von 1877 zum x-ten Male wiederholt. Diese Kontrollmöglichkeiten scheinen nicht ausgereicht zu haben, denn ab 1548 mußte jeder Bäcker zur einwandfreien Herkunfts-Identifizierung auf dem schwarzen Brot sein Zeichen anbringen. Eine ausführliche, aufschlußreiche Bäckerordnung, in der diese Anordnung festgeschrieben ist, folgte im selben Jahr.[13] Doch die Bäcker wurden nicht nur strengstens überwacht, sie wachten auch selbst über unliebsame Konkurrenz. Eine Episode beleuchtet die Einmischung der Bäcker-Zunft sogar in den privaten Bereich.

Hans Holls Backofen löste Klage aus

Anno 1554 baute Maurermeister Hans Holl (der Vater des berühmteren »Stadtwerkmeisters« Elias Holl) in sein Haus in der Bäckergasse einen Backofen ein. Prompt reichten die Bäcker Klage beim Augsburger Rat ein: Es seien schon 94 Backöfen in Augsburg, es herrsche kein Mangel an Sauerbäckern und es seien »der Beckhen one das nur zu vil« in der Stadt.[14] Wie viele das jeweils waren, belegen die Statistiken: Anno 1475 buken 104 Bäcker, 1536 registrierte man deren 142 und 1610 war ihre Anzahl auf 129 gesunken. Sie zählten zu den mitgliederstarken Zünften, die im Rat über Einfluß verfügten. Darauf weist auch die Tatsache, daß sie 1557[15] auf Kosten der Stadt ein neues Brothaus beim Tanzhaus bekamen und 1602 – wie geschildert – ein neues Zunfthaus am Perlach.

Mit sinnvoll konstruierten Brot-Transport- und -Verkaufswagen kamen im 18. Jahrhundert von der Stadt ausgewählte Bäcker aus Lechhausen und Friedberg am Donnerstag abend und Freitag vormittag zum traditionellen Brotmarkt vor der alten Stadtkanzlei.

»Brod« war die Schreibweise um 1810, als dieses Bild auf einem Bogen mit »Momentaufnahmen« vom Marktleben entstand.

In den Not- und Teuerungsjahren 1552, 1566 und 1570 ließ die Stadt in eigenen Öfen jede Woche Tausende Brote backen und preiswert verkaufen. Und als 1585 die Bäcker streikten und das Brotgewicht herabsetzen wollten, lud der Rat auswärtige Konkurrenten ein, ihr Brot am Donnerstag, Freitag und Samstag in die Stadt zu liefern. Würde dies die einheimischen Bäcker noch nicht zur Vernunft bringen, drohte der Rat, sollten die Auswärtigen an weiteren Tagen verkaufen dürfen. Damit wären viele Augsburger Bäcker ruiniert gewesen. 1606 hatte sich die Stimmung entschieden gebessert, die Augsburger Bäcker wurden wieder mehr in Schutz genommen. Das wird aus der in diesem Jahr erlassenen neuen »Becken-Ordnung« ersichtlich, die auch die Verkaufsmodalitäten bis ins Detail regelte.[16]

1606: »Sonntags-Semmeln« erst ab 10 Uhr...

»Es sollen auch hinfüro alle Tag neugebachne Semlen, zway Pfenning, Pfenning und wol auch Haller werdt zu kauffen gefunden werden« – es gab 1606 also auch »Sonntagssemmeln«, und zwar in drei verschiedenen Größen. Und: Bei den »Prezen soll das Salz allain in den Taig und nicht aussen darauff geworffen werden«. In dem Absatz »Wo das brott verkaufft werden solle« bestimmte die Ordnung von 1606: »Es solle hinfüran alles brott an den Beckhen Läden, auch in den beiden brottheussern verkaufft werden, allein am Donnerß- und Freittag mögen die Beckhen ihr Brot in Wannen von der Canzley an biß zum Rör-Pronnen failhaben, und sonsten an kainem Ortt in der Statt.« Nur altbackenes Brot sollten die Einheimischen auf den Straßenmarkt bringen dür-

fen, und zwar zu einem niedrigeren Preis als Frischware. Grundsätzlich durften die Augsburger nur aus Wannen – in der Höchstzahl zwei pro Bäcker –, »weder under Hütten, in Kärren noch Wägen« verkaufen. Letztere blieben dem »Importbrot« vorbehalten.

Im Sommer konnte der Brotverkauf um 6 Uhr beginnen, im Winter um 7 Uhr, an Sonn- und Feiertagen aber erst nach der Gottesdienstzeit ab 10 Uhr. Auswärtige Bäcker hatten nach der Ordnung von 1606 nur mehr an zwei Tagen – wie ihre Augsburger Berufskollegen – einen Freiluft-Verkaufsplatz: Am Donnerstag ganztags und am Freitag bis 12 Uhr mittags durften auf der Maximilianstraße zwischen dem Rathaus und dem Merkurbrunnen ihre Brotwagen stehen. Dieser Bereich hieß denn auch bis ins 19. Jahrhundert hinein »Brotmarkt«.

Brotkärren vor der Stadtkanzlei

Etliche Kupferstiche bestätigen bildlich, was auch die »Erneuerte Marktordnung« von 1738 festschrieb: daß nämlich »altbachenes hiesig und fremd Brod in denen Kärren vor der Stadt-Cantzley an hinaufwärts gegen das Weber-Hauß« zu verkaufen sei. Zum großen Freitags-Viktualienmarkt waren nach der 1738er Ordnung die Bäcker aus der Umgebung nur mehr in sehr eingeschränktem Maße zugelassen: Lediglich am Donnerstag abend und am Freitag vormittag durften allein »Lechhauserische und Friedberger Becken« nach einem Vertrag vom 19. Oktober 1682 noch Brot von den Kärren herab auf dem vorgenannten Straßenmarkt verkaufen. Den früher auch von Schrobenhausen, Haunstetten und anderen Orten angefahrenen Bäckern blieb seit diesem Vertrag der Augsburger Markt völlig verschlossen.

Anno 1763 ließ die Bäckerzunft einen jetzt im Handwerkermuseum im Brunnenmeisterhaus ausgestellten Pergamentband schreiben. Sein überreich verzierter Titel: »Ordnung und Articul Eines Ehrbaren Handwercks der Becken«. Darin wurden in 55 Artikeln alle 1763 gültigen städtischen Erlasse, die Bezug zum Bäckerhandwerk hatten, und alle Zunftbestimmungen zusammengefaßt. Die Nachträge reichen weit ins 19. Jahrhundert.

1788: Sechs Brotwäger kontrollieren

Quasi einen Extrakt dieser umfangreichen Bestimmungen stellt die kurzgefaßte Schilderung des Brotmarktes Anno 1788 in einem Stadtführer dar:[17] »Das Brod backen die Bäcken, und verkaufen es an ihren Läden, an den Häusern, auf welchen die Gerechtigkeit haftet. Daß solches in rechtem Gewichte geschehe, welches ihnen vom Rath selbst, vermittelst berechneter Tarife, nach dem Preise des Getreides, wöchentlich vorgeschrieben wird,

Eine Augsburger Gasse gegen Ende des 18. Jahrhunderts. Die Bäckerei präsentiert ihre Erzeugnisse im Freien unter einem Schutzdach.

dazu sind sechs Brodwäger aufgestellt, welche darnach sehen, und die solches verfehlen, dem Bürgermeisteramte zur Bestrafung anzeigen sollen. Die Bäcken aus den benachbarten Orten, Friedberg, Aicha, Schrobenhausen und Lechhausen, haben vermög eines besonderen Vertrages von 1682 die Freyheit, wöchentlich einmal Brod hereinzuführen und auf dem Brodmarkt zu verkaufen.«

Ab 1815 wechselnde Verkaufsplätze für Landbrot

Die erste nachreichsstädtische Marktordnung von 1815 krempelt viel Althergebrachtes um: Sie legt für den Brotverkauf im Freien den »disponiblen Raum in der Karolinenstraße« fest. Die Brotverkäufer werden also mitten unter den Grünzeughändlern plaziert. Auch neue Gewerbegesetze (nach 1818 bzw. 1825) zeigen Wirkung: Mit dem 1. Januar 1830 tritt für Mehl und Brot eine den Markt revolutionierende Verordnung in Kraft: Die »freie Konkurrenz« zwischen städtischen und auswärtigen, in Augsburg verkaufenden Bäckern wird verfügt!

Für die »Importeure« gelten ab 1830 dieselben Bedingungen wie für ihre Augsburger Berufskollegen. Das Hausieren bleibt den Auswärtigen nach wie vor verboten. Ihr neuer Verkaufsplatz liegt allerdings nicht mehr in bester Lage auf der meistfrequentierten Maximilianstraße oder Karolinenstraße, sondern im ehemaligen Schmalzwaaglokal im St.-Katharina-Klosterhof (heute Holbein-Gymnasium). Brot, Mehl, geröndelte Gerste und Stärkemehl dürfen sie dort anbieten.[18]

Im Verlauf des 19. Jahrhunderts folgen in Augsburg viele neue Verordnungen in bezug auf Backwaren. Vorerst stehen für bestimmte Brotsorten wie seit Jahrhunderten »Taxen« fest, die das Gewicht, die Beschaffenheit und den Preis festlegen. Als solche »Pflicht-Brote« galten im September 1829 die aus »Kern-Mehl« (Weizenart) gebackenen »Röggelen« zu zwei Pfennig (Gewicht zu dieser Zeit: 50 g) und einem Kreuzer (100 g) sowie Roggenbrote zu 2, 4, 6 und 8 Kreuzer (zwischen 475 und 1900 g pro Laib).[19] 1829 erfolgen etliche Änderungen: Der »Brot-Satz« wird aufgehoben und festgelegte Laibgewichte zwecks besserem Preisvergleich werden vorgeschrieben – zuvor blieb der Preis gleich, und die Gewichte änderten sich. Der Bäcker habe am Monatsersten bei der Polizeibehörde eine Liste der diesen Monat geltenden Preise einzureichen und diese auch in seinem Laden auszuhängen.[20]

Die in Augsburg ab 1. Januar 1830 geltende Preisfreigabe bewährte sich nicht. Sie wurde nach einigen Jahren zurückgenommen und wieder allwöchentlich die Gewichte der nur noch fünf Sorten »Tarif-Brot« in den Zeitungen veröffentlicht. Andererseits aber wurde das Sortiment des »nicht tarifierten Brods« ständig erweitert.

Brotlaibe mit eingebackener Anschrift

Unter die freigegebenen Sorten fallen nach einem städtischen Erlaß von 1844[21] »Eierwecken, Bretzchen, Hörnlein, mürbes Ulmer-, Frankfurter-, französisches, Milch-, Herren- oder Mundbrod, Stingele, Zöpfeln, Schnecken, Butterlaibchen und der gleichen«. Wie die umfangreiche Auflistung zeigt, war die Angebotspalette der Bäcker sehr reichhaltig. Die keiner Preis- und Gewichtskontrolle unterliegenden »Luxus-Backwaren« durften nur neben dem »Pflichtbrot« angeboten werden. Für solches galten ab März 1845 verschärfte Anweisungen: Die Brotlaibe mußten zwecks eindeutiger Herkunftskontrolle mit der eingedrückten, eingebackenen Literazahl samt Stadtteilbuchstaben des Bäckerhauses versehen sein, nach wie vor von einer jeweils genau festgelegten Menge Mehl gebacken und beim Verkauf 24 Stunden alt sein!

Die »Brod-Taxe« wurde wie seit alters wöchentlich nach dem Getreidepreis an der Schranne neu festgesetzt und hing – auf vorgedruckte Zettel geschrieben – für jedermann sichtbar im Laden aus. Wie die Mehl-, Bier- und Fleisch-Taxe veröffentlichte das »Intelligenz-Blatt« (Amtsblatt) auch das Gewicht für zwei Röggelen- und drei Brotgrößen. Ein Beispiel: Ende Dezember 1856 mußte das Ein-Kreuzer-Röggl 3 Loth und 3 Quentchen (zirka 65 Gramm) wiegen. Ein Roggenbrot zu 2 Kreuzern wog in dieser Woche 18 Loth (à 17,5 gr. = 375 gr.), der große Laib für 8 Kreuzer mußte 2 bayer. Pfund und 8 Loth auf die Waage bringen, das sind 1260 Gramm.[22] Wie streng die Backwaren-Überwachung gehandhabt wurde, belegen die stets in den Zeitungen veröffentlichten Urteile des Augsburger Polizei-Senats.

Viele Strafen wegen Untergewicht

In seiner Sitzung am Mittwoch, den 26. Juli 1854, verurteilte er beispielsweise den Bäckermeister Fr. Reichenbach, Lit. G 2 (Jakoberstraße 1), zu sieben Gulden Strafe, da bei ihm zum fünften Mal »verschiedenes Brot (übrigens guter Qualität) zu leicht befunden und confiscirt worden«. Die gleiche Strafe trifft den Bäckermeister Josef Knabel, Lit. F 323 (Auf dem Kreuz 19), der an eine Gaststätte »zu geringgewichtiges Brot von überdieß schlechter Qualität« geliefert hatte. Bei ihm war es die vierte Anzeige und Verurteilung.[23]

»Und der November hat daß Seelen Pretzen Recht – die schickt einander Man durch Magd bis Knecht.« So lautet die Beschriftung dieser Tuschzeichnung aus einem Monatsbilder-Zyklus von J. D. Nessenthaler (1717 bis 1766) mit den vor einer Bäckerei liegenden Seelenbrezen. Die Verkäuferin sitzt an einem »Kassentisch«. Ähnlich überliefern auch Kupferstiche aus dieser Zeit den Backwarenverkauf.

»Alle Brotwaren unterliegen der polizeilichen Aufsicht und Beschau«, stellt ein ausführlicher Erlaß zur Brotbeschau 1877[24] fest. Im Grunde werden darin lediglich die in Augsburg seit 600 Jahren üblichen peniblen Kontrollvorschriften neu gefaßt bzw. die Überwachung in andere Hände gelegt. Vereidigte Brotwäger, ein Polizei-Offiziant oder auch ein Magistratsmitglied können nun die Kontrolle in den Bäckerläden und an Verkaufsständen vornehmen. Die Lebensmittelüberwachung wird streng gehandhabt.

Straßenbahn verdrängt Stände in die Karlstraße

Ein letztes Mal werden 1890 die Marktplätze neu verteilt. Der Grund sind die Behinderungen für die seit 1881 eingeführte Straßenbahn auf verschiedenen Plätzen und Straßen durch die Straßenmärkte. Der Brotverkauf wird deshalb in die straßenbahnfreie Karlstraße verlegt. An deren Nordseite, an der Karolinenstraße beginnend, sollten die Stände stehen. Doch um die Jahrhundertwende war der Brot- und Backwarenverkauf auf der Straße kaum noch von Bedeutung.[25]

Der 1930 bezogene Stadtmarkt nahm die Tradition aneinandergereihter Backwaren-Verkaufsstände wieder auf. Daran wird bis heute festgehalten: Verkauft wird – angepaßt an unsere Zeit – in komfortablen kleinen Läden. Und die 1276 festgelegte Regelung, daß sechserlei Brotsorten im Angebot sein müßten, ist in unserer Zeit überflüssig: Die Brotvielfalt und das Angebot an sonstigen Backwaren läßt keine Wünsche offen!

»Das Bäckenhaus« an der Ecke Perlachberg/Karolinenstraße, gezeichnet 1889. Stadtbaumeister Elias Holl errichtete ab 1602 dieses Zunfthaus mit der reich gegliederten »welschen« Fassade im Auftrag der Reichsstadt. Im Februar 1944 wurde es von Bomben getroffen und brannte aus.

1815 hielt Joseph Ignaz Hörmann diese Szene vor der Stadtmetzg am Fuß des Perlachbergs im Bild fest. Die Magd mit dem Hundegespann und ungewöhnlicher Fracht unterhält sich mit einem Metzger. Im Hintergrund die beiden Zugänge zur großen Verkaufshalle für die Augsburger Fleischer im Parterre der Metzg. Bis Oktober 1930 war hier der zentrale Fleischmarkt der Stadt samt beliebtem Imbißlokal.

Der Fleischmarkt

Anno 1560: 13 000 Ochsen für 35 000 Augsburger

Schweinefleisch muß im römerzeitlichen Augsburg sehr begehrt gewesen sein. Ein »Negotiator porcarius« – ein Schweinefleisch-Großhändler – brachte es nämlich zu ansehnlichem Vermögen, so daß er dem Rat und damit dem obersten gesellschaftlichen Stand in Augusta Videlicum angehörte. Dies überliefert ein 1873 gefundener Weihestein aus der Zeit um 200 nach Christus, auf dem dieser Händler die Wiedererrichtung eines baufälligen Heiligtums dokumentierte.[1] Die fragmentarische Steininschrift ist der älteste Nachweis einer Fleischvermarktung in der Stadt aus einer urkundenlosen Zeit. Doch auch etliche Jahrhunderte nach Abzug der Römer zählte Fleisch zu den wichtigsten Nahrungsmitteln. Darüber informieren ab dem Jahr 1104 schriftliche Quellen.

Es bestand schon sehr früh für die Stadt-Regierung die Notwendigkeit, der Fleischversorgung Augsburgs ein besonderes Augenmerk zu widmen – wohl aus fiskalischen wie aus gesundheits- und marktpolitischen Gründen gleichermaßen. Dies drückt sich in der Tatsache aus, daß schon in einer Urkunde aus dem Jahre 1104 das Metzgerhandwerk in Augsburg erstmals genannt wird. Das Pergament ist die älteste schriftliche Dokumentierung dieses Berufes in Deutschland!

Seit 1276: Nur »beschautes« Fleisch ...

Auch das Stadtrecht von 1156 nennt die »Carnifices« – die Metzger. Breiten Raum nehmen die Fleischer, das Schlachten und der Fleischmarkt im Stadtrechtsbuch von 1276 ein. Es erwähnt bereits ein öffentliches Schlachthaus und den Zwang zur Benützung: »Ez sol auch chein fleismanger chein rint noh chein schaf noh chain chalp staechen wan in dem schlachus.«[2] Gleichzeitig war der Fleischverkauf geregelt: An zwei Tagen der Woche durfte nach Prüfung durch vereidigte Beschauer nur einwandfreie Ware angeboten werden.

Historiker haben errechnet, daß um das Jahr 1500 im etwa 30 000 Einwohner zählenden Augsburg alljährlich 5000 bis 7000 Ochsen verzehrt wurden. Für Anno 1560 vermerkt der um diese Zeit lebende Pirmin Gasser in seinen Aufzeichnungen, daß »innerhalb Jahresfrist 13 000 Ochsen in der Fleischmetzig öffentlich ausgehauen und verkauft« wurden.[3] Diese Zahlen weisen die Augsburger im 16. Jahrhundert als große Fleischliebhaber aus, denn auch Kälber, Lämmer, Kitzen und Schweine zählten neben dem Ochsenfleisch zum Angebot der Metzger. Exakte Statistiken belegen einen hohen Fleischverzehr auch in späterer Zeit. Einen breiteren Raum als das Schlachten nimmt in den frühen Ratserlassen der Reichsstadt der Fleischverkauf ein. Die Marktplätze und -lokale der Metzger sowie die Preisreglementierungen scheinen oft in den Beschlüssen durch den reichsstädtischen »Hoch-Edlen und Hochweisen Rath« (so die Standard-Einleitung fast aller Dekrete) auf. Das Parterre des Anno 1396

Ausschnitt aus dem Monatsbild »Der Winter«, das Augsburger Marktleben um 1530 wiedergibt: Im Freien wird an der alten Metzg an der Nordseite des Perlachplatzes ein Schwein zerlegt.

»Tantzhaus und Metzg« lautet die Beschriftung im Stadtplan von 1602 für den Bau auf dem Weinmarkt bei der Moritzkirche. Dessen Parterre war eine Markthalle, darüber lag der Tanzsaal.

östlich der Moritzkirche mitten auf den breiten Weinmarkt (jetzt Maximilianstraße) gebauten Tanzhauses war eine weite Verkaufshalle für Metzger, Bäcker und Obsthändler. »Fleischbänke« nannte man seit alters die Verkaufsstände der Metzger. Wer dort verkaufte, war ein »Bankmetzger«. In der Bezeichnung »Freibank« ist dieser Begriff bis in unsere Zeit gebräuchlich geblieben.

Metzg am vornehmsten Platz 1446 erneuert

Am besten Platz der Stadt befand sich die Metzg: »auff dem Perlach«. Anno 1391 beschloß der Rat, den Perlachplatz »zur Zierd der ganzen Stadt, viel weiter und lustiger« zu machen. Die alte Metzg mußte abgebrochen und ein davor stehender großer Baum (eine »Gerichtslinde« oder ein Ahorn) gefällt und die neue Metzg mit darüberliegender Zunftstube zurückversetzt werden.[4] 1446 folgte an selber Stelle ein Neubau: »Dermalen wurde das Metzgerhaus auf dem Perlach erneuert, und die Metzg selbsten gewölbt«,[5] heißt es in einer Chronik. Ein Jahrhundert später, im Jahre 1548, übernahm die Stadt im Zuge der Enteignung der Augsburger Zünfte dieses Gebäude.[6] Im selben Jahr verbot der Rat das Schlachten in dieser Metzg, »das an diesem vornehmsten Platz der Stadt viel Unrath und Gestanck verursachet«.[7] Für diese geruchsintensive und mit allerlei unangenehmen Abfällen verbundene Arbeit wurden neue Schlachthütten über Lechkanälen gebaut.

Ein Gemälde aus der ersten Hälfte des 16. Jahrhunderts zeigt ein vor der Metzg im Freien aufgehängtes Schwein, das gerade zerlegt wird. Was in der Metzg an den rund 50 Fleischbänken verkauft wurde, überliefert ein aufschlußreiches Dokument von 1555. Als in diesem Jahr wieder einmal ein Reichstag in Augsburg anstand, beugte die kaiserliche Kanzlei – wohl auf Anraten der Stadt – mit Preisfestschreibungen für die wichtigsten Lebensmittel Fisch und Fleisch sowie das bei solchen Gelegenheiten viel benötigte Brennholz einer Überteuerung vor. Durch gedruckte Anschläge wurden die Höchstpreise bekannt gemacht. Dank dieser »Ordnung und Satzung deß Flaischkauffs« ist das gesamte Angebot überliefert. Vom am meisten gekauften Ochsenfleisch über Schwein, Kalb, Kalbskopf, Kalbsfüße und -lunge bis zu Lamm- und Kitzhälften reichte 1555 die Vielfalt.[8]

Ab 1609: Fleisch-Großmarkt unterm Perlachberg

Schon 1592 hatte der Rat den Neubau eines Fleischmarktes an anderer Stelle ins Auge gefaßt, 1598 endlich den Baugrund dafür am Fuß des Perlachbergs erwerben können.[9] Hier schlug der Stadtbaumeister Elias Holl mit einem wohldurchdachten Neubau ein neues Kapitel im Fleischverkauf auf. Von 1606 bis 1609 dauerten die schwierigen Bauarbeiten. 127 Metzgerbänke – die Vorläufer heutiger Kühl-Verkaufstheken – wurden in der großen Erdgeschoßhalle konzentriert. Diese blieben ausschließlich den Zunft-Metzgern vorbehalten. Sofern sie nicht aufgrund alter Rechte in den Besitz einer Familie kamen, wurden sie unter den Zunftgenossen verlost. Am 27. März 1609 fand die erste Verteilung statt. In den ausgedehnten Kellern konnte die verderbliche Ware dank eines unter der Metzg hindurchgeleiteten Kanals gekühlt aufbewahrt werden. Wie damals Experten feststellten, blieb das Fleisch dort drei Tage frisch.

180 Metzger arbeiteten um 1615 in der Stadt – 127 »Bänke« mit unterschiedlich guten Lagen wies die Metzg auf. Da ist es nicht verwunderlich, daß das »Gerangel« um die besten Verkaufsplätze (vorne am Eingang) seinen Niederschlag in den Akten des Metzgerhandwerks findet. Auch der viel frequentierte Platz vor der Metzg blieb nicht ungenutzt: Vor den Eingängen durften Metzgerwitwen sowie die Frauen und Kinder armer Metzger billige-

res Fleisch, Innereien und Bratwürste verkaufen. Als am 3. März 1634 die erst 25 Jahre alte Stadtmetzg niederbrannte, ließ sie die Stadt sogleich wieder in derselben Konzeption neu errichten.

Bis 1718 Schlachtung in Schuppen über Kanälen

Geschlachtet wurde nie in dieser neuen Metzg – auch wenn die Bezeichnung darauf deuten mag –, sondern wie seit Jahrhunderten in zwei offenen Schlachthütten. Um Schlachtung und Verkauf überwachen zu können, waren die Metzger – die »fleischmanger« und »fleishaeckel«, wie sie 1276 heißen – angewiesen, ausschließlich die städtischen »Stechhütten« zu benützen. Diese offenen, überdachten Holzschuppen lagen über Lechkanälen: Um 1355 wird eine solche langgestreckte Schlachthütte an der Klostermauer von Maria Stern erwähnt. Dort ist sie auch in den Stadtplänen von 1521, 1602 und 1626 noch im Miniaturformat eingezeichnet. Ein 1681 entstandener Kupferstich von der Barfüßerkirche[10] dokumentiert letztmals diese offenen, boxenartigen Schlachtplätze.

Ein zweiter, gleichartiger »Schlachtschuppen« befand sich unterhalb des Dominikanerklosters – ebenfalls entlang der Klostergartenmauer über den Kanal gebaut, in dessen schnellfließendem Wasser alles nicht Brauchbare entsorgt wurde. Diese Art der Abfallbeseitigung entsprach über Jahrhunderte einem hohen Reinlichkeits- und Hygiene-Standard. 1718 endlich erfolgt der Bau eines regelrechten Schlachthauses östlich der Metzg. Die Kupferstecher weisen alsbald bildlich darauf hin: Auf etlichen Stichen zerrt ein Metzger einen Ochsen über den Metzgplatz in dessen Richtung. Dieser Zweckbau wurde 1850 durch einen 27,55 Meter langen und 13 Meter breiten Neubau ersetzt. Vier Reihen Hakengerüste und 20 Seilwinden konnten in diesem 358-Quadratmeter-Bau von einer umlaufenden Holzgalerie aus bedient werden. Die »Kanalisation« mündete durch Maueröffnungen im vorbeifließenden Lechkanal.

Dieses Gebäude diente bis zur Inbetriebnahme des Schlacht- und Viehhofes im Jahre 1900 dem vorbestimmten Zweck.[11] 1902 zum Fisch- und Wildbret-Verkauf

Die Stadtmetzg und das Marktleben davor auf einem Stich aus dem Jahre 1681. Der Platz vor der Metzg garantierte aufgrund der regen Frequentierung des Fleischmarktes gute Umsätze für Milch- und Besenhändlerinnen und etliche andere »Kleinanbieter«.

Die beiden bis 1718 benutzten Schlachtschuppen. Oben: An der Barfüßerkirche (links) vorbei werden Rinder zur Schlachtung zu den Boxen hinter Maria Stern geführt. Unten: Unterhalb des Dominikanerklosters standen ebenfalls solche Hütten über dem Kanal.

umgebaut, blieb es für 28 Jahre eine Markthalle. Nachdem der Wild- und Fischhandel 1930 in den neuen Stadtmarkt integriert war, veräußerte die Stadt den Hallenbau am Schlachthausgäßchen, dessen Name jetzt noch an die einstige Bestimmung des großen Hallenbaues erinnert. Darin befindet sich jetzt das Lager eines Farbengeschäftes.

Konkurrenz: Landmetzger und Bäcker

Ein Reibungspunkt zwischen der Metzgerzunft und der Reichsstadt-Regierung war die Zulassung auswärtiger Anbieter, der Landmetzger. Diese lud der Rat Anno 1439 regelrecht ein, ihre Ware zweimal pro Woche in der Stadt feilzuhalten. Die Stadt wollte damit Druck auf die Preise ausüben und das Angebot erhöhen, als sich die Zunftmetzger in puncto ausreichender Marktbelieferung und amtlich verordneter Preisbeschränkung »störrisch« gezeigt hatten. Die Zulassung auswärtiger Konkurrenz wurde auch in der Folgezeit beibehalten. 1527 wird wegen großen Fleischmangels sogar ein »offener Fleischmarkt angerichtet und jedermann erlaubt, Fleisch in die Stadt zu bringen und feil zu haben«.[12]

Den von außerhalb kommenden Metzgern blieb stets ein eigener Verkaufsplatz angewiesen. Hier mußten sie etwas günstiger als die Augsburger Metzger verkaufen. Noch 1846 berichtet ein Stadtführer von dem »zweiten Fleischmarkt in der obern Stadt am Schwall, wo Metzger aus den nächstgelegenen Orten« das Fleisch um einen Kreuzer billiger anbieten. Es war das hochgiebelige Haus Am Schwall, in dem eine Freibank als Nachfolger der Landmetzger bis in die 1980er Jahre untergebracht war. Allein zum »Hereinbringen fremden Fleisches« und zum Schlachten ergingen zwischen 1645 und 1703 nicht weniger als neun ausführliche Ratsdekrete. Weitere folgten noch bis zum Verlust der Reichsstadtfreiheit Anno 1806.

Ständig Ärger mit der Schweinehaltung

Auch das Schweinemästen und »Metzgen« durch die Bürger und vor allem durch abfallreiche Gewerbe wie Müller, Bäcker, Bräuer, Branntweinbrenner und Wirte ist Inhalt zahlreicher ellenlanger öffentlicher Anschläge. Das besondere Augenmerk der Metzger und des Rates lag auf den Bäckern: Sie durften ihre Mastschweine nur in Gemeinschaftsstallungen vor dem Jakobertor und dem Wertachbrucker Tor unterbringen. Ausschließlich diese Säue, ihr Mästen, Halten, Schlachten und Verkaufen betrafen zwischen 1602 und 1750 sieben Ratserlasse, und in den 55 Artikeln, die die Bäckerzunft 1763 als derzeit gültig für ihr Handwerk aufschreiben ließ, betreffen elf die »Becken-Schweine«.[13] Unter anderem heißt es darin, wer zehn bis zwölf Schweine hält, muß davon zwei in die »Bank« zum öffentlichen Verkauf abgeben, bei drei bis sechs je ein gemästetes Tier. Dieses Fleisch mußte – genauso wie das von Landmetzgern hereingebrachte – preiswerter als in den Metzgerläden abgegeben werden: 1845 pro Pfund einen viertel Kreuzer, der Speck um einen halben Kreuzer günstiger.[14]

Ständigen Ärger verursachte neben der Schweineaufzucht innerhalb der Stadt das Schwarzschlachten. Man gestand zum Eigenverbrauch das Mästen von einem oder zwei Schweinen zu – doch nur zur Winterszeit. Allein neun Ratsbeschlüsse von 1645 bis 1703 haben das »Hereinbringen fremden Fleisches und das Schlachten« zum Inhalt. Sie nützten offensichtlich wenig, wie die späteren Wiederholungen, Neufassungen und Präzisierungen verdeutlichen, die beredt Einblick in die Eigenversorgung der Bürger mit Fleisch im 18. Jahrhundert geben.

Einer der aufschlußreichsten Erlasse ist jener vom 12. Juli 1736[15]. Er umfaßt zehn Seiten. Das Selbstschlachten sei gänzlich abgeschafft, wird darin verkündet. Durch Metzger jedoch darf jeder Bürger, »worunter auch die Bier- und Weinwirte, Bäcker und Branntweiner fallen«, jährlich nicht mehr als »2 Schmal-Stück zu 2 Zentner oder ei-

Oben: Der Metzger auf einem Augsburger Bilderbogen von 1780/90.

Ein Fleisch-Verkaufsstand mit den Preisen im Jahre 1817, als aufgrund von Mißernten viele Lebensmittel sich stark verteuerten. Das traf auch auf die Gänse zu, die im Korb vor der Markthändlerin liegen. »Eine Ganz 2 bis 3 f.«, steht darauf zu lesen.

nen Ochsen zu 6 Zentner, weiters 2 Kälber, 2 Hammel, 2 Schafe und 2 Schweine für sich und die Seinigen schlachten lassen«. Dafür ist unbedingt das entsprechende »Ungeld« an die Stadtkasse zu entrichten: 45 Kreuzer für einen Ochsen, 18 pro Schwein, 8 für ein Kalb und 3 Kreuzer bei der Schlachtung eines Lamms für den Eigenverbrauch eines Haushalts.

Die Augsburger waren offenbar nicht sonderlich gesetzestreu, wenn es um die preiswerte Fleischbeschaffung ging. Denn 1760 erfolgt eine Verschärfung und Einschränkung der Hausschlachtungen.[16] Es kam dem Rat zu Ohren, daß »einige Bürger sich unterstehen, nächtlicher Weil Kälber 2, 3 bis 4 Stück einzukaufen, heimlicher Weise in ihre Häuser bringen, solche selbsten oder durch andere metzgen«, und das, ohne das fällige Ungeld zu entrichten. Erschwerend komme hinzu, daß sie das Fleisch den Nachbarn oft pfundweise »zum offenbahren Nachtheil sowohl der allhiesigen Bratmetzger als auch des Aerario publici« verkaufen. Die sich geschädigt fühlenden Bratmetzger standen hinter diesem »nothwendigst und gemein-nützlichen Verbot«, worin jedem Bürger nur einmal jährlich eine Hausschlachtung erlaubt wird.

1790: 114 Metzger versorgen rund 30 000 Städter

Die Metzger verkauften zu Ende des 18. Jahrhunderts großteils an ihren »Bänken« in der Metzg, Privatläden bedurften besonderer Zulassung. Bearbeitetes Fleisch oder solches von minderer Qualität mußte außerhalb des zentralisierten Fleischmarktes in der Metzg am Fuße des Perlachberges angeboten werden. Etliche Fleischer wursteten ja auch. Schließlich war im alten Augsburg Metzger nicht gleich Metzger – man unterschied in diesem Handwerk etliche Spezialberufe: Die Statistik von 1790 beispielsweise zählt 54 Rind-, 9 Schweine- und 42 Bratmetzger auf. Dazu kamen noch fünf Wurstmacher und vier »Kuttler«.[17] Im Jahr 1789 schlachteten die ortsansässigen Metzgermeister 4365 Ochsen, 21 365 Kälber, 8332 Hammel, 3475 Lämmer und 4291 Schweine[18] für die damals höchstens 30 000 Bewohner von Augsburg.

Die verschiedenen Berufsbezeichnungen ergaben sich aus einer genauen Abgrenzung der Tätigkeiten: Metzger durften nur mit Vieh handeln, schlachten und unverarbeitetes Fleisch verkaufen, Kuttler und Wämstler vermarkteten Eingeweide, Mäuler und Füße von Rindern, Wurstmacher lebten vom Verkauf von kleingehacktem Fleisch (Brät) und Wurst, die sie auch räucherten[19]. 1824 wird diese Unterscheidung noch im Adreßkalender eingehalten. Er nennt 39 Bratmetzger, 33 Rindmetzger, 9 Schweinemetzger, 3 Kuttler und 17 Wurstmacher, wovon sieben nicht der Zunft angehörten.[20]

Dieses Büchlein von 1824 verrät noch mehr: Das Metzgerhandwerk konzentrierte sich damals in der Jakobervorstadt – nur 24 der 101 Betriebe lagen nicht dort. Zudem gab es ausgesprochene »Metzger-Dynastien«. 20 tragen den Namen Thenn, 19 heißen Böck und 18 »Burkhard« leben im doppelten Sinne von Fleisch und Wurst. 1836 war die Gesamtzahl der Metzgerbetriebe auf 124 angestiegen,[21] obwohl die Augsburger Einwohnerzahl seit einigen Jahrzehnten bei etwa 30 000 stagnierte.

15 Kreuzer: ein Pfund Fleisch oder drei Maß Bier

Im Jahre 1856 hat sich die Zahl der Augsburger aufgrund starken Zuzugs durch die fortschreitende Industrialisierung auf über 35 000 erhöht. Sie verzehren laut Schlachtstatistik in diesem Jahr 4312 Ochsen und 3244 Stück sonstiges Großvieh, 20 022 Kälber, 8863 Schweine sowie 3697 Schafe. Diese fünf Fleischsorten unterliegen zu dieser Zeit einer von der Obrigkeit diktierten Taxe – ihr Endverkaufspreis wird wöchentlich veröffentlicht und darf nicht überschritten werden. Dadurch ist überliefert, daß zur Weihnachtszeit des Jahres 1856 ein bayerisches Pfund (= 560 Gramm) vom gemästeten Ochsen 14 Kreuzer und ein Pfund Schweinefleisch 15 Kreuzer kosteten. Schaf und Kalb waren mit je 11 Kreuzer am preiswertesten, während Rind mit 12 Kreuzern dazwischen lag. Zum Vergleich: Eine Maß Braunbier gab's für 5, einen 1250-Gramm-Laib Roggenbrot für 8 und eine Ente für 30 Kreuzer, während das Pfund Landbutter für 24 Kreuzer zu bekommen war.[22]

1861 werden in einer Lokalzeitung die zweckmäßigsten neuen Schlachthäuser in europäischen Großstädten vorgestellt und dabei die Augsburger Situation beleuchtet: Die erst 1852 erbaute Schlachthalle neben der Metzg sei sehr praktisch und hygienisch, doch diese sei ja nur mehr für die Rinder bestimmt. Die Schweine müßten aus Platzmangel in den Metzgerhäusern geschlachtet werden, und dort seien doch Unreinheiten bei der Weiterverarbeitung von Innereien und Kutteln nicht auszuschließen. So wurden 1861 die Leser informiert. Die öffentlichen Stellen reagierten darauf aber noch nicht. Erst 16 Jahre später, als der mit den im argen liegenden Verhältnissen im Schlachtwesen bestens vertraute städtische Tierarzt Adam im Oktober 1877 die Errichtung eines öffentlichen Schweineschlachthauses anregte, wurde das Bedürfnis anerkannt. Das Bauamt erhielt im Februar 1878 den Auftrag zur Detailplanung für ein Schlachthaus am Rande des damaligen Viehmarktgeländes auf einer Wiese bei der Klaucke-Vorstadt. Wegen ungünstiger Platzverhältnisse wurden diese Pläne wieder ad acta gelegt. Doch das Thema blieb weiterhin aktuell.

So war schon 1880 wieder eine heftige öffentliche Diskussion um den Neubau eines leistungsfähigen Schlachthauses im Gange. Die Einwohnerzahl war auf 61 000 gestiegen (1850 noch 33 000), der Zwang zur Benutzung des städtischen Schlachthauses neben der Metzg konnte aufgrund des gestiegenen Bedarfs längst nicht mehr aufrecht erhalten werden. Vermehrt wurde befürchtet, daß die lebensmittelpolizeiliche Überwachung nicht mehr in ausreichendem Maße gewährleistet sei. Schließlich schlachteten zu dieser Zeit Metzger und Wirte in 200 bis 250 verschiedenen privaten Räumen in der Stadt, und 1879 mußten nicht weniger als 27 892 Schweine und rund 3500 Kälber zur Deckung des Fleisch- und Wurstbedarfes in der Stadt ihr Leben lassen.

»Nur Fleisch erster Qualität« in der Stadtmetzg

Die Wochenmarktberichte erfaßten nach Abschaffung des amtlichen Preisdiktats auch das Fleisch, wodurch ständig ein Preisvergleich mit anderen Lebensmitteln möglich ist. Im April 1883 kostete ein Pfund Mastochsenfleisch 66 Pfennig, ebenso ein Pfund vom Schwein. Das war der Gegenwert von 15 Eiern oder 400 Gramm Butter oder einer halben Ente. Kalb- und Hammelfleisch waren etwas preisgünstiger.

Verschärfte Hygienevorschriften und Regelungen in bezug auf den Fleischverkauf traten 1886 in Kraft.[23] Im Grundsatz galt zu diesem Zeitpunkt immer noch: »Der Verkauf des Fleisches von Ochsen, Stieren, Kühen, Jungrindern, Kälbern, Schafen, Ziegen und Schweinen findet in den Fleischbänken der öffentlichen Fleischverkaufshallen statt.« Die Stadtmetzg war also nach wie vor bevorrechtigter Verkaufsort der Metzger, in dem aber »nur Fleisch erster Qualität feilgeboten und verkauft« werden durfte. Pferdefleisch war nicht zugelassen.

1889 konnten die Verhandlungen zum Bau der Localbahn in ein neu ins Auge gefaßtes Gelände für einen Schlacht- und Viehhof zum Abschluß gebracht werden. Doch es sollte noch über ein Jahrzehnt bis zu dessen Inbetriebnahme vergehen. Erst am Mittwoch, den 3. Oktober 1900, wurde der lange angemahnte Schlachthof an der Johannes-Haag-Straße eingeweiht.[24] Damit brach eine neue Epoche für das Metzgerhandwerk an.

1914 verzehrte jeder Augsburger 65 Kilo Fleisch

Der Jahresbericht des Schlacht- und Viehhofes von 1914[25] nennt nicht nur 107 527 in diesem Jahr »verwertete« Tiere von den Schweinen (59 872) und 15 867 Stück Großvieh bis zu den 83 Ziegen, 1331 Kitzen, 509 Pferden und 3 Hunden, er enthüllt auch, daß 20 Prozent der Schlachttiere »krankhafte Zustände verschiedener Art«

Die Stadtmetzg um 1900. Am 9. Oktober 1930 war darin letzter Verkaufstag, 1937 wurde das große Gebäude entkernt und umgebaut.

aufwiesen. Die strengen, schon zu Reichsstadtzeiten üblichen Überwachungsvorschriften zum Schutze der Bevölkerung hatten also ihre Berechtigung. Vor allem, wenn man den Fleischverzehr dieses Jahres betrachtet – denn auch der Augsburger Pro-Kopf-Verbrauch ist erfaßt: 1914 verspeiste jeder Einwohner 65 Kilo Fleisch.

Die über die Stadt verstreuten Metzgerläden entsprachen um die Jahrhundertwende den geforderten Hygiene-Standards und hatten vor allem die Versorgung der Bewohner in neu entstandenen Wohnvierteln weitab vom Zentrum übernommen. In der Stadtmitte jedoch blieb die Metzg bis zum Oktober 1930 Augsburgs zentraler Fleischmarkt, beschickt und betrieben von einer Vielzahl von Metzgern. Mit der Eröffnung des Stadtmarktes übernahm dieser mit seiner damals hochmodernen Fleischhalle teilweise die Funktion der traditionsreichen Metzg. Diese wurde 1937 völlig entkernt und zu einem städtischen Verwaltungsgebäude ausgebaut.

Drei elegant gekleidete Augsburger Bürgersfrauen auf dem Obstmarkt (Lithographie um 1830). Links im Hintergrund das aus dem Mittelalter stammende Imhofhaus, nach dessen Abbruch 1863 an selber Stelle das Riedingerhaus gebaut wurde. Dieses fiel 1944 Bomben zum Opfer. Seinen Platz an der Ecke Obstmarkt/Hoher Weg nimmt seit 1954 das Stadtwerkehaus ein.

Der Obstmarkt

2. Oktober 1467: 107 Kärren Äpfel, Birnen, Nüsse

Obst galt als ein so wichtiges und in so großer Menge gehandeltes Lebensmittel, daß bereits im Stadtbuch von 1276 der Verkauf geregelt war.[1] »Es soll auch kein Obsthändler kein Obst bei der Güte hingeben, wenn es dem nicht wert ist, und es soll auch jedes Obst nur einen Preis haben.« Auch bei den Anno 1276 festgelegten Brückenzolltarifen an der Lechbrücke zwischen Augsburg und Friedberg ist Obst als Importware erfaßt. Im Jahre 1284 tritt in einer Stiftung für das Siechenhaus St. Servatius mit Konrad Gusmund erstmals ein Obsthändler namentlich in Erscheinung.[2] In dem 1429 neu erbauten Tanzhaus auf dem Weinmarkt richtet man »daselbsten den Oßßmarckt auch wieder an«.[3] Anno 1448 erfolgt eine Neuordnung der meisten Verkaufsplätze: »Obst und Kräutel-Waar in der Judengasse« (jetzt Karlstraße), »zu gewissen Tagen aber auch bei St. Ulrich«, heißt es in dieser vom Rat verfügten Marktplatz-Neufestsetzung.[4]

Nur sporadisch sind jahrhundertelang die angebotenen Mengen überliefert. Zahlen gibt es nur dann, wenn Chronisten über besonders reiche Ernten oder Hungerjahre berichten. »... und ist zu wissen, daß es ein guet fruchtpar jar«, schreibt der Chronist Burkard Zink in seinen Aufzeichnungen über das Jahr 1467. Es reifte zwar innerhalb der Stadt nur wenig Obst, aber jenseits der Reichsstadtgrenzen »überall in Bairn und in Schwaben« gab's »kriechen (= Pflaumenschlehen, auch Zipper genannt),

Die bunte Vielfalt der auf dem »Obst- und Kräutelmarkt« angebotenen Viktualien reizte auch die Zeichner, die gegen Ende des 18. Jahrhunderts auf Bilderbogen das gesamte Augsburger Marktgeschehen darstellten. Zwei der kleinen »Szenenbilder« aus einem solchen bunten Blatt: die Händlerin mit »Kräutelwahr« und die Äpfel- und Weintraubenverkäuferin, die aber auch Rettiche und Blumen feilbietet.

pflaumen, birin, öpfel, weichsl, nuß, kersch, amerel« soviel wie in den 20 Jahren zuvor nie. Am 2. Oktober 1467 kamen 107 Wagen oder Kärren »mit eitl obß« in die Stadt – und dies nur aus dem schwäbischen Bereich, denn aus Bayern durfte wieder einmal aufgrund eines herzoglichen Embargos gegen die Reichsstadt keinerlei Ware die Lech-Grenze passieren. Mehr zum Schaden seiner Untertanen, meinte der Augsburger Burkard Zink etwas schadenfroh, sei diesmal das bayerische Ausfuhrverbot ausgefallen, denn aus Schwaben kam ja überreichlich Obst in diesem Jahr[5] auf den Markt in der Stadt.

1523: »Verher-Marckt« wird zum Obstmarkt

Ein Ratsbeschluß von 1523 bestimmt, daß »die frembdn Wägn und Obs Kärren auf dem Verher-Marckt zu freyhem Marckt gestellt« werden.[6] Der Obstmarkt wird also um die Ecke von der Karlstraße (damals Judengasse) auf den ehemaligen Schweinemarkt verlegt. Der »Saumarkt« fand bereits seit 1448 auf dem jetzigen Jakobsplatz in der Jakobervorstadt statt, sein ursprünglicher Standort war jedoch die Straße zwischen dem Hohen Weg und dem Kesselmarkt – genannt »Forchermarckt« oder »Verher-Marckt«, wie der Ratsschreiber 1523 protokollierte (von »farch«, »vorche«, »varhe« oder »verche«, wie das Schwein in Altaugsburgisch hieß[7]).

Nun bürgerte sich die neue Bezeichnung Obstmarkt ein, die auch blieb, als über 400 Jahre später – im Oktober 1930 – die Obsthändler von dort in den neuen Stadtmarkt umziehen mußten. 1523 hatte der hier erst ganz kurz ansässige Trödelmarkt mit den »Obßern« (Obsthändler) den Platz tauschen müssen und zog »in die Judengasse vor St. Linhardt« – vor die Leonhardskapelle an der Ecke Karolinenstraße/Karlstraße.

Aus drei Meilen Entfernung nur Direktverkauf

Zur Verhütung von Verteuerungen wird Anno 1549 ein Aufkaufverbot von Obst innerhalb drei Meilen (22,5 km) um die Stadt verfügt.[8] Es mußte direkt vom Erzeuger auf dem Markt angeboten werden.

In dem 1609 begonnenen »Handbuch« des Marktmeisters[9] sind nicht nur ausführliche Bestimmungen in bezug auf den Obstmarkt enthalten, sondern es folgen darin viele Nachträge »den Obstverkauf betreffend«: Allein zwischen 1633 und 1697 sind es zehn Rats-Dekrete! Anno 1738 wird eine neue allumfassende Marktplatzordnung erlassen. Auch sie enthält Anweisungen für den Obstmarkt: »Grün, sowohl Stein- als Kern-Obst, Nuß, Wein-Trauben und dergleichen soll von denen Fremden alles ob dem Obst-Marckt, und zwar alle Tag, als lang solches ist, verkauft werden.« Die amtlichen Marktaufseher sollen »öffters wohl auffmercken und visitieren, ob kein unzeitig und ungesundes Obst stark untermischt oder wohl gar ganze Kärren und Säck voll solch unzeitiges Obst feil stehe«. Es solle nach Anzeige weggenommen und in den Lech geworfen werden. Kein Obsthändler, der innerhalb von drei Meilen seine Ware aufgekauft hat, dürfe auf dem Markt geduldet werden.

Kirschen, Zwetschgen, Äpfel aus dem Umland

Um 1750 erfahren wir auch mehr über die Herkunft des Obstes, denn bei der Beschreibung der Markgrafschaft Burgau[10], die bis an die Augsburger Stadtgrenzen reicht, ist bei den Dörfern Bonstetten, Adelsried, Emersacker, Lützelburg, Reutern, Willmatshofen und etlichen anderen stadtnahen Orten der Obstanbau und teilweise mit dem Zusatz »Stein- und Kernobst nach Augsburg« der Absatzort vermerkt. »Obst wird aus der Gegend vom Lande herein auf den Obstmarkt gebracht«, bestätigt Paul von Stetten 1788[11] die akribischen Recherchen von 1750. Am Donnerstag und Freitag wird es »auf dem Platze, der davon den Namen hat«, am Montag bei St. Ulrich verkauft. »Auf ersterem, der im Sommer und Herbstzeit alle Tage besetzt ist, ist ein Obsthüter, welcher die Nacht Wache hält.« Auch der »Kreutelmarkt« findet auf dem Obstmarkt statt. Der Rübenmarkt hat 1738 in der Karlstraße seinen festen Platz. Die Monats- und Jahresstatistiken des 19. Jahrhunderts listen das Angebot auf dem Obstmarkt mengenmäßig exakt auf: Im September 1808 beispielsweise wurden die damals rund 28 000 Augsburger Einwohner mit 185 Kärren Äpfeln, 488 Kärren Birnen, 296 Kärren »Quetschen« (Zwetschgen) und sieben Kärren »Glotzbirn« versorgt. Neben dieser Massenware wurden auch 200 Stück Aprikosen, ebenso viele Pfirsiche und zwei Körbe Trauben angeboten.[12] Schon im 15./16. Jahrhundert ist stets auch sogenanntes feines Obst erwähnt: Zitronen, Orangen, Feigen legten weite Wege bis Augsburg zurück, waren aber offenbar in reichen Häusern begehrt.

1837: »Auch viele württembergische Obsthändler«

»Jeder Obstproduzent soll befugt sein, die Produkte seiner Gärten daselbst verwerthen zu lassen, ebenso jeder Aufkäufer, der dieses Obst von weiter als von drei deutschen Meilen (22,5 Kilometer) herbringt«, besagt die Marktordnung von 1816. Und sie wiederholt eine weitere längst bestehende Anweisung: Stets mußten die Eigenerzeuger, die nur zur Erntezeit ihr Obst in Augsburg absetzten, und die Berufshändler für jedermann erkennbar getrennt voneinander ihre Körbe, Fässer, Wagen und Karren aufstellen. Zum soundsovielten Mal wird in dieser Marktordnung daran erinnert, daß auswärtige Händ-

Der Obstmarkt, dokumentiert im Abstand von etwa 150 Jahren von fast demselben Standpunkt aus. Der beschriftete Kupferstich aus der Zeit um 1760 zeigt noch das zinnenbekrönte Imhofhaus, das Foto von 1910 eine Ecke des 1863 auf dessen Grund erbauten Riedingerhauses.

ler nur bei Nachweis, daß das angebotene Obst weiter als drei Meilen von der Stadt entfernt gekauft wurde – das schon 1523 für dieselbe Entfernung ausgesprochene Fürkauf-Verbot also nicht verletzt wurde –, auf dem Markt zugelassen sind. Augsburger »Obstner« durften nach der Reglementierung von 1816 erst ab 15 Uhr auf dem Markt als Einkäufer auftauchen. Wenige Jahre später änderten sich die jahrhundertelang üblichen Marktanweisungen aufgrund freiheitlicherer Gewerbegesetze. Ab 1830 war Händlern ein Obsteinkauf auf dem Markt zwecks Wiederverkauf gänzlich untersagt, doch durften nun die ländlichen Erzeuger die »Profis« direkt – ohne den bislang vorgeschriebenen Umweg über den Markt – in deren Läden oder »Gewölben« beliefern.

Ein kleiner Stadtführer von 1837 berichtet: »Obstmarkt – wo besonders Freitag ein großer Verkehr statt hat, in dem sich jetzt auch viele württembergische Obsthändler hier einfinden.«[13] Die Marktstatistik von 1845[14] zeigt,

58 OBSTMARKT

Der »Wörsich und Kraut-Marckt in Augsburg« fand im Herbst am Oberen und Unteren Graben statt. Der Stich (um 1790) und die Zeichnung (unten, um 1750/60 entstanden) vermitteln einen Eindruck von der regen Geschäftigkeit, die dort zur Erntezeit täglich herrschte.

Das schönste Obstmarktbild malte Joseph Ignaz Hörmann im Jahre 1815. Von Karren und in Buden, aus Fässern und aus Körben können die Kunden auswählen. Der Mann links im Hintergrund hat sich seinen Zylinder mit Zwetschgen füllen lassen und probiert gerade eine davon.

daß es bei Obst und Gemüse recht unterschiedliche Ernten gab. Der große Krautmarkt im Herbst ist jahrhundertelang auf den Oberen Graben ausgelagert. Dieser Spitz-, Weiß- und Blaukraut- sowie Wirsching-Umschlag gewaltigen Ausmaßes ist in einer Bildfolge vom Ende des 18. Jahrhunderts recht malerisch überliefert.[15] 1845 beispielsweise werden dort 670 Wagen Kraut und 405 Wagen Wirsing verkauft. Hunderte Fuhrwerke brachten dorthin noch in den ersten Jahrzehnten des 20. Jahrhunderts das Kraut aus der Augsburger Umgebung.

Von der Nußernte von 1845 in der Umgebung Augsburgs landeten 530 Säcke auf dem Obstmarkt. Relativ gering scheint 1845 im Vergleich mit anderen Jahren die Kernobsternte ausgefallen zu sein, obwohl 328 Wagen Birnen und 240 Wagen Äpfel angeboten wurden. Die Kirschenlieferungen werden im selben Jahr mit 176, Zwetschen mit 172 und Weichseln mit 42 Wagenladungen angegeben. Ob die auf den öffentlichen Markt gekommenen 6714 Sack Kartoffeln für die 33 500 Stadtbewohner von 1845 ausreichen, ist nirgendwo verzeichnet. Die ersten Fotografien vom Obstmarkt zeigen um 1875 feste Holzbuden auf der nördlichen Straßenseite. Diese Stände verschwanden im Oktober 1930 endgültig: Die Obsthändler waren die ersten, die ihre Plätze im neuen Stadtmarkt einnehmen durften. Sie »eröffneten« ihn am 8. Oktober 1930. Zwei Monate später hat der plötzlich vereinsamte bisherige Obstmarkt bereits eine neue Marktfunktion: Hier und bei Bedarf auf dem Kesselmarkt werden im Dezember 1930 die Stände für den Christkindlesmarkt aufgestellt, der zuvor auf den Jakobsplatz verbannt war.

Der Milchberg gegen Ende des 19. Jahrhunderts. Um diese Zeit erinnerte nur noch der Name an die Milchfrauen, die früher am oberen Teil des Berges bei der evangelischen St.-Ulrichs-Kirche in Kannen und Krügen die aus den umliegenden Ortschaften in die Stadt gebrachte Milch anboten. Außerdem verkauften sie meist auch Butter, Rahm oder Quark aus der Eigenerzeugung stadtnaher Bauernhöfe.

Der Milchmarkt

Der Milchberg: Erinnerung an einen Marktplatz

Der »Milchberg« war zu Beginn der 1990er Jahre ein vielstrapazierter Begriff unter den Landwirtschaftsexperten der EU in Brüssel, aber auch bei allen deutschen Milchbauern landauf, landab. In Augsburg ist der Milchberg als Straßenname die Erinnerung an den Freiluft-Milchhandel in der Stadt. Anno 1561 wies der Rat der Stadt den Milchfrauen einen Platz oberhalb des so benannten Berges, der die Ulrichskirchen und St. Margareth verbindet, als Verkaufsplatz an.[1] Ein zweiter Milchmarkt war zu dieser Zeit auf dem nunmehrigen Kesselmarkt plaziert. An dem zentralen Platz beim Höchstetterhaus (1944 zerstört, jetzt befinden sich auf dessen Grund die Ludwigpassagen) wurde 1538 die alte Martinskirche zur Vergrößerung des Milch- und Krautmarktes abgebrochen[2]. Die Dienstanweisung für die Marktmeister von 1609[3] bestätigt diesen Verkaufsplatz: »Milch bey der Judengassen« (jetzt Karlstraße) heißt es dort. In den Stadtplänen von 1602 und 1626[4] trägt dieser Bereich offiziell die Bezeichnung »Milch-Marckt«.

Anno 1523: Nur Vollmilch auf dem Markt!

Im Stadtrecht von 1276 ist zwar bereits für die Milchprodukte Käse und »milhsmalz« (Milchrahm/Butter) ein Zwischenhandelsverbot bei Androhung von fünf Schilling Strafe und Marktverbot festgeschrieben, doch Milch erscheint noch nicht in diesen frühen Marktreglementierungen. Zwei Ratsbeschlüsse Anno 1523[5] greifen dann in den Milchhandel ein und regeln dessen künftigen Ablauf. Im April bestimmt der Rat, daß »hinfüro nymands kein abgenommene Milch herein gen Marckt bringe, fayl habe noch verkaufe«. Entrahmte (»abgenommene«) Milch darf also nicht mehr angeboten werden, außerdem soll jedes Koppelgeschäft mit Rahm oder »Milchtopffe« (Quark) und Milch verboten sein. Es soll »ainem yeden, der des begert, die Milch frei und on anhang verkauft und geben werden«. Wer diesem Ratsbeschluß zuwider handelt, »dem sol yedermals die milch auff dem marckt außgeschütt werden«, notiert der Ratsschreiber im Sitzungsprotokoll vom 30. April 1530. Im selben Jahr noch ist es der verteuernde »Fürkauf«, der der Obrigkeit aufstößt. Über drei Seiten umfaßt in der ersten, nur in Handschrift erhaltenen umfangreichen Regelung aller Märkte aus dem Jahre 1609 der Abschnitt »Milch betreffend«. Milch muß wenigstens zwei Stunden am angewiesenen Platz feilgeboten werden, es sei denn, sie wäre vom Kunden ins Haus bestellt. Breiten Raum nimmt die Überwachung der Güte ein: Wöchentlich »an ungewissen Tagen« sollen die Marktmeister und ihre Knechte an den Toren oder auf den Gassen bei »Personen unangesehen ob hohes oder niedrigs Standes« die Milch prüfen.

Milchproben an »ungewissen Tagen«

»Mit einem breiten Stab von ebenem Holz« – also keinesfalls mit den Fingern – sollen die Proben aus den Kannen oder Töpfen entnommen und ein Riech- und Lecktest durchgeführt werden. »Befindet sich daran einiger Mangel, und daß die Milch verfälscht, sollen sie dieselbig nit allein zu Henden nehmen und in die Almosen-Häuser verordnen, sondern auch diejenige Person, so damitt betretten worden, um jedes Übertreten je 12 Kreuzer zu straffen.« Eine »Härteklausel« war eingebaut: Käufern mit Kindern oder solchen Leuten, die nur beschwerlich Ersatz beschaffen konnten, denen solle selbst verfälschte Milch belassen werden, falls die Strafe vom Verkäufer bezahlt war. Wie schon 1523, verbietet auch die Anweisung von 1609 Koppelgeschäfte: Macht ein Milchverkäufer die Abgabe der nur einen Kreuzer »pro Maß« einbringenden Milch vom gleichzeitigen Kauf von Rahm, Butter, Kraut oder anderem abhängig, ist er zu strafen. Außerdem sollte den »Ungerechten« der abgeschöpfte Rahm wieder in die Milch geschüttet werden. Daß nur mit der »Milch-Käntlen-Eicht« unterzogenen Gefäßen gemessen werde durfte, versteht sich von selbst.

Ab 1613 Verkauf, wo's vorteilhaft erscheint

Ab 1613 konnte die Milch auch von Haus zu Haus verkauft werden. Dies war künftig den Milchverkäuferinnen in allen Teilen der Stadt, »wo es ihnen zum Verschleißen am vorteilhaftesten erschien«, gestattet. Die festen Standplätze für die »Milchweiber« – so die Titulierung in vielen Schriftstücken – blieben jedoch offenbar wie bisher. Am Milchmarkt beim Höchstetterhaus werden in diesem Jahr 17 Gewölbe für die Kupferschmiede eingerichtet, worauf der Name »Kesselmarkt« beruht. Obwohl diese dort ihre Arbeits- und Verkaufsräume nur bis 1638 – also lediglich 25 Jahre – hatten, blieb die Bezeichnung für das

Augsburger Milchverkäuferinnen sind des öfteren auf Bildern überliefert. Mit dem Ruf »Holant ab – Milli Weib« machten sie auf den Straßen auf sich aufmerksam. Die linke trägt auch Butterbehälter über der Schulter, die andere nur zwei große Milchkannen.

kurze Straßenstück bis heute erhalten. Daß hier ab Beginn des 19. Jahrhunderts Flachs und Hanf verkauft wurden und zeitgleich auch der Hopfenmarkt in der noch jetzt bestehenden Einbuchtung in der Baulinie abgehalten wurde, war bei der offiziellen Benennung offenbar bereits in Vergessenheit geraten.[6]

»Milli-Weiber« mit Krügen und Kannen…

An Abbildungen zum Milchverkauf fehlt es nicht. Der Stadtplan von 1626 beispielsweise registriert beim Höchstetterhaus den »Milch-Marckt«. Der Entwerfer Lukas Kilian zeichnete aber auch am Platz bei St. Ulrich einige Milchverkäuferinnen ein. Bei um 1720/40 gedruckten Stichen werden die Milchfrauen mit ihren bauchigen Krügen auf dem Metzgplatz abgebildet. Auf einem etwa 1790 aufgelegten Bogen mit Abbildungen von vielerlei Händlerinnen und Händlern, die auf Augsburgs Straßenmärkten anzutreffen waren, fehlt auch die Milchverkäuferin samt ihrem Ausruf »Holant ab – Milli Weib« nicht. Sie trägt noch einen Holzeimer. Ein Milchmädchen mit Meßbehälter am Gürtel, zwei metallene Kannen tragend, ist 1817 auf einem Stich wiedergegeben. Solche Milchbehälter in vielen Formen, mit und ohne Deckel, wurden in langer Reihe zwischen 1920 und 1939 im Kupfermuseum im Wollmarkt bei St. Margareth gezeigt.

Fast 200 Jahre findet sich nach 1613 in den Viktualienmarkt-Regelungen kein Hinweis mehr auf den Milchverkauf. Es scheint so, daß die Milchfrauen überall verkau-

Der Platz vor der Stadtmetzg (links) am Fuß des Perlachbergs war ein beliebter Standplatz der Milchhändlerinnen. Einige haben sich mit ihren typischen Kannen oder den geschulterten Butter- oder Rahmgefäßen im Vordergrund auf dem Pflaster plaziert.

fen durften, wo es ihnen beliebte und wo sie vielleicht ihre selbst ausgewählten Stammplätze hatten. Erst die Marktordnung von 1816 weist den »Milchleuten« am Fischmarkt und bei der Jakobskirche feste Verkaufsplätze zu. Doch scheint schon damals der Hausierhandel mehr üblich gewesen zu sein als der Verkauf an Laufkundschaft an festen Standorten.

Woher die Milch für die Augsburger damals kam, scheint etwas später auf: Die um 1830 erstellten Kataster mit der Erfassung aller Gewerbe im Umland verzeichnen in Lechhausen zwei Milchmänner, in Pfersee deren vier. Bei damals 683 meist bäuerlichen Pferseer Einwohnern dürften diese Milchhändler Kundschaft in Augsburg mit Milch von Pferseer Kühen versorgt haben.[7] Dies geschah durch Hausieren. Auf einen einstigen Verkaufsplatz weist 1846 nur noch ein Stadtführer: »Milchberg, wo ehemals der Milchmarkt für die obere Stadt gehalten wurde.«[8]

Ab 1879: Wasser auf Milchwagen verboten!

Völlig neu gefaßte Vorschriften über den Ausschank von Milch ergingen 1879.[9] »Auf den Milchwägen darf kein Wasser mitgeführt werden«, heißt es da in Paragraph 3 wohl nicht ohne hinlänglich bekannte »Verwässerungs-Taktiken«. Die »Milchhändler, Ökonomen und Milchführer« durften die entrahmte, »ganze«, gemischte oder Milch mit Rahm nur in deutlich gekennzeichneten, unverwechselbaren Behältern aufbewahren und transportieren. Sie waren meist mit einspännigen Pferdewagen auf

Tour. Auch die Hygiene-Vorschriften für Verkaufsräume sind ab 1879 streng. »Namentlich ist in solchen Räumen das Tabakrauchen sowie die Aufbewahrung von faulenden, gärenden, stark oder übel riechenden Gegenständen, z. B. Zwiebeln, Sauerkraut, schmutziger Wäsche, Stiefelzeug, Schuhwichse, unzulässig.«

1881 erste Molkerei in der Wintergasse gegründet

Im Jahre 1881 erhielt der erste Molkereibetrieb in Augsburg eine Konzession. Es war aber vorerst eigentlich nur ein Abfüllbetrieb, zu dem sich mehrere große Güter aus der Augsburger Umgebung auf genossenschaftlicher Basis zusammengeschlossen hatten. In der Wintergasse bei der Antonskapelle lag diese erste »Augsburger Molkerei E. G.«. Sie nutzte aber rasch die technische Entwicklung: Vor Ostern 1884 meldet diese Molkerei, daß sie im Hause des Mechanikers Werner, Hinterer Lech C 366, leistungsfähige Entrahmungseinrichtungen installiert habe. Hier werde man täglich von 10 bis 12 Uhr vor den Augen des Käufers »große Quantitäten Rahm erzeugen und abgeben: 3 Sorten Kaffeerahm, dann 1 Sorte Doppelrahm, endlich 1 Sorte Schlagrahm«.[10]

Diesem ersten erfolgreich arbeitenden Betrieb folgten in und um Augsburg bald weitere Molkereien, von denen manche diese Bezeichnung nach heutigen Begriffen kaum verdienten. So beispielsweise die nach Kauf eines »Handseparators« von Anton Schuster im Juni 1896 in Lechhausen eröffnete, in der er »Süßrahmbutter sowie Süßrahm zu jeder Tageszeit«, außerdem Stockmilch, Topfenkäse, Backsteinkäse, sauren Rahm, Buttermilch und Magermilch »einer werten Einwohnerschaft von Lechhausen und Umgebung« per Inserat anpries.[11]

Frei-Haus-Lieferung und Milchausschankwagen

»Es ist hier kein Geheimnis, daß die Milchversorgung sehr im Argen liegt«, beklagt die oft polemische kleine Gazette »Augsburger Stadtfraubas« im Jahre 1904 anläßlich der Einrichtung eines neuen Milchgeschäftes am Lauterlech. Eröffnet wurde damals in der Jakobervorstadt die vierte Filiale der um 1900 gegründeten »Central-Molkerei von Heinrich Seybold«. Hier waren alle gängigen Milchprodukte von »Kindermilch, Sanitätsmilch und Vollmilch« bis zum Kefir und zum Doppelrahm erhältlich. Auch der althergebrachte Von-Haus-zu-Haus-Verkauf wird von allen Molkereien betrieben. »Wir liefern täglich zweimal frei ins Haus«, verkündet ein Inserat in der gleichen Ausgabe.[12]

1907 erwirbt Franz Krüger die an der Gögginger Landstraße 147 liegende »Central-Molkerei« von Heinrich Seybold und möchte alsbald die »Milchausschank-Pfer-

Auf und unter einer Sitzbank standen aufgereiht alle Arten von Milchkannen im 1939 geschlossenen Kupfermuseum im Wollmarkt.

dewagen« nach dem Vorbild der Berliner Großmolkerei Bolle einführen. Diese schickte schon 1890 täglich 120 solcher Pferdewagen mit weithin sichtbarer Aufschrift und den mit weißer Schürze und Dienstmütze uniformierten Milchmännern in die Straßen Berlins.[13]

Ein im Besitz der CEMA befindliches Foto zeigt den vom Ehepaar Gänswürger aus Pfersee betriebenen Verkaufswagen, der neben Frischmilch auch Quark und Butter mitführte. Daß viele solcher Fuhrwerke unterwegs waren, darauf deutet zum einen die Numerierung, zum anderen eine Zeichnung auf dem Briefbogen von etwa 1910 von Krügers Central-Molkerei, aus deren Hof etliche dieser Kastenwagen fahren. »Verkaufswagen verkehren in allen Straßen der Stadt«, ist auf diesem Blatt zu lesen. Tauchte um 1916/17 der Milchmann auf seiner täglichen Tour im Bleichviertel auf, gesellte sich häufig auch Bert Brecht zu den mit Kannen und Töpfen Milch und Sahne abholenden Frauen und hörte dem »Ratsch« zu. Das beobachtete ein Altersgenosse des Dichters.[14]

1930: 174 Milchläden und viele Austräger

Der »Milchmarkt« im Jahre 1930: Die Statistik dieses Jahres nennt in Augsburg 174 Milchläden, 12 Käse- und Delikatessenhändler mit Flaschenmilchverkauf sowie 24 Kleinhändler, die nur konzessionierte Austragsgeschäfte besitzen, also ausschließlich mit Milch hausieren gehen. Auch die Einzelhändler lassen noch Milch austragen. Insgesamt gehen 1930 zwischen 120 und 150 Milch-Austräger täglich auf Tour, versorgen also sicherlich noch einige tausend Haushalte. Sie dürfen selbst am Sonntag zwischen 7 und 12 Uhr ihre Kunden beliefern.[15] Auch den Milchläden sind am Sonntagvormittag Öffnungszeiten eingeräumt. Insgesamt werden in der Stadt 1930 pro Tag etwa 54 000 Liter Frischmilch von den 43 858 Haushalten der 165 522 Einwohner zählenden Stadt verbraucht. Über 10 Prozent der Menge holen sich Familien »kuhwarm« bei einem der 424 milcherzeugenden Stadtbauern.[16]

Im September 1933 beginnt eine »Flurbereinigung« im Milchhandel. So umschrieben NS-Veröffentlichungen den ansonsten für die Zeit des Ersten Weltkrieges gebrauchten Begriff »Zwangswirtschaft«, der für die Maßnahmen ab 1933 nicht verwendet werden durfte. Der Milcheinzug wurde auf drei Großmolkereien aufgeteilt, denen die Landwirte fast die gesamte Milch abzuliefern hatten. Die Versorgung der Augsburger Bevölkerung erfolgte durch 167 »Milchkleinverteilerstellen«. Diese bekamen zur Erhaltung ihrer Existenz mindestens 300 Liter täglich zugeteilt. Der freie Milchhandel war unterbunden.[17] Nach dem Zweiten Weltkrieg wurde die CEMA zum alleinigen Milch-Unternehmen in Augsburg.

Frischmilch auch wieder am Sonntag

Die Zeiten, in denen in Augsburg Milch und Milchprodukte nur aus der Umgebung kamen, sind längst vorbei. Das Kühlregal im Lebensmittelmarkt hat die mit Butter, Rahm und Frischmilch hausierenden »Milliweiber« von einst und den »Heimdienst« durch Milchausträger abgelöst. Inzwischen ist eine Rückbesinnung auf Frischware zu beobachten. Diesem Trend trägt seit 1997 eine Verordnung Rechnung: Sie regelt den Verkauf von »Sonntags-Brötchen« und erlaubt, daß auch »für die Abgabe von frischer Milch die Verkaufsstellen für zwei Stunden« an Sonn- und Feiertagen geöffnet werden dürfen.[18]

Pferdebespannte »Milchausschankwagen« schickte die Central-Molkerei von Franz Krüger ab 1907 auf täglich befahrenen festen Routen durch Augsburgs Straßen. Sie machten sich mit lautem Glockengebimmel bemerkbar. Hier wird gerade Frischmilch für die Kundinnen »gezapft«.

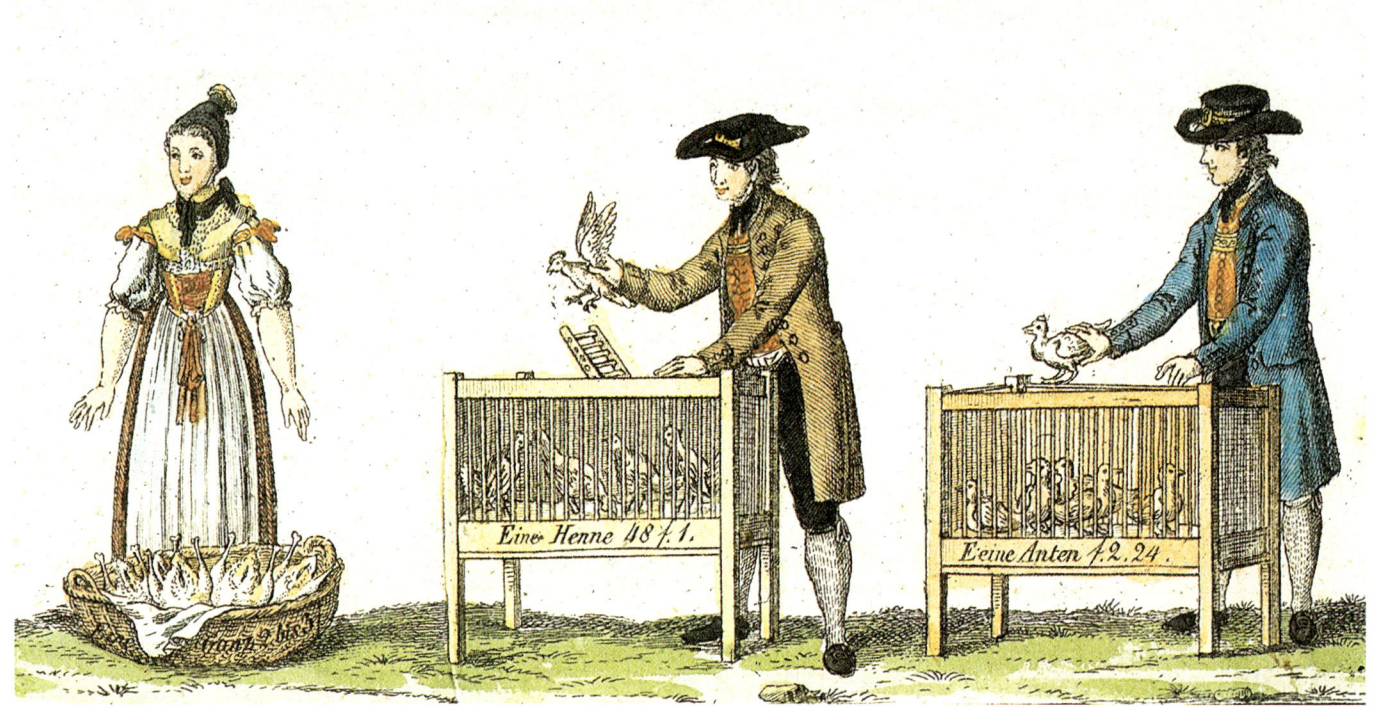

Meist gab's ein reiches Angebot an Geflügel auf dem Markt. Gänse »in Federn« – also lebend – durften das ganze Jahr über in die Stadt gebracht werden, in geschlachtetem Zustand (oben, links) wegen der mangelnden Kühlmöglichkeiten jedoch nur im Herbst und im Winter. Auch Hennen und Enten wurden alljährlich zu Tausenden in Käfigen und Kisten auf den Wochenmarkt gebracht.

Der Gänsemarkt

Bilanz 1845: 10410 Gänse in Federn und 8740 gerupft

»Uff dem Gensbühel« heißt Anno 1351[1] ein Bereich am Unteren Graben. Diese Ortsbezeichnung findet sich in den Listen der Steuereinnehmer, dem »Steuerumgang«. Schon 1365 gibt es diesen »Gänsbühl« nicht mehr, weil im Zuge von Befestigungsarbeiten zwischen der Kernstadt und der Jakobervorstadt die hier erfaßten Häuser praktisch im neuen Stadtgraben verschwinden. Wenige Jahre später jedoch »wandert« der Gänsbühl weiter stadtauswärts, und dieselbe Bezeichnung findet sich nun dort, wo auch heute noch beim Fünfgratturm der offizielle Straßenname »Gänsbühl« lautet.

Anno 1428 wurde dort weitab vom Stadtzentrum der Verkauf von lebenden Gänsen – »Gänse in Federn«, wie es in den Marktberichten später heißt – plaziert. Zwar fand das aus dem Umland hereingebrachte Federvieh in der noch wenig bebauten Gegend vielleicht noch Futter, doch für Verkäufer wie Kundschaft war dieser Bereich recht abgelegen. Ob der Gänsehandel später auf dem Perlachplatz abgewickelt werden durfte, wie es ein großes Marktbild aus der Zeit um 1550 im Besitz der Städtischen Kunstsammlungen zeigt, ist zweifelhaft. Schriftlich belegt ist ein Gänsemarkt am Fronhof. Doch da wollte man die schnatternden Gänsescharen offenbar auch nicht, denn es folgten noch etliche Marktplatzverlegungen.

»Capaunen, Gänß, Hennen und dergleichen…«

In dem dreiseitigen Abschnitt »Hüner-Käuffel belangend« in der 1609 begonnenen »Stättmeister-Ordnung«[2] sind die Händler und alle diejenigen angesprochen, »welche Geflügel, alß Indianische Stuck, Capaunen, Gänß, Hennen und dergleichen allhier hingeben wöllen«. Es wird jedermann verboten, »dergleichen essende Sachen in der Stadt oder auff 3 Meyl herum« zwecks Wiederverkauf aufzukaufen. Zwischenhandel wird in einem Radius von 22,5 Kilometer (»3 Meyl«) um Augsburg nicht geduldet. Alles Geflügel soll auf den »ordentlichen Marckt kommen«. »Zu Erhaltung billiger Gleichheit und des Marcktes Nothdurfft« sollen Bauern wie »Kauderer« (Händler) gleichermaßen in die Marktregelungen einbezogen sein. Wer dieses »Stadtgesetz« nicht beachtete, dem drohten beim ersten Übertreten ein Gulden Strafe, »beim anderen zwey Gulden, dritten vier Gulden und des vierten Mahls die Eisen« – das Gefängnis.

Wie es im 18. Jahrhundert auf den Straßen der Reichsstadt zuging, läßt ein Erlaß aus dem Jahre 1722 erahnen. Vom 19. September – offenbar rechtzeitig vor der großen herbstlichen Gänse-Schlachtaktion – datiert der Ratsbeschluß: »An Werktagen dürfen nicht mehr als 25 Gänse auf den Gassen laufen, an Sonn- und Feiertagen überhaupt keine!« Eine Zeichnung von 1722/32 zeigt die Maximilianstraße südlich des Merkurbrunnens an einem Wochenmarkttag. Dabei fehlen auch Gänse nicht: 22 tummeln sich beim Brunnen, wo ein Schaff mit Futter steht.

Nicht mehr als 25 Gänse auf einmal

Hauptmarktplatz für Gänse in Federn war zu dieser Zeit der Obstmarkt. Um Preistreiberei zu verhindern, griff die Stadt mit einer Mengenregulierung ein: Nicht mehr als 25 Stück durften auf einmal erworben werden. Damit

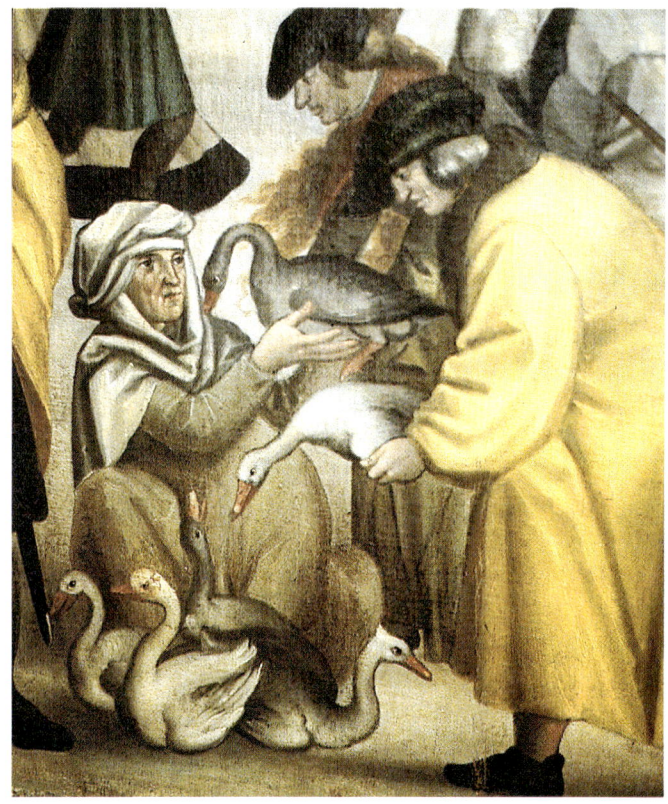

Die Bedeutung von Gänsen – unter sechs Stück kann der Käufer wählen – als Marktware unterstreicht dieser Ausschnitt aus einem großen Gemälde vom winterlichen Rathausplatz in der Zeit um 1530.

Dieser Ratserlaß von 1695 weist auf die »Rangordnung« beim Einkauf von Geflügel und anderen Viktualien auf dem Wochenmarkt: »Von Georgi bis Michaelis« (im Sommer) bis 9 Uhr nur die Bürger, von 9 bis 10 Uhr daneben auch die Wirte, ab 10 Uhr jedermann – auch die »Gänß-Weiber«, die danach mit dem Federvieh hausieren gingen. Im Winter endeten die »Sperrzeiten« um eine Stunde später.

suchte man dem »Fürkauf«, dem Zwischenhandel, einen Riegel vorzuschieben. Geschlachtete Gänse konnten die Hausfrauen an fast allen Werktagen auf dem Wochenmarkt kaufen – jedoch nur im Herbst und Winter.

Laut Markt-Ordnung von 1738 durften »geputzte Gäns ob dem Perlach« (auf dem Perlachplatz) vom Sankt-Michaels-Tag (29. September) bis Weihnachten angeboten werden. Diese zeitliche Verkaufsbeschränkung auf die übliche Gänseschlachtzeit hatte ihre Begründung vor allem in der damals mangelhaften Kühlmöglichkeit, wo nur der Keller und die »Speis« zur Aufbewahrung von Frischfleisch zur Verfügung standen. Aus demselben Grund wurde im Jahresschnitt mehr lebendes als geschlachtetes Federvieh (Gänse, Enten, Hühner) verkauft.

»Die Gäns in Federn werden ob dem Obst-Marckt verkaufft / anbey aber verbotten: daß weder die Würth noch Jemand anderer die hereinkommende Gäns gleich unter Wegs ausser dem Marckt aufkauffe / und sollen weder die Würth noch andere auf einmahl mehr nicht als 25 zu kauffen befugt seyn.« So lautet die Anweisung von 1738.

Zuerst die Hausfrauen, danach die Wirte...

Außerdem hatten die Hausfrauen in den ersten Marktstunden ein Vorkaufsrecht. Wirte und Köche durften aus diesem Grund erst um 9 Uhr (zwischen Georgi und Michael) bzw. ab 10 Uhr während der Winterszeit auf dem Markt einkaufen. Die als Hausierhändlerinnen tätigen, amtlich eingeschriebenen »Bürgerlichen Gänß-, Hüner-,

Das Schlachten und Tranchieren von Gänsen auf einem Augsburger Monatsbild für November, gezeichnet von J. D. Nessenthaler um 1750/60. »An dem Martinitag hört man die Gänße schreyen, die jedem, der gesund, zur Speiße wohl gedeyen«, lautet die sinnige Beschriftung.

Eyer- und Butter-Weiber« hatten sogar bis 12 Uhr Einkaufsverbot – bei einer angedrohten Strafe von 6 Gulden, falls sie vorher erwischt wurden. Über den verteuernden Zwischenhandel sollten grundsätzlich nur jene Viktualien vertrieben werden, die auf den Märkten übrigblieben und eventuell verdorben wären.

Kupferstiche »zur Belehrung und Belustigung von Kindern« vom Ende des 18. Jahrhunderts enthalten viele Marktszenen[3] – so auch den Gänsemarkt. Eine Zeichnung um 1750 hält gar das Rupfen und Schlachten sowie das Tranchieren einer Gans im Bild fest. Die Magd oder die Hausfrau hielt erst dann »Schlachttag«, wenn das Tier in die Bratröhre kommen sollte. »An dem Martinitag hört man die Gänße schreyen, die jedem, der gesund, zur Speiße wohl gedeyen«, bestätigt die Beschriftung den schon damals in Augsburg üblichen Brauch, an diesem Novembertag eine Gans aufzutischen.[4]

Mit dem »Decretum in Senatu« vom 13. August 1761 wollte die Obrigkeit offenbar mit aller Macht das gesamte Marktgeschehen aus der Innenstadt verbannen, wie sie das schon oft während Reichstagen oder längerdauernden Festivitäten getan hatte. In diesem Erlaß findet sich der Verkaufsplatz für geputzte Gänse auf dem Mittleren Graben, jener für lebendige auf dem »Schwein-Markt«, der auf dem nunmehrigen Jakobsplatz in der Jakobervorstadt abgehalten wurde. Diese »Ausbürgerung« mußte in fast allen Fällen wieder rückgängig gemacht werden. Die Bürger wollten sich vermutlich nicht von ihren bequem erreichbaren Einkaufsplätzen im Zentrum an den Graben und in die Vorstadt verweisen lassen.

32000 Stück Federvieh im September 1808

Dank akribischer Erfassung aller auf den Märkten gehandelten Waren sind auch bei den Gänsen die entsprechenden Zahlen verfügbar: Im September 1808[5] wechselten 1551 Gänse »in Federn« sowie 691 geschlachtete den Besitzer; außerdem 4157 lebende Enten, 4983 Tauben, 20164 Hühner. Für Feinschmecker waren wohl die 307 Kapaunen (Masthähne) und 299 »Indian« (Truthähne) bestimmt, die diese Monatsstatistik auflistet. Insgesamt wurden also rund 32000 Stück Federvieh an 17 oder 18 Markttagen verkauft.

Der Geflügelumsatz auf den Märkten gut 20 Jahre später – die Einwohnerzahl beträgt wie Anno 1808 rund 29000 – im Juli 1829[6]: 3288 lebende und 594 geschlachtete Gänse werden angeboten, außerdem 8166 Hühner und 1776 Enten. Zwar ist das Angebot an Federvieh im Sommer geringer als in kühleren Monaten, doch am Freitag, dem Hauptwochenmarkttag mit den stets weitaus größten Umsätzen, dürfte das Geschnatter, Gegacker und Geschrei Hunderter Gänse, Enten und Hühner auf der »Marktmeile« das vorherrschende Geräusch gewesen sein.

Der Gänsehirte (Zeichnung um 1810). Nur noch in Erzählungen und Märchen ist heutzutage der »arme Gänsehirte« geläufig. Er hütete früher wirklich die oft riesigen Gänsescharen eines ganzen Dorfes. Auf diesem Bild wird er von einem aufmerksamen Hund unterstützt.

Neben den Monatsstatistiken wurden auch Jahres-Marktumsätze veröffentlicht. 1845[7] beispielsweise – Augsburg zählte nun bereits 33500 Einwohner – standen 10410 verkauften »Gänsen in Federn« 8740 »ohne« gegenüber, 7354 noch schnatternde Enten 6962 solchen, die bereits gerupft das Stadttor passiert hatten. Wo die vielen Gänse für den Augsburger Markt großgezogen wurden, ist nicht vermerkt. Die stadtnahen Dörfer zählten sicher zu den Lieferanten, doch dürfte die bereits um 1550 bis nach Straßburg bekannte Rieser Gans[8] auch in der Lech-Metropole begehrt gewesen sein. Das Ries lag außerhalb der Zwischenhandels-Verbotszone, war in einer Tagesreise erreichbar und daher für die »Hüner- und Gänß-Kauderer« – die professionellen Händler – als Einkaufsgebiet zur Versorgung Augsburg interessant. Diese mußten zwangsläufig weitab von der Stadt einkaufen.

Zu Beginn des 19. Jahrhunderts suchte Augsburg in mehreren Anläufen an Markttagen seinen dörflichen Charakter mit vielerlei Getier vom Schwein bis zur Gans auf den Innenstadtstraßen zu tilgen. In diesem Bestreben liegt die Anordnung vom 16. Januar 1816[9]: »Zur Feilhaltung der lebendigen Gänse ist der Mauerberg bestimmt.«

1829: Lebende Gänse auf den Gänsbühl verbannt

Auch dieser schon etwas abseits der Hauptstraßen liegende Platz war bald für den Gänsemarkt zu stadtnah. So folgte am 2. Juli 1829[10] die neuerliche obrigkeitliche Anweisung: »...daß von nächster Woche an der Gänsemarkt auf dem Gänse-Bühl in der Jakober-Vorstadt gehalten werde«. Als zwingend wurde diese Regelung offenbar nicht angesehen, denn »man findet den Gänseverkauf über die ganze Stadt verstreut«, schreibt ein Zeitzeuge wenige Jahre[11] später.

Der Handel mit lebenden Gänsen war 1829 offiziell also auf jenen Platz zurückgekehrt, der 400 Jahre zuvor als erster schriftlich faßbarer Marktplatz für das bei den Augs-

GÄNSEMARKT

Um 1935 entstand dieses Foto von den gänsehütenden, barfüßigen Mädchen. Noch in den ersten Jahren nach dem Zweiten Weltkrieg waren solche dörflichen Idyllen nichts Ungewöhnliches.

burgern besonders (in gebratener Form) beliebte Federvieh nachweisbar ist. In später neu gefaßten, gedruckten Marktordnungen taucht der Gänseverkauf gesondert ausgewiesen nicht mehr auf – doch ein Sammelakt im Stadtarchiv »Gänseverkauf 1829 bis 1890« deutet an, daß dieses Thema die Marktinspektion noch des öfteren beschäftigte und einigen Schriftverkehr verursachte.

Bratfertige Gänse bis 1930 auf dem »Eiermarkt«

Der Handel mit geschlachteten, bratfertigen Gänsen fand bis 1930 – der Verlegung auch des »Bauernmarktes« in den neuen Stadtmarkt – auf dem »Eiermarkt« rund um den Augustusbrunnen statt. Aber auch die Lieferung direkt ins Haus von Bestellern – egal, ob es sich dabei um Wirte, Händler oder Private handelte – war in der Mitte des 19. Jahrhunderts nicht mehr verboten. Schon die erste nachreichsstädtische Marktordnung von 1816 wies etliche Lockerungen einst strengster Handelsgebote auf. Das freiheitlichere bayerische Gewerbegesetz von 1868 beseitigte dann die meisten der ehedem rigorosen Markt-Reglementierungen, die selbst im Augsburger Gänsehandel über Jahrhunderte hinweg aufscheinen.

An den Gänsemarkt erinnert wenige Schritte entfernt vom einstigen »Eiermarkt« beim Augustusbrunnen der Gänselieselbrunnen im Mettlochgäßchen. Er war auf einer Kunstausstellung in Augsburg gezeigt, von der Familie Nill gekauft und nach der Aufstellung der Stadt übereignet worden. Der Bildhauer Erich Steinacker auf Schloß Spielberg schuf diese Bronzefigur des bezopften Mädchens mit den beiden Gänsen.

Erinnerung an den Augsburger Gänsemarkt: Seit 1977 steht der Gänselieselbrunnen von Erich Steinacker im Mettlochgäßchen nahe dem einstigen Verkaufsplatz rund um den Augustusbrunnen.

Der Vogler

»Der Vogler« beim Vogelfang mit Netzen und Lockvögeln. Der Kupferstecher Christoph Weigel arbeitete fast 20 Jahre lang in Augsburg und sah sicher in den Lech- und Wertachauen solche Szenen, die er in seinem 1698 in Regensburg gedruckten »Ständebuch« wiedergab.

Der Vogelmarkt
König Ludwig II. erließ 1866 Vogelschutzgesetz

In Augsburg wurden jahrhundertelang Singvögel nicht nur zur Unterhaltung der Menschen in Käfigen gehalten, sondern – wie heute noch in südlichen Ländern – verspeist. Lerchen, Amseln, Drosseln, Nachtigallen und andere kleine Vögel zählten neben dem größeren Federwild zur beliebten Auffrischung der Speisekarte. Der Fang der zum Verzehr bestimmten Vögel taucht bereits in einer Urkunde von 1456 auf. Darin wird eine Kontroverse zwischen dem Bischof und den Bürgern geschlichtet, bei der es unter anderem um den Wildbann und den Vogelfang ging. Wenn ein »Marktvogler« (Vogelhändler) in dem bischöflichen Gebiet zwischen Lech und Wertach von Schwabmünchen bis zum Zusammentreffen der beiden Flüsse unterhalb von Augsburg Vogelfanganlagen aufstellen und Krametsvögel fangen wolle, so soll er diese Vogelherde vom Bischof oder dessen Anwalt mieten und nur mit bischöflicher Erlaubnis »voglen«. So lautete der Schiedsspruch von Anno 1456.[1]

1508: »Vogelstellen« in Wellenburg verboten

1508 sorgte das Verbot des »Vogelstellens« nahe Augsburg für so viel Aufruhr unter der Bevölkerung, daß sich sogar ein Geschichtsschreiber genötigt sah, dies in seiner Augsburg-Chronik festzuhalten. Folgendes war vorgefallen: Der 1468 geborene Augsburger Bürgersohn Matthäus Lang, kaiserlicher Geheimschreiber, Rat und später Erzbischof von Salzburg, wurde teils durch Erbschaft, teils durch Kauf 1507 Alleinbesitzer von Schloß Wellenburg. Als er es »nach seines Hertzen Lust wiedrumb zugericht hatte, ließ er allhie an aller Kirchen Thüren anschlagen und den Bürgern das Vogelstellen in derselben Jurisdiktion und Refier mit einer neuen angemaßten Herrschaft verbieten«. So ist in der Welser-Chronik[2] über diese Anno 1508 unter den Augsburgern viel Ärger verursachende Anordnung nachzulesen.

Wie sehr Vögel und Flugwild bei den illustren Gästen und Feinschmeckern begehrt waren, zeigte sich beim Reichstag 1530: In Scharen seien die Augsburger nach Lechhausen gekommen, um dort die hohe Nachfrage zu decken. Es war nämlich bekannt, daß die Lechhauser Jäger, Bauern und professionellen Vogelfänger in den Lechauen gute Fänge machten. Aufgrund des immensen Bedarfs im vor anspruchsvollen, illustren Gästen fast überquellenden Augsburg schraubten die Lechhauser die Preise derart in die Höhe, daß dies einem Chronisten der Aufzeichnung wert war.

Reichstag 1530: »Vogler« liefern Nachtigallen

Lerchen und Nachtigallen kosteten demnach sieben Pfennig, Amseln und Wachteln zehn Pfennig, ein Rebhuhn mußte mit einem halben Gulden (30 Kreuzer à 3 Pfennig) bezahlt werden. Genausoviel verlangten die Lechhauser 1530 für einen Storch oder einen Kranich. Noch 300 Jahre später ruhte auf dem Lechhauser Anwesen Nr. 91 (jetzt Neuburger Straße 134) ein Vogelfangrecht. Dort wohnte stets ein »Vogler«, der in seinen »Vogelherden« mit Vorliebe dem Lerchenfang nachging.[3]

Auch Jakob Fugger war am Lerchenfang interessiert: Er mietete 1508 einen Lerchenjagdplatz bei Oberhausen! In seinen Augsburger Handelskontoren hingen Käfige für Lerchen und Nachtigallen zur Erheiterung der Mitarbeiter während der Arbeit. Hans Fugger ließ 1570 seinen Schaugarten in der Jakobervorstadt mit botanischen Raritäten, Tiergehegen und Vogelvolieren so erweitern, daß auch Affen, Raubtiere, Papageien und weitere Vögel für die Bürger ausgestellt werden konnten.[4]

Welch wichtige Rolle Wildgeflügel und Vögel auf der Speisekarte der Augsburger spielten, darauf deuten etliche Verträge zwischen dem Bischof und der Stadt über die Jagd in jenem Gebiet, in dem seit alters (bis 1804) dem Bistums-Oberhaupt das Jagdrecht zustand. Nach dem eingangs erwähnten von 1456 sind solche Kontrakte von 1609, 1618[5], 1670 und 1745[6] erhalten.

Lerchenfang im bischöflichen Jagdgebiet

Nach diesen Kontrakten waren in dem durch sogenannte Jagdsteine begrenzten Gebiet zwischen der Unteren Brücke bei Schwabmünchen bis zum Zusammenfluß von Lech und Wertach bei der Wolfzahnau Enten von Jakobi (25. Juli) bis Fastnacht, Fasanen, Feldhühner, Lerchen und alles Federwildbret in den Vogelherden von Bartholomäus (23. Mai) bis Fastnacht »nur den Berechtigten vergönnt«. Nachtjagd auf Lerchen sowie deren Fang am frühen Morgen war laut Vertrag von 1745 bei Androhung einer immens hohen Strafe von 10 Talern ebenso verboten wie zur Brutzeit und bei Aufzucht des Nach-

Um 1530: Der Vogel- und Wildbrethändler mit vier Wacholderdrosseln in der Hand (Detail aus einem großformatigen Gemälde vom Augsburger Rathausplatz). Diese als sehr schmackhaft beschriebene große Drosselart wurde in Süddeutschland »großer Krametsvogel« genannt.

wuchses. Die Wachteljagd mit »Wachtel-Ruf« in der Brutzeit und bei stehendem Getreide war wegen der dabei verursachten Schäden an den Feldfrüchten strengstens untersagt. Dieses Verbot wurde offenbar vielfach mißachtet – darauf deuten die oftmals gedruckten Anschläge mit speziell diesem Wachteljagdverbot.

Die Masse der gefangenen, getöteten und auf sogenannte »Wiedel« aufgespießten Lerchen ist heutzutage fast unvorstellbar. Im Jahre 1674 kamen allein aus der Gegend um Biberbach, Meitingen und Herbertshofen 5912 Stück auf den Augsburger Markt. Das ergab 1478 Wiedel à 4 Vögel, wobei ein solches hölzernes Spießchen sechs bis sieben Kreuzer einbrachte. Zwischen 1719 und 1740 ergibt sich ein Durchschnitt von 5500 Lerchen-Wiedeln, also rund 22 000 offiziell auf dem Markt verkaufte Lerchen.[7] Frösche wurden im übrigen noch im vorigen Jahrhundert ebenfalls derart aufgespießt vermarktet.

Zwei feste Plätze und Zeiten gab's für die Vogelmärkte: Der Handel mit den von Jägern und Vogelfängern zum Verzehr in die Stadt gebrachten Vögel war ebenso in der Marktordnung geregelt wie jeglicher Viktualienhandel. Dieser war Teil des Wochenmarktes. Die Marktstatistiken und die Wochenmarkt-Gebührentarife[8] des vorigen Jahrhunderts geben genaue Auskunft über das angebotene Federwild: Wildgänse, Rebhühner, Fasane, Wachteln, Auer-, Birk- und Haselhühner, Schnee- und Steinhühner, Wildtauben, Waldschnepfen und Wildenten zählten zu den jagdbaren Arten.

Wacholderdrossel: Leckerbissen für Gourmets

Anno 1838 sind unter »Viktualien« noch Lerchen, die bereits im Jahre 1456 genannten »Krametsvögel« und »Halbvögel« (Duckentchen, Moosschnepfen) aufgelistet. Die bis zu 26 cm lange Wacholderdrossel hieß in unserer Gegend »großer Krametsvogel« und war wegen ihrer besonderen Schmackhaftigkeit ein begehrter – und damit gut bezahlter – Vogel.

Die »kulinarischen Vogelliebhaber« kamen nur werktags auf ihre Kosten. Dazu die Marktordnung von 1738: »Wachtlen, Lerchen, Vögel, Schnepfen, wildte Endten und Gäns etc. werden an dem Eck deß Rath-Hauses gegen den Fischmarkt zu gebührender Jahreszeit alle Tage verkauft.« Wirte, Cafetiers und Köche durften ihren Bedarf aus erster Hand im Sommer ab 9 Uhr, im Winter ab

10 Uhr auf dem Markt decken. »Hiesige Vogel-Weiber... wie fremde Wildpret- und Vögel-Aufkäufer« – also nicht in der Stadt beheimatete Händler und Wirte – waren nicht vor 11 Uhr auf dem Markt zugelassen. Der Bürger bzw. die Hausfrau oder die Magd sollte in jedem Fall ohne jeglichen Zwischenhandel und vor den Geschäftsleuten einkaufen können. Wer erwischt wurde, wenn er auswärtigen »Jägersleuten und Vogel-Leuten vor der Stadt unter den Stadt-Thoren oder in den Gassen« etwas abkaufte, sollte mit zwei Gulden bestraft werden.

1683: »Faulenzend Burger« kaufen vor den Toren

Die Zwischenhandelsverbote sind in den handschriftlichen Anweisungen für das Marktpersonal aus dem Jahre 1609 ausführlich festgelegt. Danach erschienen mehrmals gedruckte Anschläge zu jedermanns Kenntnis. Die Begründung für die Untersagung des »Fürkaufs« ist am deutlichsten in der umfangreichen »Polizey-Ordnung« von 1683[9] wiedergegeben: »§ 17: Item daß etlich faulenzend Burger, auch frembde und umb die Statt gesessene Kauderer und Fürkäuffel, auch etliche allhiesige Wirth sich wider die hievon bestehend ernstlich Verbott unterstanden, allerhand Victualien und essende Wahren, in specie aber das Feder- und anderes Wildprät, Hasen, Enten, Vögel und dergleichen nicht nur inhalb 5 oder 6 Meilen umb die Statt, sondern sogar hierinnen und vor den Thoren aufzukaufen und hernach mit ihrem eigennutzigen Gewinn wieder hinzugeben und zu verkaufen...«

So könne kein Bürger etwas »um den rechten billigen Wert haben«, sondern er müsse es den Fürkäufern und Kauderern um das doppelte Geld abkaufen. Die Marktbestimmungen von 1683 verboten den Augsburger Wirten nicht nur das Erscheinen auf dem Markt vor 9 Uhr (fremden vor 10 Uhr), sondern beschränkten deren Höchsteinkaufsmengen auf 20 Lerchen oder 15 andere Vögel wie Wachteln, Schnepfen und Rebhühner pro Tag.

»Stubenvögel« sonntags auf dem Fischmarkt

Der Marktbericht mit den Umsatzzahlen vom September 1808 nennt neben dem üblichen Geflügel wie Hühner (20 164 Stück), Gänse (1551 in Federn, 691 geschlachtet), Enten (4157 lebend), Tauben (4383) auch Rebhühner (10 Stück), Wachteln (15 Säcke), 246 Lerchen, die pro Stück für 3 bis 4 Kreuzer verkauft wurden. Besonders rare Schmankerl waren im Herbst 1808 »Krametsvögel«, von denen nur insgesamt 12 Stück für je fünfeinhalb Kreuzer verkauft wurden. Außerdem sind 96 »Halbvögel« (2,5 bis 6 Kreuzer) in der Monatsstatistik registriert.[10]

Da die Vogelhaltung in Käfigen in Augsburg und auch anderswo zu einer Zeit, als Radio und Schallplatte noch

Ein Vogelhändler mit auf »Wiedel« gespießten »Speisevögeln« und einigen Singvögeln im Käfig, die zur Unterhaltung bestimmt waren.

nicht erfunden waren, zwecks musikalischer Unterhaltung mit Gesang oder Gezwitscher sehr beliebt war, lohnte sich auch der Singvogelfang. Die »Vogler« stellten mit Leimruten und Netzen sowie Lockvögeln den zur Käfig- oder Volierenhaltung geeigneten Vögeln von der Singdrossel bis zur Nachtigall nach. Finken und Dompfaffen werden als besonders begehrte Stuben- oder Käfigvögel in der zeitgenössischen Literatur geschildert. Sonntagvormittags war das ganze Jahr über Vogelmarkt auf dem Fischmarkt zwischen Rathaus und St. Peter. Hier wechselten die gefangenen gefiederten Sänger den Besitzer. Als Handelsware auf diesem Sonntagsmarkt werden neben Vögeln auch Flugtauben, Königshasen und Ameiseneier genannt.[11] Die Marktordnung aus dem Jahr 1738: »Dauben und Sing-Vögel alle Sonntag ob dem Fisch-Marckt nach der Predig.« Bei einer Neuordnung der Marktplätze im Jahre 1761 taucht der »Vogel-, Sing-Vögel- und Taubenmarkt« an erster Stelle auf: Er sollte weiterhin an Sonn- und Feiertagen auf dem Fischmarkt stattfinden. Auch die Marktordnung von 1816 hält an diesem »Kleintierzüchter-Markt« fest.

1829: Augsburger Singvogelmarkt abgeschafft

Im Jahre 1829 kam überraschend das Ende des sonntäglichen Vogelmarktes. Unter der Überschrift »Das Überhandnehmen der den Wald- und Obstbäumen schädlichen

Raupen und anderer Insekten betr.« veröffentlichte der Augsburger Magistrat am 25. Juli 1829 folgenden aufsehenerregenden Beschluß: »Der Vogelfang nimmt von Tag zu Tag und zwar in einem höchst auffallenden Grade über Hand. Die Nachtigallen sind bereits allenthalben vertilgt, und die übrigen Singvögel mindern sich auf eine Weise, welche der Ausrottung in Bälde gleichzukommen droht. Diese verbotswidrige Sitte bedroht die wesentlichsten Interessen der Landwirthschaft. Namentlich findet sich in ihr die Quelle jener Raupenvermehrung, worüber alle Landwirthe Klage erheben, und welche bereits gegenwärtig der gesamten Obstkultur den Untergang droht. Es werden daher nicht nur die bestehenden Verbote der Augsburger Forstordnung, sondern auch vorzüglich jene der k. bayer. Gejaydsordnung in das allgemeine Andenken zurückgerufen, und der Unfug des Vogelfanges und der Abnahme von Nestern u.s.w., jedoch mit Beachtung des den Jagdbesitzern und Jagdpächtern zustehenden Rechtes des Fanges gewisser Vogelarten, hierdurch auf das Strengste verboten, mit dem Beisatze, daß die eingefangenen Vögel befreit, und die Zuwiderhandelnden unnachsichtlich in eine Strafe von fünf bis elf Gulden verfällt werden, wovon die Hälfte den Angebern zugewendet wird. Hierbei wird zugleich bekannt gemacht, daß vom 1. August ds. Js. angefangen, der hiesige Vogelmarkt nicht mehr gehalten werden dürfe.«[12] Der Sonntagsmarkt wurde aber nicht gänzlich eingestellt, sondern nur zum Kleintiermarkt umfunktioniert.

Vogelfang und -handel trotz Verboten

In den folgenden Jahren wird vor allem in Leserbriefen die strengere Verfolgung des trotz aller Verbote ausgeübten Vogelfangs und -handels angeprangert. Ein Beispiel vom April 1835[13]: Die Idylle von Frühling und Vogelsang werde gestört durch den in der Nähe der Stadt zu beobachtenden Fang mit Vogelschlägen, Leimruten und sogar Stockflinten. »Man wünscht, daß die hierüber bestehenden Verbote erneuert und strenge gehandhabt werden«, mahnt ein Augsburger an. Dies löst eine weitere Zuschrift aus: In Oberhausen, Lechhausen, ja selbst in der Stadt gebe es Vogelhändler, die den Winter hindurch von Haus zu Haus gingen, drei oder vier Vögel in einen winzigen, unter dem Schnupftuch versteckten Käfig gesperrt, und die Sänger zum Verkauf anböten.

Das Singvogel-Verkaufsverbot von 1829 läßt sich in der Markt-Statistik des Jahres 1845 verfolgen: Dieser Jahres-Marktbericht nennt zwar 127 verkaufte Wildgänse und 428 Wildenten sowie 854 Schnepfen und 320 Wachteln, aber weder Lerchen noch andere Kleinvögel. In den Marktordnungen wird nur mehr vom sonntagvormittäglichen Taubenmarkt auf dem Fischmarkt geschrieben.

Königlich Allerhöchste Verordnung,
das Verbot des Einfangens, Tödtens und Verkaufes von Vögeln betreffend.

Ludwig II.
von Gottes Gnaden König von Bayern, Pfalzgraf bei Rhein, Herzog von Bayern, Franken und in Schwaben rc. rc.

Wir finden Uns bewogen, auf Grund des Artikels 100 Abs. 2 des Polizeistrafgesetzbuches über das Einfangen, Tödten und den Verkauf von Vögeln zu verordnen, was folgt:

§. 1.

Das Einfangen, Tödten und der Verkauf nachgenannter Vögel ist verboten:
der Spechte, Wendehälse, Baumläufer, Mandelkrähen, (Blauracken), Heher, (Eichel- oder Holz-, Nuß- oder Tannenheher), Saat- und Alpenkrähen, Kuckucke, Wiedehopfe, Ammer, Finken, (mit Ausnahme der sogenannten Böhemer), Meisen, Staare, Goldamseln, Fliegenschnapper, Goldhähnchen, Zaunkönige, Nachtigallen, Haide- oder Baumlerchen, Roth-, Blau-, Braun- und Schwarzkehlchen, Grasmücken, Schwarzplättchen, Bachstelzen, Laub- und Rohrsänger, Braunellen, Pieper, Steinschmätzer, Schwalben, Nachtschwalben, Eisvögel, Störche, Bussarde, (Mauser oder Mausefalken) und der Eulen mit Ausnahme des Schuhu.

§. 2.

Niemand darf Nester, Eier oder Nestbrut der vorgenannten Vögel außerhalb seiner Anwesensgebäude und umschlossenen Gärten ausnehmen oder zerstören.

§. 3.

Vorstehende Bestimmungen sind auch bei der Jagdausübung zu beobachten.

Die ersten drei Paragraphen der am 4. Juni 1866 erlassenen bayerischen Vogelschutzgesetze mit einer Aufzählung der Vogelarten.

Es scheint aber einen umfänglichen Schwarzmarkt für eine Vielzahl von heimischen Vögeln gegeben zu haben. Denn am 4. Juni 1866 folgt eine bayernweite Schutzmaßnahme von höchster Stelle: König Ludwig II. unterzeichnet an diesem Tag auf Schloß Berg die teilweise im Faksimile wiedergegebene »Königlich Allerhöchste Verordnung«[14] (siehe oben). Mit ihr wird eine Vielzahl von

Vogelarten geschützt, von denen es damals aus heutiger Sicht noch viele gab, die aber durch übermäßigen Fang bereits dezimiert waren. Eine Ausnahme bildete der Uhu. Der als »große Nacht-Eule« oder »Schuhu« bezeichnete Uhu wurde damals auch in Volieren gehalten. Er war Mitte des 19. Jahrhunderts noch so häufig anzutreffen, daß er 1866 ausdrücklich in der Liste der geschützten Vogelarten ausgenommen wurde.

Grasmücken, Amseln, Drosseln im Angebot

In den folgenden Jahren wird im Augsburger Amtsblatt[15] des öfteren an die Verordnung von 1866 erinnert, was auf eine häufige Mißachtung des Vogelfangverbotes schließen läßt. Die Strafandrohung beim Erwischtwerden ist jeweils angefügt: 30 Mark oder sechs Tage Haft! 1883 wird in Leserbriefen der unerlaubte Vogelfang angeprangert: »In den Lech- und Wertachauen bei Lechhausen, Göggingen, Pfersee, Hettenbach, Oberhausen« seien die Vogelfänger zu beobachten, die dort ihre »Schlingen, Schlagnetze und Kleberuten« aufgestellt hätten, »um die ankommenden Sänger mit und ohne Lockvogel ihrer Freiheit zu berauben«. Ein weiterer Brief schildert das Zusammentreffen mit zwei vom Vogelfang in den Waldschlägen bei Derching nach Lechhausen zurückkehrenden Männern. In Säcken seien die gefangenen Vögel, die Fangapparate und die Lockvögel gewesen.[16]

Zwei Jahrzehnte später ist es wieder ein Zeitungsleser, der in einer Zuschrift das Unterlaufen des Fangverbotes beklagt. Im September 1904 war danach der »Singvogelfang in schönster Blüte«. Auf dem Sonntagsvogelmarkt beim Rathaus würden unter den Augen der Polizei jede Menge Grasmücken, Amseln und Drosseln verkauft – »ohne daß sich darum jemand scherte«. 1908 folgt ein drei Druckseiten umfassendes Vogelschutzgesetz. Es fußt weitgehend auf den Jagd- und Schutzgesetzen von 1863 bzw. 1866 und zählt fast dieselben geschützten Vogelarten auf. Nach wie vor darf der Uhu bejagt werden, Lerchen und die immer noch von Feinschmeckern begehrte Wacholderdrossel zumindest zeitweise.[17] Die sonntägliche »Vogel- und Hasenbörse« auf dem Fischmarkt schlief nach Zeitzeugen-Erinnerung im Laufe der dreißiger Jahre ein.

Um 1880 rund 700 Exoten-Arten im Handel

Nicht betroffen von den Fang- und Vermarktungsverboten des 19. Jahrhunderts waren die Exoten. Schon ab Anfang des 18. Jahrhunderts fanden Kanarienvögel durch Nachzucht weite Verbreitung. Sie bekamen als Käfig- oder »Stubenvögel« nach und nach von vielen weiteren Importen aus Übersee Gesellschaft. 1858 werden in Deutschland 51 verschiedene Arten eingeführt, zehn Jahre später wird deren Zahl bereits mit 250 veranschlagt und bis 1878 boomt geradezu die Liebhaberei in puncto Exoten: Rund 700 verschiedene nicht heimische Vogelarten werden bei Vogelhandlungen und auf Vogelmärkten registriert. Von den Prachtfinken über Webervögel, Am-

Seine »Canari Vögel« ruft dieser junge Mann in Augsburgs Straßen aus. Um 1790 wurde diese Zeichnung gedruckt.

mern bis zu den Papageien (davon wurden um 1880 rund 170 Arten importiert) reicht die bunte Vielfalt. Daneben werden Meisen, Hänflinge, Gimpel, Stieglitze usw. als Nachzuchten verkauft.[18]

Ein Zeitsprung in die Gegenwart: 1995 wurde die Nachtigall, von der es schon 1829 hieß, sie sei »allenthalben vertilgt«, Vogel des Jahres. Veranlaßte der massenhafte Fang die Augsburger Stadtväter bereits 1829 und die bayerische Regierung 1866 zum gesetzlich verankerten Schutz der Vogelwelt, so bedrohen in unserer Zeit andere Faktoren diese Spezies (oder was davon noch übrigblieb): Der Verlust von Lebensräumen und der Chemikalieneinsatz in der Landwirtschaft sind nach den Untersuchungen von »Birdlife International« die Hauptursachen dafür, daß 25 Prozent aller europäischen Vogelarten akut vom Aussterben bedroht sind und 38 Prozent als gefährdet gelten.[19]

Als der Stadt Augsburg 1925 die Lotzbecksche Tabakfabrik nördlich der St.-Anna-Kirche zum Kauf angeboten wurde, ließ sie diese Luftaufnahme anfertigen. Sie zeigt das gesamte Gelände des nunmehrigen Stadtmarktes vor dem Umbau und verdeutlicht, warum man das Areal mit seinen intakten Gebäuden und den großen, damals teilweise begrünten Freiflächen inmitten der Stadt ideal für einen Markt fand.

Der Stadtmarkt

»Markthallen« beendeten Romantik der Straßenmärkte

Seit Oktober 1930 ist der jetzige Stadtmarkt in Betrieb. Er ist gleichzeitig Überrest und Nachfolger der Stadtmetzg, des Fischmarktes und der Augsburger Straßenmärkte, auf denen die Bürger sich mit den meisten Lebensmitteln und auch mit Haushaltszubehör vom Keramiktopf bis zur Mausefalle versorgen konnten. Auf diesem über ein Hektar großen Areal sind seit 1930 rund 100 Händler konzentriert, deren Warenspektrum teilweise dem einstigen Angebot unter freiem Himmel an den unterschiedlichsten Marktplätzen der Innenstadt entspricht. Backwaren, Obst und Gemüse, Fleisch und Wild, Fisch und Milchprodukte, Gewürze und Blumen und vieles mehr wird in den Hallen, Geschäften und Ständen angeboten. Und zwar an jedem Werktag.

Stadtmarkt bereits in Augusta Vindelicum

Der jetzige Stadtmarkt ist zwar eine Errungenschaft des 20. Jahrhunderts – doch neu ist ein solcher Zentralmarkt mit buntem Branchenmix in Augsburg nicht: Er hatte bereits einen antiken Vorläufer! Das ergaben die im November 1993 abgeschlossenen archäologischen Untersuchungen auf dem Gelände des abgebrochenen Antoniusheimes an der Stephansgasse. Als Ergebnis dieser Forschungen und bereits älterer Grabungsbefunde auf dem Areal des Gymnasiums von St. Stephan konnten die Archäologen den Plan einer hier gestandenen römischen Markthalle erstellen. Die Grundlage für die auf Seite 8 wiedergegebene, per Computer erstellte Rekonstruktion: Sie hatten Abschnitte der Grundmauern entdeckt und eine Vielzahl von Funden gemacht.

Ein 45 mal 72 Meter großer, vierschiffiger Hallenbau, der einen Innenhof umschloß, war der nach italischen Vorbildern gebaute Zentralmarkt – lateinisch: Macellum – von Augusta Vindelicum. Von der ersten Hälfte des zweiten nachchristlichen Jahrhunderts bis zum Ende der Römerzeit Anfang des fünften Jahrhunderts, so Stadtarchäologe Dr. Lothar Bakker, deckten sich hier die Bewohner der Hauptstadt Rätiens mit Viktualien und manch anderer Marktware ein. In den Läden, die in den zwei 3,5 Meter breiten »Hauptschiffen« eingebaut waren, konnte man bei einem inneren und einem äußeren Rundgang trockenen Fußes seine Einkäufe tätigen. Insgesamt 4650 Fundstücke, darunter 213 Münzen und Teile einer Waage, kamen rund 1500 bis 1800 Jahre nach ihrem Verlust auf Augsburgs antikem Marktgelände wieder zutage.[1] Von dieser römerzeitlichen Markthalle weiß man, wie geschildert, erst seit 1993. Ehe in der Neuzeit dieselbe Idee entwickelt und in die Tat umgesetzt wurde, dauerte es lange. Erst in den letzten Jahrzehnten des 19. Jahrhunderts verdichtete sich der Wunsch nach einem zentralen Markt, möglichst unter Dach. Die Vorstellungen von einem ausschließlich der Markthaltung vorbehaltenen Areal

Edeltraud Egger gehört mit ihrem Gemüsestand zu den ständigen Anbieterinnen beim »Bauernmarkt« auf der Stadtmarkt-Freifläche.

inmitten von Augsburg orientierten sich wohl an den Pariser Markthallen. Auf einem möglichst weiten Gelände sollten sämtliche bislang unter freiem Himmel veranstalteten Märkte konzentriert werden. In der Stadtmetzg am Perlachberg war bereits 1609 der zentrale Fleischmarkt eingerichtet worden. Die beiden Fischmärkte fanden bis 1902 im Freien statt: Über Jahrhunderte hatte die »Totvermarktung« ihren Standort zwischen dem Rathaus und der St.-Peters-Kirche, der Lebendverkauf fand am Stadtgraben südlich der Barfüßerbrücke statt.

»Zentralmarkt« schon 1874 auf der Wunschliste

1874, als die Getreideschranne an der Halderstraße eingeweiht wurde, kamen die »Markthallen« ins Gespräch, die nun als nächstes städtisches Bauprojekt ins Auge zu fassen seien. Als 1881 die ersten Straßenbahnschienen mitten durch die Wochenmarktbereiche Karolinenstraße und Perlachplatz verlegt wurden, verstärkte sich der Ruf nach einer Verlegung und Zusammenfassung der Freiluftmärkte. 1885 spricht ein langer Leserbrief das Für und Wider der offenbar die Gemüter erhitzenden Frage einer Neuordnung der Straßenmärkte an. Es herrsche an den Markttagen ein derart starker Betrieb in der Umgebung des Perlachturmes, daß etwas geschehen müsse. Die Nutzung des großen Areals um die im November 1884 vom Militär geräumte Jesuitenkaserne (die Soldaten zogen vom ehemaligen Jesuitenkolleg an der Jesuitengasse in die neue Prinz-Karl-Kaserne um) als Marktgelände samt großer Halle kam in die öffentliche Diskussion.

Es entstünden immense Kosten für eine Markthalle, und ob die Hausfrauen bis zur Jesuitengasse zum Einkaufen gehen würden, das sei doch sehr fraglich, wurde von einem Leser gewarnt. Derselbe Schreiber schlug den 1885 durch Abbrüche frei gewordenen Bereich hinter dem

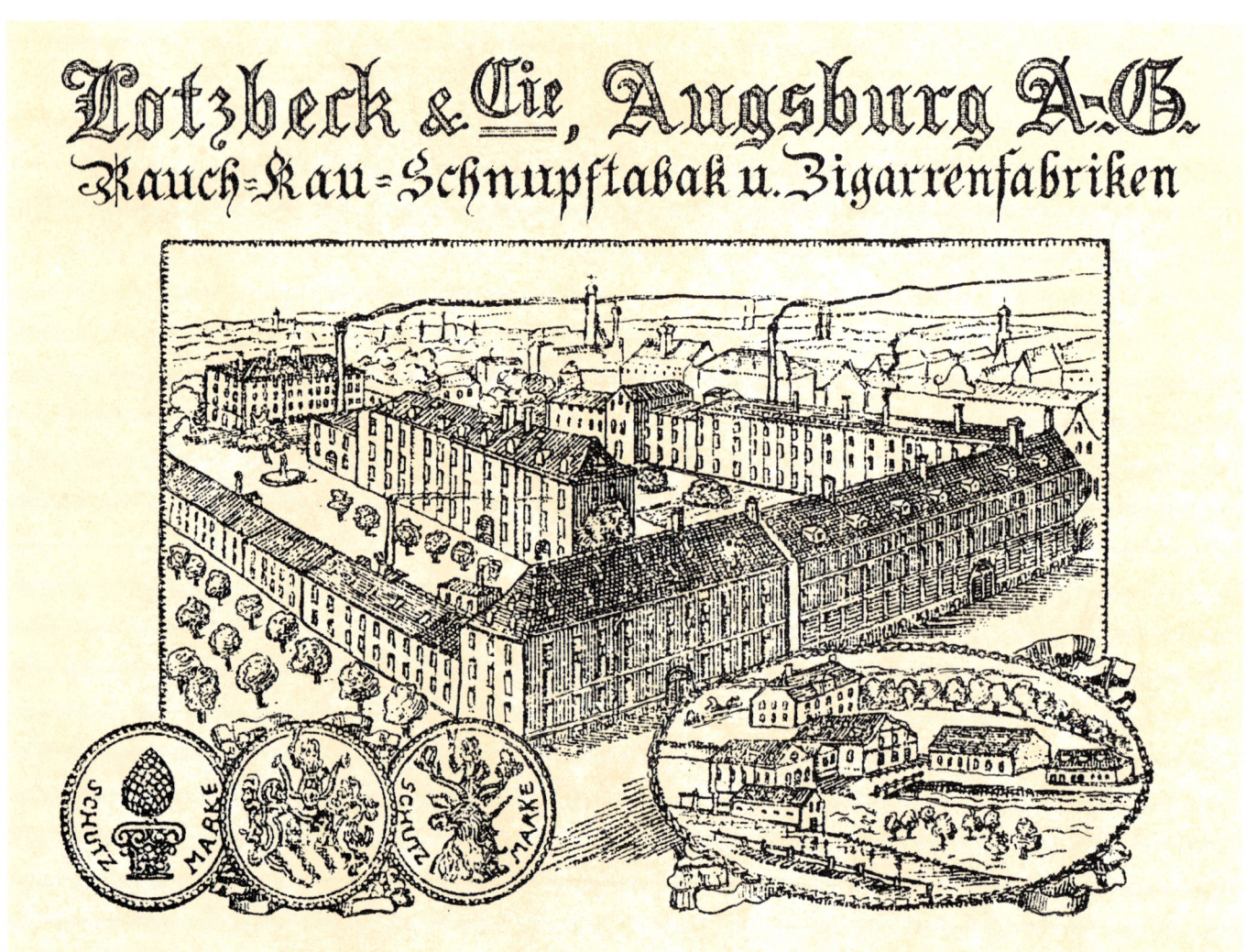

Der Briefbogen von Lotzbeck & Cie nannte die gesamte Produktionspalette und zeigte das Firmengelände zwischen Annastraße und Fuggerstraße sowie in einem kleinen Oval die zugehörigen Tabakmühlen am Schäfflerbach zwischen der Lotzbeck- und der Sanderstraße.

»Der Schnupfer« wurde 1930 südlich des 1820 erbauten Tabaklagers, dem späteren Markt-Mittelbau, plaziert. Er verschwand nach 1944.

Rathaus (den jetzigen Elias-Holl-Platz) als Marktplatz vor und verwies darauf, daß in allen Stadtteilen durch Geschäftseröffnungen den traditionellen Straßenmärkten und einem eventuellen künftigen Zentralmarkt längst große Konkurrenz entstanden sei. Zudem »ging in den letzten 10 bis 20 Jahren die Versorgung der Konsumenten mehr und mehr von den Händen der Bauern in die Hände der ständigen Gemüse- und Viktualienhändler über«, zeigt der Leserbriefschreiber zugleich einen Wandel im Marktgeschehen auf.[2]

1902: »Platzfrage und Finanzierung ungelöst«

Es blieb vorerst alles beim alten, aber das Thema wurde in der Folgezeit bei vielen Gelegenheiten aufgegriffen. Darauf geht kurz nach der Jahrhundertwende auch der städtische Oberbaurat Steinhäußer ein: »Schon zu wiederholten Malen wurde auch hier die Errichtung einer Centralmarkthalle angeregt; ein derartiges Unternehmen hat aber zunächst seine Schwierigkeiten in der Platzfrage und dann in wirtschaftlichen Rücksichten; so daß wohl noch Jahre vergehen werden, bis sich ein diesbezügliches Projekt verwirklicht«, schrieb er 1902 anläßlich einer Tagung von Ingenieuren in Augsburg.[3]

In derselben Veröffentlichung wird aber von einem weiteren Schritt zu einem Marktbetrieb unter Dach – neben der Metzg – berichtet. Dieser konnte nämlich 1902 getan werden – und das zudem sehr preisgünstig: Eine Markthalle für den Fisch- und Wildbrethandel wurde eingerichtet, und zwar in bester Lage in einem bereits vorhandenen Gebäude: Die ehemalige, 27 mal 13 Meter große städtische Schlachthalle in nächster Nachbarschaft dem Fleischmarkt in der Metzg (das Gebäude am Schlachthausgäßchen ist jetzt Lager eines Farbengeschäftes) war durch den neuen Schlacht- und Viehhof im Jahre 1900 überflüssig geworden. Im Frühjahr 1902 begann der Umbau zum Fisch- und Wildbretmarkt, der seinen traditionellen Platz bis dahin auf dem danach benannten »Fischmarkt« zwischen Rathaus und St. Peter hatte.

1925: Lotzbecksche Tabakfabrik wird angeboten

Die längst auf der Wunschliste stehenden »Markthallen« nahmen in den zwanziger Jahren konkrete Gestalt an, als die »Rauch-, Kau-, Schnupftabak- u. Zigarrenfabriken Lotzbeck & Cie, Augsburg A.-G.« (so der abgebildete Firmen-Briefkopf) zwischen Annastraße und Fuggerstraße 1925 der Stadt zum Kauf angeboten wurde. Man werde die Tabak- und Schnupftabak-Produktion in Augsburg einstellen, lautete die Firmenankündigung.[4] Die Stadt griff zu, sahen die Verantwortlichen doch gleich mehrere dringende Probleme lösbar durch den Erwerb des zentral gelegenen, mit einer Größe von 132 000 Quadratfuß (11 244 Quadratmeter) in den Katastern eingetragenen Firmengeländes. Die Büronot städtischer Ämter sollte durch Umbau der an der Annastraße liegenden Gebäude beseitigt werden, das 1820 erstellte, völlig intakte Zentralgebäude mit seinen Tabak-Lagerkellern und Produktionsräumen konnte zum Fleischmarkt samt Marktgaststätte umgebaut werden, und viel Freigelände stand für weitere Marktsegmente zur Verfügung. Außerdem: »Der Weg zwischen Rathaus und Bahnhof wird für Fußgänger um 130 Meter verkürzt«, wurde angemerkt.[5]

Am 1. Juni 1927 wurde der Kaufvertrag unterzeichnet, und für 1,45 Millionen Mark kam die Kommune in den Besitz des Lotzbeckschen Fabrikareals. Ein erstes Umbaumodell konnte bereits Anfang 1927 besichtigt werden, wobei noch die Beibehaltung der Metzg am Perlachberg vorgesehen war. In abgeänderter Form – mit Aufnahme der Fleischer – wurde das Projekt verwirklicht.

»Probebetrieb« auf dem künftigen Marktgelände

Bevor jedoch die Umbauarbeiten begannen, gab's auf dem ehemaligen Fabrikhof einen zweimonatigen Wochenmarkt-Probebetrieb: Vom 12. Mai bis 14. Juli 1928 verlegte man alle ansonsten auf dem Ludwigsplatz (im Volksmund: »Eiermarkt«) anzutreffenden Viktualienhändler und Marktfrauen in das »Lotzbeck-Anwesen«,

wie das Gelände noch lange genannt wurde. Der Grund waren Pflasterungsarbeiten auf dem »Eiermarkt« rund um den Augustusbrunnen. Nach der Markt-Rückverlegung ging's an die Umwandlung der ehemaligen Tabak- und Schnupftabakfabrik in einen Stadtmarkt.[6]
Davor lagen intensive Beratungen über verschiedene Umbauvarianten, von denen die »abgespeckte« Version mit nur erdgeschossiger Ausführung der Viktualien- und der Metzgerhalle am 15. Mai 1928 im Stadtrat genehmigt wurde. Gleichzeitig wurde der Umbaukredit von 2,64 Millionen Mark in den Etat eingesetzt. Vom Standpunkt der Arbeitsbeschaffung war diese Summe für die darniederliegende Augsburger Wirtschaft von großer Bedeutung. Als erstes ging's an den Einbau von Läden und Büros entlang der Annastraße, es folgte der Bau der Viktualienhalle an der Südseite des Grundstücks (auf eine zweite geplante kleinere an der Nordseite verzichtete man, da gab's nur breite Vordächer), den Abschluß bildete der Umbau des Mittelbaues.
Das Parterre dieses freistehenden Zentralbaus wurde zur Fleischmarkthalle, darüber plazierte man die Marktgaststätte und ein weiteres Stockwerk bot Platz für die nun in »Städtisches Marktamt« umbenannte bisherige Marktinspektion. Diese Märztezentralisierung bedeutete das Ende einer vielhundertjährigen Gepflogenheit: der Rundwanderung der Hausfrauen bzw. Mägde vom Obstmarkt über den Gärtnermarkt auf der Karolinenstraße zum »Eiermarkt« am Augustusbrunnen, Abstecher zur Metzg und zum Fischgraben inbegriffen.

Obsthändler ziehen am 8. Oktober 1930 ein

Die Belegung beginnt am 8. Oktober 1930: Als erste ziehen an diesem Mittwoch die Obsthändler (bisher an Obstmarkt und Hafnerberg plaziert) in den neuen Markt. Ihnen folgen am 10. Oktober die Metzger aus der Stadtmetzg am Perlachberg. An diesem Freitag findet der letzte große Wochenmarkt in Augsburgs Straßen statt. An der Theaterstraße stehen noch einmal die Wagen mit Kraut, Kartoffeln und Gemüse, während auf der Karolinenstraße, in der Karl- und Ludwigstraße sowie am Kesselmarkt die Tische, Kisten, Körbe und Karren der Gemüse- und Blumengärtner für ein buntes Bild sorgen. Auch in der Fisch- und Wildbrethalle am Schlachthausgäßchen ist am 10. Oktober letzter Verkaufstag.
»Die Eröffnung der Markthallen raubt uns nicht nur die Romantik des Straßenmarktes, sie versetzt auch einem anderen Kuriosum, der Garküche in der Stadtmetzg, den Todesstoß«, schreibt ein Berichterstatter. Hier sei die »klassische Stätte des Brotzeitmachens« gewesen, wo täglich die Taubenmarie, aber auch viele städtische Bediensteste aus den nahen Ämtern anzutreffen gewesen seien. Ab Samstag, 11. Oktober 1930, dürfen alle sonst auf dem Perlachplatz, der Philippine-Welser-Straße und der Annastraße vermarkteten Viktualien vom Ei bis zum frischen Hendl nur noch im »Zentralmarkt« verkauft werden, und zwar an allen Werktagen von 7 bis 19 Uhr!

Heu, Stroh, Kraut weiterhin beim Theater

Ein Rest der Straßenmärkte muß aber aus Platzgründen am bisherigen Standort verbleiben: »Ab Mittwoch, den 15. Oktober, gilt für den Heu-, Stroh-, Holz-, Kartoffel- und Krautmarkt, soweit die Waren aus größeren, im ehemaligen Lotzbeckanwesen nicht zugelassenen Fahrzeugen feilgehalten werden, der bisherige Verkaufsplatz in der Umgebung des Stadttheaters«, verkündet das Amtsblatt.[7] Ein Jahr später ziehen Marktbeschicker und Verantwortliche der Stadt eine erste Bilanz über den Stadtmarkt. Allzu große Zufriedenheit herrscht nicht bei einer Versammlung, und Stadtbaurat Holzer hat einen schweren Stand. Gebührensenkungen auf breiter Ebene, eine Markterweiterung und mehr Zufahrten – so lauten die Forderungen der Markthändler. Die Hereinnahme des Obstmarktes sei bei den 1926 beginnenden Planungen nicht vorgesehen gewesen, und der doppelstöckige Ausbau der Viktualienhalle sei an ungünstigen Lichtverhältnissen gescheitert, erfahren die Unzufriedenen. Diese beklagen die Enge bei starkem Andrang auf dem Bauernmarkt, für den bei großer Beschickung wieder der Straßenverkauf zugelassen werden sollte. Doch trotz vieler Unzulänglichkeiten werden die Vorteile der Märkte-Konzentration gewürdigt.[8]

1936: Stadtmarkt für Überangebot zu klein!

Am 7. Oktober 1934 werden noch einmal »Ortspolizeiliche Vorschriften« für den Hauptwochenmarkt erlassen. Ort und Zeit der Lebensmittel-Groß- und -Kleinmärkte, Rechte und Pflichten der Platzinhaber sind darin »den heutigen Verhältnissen entsprechend neu gestaltet«, schreibt der Oberbürgermeister.[9] 1936 kann der Stadtmarkt das sommerliche und herbstliche Überangebot an heimischen Garten- und Feldfrüchten nicht fassen. Der Obst- und Beerengroßmarkt wird deshalb an sechs Tagen am Kesselmarkt eingerichtet, der Kartoffelmarkt für Selbsterzeuger in der Ludwigstraße![10] So werden traditionsreiche Marktstraßen für kurze Zeit wiederbelebt.
Um die Fuggerstraße »als Parkplatz der mehr oder weniger ansehnlichen Fahrzeuge der Marktbeschicker auszuschalten«, weist 1938 die Stadt für diese Parkraum bei der Schrannenhalle an der Halderstraße aus. Zu diesem Zeitpunkt befindet sich als einzige Marktabteilung der Topf-

STADTMARKT

Bilder vom Stadtmarkt um 1940. Oben: die Ostseite des zentralen Marktgebäudes mit dem dreibogigen Zugang zur Fleischhalle im Parterre und zur Marktgaststätte im 1. Stock. Unten links: In einstige Fabrikations- und Lagerräume waren gefliestе »Verkaufsboxen« für Fleisch und Wurst eingebaut worden. Unten rechts: Am Konzept einer »Ladenstraße« an der Hallensüdseite hat sich nichts geändert.

blumenmarkt der Gärtner außerhalb des Stadtmarktes auf der Westseite des Stadtarchivs. Wochenmarkttage mit dem üblichen großen Angebot aus eigenem Anbau auf dem Freigelände (»Bauernmarkt«) sind Mittwoch, Freitag und Samstag.

Zerstörte Marktgebäude, zögernder Wiederaufbau

Schicksalsnacht 25./26. Februar 1944: Beim verheerendsten Bombenangriff auf die Stadt wird der Stadtmarkt von schwersten Kalibern getroffen. Das zentrale Marktgebäude brennt bis auf Keller und Erdgeschoß aus. Marktamt und Marktgaststätte werden zerstört. Sie weichen in das benachbarte, erhalten gebliebene Stadtarchiv-Gebäude aus, dessen wertvolle Archivalien außerhalb der Stadt in Sicherheit gebracht sind. Das Marktgelände wird bereits in den Wochen nach dem Bombardement von Schutt geräumt und weiterhin genutzt – soweit überhaupt Lebensmittel vorhanden sind und gegen Marken zum Verkauf zugeteilt werden können.

Einige Jahre bleibt es bei Provisorien inmitten von Ruinen. Die Beseitigung der Zerstörungen geht nach Kriegsende langsam voran. Im Juli 1950 sind die 19 Verkaufsstände in der Fleischmarkthalle wiederhergestellt.[11] Das Markthauptgebäude, in dem die Metzger verkaufen, war ein Stockwerk niedriger als zuvor wiederaufgebaut worden. Am 8. September 1952 kann die Einweihung der Viktualienhalle gefeiert werden, und am 6. Juni 1953 folgt der Hebauf für das Verwaltungsgebäude an der Stadtmarkt-Ostseite, durch das die beiden Zugänge von der Annastraße her führen.

50-Jahr-Jubiläum mit Sorgen

Im Herbst 1955 wird es wiederum zu eng auf dem Stadtmarkt: »Bis auf weiteres werden der Kraut-, Kartoffel- und Obstgroßmarkt auf dem ehemaligen Grundstück des Annakollegs abgehalten. Zugang und Zufahrt zwischen Stadtmarkt und Fuggerstraße 14. Markttage: Mittwoch und Freitag. Marktzeit: jeweils 6.30 bis 13 Uhr.« So versucht die Stadt diesen marktlichen Engpaß zu lösen, was aufgrund freier Ruinenflächen im Bereich der jetzigen Reuterplatz-Garage damals noch möglich war.[12]

25 Jahre später: 1980 findet ein Marktfest mit Musik, Unterhaltung, Informationen und vielen Schmankerln aus Anlaß des 50jährigen Bestehens statt. Der Stadtmarkt ist in die Jahre gekommen, er hat dringend eine Modernisierung nötig. Im Stadtrat wird in diesem Jahr ein Konzept zur Sanierung und Attraktivitätssteigerung beschlossen. Seit seinem Bestehen ist dem Stadtmarkt vielfache Konkurrenz in Form von Spezialgeschäften und Großmärkten mit umfassendem Angebot entstanden. Damit muß er

Wenige Tage nach dem Bombardement vom 25./26. Februar 1944 wurden im schwer getroffenen Stadtmarkt Gassen durch den Schutt geräumt. Im Hintergrund die St.-Anna-Kirche.

Schritt halten. Der Stadtmarkt soll vorerst in Teilbereichen modernisiert werden, da sonst Umsatzrückgänge bei den rund 100 Ständen und Geschäften wegen mangelnder Akzeptanz in »Augsburgs erster Fußgängerzone« zu befürchten seien.[13]

Modernisierungen fördern die Attraktivität

Wiederum 15 Jahre später, 1995: »Das Stadtmarkt-Flair verfliegt immer mehr« lautet die Überschrift eines Zeitungsartikels, in dem die defizitäre Entwicklung bei den Standgebühren und Ladenmieten offengelegt wird. Dringender Handlungsbedarf für Investitionen in das nun 65 Jahre alte »Verkaufs-Center« wird angemahnt, »wenn das Flair des Stadtmarktes erhalten werden soll«. Im Dezember 1995 beschließt der Stadtrat, die unzureichend

Der Wiederaufbau des ausgebrannten Marktgebäudes, in das im Juli 1950 die Metzger wieder einziehen konnten, erfolgte um ein Geschoß niedriger (Foto um 1950). Die Freiflächen reichten nach der Währungsreform (Juni 1948) manchmal nicht aus für das üppige Angebot, so daß zeitweise der herbstliche Kraut- und Kartoffelverkauf sowie der Obstgroßmarkt auf benachbarte freigeräumte Ruinenflächen verlegt wurden.

genützte, für Kunden nicht sehr einladende Viktualienhalle für 800 000 DM zu modernisieren. Damit soll die mit der Neugestaltung der Fleischhalle und der »Bäckerstraße« mit den kleinen Läden an deren Südseite eingeleitete Erneuerungsaktion fortgesetzt werden.[14]

Im Herbst 1996 wird ein Großteil dieser Arbeiten ausgeführt, die der 1000-qm-Halle mit einem Glaskuppeldach und Lichtbändern ihren düsteren Provisoriumscharakter nehmen und daraus einen attraktiven Spezialitäten-Einkaufsmarkt mit internationaler Imbiß-Oase werden lassen.[15] Licht strömt seitdem durch das aufgebrochene Dach, hell und freundlich lädt die nun gut be- und entlüftete, 1929 errichtete Halle ein. Zeitgleich ließ die Stadt für 300 000 Mark die Stromversorgung des Marktes erneuern. Trotz Anpassung an die Erfordernisse der Zeit wird ein Marktsegment wie seit alters aufrechterhalten: Vor allem mittwochs, freitags und samstags herrscht auf der freien Fläche östlich des Stadtarchivs reges, buntes Leben – der »Bauernmarkt« findet an diesen Tagen statt. Dieser Marktteil ergänzt das ohnehin schon üppige vielfältige Angebot der 104 (im Jahre 1998) ständigen »Stadtmarktler«: 26 Obst-/Gemüsehändler, 8 Blumenstände, 8 Backwaren-Geschäfte, 10 Fleisch- und Wurstanbieter, 5 Fisch- und ein Fisch-/Wildhändler, mehrere Käse- und Milchprodukte-Fachgeschäfte, Gewürz- und Trockenfrüchte-Spezialisten. Der Branchenmix wird ergänzt durch Töpfer- und Flechtwaren, Pinsel und Bürsten, Geschenkartikel. Hunger und Durst können mit internationalen Spezialitäten bei Imbissen und einem Weinstand gestillt werden – und natürlich in der Marktgaststätte.

Zeugnisse vom Weinhandel aus Augsburgs Frühzeit sind Amphoren und das an der Heilig-Kreuz-Straße gefundene Steinfragment mit dem Relief eines vierrädrigen Ochsengespanns, mit dem ein römerzeitlicher Weinhändler zwei Fässer samt darauf liegendem Hund beförderte. Große Amphoren und Tongefäße dienten vor allem zur Lagerung von Wein und anderen Vorräten im Hause.

Der Weinmarkt und der Salzmarkt

Händler vereinten sich 1397 in der Salzfertiger-Zunft

Es mag verwundern, daß die Versorgung Augsburgs mit so unterschiedlichen Handelsgütern wie Wein und Salz in einem Atemzug genannt wird. Doch dies hat gute Gründe: Die räumliche Verbindung und die Abwicklung von Ein- und Verkauf des Genußgetränks und des Würzmittels waren so eng, daß sich die gemeinsame Schilderung ihrer Marktgeschichte anbietet. Die Weinstädel und das Salzdepot standen aneinandergereiht nördlich von St. Ulrich mitten auf der Maximilianstraße, leere Weinfässer wurden häufig wieder mit Salz gefüllt. Wein von auswärtigen Händlern wurde in Zahlung genommen und ihnen dafür Salz übergeben. Die Weinfuhrleute waren meist zugleich die Spediteure für das lebensnotwendige Salz, das heißt, sie beförderten Wein nach München und brachten als Rückfracht in ihren Fässern loses Salz oder bis zu 24 Salzscheiben pro Planwagen mit. Weinhändler verkauften zudem mancherorts Salz im kleinen.[1]

Aus der Notwendigkeit zu enger Zusammenarbeit schlossen sich frühzeitig die Weinschenken und die Salzhändler zu einer »Interessengemeinschaft« zusammen: Sie vereinigten sich Anno 1397 in der Salzfertiger-Zunft. »Von den salzvertigern und weinschencken« ist denn auch im ältesten erhaltenen Ratsprotokollbuch Anno 1425[2] eine Drei-Seiten-Niederschrift mit Anweisungen an diese Zunft betitelt.

Kostbares Würzmittel, »weißes Gold« genannt

Die Berufsbezeichnung »Salzfertiger« kam von »ausfertigen« und beinhaltete nach damaligem Sprachgebrauch in Augsburg den Einkauf en gros, das Organisieren der Transporte, den Weiterverkauf im großem wie im kleinen. Dazu gehörte auch das »Stoßen«, das Zerstampfen der aufgrund besserer Transportfähigkeit in den Salinen zu wagenradgroßen Scheiben gepreßten Salzes in gebrauchsfähige Körnung. Dieses Feinsalz trug im Mittelalter nicht ohne Grund die Bezeichnung »weißes Gold«. Ein Fäßchen davon war aufgrund schwieriger Förderung, langer Aufbereitungsprozesse und weiter Transportwege kostbar, aber sehr begehrt. Salz verlieh schließlich vielen Speisen erst Geschmack und war zudem als Fleisch-Konservierungsmittel und zum Pökeln unentbehrlich.

Die Salzfertigerzunft war lange Zeit sehr einflußreich und stellte beispielsweise zwischen 1448 und 1467 mit dem auf dem Areal des heutigen Standesamtes – unmittelbar am Salzmarkt – wohnenden, offenbar begüterten Salzfertiger Andreas Frickinger siebenmal den Bürgermeister.[3] Als 1440 ein neues Statut über den Weinhandel für nötig gehalten wurde, geschah dessen Ausarbeitung nach eingehender Beratung mit den »umb den Gewerb des Weins und des Saltz« Kundigen.[4] Das waren 1475 immerhin 90 Mitglieder[5] der Salzfertigerzunft.

Das 1973 bei Bauarbeiten am Vorderen Lech 1 gefundene Grabdenkmal für den Weinhändler Pompeianius Silvinus zeigt auf einem Seitenrelief auch den Weinverkauf an der Theke seiner Taberna.

Wein spielte schon in der römischen Augusta Vindelicum eine große Rolle. Die weingewohnten südländischen Besatzer wollten trotz weiter Transportwege auch in Raetien nicht auf ihre Weine verzichten. Das bestätigen Funde von Amphoren, Trinkgefäßen und Fragmenten von Weinhändler-Grabmälern.

Römische Weinhändler in Augusta Vindelicum

Die schönsten Zeugnisse aus dieser Zeit sind das 1990 in dem inzwischen vom »Musculus-Hof« überbauten Areal an der Heilig-Kreuz-Straße gefundene Relief, das einen Weinhändler mit dem von einem Ochsengespann gezogenen Fuhrwerk mit zwei Weinfässern zeigt, sowie das bildreiche Grabdenkmal für den Weinhändler Pompeianius Silvinus. Er ist in seiner »Taberna« wiedergegeben, umgeben von Krügen, Fässern, Amphoren und Kannen. Eine Seitenansicht dieses im Römischen Museum befindlichen Steins stellt den Wein-Straßenverkauf dar. Für den Salzhandel fehlen in Augsburg so frühe Nachweise.

Seit dem Mittelalter lag der Umschlagplatz für Salz und Wein auf der alten Reichsstraße: »Weinmarkt« war denn auch die Straßenbenennung für diesen vornehmsten Bereich der Stadt. Bis 1806, ehe der neue Name Maximilianstraße eingeführt wurde, hieß der Abschnitt zwischen Moritzplatz und Herkulesbrunnen so. Es war Augsburgs beste Adresse: Hier baute das Fuggersche Familienimperium seinen repräsentativen Stadtpalast mit Handelszentrale, an den Weinmarkt grenzte das Tanzhaus, auf dem Weinmarkt fanden großartige Festivitäten bei Königs- und Kaiserbesuchen statt. Südwärts schloß sich daran der Salzmarkt an.

Anno 1158: Münchens Gründung dank Salzhandel zwischen Reichenhall und Augsburg

Der Salzhandel zwischen Reichenhall und Augsburg führte über jene berühmt gewordene Isarbrücke bei Föhring, an der die Freisinger Bischöfe den einträglichen Zoll kassierten und die Herzog Heinrich von Bayern abbrennen ließ, um so die Salzfuhren über eigenes Territorium umzuleiten. Die am 14. Juni 1158 von Kaiser Barbarossa in Augsburg unterzeichnete Schlichtung in diesem Zollstreit – der »Augsburger Schied« – gilt als die offizielle Gründungsurkunde Münchens.

Die Vermarktung des fast ausschließlich aus bayerischen Salinen über München nach Augsburg kommenden Salzes ist schon in einer Ratsverordnung von 1275[6] und ein Jahr später im Stadtrecht von 1276 eingehend geregelt. Da heißt es: Welcher Gast in diese Stadt Salz führt, der soll es nicht durchfahren, sondern in der Stadt verkaufen. Ebenso solle dies jeder Bürger tun. Nur am Donnerstag, Freitag und Samstag konnten Auswärtige Salz kaufen, den Augsburgern durfte es verkauft werden, wann immer sie Bedarf hatten. »Ein Wagen mit 5 Fudern Salz gibt 1 Pfennig« ist 1396 auch der Einfuhrzoll am Barfüßertor vermerkt.[7] Auch den unumgänglichen Salzstadel gab es Anno 1276. Ob er da schon nördlich von St. Ulrich stand, ist nicht überliefert – jedoch kann er dort vermutet werden. Ab 1364 ist er jedenfalls an dieser Stelle nachweisbar. Erst im 16. Jahrhundert ist der Salzstadel bildlich überliefert.

Sechs Gulden für einen Adler am Salzstadel

Im Jahre 1440 belegen Einträge in den Rechnungsbüchern ihn als städtisches Gebäude: Dem Malermeister Jörg werden nämlich »sechs Gulden geben, umb einen Adler an den saltzstadel und umb ander gemäul daran ze maulen«.[8] In diesem bemalten und mit dem kaiserlichen Hoheitssymbol geschmückten Stadel oblag den Salzknechten das Aufschütten und das Füllen der Fässer und das Stapeln der Scheiben. Ihre Entlohnung ist bereits im Stadtrecht von 1276 geregelt. Außerdem ist darin festgelegt, daß von insgesamt zwölf »Underküffeln« sechs als bestellte Makler für die Überwachung des Handels unter anderem mit Wein und Salz zuständig sind.[9] Und diese Umsätze waren meist beträchtlich: 30 000 bis 40 000 Salzscheiben pro Jahr (um 1410/20).[10]

Der Marktplatz für Salz im Anschluß an den Weinmarkt taucht als topographische Bezeichnung 1345 in einer Teilungsurkunde über ein Haus am »Salzmarckt« auf.[11] Das Salzlager war im frühen Mittelalter die »Halla« (vom keltischen »Hall« = Salz). Daraus entwickelte sich der verallgemeinerte Name »Halle« für einen städtischen Güterumschlagplatz und zugleich für die dabei befindliche Warensteuerstelle, das »Hallamt«. Für das »weiße Gold« wurde jedoch in Augsburg schon 1275 das althochdeutsche Wort »Salz« oder das lateinische »Sal« und für dessen Lager die Bezeichnung Salzstadel verwendet.

Stadtrecht von 1276 regelt den Weinhandel

Umfangreich sind auch die 1276 niedergeschriebenen Weinhandelsbestimmungen. Da ist in Artikel XVII »Waz rehtes die trager haben« selbst das Entgelt für die Weinträger genauestens festgelegt. Daß diese mit fränkischem und Welschwein zu tun hatten und daß sie extra zu entlohnen seien, wenn sie Wein von Flößen entladen, ist 1276 festgelegt. Dies besagt, daß schon damals südländischer Wein als Floßlast via Füssen ankam.

Salz und Wein erscheinen im ausgehenden 13. Jahrhundert auch bei den Brückenzolltarifen an der Lechbrücke nach Friedberg. Für einen Wagen mit fünf Fuder Salz (in

Nur die wichtigsten Bauten Augsburgs gibt der Stadtplan um 1550 von Sebastian Münster in Miniatur wieder. Die »Saltzstadel« nördlich des St.-Ulrich-Klosters und der Ulrichskirche zählen dazu. Unerwähnt bleibt, daß einige Gebäude der langen Stadelzeile Weinlager waren.

Fässern) war für die Passage ein Pfennig zu entrichten, ebenso wie für ein mit zehn Scheiben beladenes Fuhrwerk. Der Wagen Wein wurde mit zwei Pfennig Brückenzoll belegt. Diese Gebühren standen dem Brückenbesitzer, dem Kloster St. Ulrich und Afra, zu. Als Marktzoll in die Stadtkasse war danach das Vier- bis Fünffache des Brückenzolls fällig.[12]

Freie Fahrt durch Baiern für die Augsburger

Daß dem am Ende einer bayerischen »Salzstraße« liegenden Augsburg im 14. Jahrhundert eine nicht unerhebliche Bedeutung im Salzhandel zukam, läßt ein Geleitbrief von Kaiser Ludwig dem Bayer aus dem Jahre 1324 erkennen. In diesem in Aichach gesiegelten Schreiben sichert er den Augsburgern zu, daß sie auf allen Straßen nach Freising oder München oder wo sie sonst in seinem Lande mit Salz und anderen Kaufmannsgütern unterwegs seien, ungehindert fahren dürfen.[13]
Mit Wein und Salz konnte man in Augsburg reich werden, da längst nicht nur für den Bedarf der Stadt importiert wurde. Für beide Produkte war die Reichsstadt am Lech auch Durchgangsstation. Die Familie der Gossenbrot beispielsweise erwarb mit dem Weinhandel den Grundstock ihres großen Vermögens. Vom Neckar und aus Tirol (»Welschland«) kam der Wein, für den sie 1317 bzw. 1327 Steuern in den Stadtsäckel abführte.[14] Aber auch Franken-, Elsässer- und Landwein wird um diese Zeit genannt.[15] Die Umsätze lassen sich im 14. Jahrhundert aus hohen »Ungeld«-Zahlungen ablesen. Als »Ungeld« bezeichnete man die indirekte Verbrauchssteuer, die der Händler sofort bei Übernahme der Ware oder der Metzger pro geschlachtetes Tier zu entrichten hatte. Anno 1391 nahm die Stadt 4277 Pfund Pfennig an Wein-Ungeld ein[16] – ein enorm hoher Betrag. Er läßt Schlüsse auf die Beliebtheit dieses Getränks zu, das nach einem Stiftungsbrief von 1283 sogar den armen Insassen des Heilig-Geist-Spitals zustand.[17] »Groß wein ungelt« vermerkt 1458 auch der Chronist Burkard Zink in seinen Annalen, und von 1536 ist überliefert, daß an einem einzigen Tag im Mai über 200 Wagen mit Wein auf dem Weinmarkt eintrafen.[18]

Anno 1563 in Weinstadel eingebrochen: geköpft!

In den Weinhandel griff die Stadt des öfteren – wie auf allen Marktsegmenten – regelnd ein. Anno 1517 und 1524 wurden erneuerte Weinkauforordnungen publiziert. Ein paar Jahrzehnte später, im November 1563, ging der städtische Weinkeller aufgrund besonderer Vorfälle in die Gerichtsakten ein. Die Brüder Friedrich und Leonhard Spät, deren Vater zu dieser Zeit Verwalter des Weinstadels war, ließen sich Nachschlüssel zum Weindepot anfertigen und stahlen mehrmals Wein. Da ihnen auch noch andere Diebstahlsdelikte nachzuweisen waren, hatten sie nach damaligen harten Gesetzen ihr Leben verwirkt – sie wurden »aus Gnaden mit dem Schwerdt gericht«![19] Die oftmals genannten Weinkeller oder Weinstadel wurden 1605 wohl letztmals teilweise erneuert: Man legte anschließend an das neu erbaute Siegelhaus einen »großen Keller zur Aufbehaltung der süßen Weine ohne Säulen oder Pfeiler« an.[20]

Der Salzeinkauf war durchdacht und exakt geregelt: Viermal im Jahr fuhr im 16. Jahrhundert ein Konsortium der Salzfertiger-Zunft nach München, um die Lieferkontrakte auszuhandeln. Sie war durch Ratserlaß dazu verpflichtet, durch Austausch der Gebote untereinander einen möglichst günstigen Preis für Augsburg zu erzielen.[21] Die Salzversorgung der Stadt bereitete oft genug Sorgen, da Augsburg fast ausschließlich auf das Herzogtum Bayern als Bezugsquelle angewiesen war und es zwischen dem Nachbarn östlich des Lechs und der Reichsstadt manchen Zwist gab.

Wittelsbacher blockieren 1588 den Salzhandel

Eine Blockade der kaiserlichen Stadt an der Lechgrenze war dann meist das wirkungsvolle Druckmittel zur Durchsetzung bayerischer Forderungen. Aus den Jahren 1570 und 1588 sind solche Sperrungen von Salzlieferungen und anderen aus Bayern kommenden Versorgungsgütern überliefert.[22] Ein solches Embargo zog jeweils harte Verhandlungen zwischen Augsburg und dem Hof in München nach sich, wobei man sich dann »gütlich« – das heißt mit finanziellen Zugeständnissen von seiten Augsburgs – für eine meist kurze Zeitspanne einigte.

Die Blockade von 1588 stellte eine Kraftprobe zwischen der Reichsstadt als traditionellem Salzhandelsplatz für einen weiten schwäbischen Bereich und Friedberg als herzoglichem Salzdepot dar. Der Bayern-Fürst hätte allzu gerne Friedberg die Rolle Augsburgs in diesem einträglichen Geschäft übertragen. Das hatte einen triftigen fiskalischen Grund: Im Jahr zuvor hatte er den gesamten Salzhandel verstaatlicht, nachdem die Produktion praktisch schon seit 1494 in landesherrlicher Hand lag. Der private Handel auf bayerischem Territorium wurde 1587 unterbunden, ehedem einträgliche Salzdepots in städtischer Hand oder im Besitz von Kaufleuten wurden zu herzoglichen Salzämtern und mit Beamten besetzt.

Augsburg war also gezwungen, ab 1587 das Salz ausschließlich vom herzoglichen Salzamt zu beziehen, und

»Daß welsche wein Gewelb« hat Simon Grimm seinen Kupferstich aus dem Jahr 1676 beschriftet. Es ist der 1605 im Anschluß an das damals neue Siegelhaus südlich des Herkulesbrunnens erbaute »große Keller ohne Säulen und Pfeiler zur Aufbehaltung der süßen Weine«.

Regen Betrieb an Siegelhaus und Weinstadel dokumentiert dieser Kupferstich des 18. Jahrhunderts. Vor der Einlagerung mußte für den in die Stadt gebrachten Wein im Steueramt für alle »schwankenden Waren« – dem Siegelhaus – als Vorabsteuer das »Ungeld« bezahlt werden.

bekam die Preise praktisch diktiert. Ausführliche Verträge zwischen Herzog Maximilian und der Reichsstadt Augsburg in den Jahren 1615 und 1624[23] regelten zum wiederholten Mal Preise, Zölle, Handelsspannen und Transportmodalitäten, wobei nun vor allem Friedberg als Zwischenlager und Lieferort stärkeres Gewicht zukam. Nach Ende des Dreißigjährigen Krieges erfuhr 1649 die altbaierische Lechrainstadt Friedberg eine weitere Aufwertung als herzoglicher Salzstapelort.

Schon in den Jahren 1600 bis 1611 wurden jeweils durchschnittlich 29 000 »Friedberger Salzscheiben« nach Augsburg geschafft. Als Vorsorge für Notzeiten betrieb das städtische Proviantamt stets eine ausreichende Vorratspolitik. Anno 1624 ist von einer Einlagerung von 2400 Scheiben (à 141 bis 165 Pfund) die Rede, deren Lieferung vom herzoglichen Salzamt vertraglich zugestanden wurde.[24] Die »Salzkärren« als Verkaufswagen für den Kleinhandel stehen um diese Zeit immer noch am althergebrachten Platz zwischen Tanzhaus und Herkulesbrunnen nahe der Stadtwaage.

1720: Dreimal pro Woche Weinverkauf

Die Wein und Salz betreffenden Verordnungen lassen diese Märkte in ihrem Ablauf anschaulich nachvollziehen. »Im übrigen ist zu wissen, daß der Wein-Stadel sowohl als der Welsche Wein- und andere Keller künftighin wöchentlich dreymal, nämlich deß Dienstags, Donnerstags und Freytags zu männiglichs Wein-Einkauffen eröffnet sey«, verkündete ein 1720 publizierter Ratserlaß, der 50 Jahre später mit fast demselben Wort-

Wie kostbar Salz einst war, verdeutlichen die beiden kunstvollen Salieren aus den Städtischen Kunstsammlungen. Diese Vorläufer der Salzstreuer gehörten zu festlichen Tafelgedecken. In einer Schale aus Bergkristall in silbervergoldeter Montierung bot das in Augsburg gefertigte Salzgefäß (links) das »weiße Gold« dar. Im nahen Friedberg, aus dessen Salzniederlage die Reichsstadt über lange Zeit einen Großteil des bayerischen Salzes beziehen mußte, wurde um 1580/90 die ornamental phantasievoll gestaltete zehn Zentimeter hohe Saliere aus teilvergoldetem Silber gefertigt (unteres Bild).

laut wiederholt wurde.[25] Er nennt auch die auf dem Weinstadel Beschäftigten: Dem Stadel-Meister unterstanden Spanner, Weinzieher, Stadel-Schäffler, Siegler, Visierer und Karrer. Wie solche großformatige, inhaltsreiche Anschläge belegen, gab es im 18. Jahrhundert mehrere städtische Weinkeller und -depots.

Wo diese lagen und wie der Weinverkauf und der Salzhandel Anno 1788 abliefen, hat Paul von Stetten kurz erläutert:[26] »Der Weinhandel wird zum Theil durch eigene Weinhändler, theils auch durch die Weinschenken getrieben. Es wird auch viel durch fremde Weinhändler hierher gebracht. Diese und auch mehrere mit Wein handelnde Bürger haben ihre Niederlagen in den Weinkellern der Stadt, davon der eine, besonders große und schöne, unter dem großen Kornhause beym heil. Kreuzthor, D. 201, der zweyte aber hinter dem Siegelhause B. 19, unter dem Weinstadel ist, in welchem ebenfalls zum Theile Weine niedergelegt sind.«

»Das Saltz wird ob dem Wein-Marckt unterhalb der Waag alle Freytag Vormittag verkauft und ausgemessen«, bestätigt die Marktordnung von 1738 den Stammplatz. »Salz bekommen wir aus Baiern«, schreibt Stetten Anno 1788 weiter. »Es wird durch deputierte Kaufleute über die Salzfertiger daher beschrieben und in die Niederlage im Salzstadel hinter dem Weinstadel B. 19 gebracht und dort verkauft. Dazu sind drey Salzlader angestellt.«

1809: Salz- und Weinstadel abgebrochen

An dieser Stelle nördlich der Ulrichskirchen ging der Salzhandel kurz nach dem Verlust der Reichsfreiheit (1806) zu Ende. Das ehemalige städtische Kornhaus bei der Heilig-Kreuz-Kirche wurde zur neuen Salzniederlage. Per Zeitungsinserat wird 1822 die Verpachtung des bei Stetten geschilderten »großen Weinkellers unter dem Salzstadel« (ehemals Kornhaus) ausgeschrieben.[27]

»Für den Salzverkauf... der disponible Raum in der Karolinenstraße«, schreibt die Marktordnung von 1815 vor.[28] Es war also weiterhin ein Straßenverkauf für Endverbraucher eingerichtet. Die traditionsreichen Wein- und Salzstadel samt Siegelhaus mitten auf der Maximilianstraße wurden 1809 abgebrochen – seither hat diese in ihrem südlichsten Teil die uns vertraute boulevardartige Breite. Zuvor war östlich der Siegelhaus-Stadel-Zeile die Stockgasse, westlich davon die Hallgasse verlaufen. Der Weinmarkt lag nun völlig in privaten Händen. Die Stadt hatte lediglich mit den zur Verfügung gestellten Depots die Steuerkontrolle besser ausüben können. Doch diese Überwachung entfiel nach 1806.

Staatliches Salzmonopol endet 1867

Der Salzhandel in Bayern war seit 1587 ein staatliches Monopol, das 1806 in Augsburg mit der Eingliederung ins neue Königreich seine volle Wirksamkeit erlangte. Dieses früher ans Herrscherhaus gebundene alleinige Recht der Salzgewinnung und -vermarktung wurde mit einem Gesetz ab 1. Januar 1868 aufgehoben.[29] Bis dahin hieß es im Marktbericht[30]: »Bei dem k. Salzamte dahier: Kochsalz 1 Fäßel zu 150 Pfund 9 Gulden 39 Kreuzer« (Anno 1855) oder »1 Sack zu 134 Pfund« usw. Weiterhin wurden Viehsalz und minderwertiges Dungsalz angeboten. Ein einziger hauptberuflicher Salzhändler ist 1824 noch in der Stadt registriert.[31] Dieser sowie die Krämer bezogen das Würzmittel beim königlich-bayerischen Salzamt zu Augsburg und übernahmen den pfundweisen Verkauf. Ein Salzbeamter und drei »Verpflichtete Salzmagazins-Arbeiter« verloren 1868 ihre Arbeitsplätze, als mit der Monopol-Aufhebung der staatlich reglementierte Salzmarkt zu Ende ging.

Großhändler und der Lebensmittelhandel übernahmen den Salzverkauf en gros und en detail. Eine Salinenniederlage gab es nach 1868 über 100 Jahre lang nicht mehr in der Stadt. Die Salzhandelstradition lebte erst im Jahre 1971 in neuer Form wieder auf, als sich Veit Kargus als Salzhändler selbständig machte und in Augsburg eine Niederlage der Saline Bad Reichenhall gründete. Von dort bezieht der Grossist nach wie vor viele seiner 300 verschiedenen Salzprodukte vom Jodsalz bis zu chemisch-technischen, aus Salz gewonnenen Erzeugnissen. Aufgrund seiner Sonderstellung als einziger Salzgroßhändler in der Lechstadt wird Veit Kargus spaßhaft als »Augsburger Salzbaron« tituliert.[32]

Das königlich-bayerische Salzlager befand sich bis zur Aufgabe des Staatsmonopols Ende 1867 im einstigen reichsstädtischen Kornhaus (rechts), das auch einen ausgedehnten Weinkeller enthielt. Auf dem Grund des hohen Baus wurde 1875/76 das Stadttheater errichtet.

Der Kornmarkt

Die Schranne: 700 Jahre Getreidehandelsplatz

Getreide gehörte schon im römischen Militärlager, aus dem Augusta Videlicum hervorging, zu den wichtigsten Lebensmitteln. Bei den römischen Soldaten bildeten Getreideprodukte die Grundlage des täglichen Speisezettels.[1] Vor allem mit der anspruchslosesten Kornart unserer Breiten, dem Spelzweizen – jetzt unter dem Namen Dinkel geläufig – mußte die Garnison beliefert werden. Gutshöfe und eine Vielzahl kleiner bäuerlicher Anwesen im weiten Umkreis dürften die Kornlieferanten für die Bewohner der späteren Provinzhauptstadt Rätiens gewesen sein. Wie diese Versorgung im einzelnen bewerkstelligt wurde, ist aufgrund fehlender schriftlicher Überlieferung nur vermutbar. Archäologen konnten lediglich Handmühlen, Backöfen und kleine Reste von Korn-Vorräten aus Augsburgs römischer Epoche bergen.

Reich dagegen ist das geschriebene und gedruckte Quellenmaterial ab dem 13. Jahrhundert: Zu keinem Lebensmittel finden sich in den folgenden fast acht Jahrhunderten mehr Erlasse, Marktordnungen, Anweisungen und Schriftverkehr als zu Getreide. Die städtische Schranne sollte der alleinige Getreide-Umschlagplatz sein. Und die Stadt achtete konsequent darauf, daß der gesamte Getreidehandel wirklich nur dort abgewickelt wurde. Das hatte seinen Grund vor allem in der stets betriebenen Marktpolitik: der preiswerten und ausreichenden Versorgung der Augsburger mit dem Hauptnahrungsmittel Getreide unter Ausschaltung jeglichen Zwischenhandels.

Anno 1500: 13 000 Wagenladungen Jahresbedarf

Der Bedarf an Getreide war gewaltig: Um das Jahr 1500 zählte Augsburg etwa 30 000 Einwohner. Diese hatten einen Jahresbedarf von 7000 bis 8000 Tonnen Getreide, was etwa 13 000 Wagenladungen entsprach.[2] Die Stadt verfügte jedoch über kein nennenswertes agrarisch nutzbares Territorium, es gab also nur wenige »Stadtbauern«. Eine Eigenversorgung mit Korn war nicht möglich. Augsburg war auf die Zufuhr aus Dörfern im Altbairischen jenseits des Lechs und vor allem des schwäbischen Umlandes bis etwa 30 km Entfernung angewiesen. Da die Bayernherzöge aus politischen Gründen die Ausfuhr von Getreide nach Augsburg des öfteren sperrten (z. B. 1466, 1468 und 1501) und damit die Versorgung gefährdeten, konzentrierten sich die Bemühungen des Rates vor allem darauf, den Westen der Stadt in puncto Kornlieferungen »in den Griff zu bekommen«. Hier besaßen die Augsburger Klöster, das Hochstift, Stiftungen, Patrizier und reiche Bürger Bauernhöfe, deren Getreideerträge die Stadt an sich zu ziehen suchte.

Große Getreidevorräte in »Kornkästen«

Das Hochstift, die Klöster und Zünfte hatten Kornlagerhäuser – die »Kornkästen« –, viele Bürger ihre eigenen Kornböden in der Stadt eingerichtet. Aus diesen gingen die Überschüsse in den Handel. Eine »Eigenvermarktung« durch Domkapitel, Bischof und Konvente sah die städtische Obrigkeit als unzulässig an. Das führte häufig zu Streitigkeiten mit den Klerikern, da diese meinten, die städtische Schranne umgehen zu können. Das reichsstädtische Proviantamt griff durch Aufkauf und Vorratshaltung in bis zu sechs städtischen Kornhäusern[3], in denen beispielsweise 1595 der Jahresverbrauch von 20 000 Bürgern lagerte, in den Handel und die Preisgestaltung ein.

In Not- und Kriegszeiten sah sich die Stadt aufgrund ihrer Fürsorgepflicht für die Bürger gezwungen, einige Male Brotgetreide von weither und zu horrenden Preisen zu beschaffen. Eine derartige Aktion im Jahre 1438 beschreibt der Chronist Burkard Zink in Details. In Wien kauften zwei Augsburger Beauftragte 2000 Schaff Roggen und Weizen und sollten das Getreide per Schiff auf der Donau bis Donauwörth bringen – doch Herzog Ludwig verweigerte den Transit durch sein Land.

2000 Schaff Roggen und Weizen aus Wien

Die Kornfracht mußte in Landshut aus den Schiffen geladen, zwischengelagert und in Transporten von 30 oder 40 Schaff unter Umfahrung von Herzog Ludwigs Territorium nach Augsburg gebracht werden. Das verursachte Mehrkosten von 1000 Gulden. Diese trug die Stadt ebenso wie die Differenz zum niedrigen Verkaufspreis. »Das geschah den armen leuten zu guet und zu hilf«, begrün-

---

Linke Seite: Die Augsburger Kornschranne auf dem Gemälde »Die wohlfeile Zeit« von Thomas Maurer aus dem Jahre 1624. Das in einem Trauungsraum des Standesamtes hängende Bild zeigt sehr anschaulich die mit dem Getreidehandel an der Schranne verbundenen Tätigkeiten: den Transport, das Abmessen im Schaff, die Lagerung.

det Zink, der die Verteilung an die Bürger selbst überwachte, diese Verluste für die Stadtkasse. Auch während des Dreißigjährigen Krieges (1618 bis 1648) sind etliche Kornbeschaffungs-Aktionen in den Akten nachweisbar.[4] Die Schranne lag ihrer Bedeutung gemäß inmitten der bürgerlichen Stadt – an der Nordseite der Moritzkirche. Anno 1282 erfolgte der Bau einer Schranne »uf den kornmarkt« bei St. Moritz. Offenbar fand zuvor der Getreidehandel an selber Stelle unter freiem Himmel statt. Die Chorherren des Stiftes von St. Moritz fühlten sich durch den Neubau in ihren Rechten beeinträchtigt. Es kam zum Streit mit der Stadt. Man einigte sich durch Vermittlung von Bischof Hartmann darauf, daß der neue Schrannenbau so stehenbleiben könne, künftig aber nicht vergrößert werden darf und mit Ziegeln gedeckt sein muß (zur Minderung der Brandgefahr). Es scheint sich bei diesem Gebäude für den Kornhandel um eine offene Halle gehandelt zu haben.[5]

Schranne führt zu Zwist mit Moritzer Stiftsherren

Schon wenige Jahre später, am 25. Mai 1303, ist der Schrannenbau Inhalt eines Abkommens zwischen dem Stift St. Moritz und der Stadt. Sollte am Bau etwas geändert oder erneuert werden, »daz sulen si in der selben höch, wit und lenge machen und anders niht«, heißt es in der Urkunde unter anderem in Altaugsburgisch.[6] Anno 1427 »wurde die Kornschrandt gegen S. Moritzen uber aufgebauen, gleichwohl etliche melden, daß sie dißmals nun höher auffgericht und weiter gemacht worden«, berichtet die Welser-Chronik.[7] Die Stadt fühlte sich offensichtlich an die Verträge von 1282 und 1303 nicht mehr gebunden und baute höher und weiter!
118 Jahre lang stand dieser nach der einzigen überlieferten bildlichen Darstellung im Stadtplan von 1521 noch relativ kleine Schrannenbau von 1427. Anno 1537 wird wiederum ein Neubau geplant, vorerst aber nicht verwirklicht. Die Einwohnerzahl ist inzwischen stark gestiegen, hat um 1500 die 30000er-Marke überschritten.[8] Das erfordert dringend eine größere Markthalle. Häufige Eingriffe des Rates in den Handel unterstreichen die Wichtigkeit eines funktionierenden Kornmarktes – erneuerte und erweiterte »Kornkauf- und Schrannen-Ordnungen« folgen einander in kurzen Abständen.[9]
Erste Vorarbeiten zu einem neuen Schrannengebäude erfolgen 1542. Die Ratsherren lassen die »Abseite« der Moritzkirche – das Predigthaus und eine Kapelle – abbrechen. Gleichzeitig wird der Friedhof um die Stiftskirche geschlossen.[10] 1545 endlich folgt der Neubau einer stattlichen Kornschranne. Sie ist auf den in der Folgezeit gezeichneten und gedruckten Stadtplänen gut erkennbar. Der Moritzer Friedhof, auf dem die ersten Fugger-Generationen bestattet worden waren, wird eingeebnet und mit Ziegeln gepflastert. So werden bessere Zufahrten geschaffen und der Handelsplatz im Freien erweitert. Auch die kleinen, heute noch üblichen Läden am Chor der Moritzkirche erstehen um diese Zeit neu.[11]

Kunden: Bäcker, Müller, Melber, Brauer und Bürger

Verkaufen konnte an der Schranne jedermann, kaufen dagegen normalerweise nur in Augsburg Ansässige. Einkauf durch Auswärtige und die Ausfuhr aus der Stadt unterlagen der Kontrolle. »Exporte« waren meist nur aus Überschüssen erlaubt und zeitweise überhaupt nicht zugelassen. Die Bäcker, Müller, Melber (Mehlhändler) und Brauer waren die wichtigsten Kunden. Abnehmer der fünf gehandelten Getreidearten Weizen, Kern (geschälter Fesen, eine anspruchslose, uralte Weizenart, auch »Schwabenkorn« genannt), Roggen, Gerste und Hafer waren aber auch alle größeren Haushalte. Ein zeitweise auf sieben Meilen (à 7,5 km) um die Stadt ausgedehntes Zwischenhandelsverbot für Korn entsprang der Furcht vor Verteuerung dieses wichtigen Lebensmittels.
Der Handel lief nach den strengen Vorschriften einer Schrannenordnung ab. Eine der umfangreichsten trägt das Datum 5. Dezember 1624.[12] Aus ihr ist der Ablauf eines Schrannentages – damals Donnerstag und Freitag – rekonstruierbar. Sommers um sechs Uhr, im Winter ab sieben Uhr oder bei ausreichendem Tageslicht wurde als Zeichen des Verkaufsbeginns die »Schrandtfahne«[13] auf dem langen Schrannenbau bei der Moritzkirche aufgesteckt. Das Abladen des Getreides besorgten die Schrannenknechte, die Schrannenkehrer trugen die Verantwortung für die eingelieferten Säcke, die alle mit den Namen der Besitzer gekennzeichnet sein mußten.

Kornmesser maßen mit dem Schaff

Der Kornmesser hatte nicht nur die gekaufte Menge im geeichten Schaff (das Augsburger Schaff à 8 Metzen war bis 1809 die Maßeinheit für 205,3 Liter[14]) abzumessen – es wurde also nicht gewogen –, er mußte auch die Qualität überprüfen. Die Entrichtung des »Getreideungeldes« – der Steuer – wurde durch als Belege ausgehändigte Zeichen kontrolliert. Danach brachten vereidigte Auflader die bis zu einem Schaff fassenden, langen, zugenähten Säcke zu den Transportwagen oder -karren. Ein Schrannenschreiber notierte Lieferanten- und Käufernamen sowie die Mengen. Betrug sollte durch lückenlose Überwachung unmöglich sein.
1754 errichtete der Stadtmaurermeister und Steinmetz Georg Fink (1680 bis 1755) eine neue, auf vielen Stichen abgebildete Schranne. Das Modell für diesen Bau befin-

Der Ausschnitt aus dem Marktbild Salomon Kleiners von 1722/32 erfaßt am rechten Rand die Läden an der Moritzkirche und einen Teil der Schranne. Ein Wagen mit Säcken fährt bereits in Richtung Weinmarkt ab, in der Halle und daneben ist noch reichlich Korn gestapelt.

det sich im Magazin des Maximilianmuseums. Paul von Stetten gibt einen kurzen Einblick in den Kornhandel im ausgehenden 18. Jahrhundert:[15] »Getreide aller Arten, die in hiesiger Gegend gebauet werden, wird aus der derselben wöchentlich an Donnerstagen und Freytagen in der Schranne, ein öffentliches hierzu gewidmetes Gebäude (Lit. B 1), wo Markt gehalten wird, gebracht und nach Maßgab der 1735 gedruckten Schrandordnung verkauft. Dabey sind zwey Schrandkehrer, acht Sackträger, sechzehn Kornmesser und vier Schrannenknechte.« Jene »Schrandt-Ordnung« von 1735, die Stetten erwähnt, umfaßt acht Seiten – so detailliert sind die Anweisungen zur Abwicklung des Getreidehandels. Daraus geht hervor, daß an der Schranne auch Malz verkauft wurde.[16]

Nur wenig in seinen Abläufen verändert verlief der Getreidehandel bis zum Ende der Reichsstadtzeit in dem als Umschlagplatz und Lager für unverkaufte Mengen dienenden Schrannengebäude an der Moritzkirche. Ab März 1806 regierten in Augsburg bayerische Beamte. Unter ihnen erfolgte bald die Verlegung des Kornmarktes auf den Ulrichsplatz. Zum »Marktlokal« bestimmten sie die an die Westseite der evangelischen Ulrichskirche angebaute, 1286 gestiftete Allerheiligenkapelle. Sie wird fortan als »Getreidehalle« oder »Schrannenstadel« bezeichnet. Die alte Schranne bekam rasch einen neuen Verwendungszweck: »Ab heute sind die Löschrequisiten in das zum neuen Feuerlöschrequisitenhaus hergerichtete Schrannenhaus Lit. B. Nro. 1 nächst der Moritzkirche transportiert worden.« So verkündete im Februar 1809 eine amtliche Verlautbarung[17]. Die Feuerspritzen, Ledereimer, Leitern und sonstigen Gerätschaften waren zuvor im »Jesuiten-Comoediensaal« (1944 zerstört) an der Jesuitengasse aufbewahrt worden, den 1809 das Militär als Reithalle beanspruchte.

Gewaltige Umsätze auf dem Straßenpflaster

Unter dem königlich-bayerischen Polizeidirektor Dr. Wirschinger tritt 1811 die erste nachreichsstädtische, »neuzeitliche« Schrannenordnung[18] in Kraft. Sie weist nur wenig Neuerungen gegenüber früher auf. Jede Woche ist freitags im Sommer von 6 bis 14 Uhr, im Winter ab 7 Uhr Handelszeit. Es herrscht nach wie vor Marktzwang: »Alle zum Verkaufe ankommenden Getreidegattungen müssen in der ganzen Quantität dahin gebracht werden…« Wegen bekannt gewordener »Unterschleife« (Verletzung von Dienstpflichten, Betrügereien) des Personals und der Käufer/Verkäufer erfolgt eine einschneidende personelle Entscheidung. Am 3. November 1816 wird verfügt, daß zur Vermeidung von »Nachtheilen für diese wichtige Anstalt« sämtliche Schrannenarbeiter nur aus »hier Angesessenen«, also Augsburgern, ausgewählt werden dürften.

Umsatzzahlen verdeutlichen, welche Lasten jeweils am Freitag, dem Schrannentag, auf dem Ulrichsplatz an- und abgefahren und meist im Freien gehandelt wurden. Am 27. August 1829 beispielsweise wurden 702 Scheffel verkauft und ein Gesamtumsatz von 6233 Gulden erzielt.[19] Um einen Begriff nach heute üblichen Gewichtseinheiten zu geben, im folgenden eine Umrechnung der Schrannenumsätze vom 15. Juli 1831. Verkauft: 1135 bayerische Scheffel. (Ab 28. Februar 1809 gelten in Augsburg die bayerischen Maße und Gewichte. Ein bayer. »Schäffel« oder »Scheffel« = 222,358 Liter.[20]) Die gekaufte und abgefahrene Getreidemenge an diesem recht schwach besuchten Schrannentag ergibt 168 560 kg (also fast 170 Tonnen). Der Hauptumsatz wurde mit dem damals noch wichtigsten süddeutschen Nährmittel-Getreide »Kern« (376 Scheffel = 60 000 kg) und mit Roggen (46 256 kg) erzielt. Im Jahre 1845 betrug der gesamte Schrannenumsatz 114 368 Scheffel. Noch immer wird gemessen, nicht ge-

Getreidemarkt um 1530. Während Korn ins Maß-Schaff geleert wird, richten daneben nicht alle ihre Blicke auf die gefüllten Säcke…

Die Schranne an der Moritzkirche samt Merkurbrunnen und Weberhaus war ein beliebtes Motiv für viele Stiche im 17. und 18. Jahrhundert. Unteres Bild: Auch auf dem teilweise von Läden begrenzten Platz westlich der Kirche wurde der Kornhandel abgewickelt.

wogen! Den Wandel vom nur nach Volumen (im »Schaff«) gehandelten Getreide zum nach Gewicht registrierten leitet die Festlegung von Normalgewichten für die verschiedenen Getreidearten ein. Der Magistrat veröffentlicht im Jahre 1852 die ermittelten Durchschnittsgewichte pro Scheffel[21]: Ein Scheffel entspreche 300 Pfund (168 kg) Weizen, 285 Pfund (159,6 kg) Kern, 280 Pfund (156,8 kg) Roggen, 260 Pfund (145,6 kg) Gerste und 170 Pfund (95,2 kg) beim leichtgewichtigen Hafer. Das damals gültige bayerische Pfund hatte 560 Gramm. Seit 1. Januar 1872 gelten die heute gebräuchlichen Dezimalmaße und -gewichte.

Schranne statt evangelischer Ulrichskirche?

1856 weist die Jahresstatistik gar 159 930 Scheffel aus,[22] das sind 22 538 Tonnen, was im Schnitt 433 Tonnen pro Schrannentag bedeutet. Nun führt der Weizen mit 7571 Tonnen die Umsatztabelle vor dem Roggen (5588 t) an. Der gewaltige Geschäftsverkehr fand unter primitivsten Verhältnissen auf dem Straßenpflaster des Ulrichsplatzes und der Maximilianstraße statt. Um diese unzulängliche Situation zu beseitigen, kam der Vorschlag, die evangelische Ulrichskirche und ihre Nebenkapellen abzubrechen und an dieser Stelle eine Schrannenhalle in Form ein Kolonnade zu errichten. Die Planung einer Bahnstrecke nach München (Eröffnung Oktober 1840) bewirkte ein Umdenken. Nun forderten die mit dem Kornhandel Befaßten eine großzügige Schrannenhalle mit Schienenanschluß. Dieser Vorschlag wurde intensiv weiterverfolgt.

Neue Schrannenhalle an der Halderstraße

Vor allem die Inbetriebnahme einer großzügigen Schrannenhalle auf dem Münchner Viktualienmarkt im Jahre 1851 heizte in Augsburg die Diskussion weiter an. Die Stadt sah sich längst in Zugzwang und handelte auch: »Mit der Erbauung einer Schrannenhalle wird es nun ernst – wenigstens ist ein bedeutender Schritt gemacht worden«, teilte das Augsburger Tagblatt 1855 seinen Lesern mit[23]. Die Stadt hatte das von Haldersche Gartengut zwischen dem Gögginger Tor und dem Bahnhof samt der »realen Bierschenkengerechtsame« des Gasthofes »Prinz von Oranien« (an der Hermanstraße) erworben. »Hier ist die Maut- bzw. Schrannenhalle geplant.«
Erst 1871 beginnen die Planungen, und mit Beginn des Jahres 1874 nimmt eine neue Schrannenhalle mit einer Nutzfläche von 5110 qm an der Halderstraße ihren Betrieb auf. Am 20. Dezember 1873 verkündet die neugefaßte Schrannenordnung im Intelligenzblatt unter Paragraph 2: »Die Schranne wird am Freitag jeder Woche in der an der Halderstraße neu erbauten Schrannenhalle ge-

halten.« Von 8 bis 13 Uhr ist Handelszeit. Ein Schrannenmeister und mehrere Waagarbeiter werden gesucht – das Getreide wird seit 1872 nach Gewicht gehandelt! Der bereits Anno 1276 genannte Kornmesser und sein geeichtes hölzernes Maß-Schaff haben ausgedient, der 222,36-Liter-Scheffel ist von Kilo und Zentner abgelöst.
Während das Parterre der am Güterbahnhof stehenden Halle für den Handel und die kurzzeitige Aufbewahrung von Markt zu Markt vorbehalten bleibt, liegen im ersten Stockwerk Getreideböden für die längere Lagerung. Au-

Uebersicht des Getreideverkaufs auf der Augsburger Schranne im Jahr 1845.

1845	Weiz. Schaff.	Kern. Schaff.	Rogg. Schaff.	Gerste. Schaff.	Hafer. Schaff.	In Summa im Jahr 1845: Schaff 114,368.
Jan. bis Juni	17,184	11,966	12,702	10,806	7,215	
Jul. b. 31. Dec.	12,461	8,879	10,404	15,767	6,984	
	29,645	20,845	23,106	26,573	14,199	
Mittel-Preis:	fl. kr.	fl. kr.	fl. kr.	fl. kr.	fl. kr.	Am 26. Jun. 1846 wog d. 8 Krzr.-Laib 1½ Pfd. 1 Kreuzer Röggl wog 3 Loth.
3. Jan. 1845:	14 20	15 20	12 10	10 52	4 42	
2. Jul. 1845:	17 43	19 10	14 48	12 41	6 13	
Mittel-Preis:						
2. Jan. 1846:	23 57	24 23	20 27	19 32	7 40	
26. Jun. 1846:	26 38	27 38	20 52	17 26	9 22	

Die Kornumsätze und Preise im Jahre 1845: 114 368 bayer. Schaff oder Scheffel à 222,35 Liter wurden auf dem Ulrichsplatz verkauft.

ßerdem wurden dort mehrere Wohnungen und eine Polizeistation untergebracht[24]. 1888 besteht das Personal aus dem Schrannen-Kommissar, einem Inspektor, einem Meister und sechs Waagarbeitern.[25]
Zwölf Jahre nach Entfernen des letzten Getreidesackes aus der ehemaligen Allerheiligenkapelle wurde diese abgebrochen. In einem Zeitungsaufruf wird im April 1886[26] die Bevölkerung zur Besichtigung der nun ungewöhnlichen baulichen Situation »nach Abbruch des Schrannenstadels an den Ulrichskirchen« aufgefordert. War diese profanierte Kapelle für die immensen Kornumsätze zu klein und unpraktisch, so erwies sich der 117 Meter lange, auf Umsatzzuwächse berechnete Neubau bald als überdimensioniert.
Inwieweit im zu Ende gehenden 19. Jahrhundert ein verstärkter Kartoffelanbau und -verbrauch (zeitweise »Brot des armen Mannes« genannt) Auswirkungen auf die Schrannenumsätze hatten, ist schwer ergründbar. Größeren Einfluß darauf hatten sicher andere Faktoren: Die einstigen Zwänge, wie Zwischenhandelsverbot und ausschließliche Vermarktung über die Schranne, waren gefallen. Das Genossenschaftswesen auf dem Lande zog zudem Schrannenlieferanten und -kunden ab. Die Umsätze stiegen nicht mehr, sondern stagnierten und gingen gar zurück.

KORNMARKT

Von 1808 bis Ende 1873 fand der Kornhandel auf dem Ulrichsplatz statt, Schrannenhalle war zu dieser Zeit eine Kapelle bei St. Ulrich.

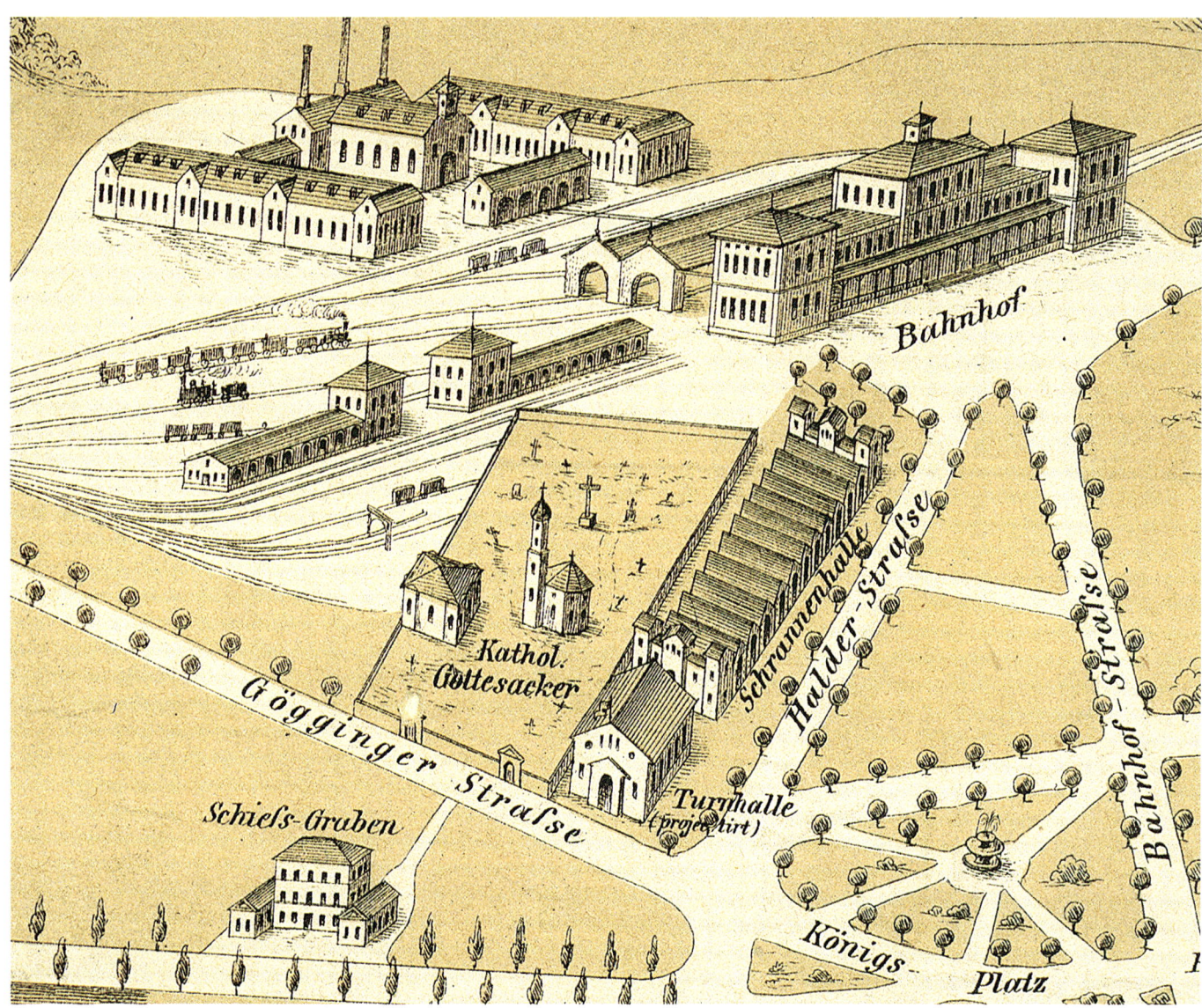

Die Ende 1873 fertiggestellte Schrannenhalle an der Halderstraße auf einem Stadtplan von 1873, der nur herausragende alte, neue und um diese Zeit konkret geplante Bauten wiedergibt. Rechte Seite: Fotos von der Schrannenhalle vor 1900. Die breite Ostfassade verdeutlicht die Ausmaße der neuen Halle. Am rechten Bildrand die Laderampe für Fuhrwerke. Unteres Bild: Im Parterre fand der Handel statt. Die Kornsäcke waren partieweise nach Lieferanten bzw. Käufern getrennt gestapelt. Im Obergeschoß lagen weite Schüttböden.

Das verdeutlicht ein Blick in die Statistiken: 1880 schwankte die wöchentliche Anlieferung zwischen 3845 Zentnern (27. August) und 5667 Zentnern (26. November).[27] Das entspricht etwa der Hälfte von 1856. Die Schranne war zwar noch Umschlagplatz, entwickelte sich daneben aber immer mehr zur Lagerhalle. Um die vorhandene (überschüssige) Raumkapazität und die vorteilhafte Lage am Güterbahnhof besser zu nutzen, wurden um 1895 darin Räume für den Obsthandel en gros eingebaut. Der rückläufige Trend setzte sich fort: Am 23. März 1898 konnten lediglich 1316 Zentner Korn umgesetzt werden, und nur zu den Dreschzeiten rollten wieder die Bauernfuhrwerke in früher gekannter Anzahl an und brachten 3248 Zentner (7. Oktober 1898) und am 28. Oktober sogar 5762 Zentner Getreide in die Stadt.[28]

Obsthändler belegen die weiten Kornhallen

Die Schranne diente Ende des 19. Jahrhunderts nicht mehr wie einst vornehmlich der Eigenversorgung der Augsburger. Der Kornmarkt stellte lediglich eine mehr und mehr versiegende Einnahmequelle für den Stadtsäckel dar. 1905 zog der Magistrat die Konsequenz und wies der Schranne eine weitere Aufgabe zu: Sie wurde teilweise zum Lagerhaus für Lebens- und Futtermittel umfunk-

KORNMARKT

tioniert. Doch bis zum Ersten Weltkrieg fuhren die Bauern und Landproduktenhändler noch zur Schranne an der Halderstraße, um Getreide zu verkaufen oder zu kaufen. 1907 beispielsweise lagen die niedrigsten Umsätze pro Schrannentag bei etwa 500, häufig bei 1000 bis 1600 Zentnern. Nach der Ernte kletterten sie auf 2338 (6. September), 3044 (4. Oktober) und bis zum Höchstumsatz von 3528 Zentnern (8. November).

»Geschäftsgang der Schranne: Flau«, so steht unter der vorletzten in den Tageszeitungen veröffentlichten »Augsburger Schrannen-Anzeige« vom 24. Juli 1914.[29] Bei der letzten eine Woche später können aufgrund kaum nennenswerter Zufuhr nur noch 715 Zentner Getreide verkauft werden, der Vorrat sinkt auf einen Rest von 141 Zentnern ab! Der Beginn des Ersten Weltkriegs bedingt diese Handelseinbrüche. Obwohl am 28. September 1914 ausdrücklich darauf hingewiesen wird, daß die Schranne weiter geöffnet sei, liefert dort kaum jemand an. Die Wirklichkeit enthüllen rasch weitere Zeitungsmeldungen: Getreide und Mehl werden schon wenige Wochen nach Ausbruch des Krieges dem freien Handel entzogen. »Die Schranne gibt heute keinen Bericht heraus«, lautete im September 1914 der »dezente« Hinweis auf diese Maßnahmen. Kurz danach folgen die Verlautbarungen zur »Regelung des Getreidemarktes«, im März 1915 die Beschlagnahme aller Haferbestände und im April 1915 die Mehl- und Brotmarken.[30]

Der offizielle Wandel zum »Stadtlagerhaus«

Während des Ersten Weltkriegs hatte sich die Schranne völlig zum »Stadtlagerhaus« gewandelt, in dem Nahrungs- und Futtermittel gehortet wurden. Hier fand 1915 jeweils mittwochs der Speisekartoffelverkauf statt.[31] Mehrere Obstgroßhändler hatten sich darin fest etabliert. In den zwanziger und vor allem in den dreißiger Jahren wurde das Stadtlagerhaus durch Einbau und Betrieb von Trocknungsanlagen und Getreidelagerung genutzt.

Unmittelbar vor dem Zweiten Weltkrieg quollen die Getreidelager fast über, denn hier sowie in Ausweichlagern war eine »Brotreserve« angehäuft worden. Den Krieg überstand das Gebäude stark beschädigt, aber reparabel. Das große Getreidesilo wurde jedoch völlig zerstört. In den Jahren unmittelbar nach 1945 drangen manchmal exotische Gerüche aus den weiten Hallen: Neben Getrei-

Das 1754 errichtete reichsstädtische Schrannengebäude wurde 1808 zum »Feuerlösch-Requisitenhaus« umgebaut. 1899 zog die Feuerwehr ins ehemalige Zeughaus um, die alte Schranne wurde überflüssig. Sie störte zudem die baulichen Gestaltungspläne an der neuen Bürgermeister-Fischer-Straße. Dieses allerletzte Foto hält den Abbruch-Beginn im November 1906 fest: Die Dachplatten werden abgenommen.

Im April 1911 kam ein Fotograf des Tübinger Postkartenverlages Metz nach Augsburg und machte die ungewöhnliche Aufnahme von der Schrannenhalle aus einem erhöhten Standpunkt. Die Bäume am linken Bildrand verdecken großteils die Halderstraße.

de wurden Tausende von Tonnen Zucker, Kaffee, Reis, Tee, Sago, Zichorie-Wurzeln und tropische Gewürze gelagert. Zudem war hier nach wie vor der Augsburger Hauptumschlagplatz für Obst und Frischgemüse, eine Art Großmarkthalle.[32]

1954 ein neues Silo – 1986 Abbruch

1954 wurde ein neues Silo in Betrieb genommen. Mit Förder-, Trocknungs- und Begasungsanlagen ausgestattet, wurde das »Stadtlagerhaus« mit einer Lagerkapazität von rund 5000 Tonnen Getreide, Mais oder anderen Futtermitteln noch einmal aufgewertet. Bei einem Tag der offenen Tür der Stadtverwaltung konnten im Herbst 1964 die Augsburger auch die »Schranne« besichtigen.[33] Bereits in den siebziger Jahren warfen die Stadtplaner den Blick auf das weite innenstadtnahe Gelände, das längst wertvollster Baugrund war – allerdings überbaut mit der Schranne. Der eintretende Nutzungsrückgang verstärkte den Ruf nach Abbruch und »verdichteter« Neubebauung. So ging mit Beginn der achtziger Jahre die Ära Lagerhaus und Fruchtmarkthalle zu Ende, 1985 zog die letzte Firma aus. Der Abbruch im Frühjahr 1986 beendete ein bedeutendes Kapitel Augsburger Marktgeschichte: Die letzte Schranne verschwand, nachdem bereits 80 Jahre früher der traditionsreiche Schrannenbau an der Moritzkirche – er hatte von 1809 bis 1899 als Feuerwehrhaus gedient – der Neuanlage der Bürgermeister-Fischer-Straße zum Opfer gefallen war. Der moderne Nachfolgebau von 1980 an selber Stelle wird bisweilen als »Moritzschranne« tituliert, wobei sich heutzutage die allerwenigsten über die historische Bedeutung dieses Begriffes und dieses Platzes im klaren sind.

Im Besitz der Städtischen Kunstsammlungen befindet sich dieses großformatige Ölbild vom weiten »Tanzplan« im Obergeschoß des nach dem Brand von 1451 wiederaufgebauten Tanzhauses auf dem Weinmarkt. Laut Aufschrift soll es zeigen, in welch kostbarer Kleidung sich hier im Jahre 1500 die mit Namen genannten Augsburger Patrizier bzw. deren Gattinnen zum Geschlechtertanz einfanden. Unter diesem vielfenstrigen Saal befand sich eine hohe, gewölbte Markthalle in denselben Ausmaßen mit Brotständen und Fleischbänken.

Das Tanzhaus – Markthalle und Festsaal
Über 200 Jahre »Einkaufszentrum« am Weinmarkt

Das Tanzhaus befand sich südlich des Merkurbrunnens mitten auf der Maximilianstraße, die danach bis zum Herkulesbrunnen Weinmarkt hieß. Es stand etwa auf der Höhe des Filmpalastes und schloß mit seiner Südfassade nahe der Einmündung des Apothekergäßchens ab. Dieses große Gebäude spielte in der Augsburger Stadtgeschichte des 15. und 16. Jahrhunderts eine herausragende Rolle. In ihm fanden die Hochzeiten und die Geschlechtertänze der Patrizier statt, es diente als Kulisse bei Kaiser-Huldigungen, bei Reichstagen wurde sein Festsaal benutzt. Dieser nahm den gesamten Oberstock ein. Darunter eine hohe Markthalle, in der Bäcker und Metzger sowie zeitweise Obsthändler ihre Verkaufsstände hatten.

Über das Aussehen des ersten Baus von 1396 sowie des 1429 errichteten Nachfolgegebäudes sind wir lediglich durch die Beschreibungen von Chronisten unterrichtet, das dritte Tanzhaus – erbaut 1452 – ist auf Gemälden, Zeichnungen und Stadtplänen dokumentiert. Ausmaße und Innengestaltung des »Tanzbodens« in der oberen Etage des Tanzhauses werden durch drei Ölbilder aus dem 16. Jahrhundert vermittelt. Alle Stadtpläne zwischen 1521 und 1626 sowie die nach diesen gebauten Stadtmodelle zeigen das Äußere des vielfenstrigen Gebäudes.

236 Jahre im Brennpunkt der Stadtgeschichte

Die Geschichte eines Tanzhauses an dieser Stelle beginnt Anno 1396. Unter den Bürgermeistern Ulrich Langenmantel und Hans Müntzmeister wird in diesem Jahr der erste Bau am neuen Ort errichtet. Darüber berichtet die um 1575 geschriebene Welser-Chronik[1]: »Das Tanzhaus, so bisher neben dem Rathhauß, da jetzund der Fischmarkt mit dem springenden Brunnen ist, gestanden und mit Schindeln bedecket war, mitten auf dem Platz underhalb dem Weinmarckt versetzet worden, da man auch noch öffentliche Täntze und andere Spiel zu halten pflegt: unangesehen, daß die Geistlichen zu S. Moritzen sich hefftig darwider legten und solchen Bau gern gehindert hetten.« Gegen den Protest der Stiftsherren von Sankt Moritz, mit denen die Stadtobrigkeit schon Anno 1282 wegen der an ihre Kirche grenzenden Kornschranne in Streit geraten war, wird das Tanzhaus in ihrer Nähe an einem der meistfrequentierten Plätze der Stadt errichtet. Ein in der Chronik genannter Vorgängerbau südlich von St.-Peters-Kirche und Perlachturm scheint recht bescheiden gewesen zu sein. Er ist weder bildlich noch durch weitere Beschreibungen überliefert.

Am dritten Tag nach Ostern 1429 beginnt, erst 33 Jahre nach seiner Errichtung, der Abbruch des Tanzhauses, das laut Chronistenberichten »dazumal gar alt und nur schlecht aus Holz gebauen gewesen«. Die Metzger hatten

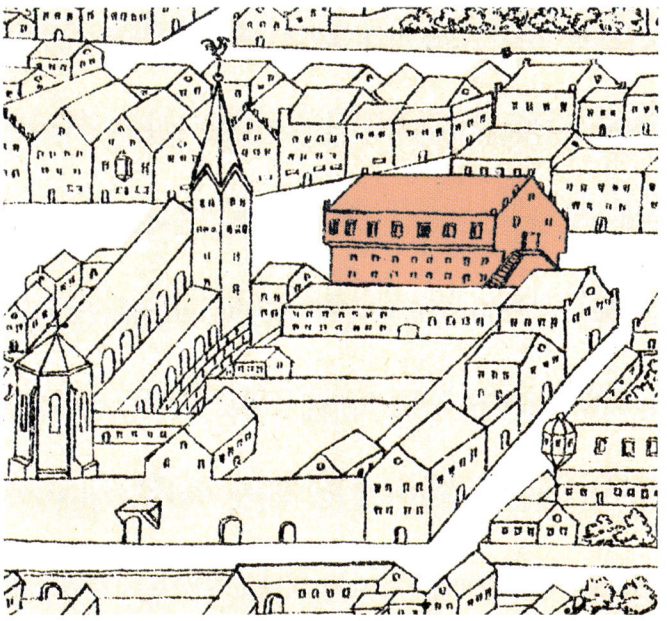

Das Stift St. Moritz und das Tanzhaus auf dem Stadtplan von 1521.

darin 13 Fleisch-Verkaufsstände, die bis zu diesem Zeitpunkt vererbt wurden. Nun erwarb die Stadt diese Rechte für 758 Gulden und baute im Parterre des neuen Tanzhauses Metzgerbänke, die fortan verlost wurden. Am 20. August 1429 konnten die Bäcker und Metzger im neuerbauten Tanzhaus einziehen.

Viktualienverkauf unter dem »Tantzplan«

Der Baubericht aus Chroniken: »Zu dem richtete der Rat den Oßmarckt daselbsten auch wieder an und liesse gemelten Tantzplan von neuem höcher und weiter über derselben Metzig aufbauen. ... hatte am selbigen den Geschlechtern gleich im Hof desselben Tantzhauses gegen Mitternacht ein sehr lusig Zimmer zugericht, in welchem sie nachmals lange Zeit ihrer Kurtzweil gepfleget.«

Das neue Tanzhaus wurde an »S. Michaels deß Erzengels Kirchweyhe von den Geschlechtern eingeweyhet«. Die Patrizier hatten darin eine »Trinkstuben, darinnen sie ihr Zech teglich halten könnten«.

Der große Tanzsaal nahm die weite Fläche über der Verkaufshalle ein.[2] Am Abend des 29. September 1429 wurde er mit einem Tanz vom Stadtadel eingeweiht. Nach einer anderen handschriftlichen Chronik[3] »ward im Jahr 1430 das Tanzhauß schön hoch von Holtzwerkh außgebauet« – also erst ein Jahr später. Anno 1438 war der Saal nicht benützbar: Die weite Fläche diente als Kornlager. Um eine Hungersnot in Augsburg zu vermeiden, hatte die Stadt in Österreich 2000 Schaff Getreide eingekauft und lagerte 400 Schaff davon im Tanzhaus.[4]

Brot- und Fleischbänke im Neubau von 1452

St.-Elisabeth-Abend, 18. November 1451: Das Tanzhaus brennt! »Nachdem das Tantzhaus… aus Verwahrlosung der Beckenknecht mitsamt der Metzig daran und der Geschlechter Trinckstuben vom Grunde abgebrunnen, daß allein die zwo hohe Mauern stehn blieben, wurde dasselb schöner, wie man noch siehet (um 1575 geschrieben!) zwischen gemelte gemauerte Wände wiederumb erbauen. Da dann der ganze obere Platz zu einem Tantzboden gemacht, der under aber zu Brot- und Fleischbänken…«[5] Die »Beckhen magdt oder knecht« hatten nach einem anderen Bericht nicht genügend auf die Glut, »so sie gebraucht«, geachtet, und die erst 22 Jahren zuvor erbaute Tanz- und Markthalle brannte »in Grundt ab, da es unten nit gewelbt war«.[6] Der schönere und höhere Nachfolgebau, zu dem nur die erhalten gebliebenen alten Außenmauern verwendet wurden, erhielt nun statt einer brandgefährdeten Balkendecke ein Gewölbe über der Verkaufshalle. Da die Patrizier (»Geschlechter«) gleichzeitig ihre »Trinkstube« in ein von ihnen erworbenes Gesellschaftshaus am Perlachplatz verlegten, diente das neue Tanzhaus im Parterre nur noch als Markthalle und im Oberstock für prächtige Festivitäten.

Geschlechtertanz auf Bildern überliefert

Ein Gemälde hält als »Momentaufnahme« einen Geschlechtertanz im Jahre 1500 fest. Es ist die früheste Darstellung des oberen Stockwerks des Tanzhauses.[7] Eine Nachricht von 1508 betrifft das Umfeld: »Eben in diesem Monat Julio« wurde ein Brunnen aus gehauenen Steinen auf dem Weinmarkt von Burkhard Engelberg, dem Baumeister der St.-Ulrichs-Basilika, »zu bauen angefangen, und hat dasselbig gantze Werck 300 Gulden gekostet«. Der zwölfeckige, mit vier Röhren versehene Brunnen war der Vorläufer des Herkulesbrunnens.[8]

Anno 1566 stand das Tanzhaus bei der Belehnung August von Sachsens durch Kaiser Maximilian II. mit der Kurwürde im Blickfeld.

1510 steht das Tanzhaus, wie so oft in seiner Geschichte, im Mittelpunkt höfischen Gepränges und reichsstädtischer Prachtentfaltung auf dem Weinmarkt: Kaiser Maximilian weilt in der Stadt. Zu solchen Gelegenheiten wird meist eine Tribüne an der Südseite des Tanzhauses errichtet. Aus dem Jahr 1521 stammt die früheste Außenansicht des Tanzhauses. Sie ist im Stadtplan von Jörg Seld enthalten. Elf hohe Fenster pro Längsseite weist der über die gesamte Gebäudelänge reichende Tanzsaal auf. Darunter lassen zwei übereinanderliegende Fensterreihen auf stattliche Verkaufshallen zu ebener Erde schließen, von denen keine Innenansicht bekannt ist. In schriftlichen Quellen wird von »Schweybögen« (Flachgewölben) berichtet.[9]

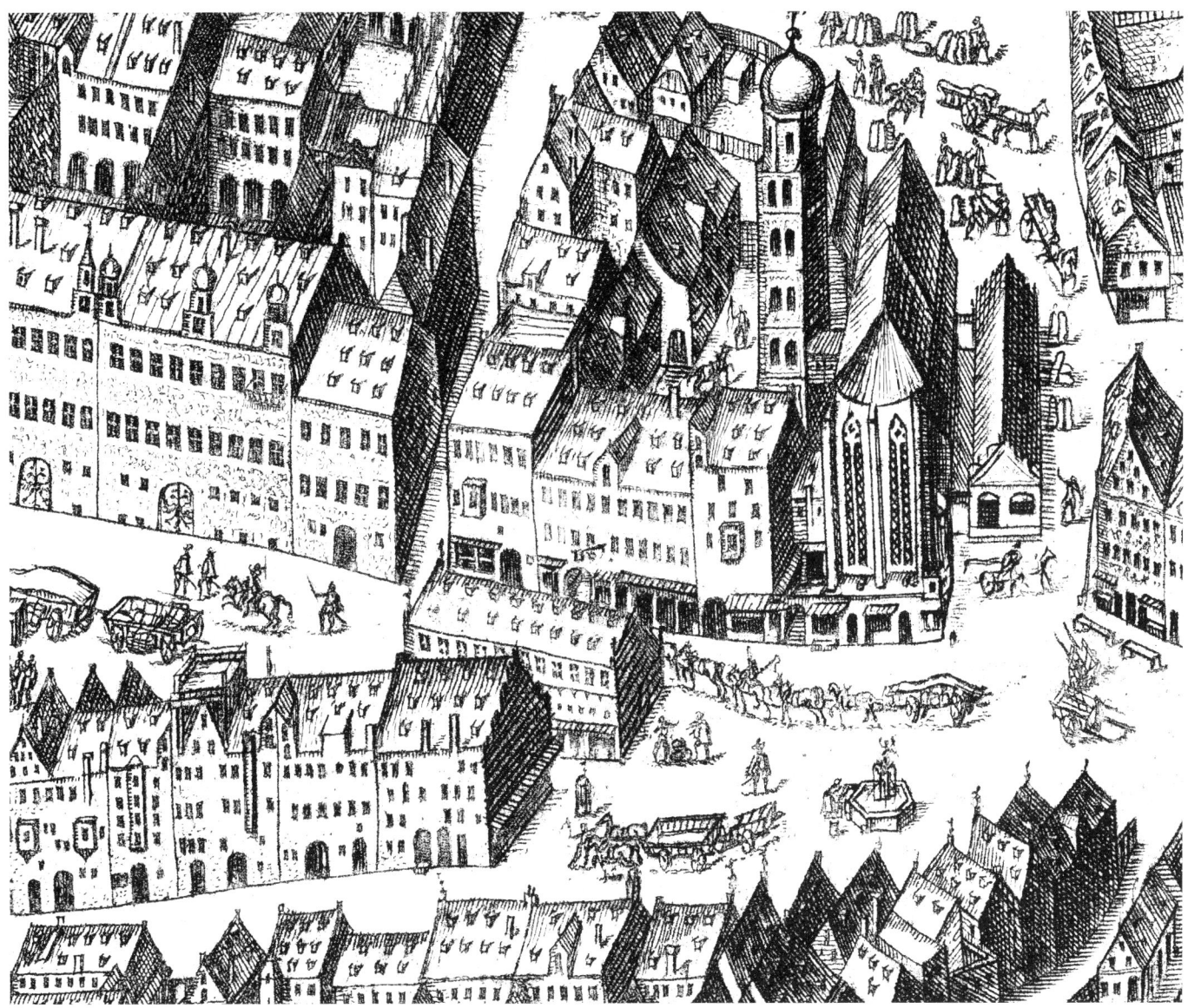

Zum letzten Mal ist das Tanzhaus auf dem großformatigen Stadtplan Wolfgang Kilians von 1626 abgebildet. Schon 1608 hatte es Stadtbaumeister Elias Holl vermessen und gezeichnet, da er an dessen Stelle ein neues Rathaus plante. Erst im November 1632 erfolgte der Abbruch.

Am 30. April 1559 wird »auß befelch und angeben« des auf dem Reichstag zu Augsburg weilenden Kaisers Ferdinand »zu öberst am Tantzhauß gegen Mittag« (Süden) eine Sonnenuhr gemalt. Ein Holzschnitt von 1566[10] (siehe linke Seite) zeigt bereits diese Sonnenuhr an der Tanzhaus-Südseite. Dabei stehen die »Hinterbänkler« unter den Rittern auf dem Rand des 1508 aufgestellten Brunnens.

Elias Holl bereitet 1608 den Abbruch vor

1608 vermißt und zeichnet Elias Holl das Tanzhaus.[11] Zu diesem Zeitpunkt hatte er den Abbruch in Erwägung gezogen. Er arbeitete in diesem Jahr an Entwürfen für ein neues Rathaus auf dem Platz des Tanzhauses. Diese Plazierungsidee fand allerdings keine Zustimmung bei den Ratsherren. 24 Jahre nach dieser Bauaufnahme, am 19. November 1632[12], wenige Tage vor dem Eintreffen der Nachricht über den Tod König Gustav Adolfs (16. November), wird das »unbrauchbare und gantz baufällige Tantz-Hauß, so der St. Moritzen-Kirche gegenüber gestanden, auf Verordnung des Raths bis auf den Grund niedergerissen, und hierdurch dieser Haupt-Strasse ein schönes Aussehen gegeben«, vermerkt Paul von Stetten den Abriß während der schwedischen Besetzung im Dreißigjährigen Krieg. Die Schweden hatten den von den Katholiken beurlaubten evangelischen Holl wieder in sein Amt eingesetzt. Er leitete wohl den Abbruch.

Güterwaage und Kaufmannskontor im 18. Jahrhundert. Drei wie Theaterkulissen gesteckte Karten aus einem Ausschneidebogen vermitteln einen Eindruck von den Abläufen an der Fronwaage am Weinmarkt. Die Waren mußten zum Wiegen teilweise aus- und wieder neu verpackt werden. An der Waage wurden die amtlichen Gewichtsbestätigungen für die Berechnung von Steuern oder Transitgeldern ausgestellt.

Die Fronwaage und der Schmalzmarkt
Zwei rechtliche Kuriosa in der Marktgeschichte

Graue Steingutgefäße mit den typischen groben blauen Verzierungen tragen die Bezeichnung »Schmalztöpfe«. Sie sind angesichts jetzt gebräuchlicher pflanzlicher Fette und Öle die Erinnerung an eine Zeit, da Rinds- und Schweineschmalz (ein Vier-Zentner-Mastschwein ergab rund 50 kg Schmalz) zu den wichtigsten Lebensmitteln gehörte. Die Umsätze waren so hoch, daß es dafür in größeren Städten eigene Märkte gab.

Der Augsburger Schmalzmarkt lag an der Stadtwaage, dem heutigen Haus Maximilianstraße 55. Diese Verbindung würde bereits die Nennung von Waage und Schmalz in einer Überschrift rechtfertigen. Doch es gab eine weitere »Verkoppelung«, die auf uralten Augsburger Rechtsverhältnissen beruhte! Herr über die amtliche Waage der Reichsstadt Augsburg blieb vom Mittelalter bis 1803 der Bischof. Und der bischöfliche Waagmeister hatte sich im 16. Jahrhundert das Recht angemaßt, nebenbei an seinem »Arbeitsplatz« einen profitablen Schmalzhandel zu betreiben. Die Reichsstadt konnte weder das Bischofsprivileg auf die Stadtwaage abschütteln, noch trennte sie den Schmalzmarkt davon ab.

Bischof bis 1803 Besitzer der Waage

Zur Erläuterung der rechtlichen Eigentümlichkeiten ein Blick in die frühe Stadtgeschichte: Im Mittelalter war der Bischof geistlicher und zugleich weltlicher Souverän über Augsburg, seinen Bistumssitz. Augsburg war zu St. Ulrichs Zeiten eine Bischofsstadt im vollen Wortsinn. Mit den Stadtrechten von 1156 und vor allem 1276 gelang den Bürgern in etlichen Schritten mit kaiserlicher Unterstützung die »Abnabelung«. Von allen Bischofsprivilegien konnten sich die Bürger jedoch nicht befreien: Die vielfrequentierte, einträgliche Stadtwaage oder Fronwaage, wie sie bis ins 19. Jahrhundert genannt wurde, blieb in Besitz des Diözesanoberhauptes bis zur Enteignung der Kirchengüter im Jahre 1803.

Das am 9. März 1276 von Kaiser Rudolf I. bestätigte Stadtbuch schrieb die Rechte und Pflichten der Bürger, der Händler und Gewerbetreibenden fest. Grundlage rechten Handels war das richtige Gewicht. Darum nimmt die Waage hierbei den gebührenden Raum ein: Jegliche in die Stadt kommende Ware, die über 25 Pfund wiegt, ist an der Fronwaage auszuwiegen und zu registrieren. Nur was darunter ist, darf der Bürger zu zwei bis drei Pfund selbst ausswiegen.[1] Und der entscheidende Passus in bezug auf die Waage besagt, daß diese in Bischofsbesitz bleibe.

Das Waaggäßchen blieb als Erinnerung

Bischof Hartmann mußte zwar die einträgliche Waage aus Geldmangel Anno 1270 an Augsburger Bürger verpfänden[2], doch seine Nachfolger profitierten noch über ein halbes Jahrtausend von dem alten Besitzrecht. Im Jahre 1446 verpachtete Kardinal Peter von Schaumberg ne-

Eine junge Schmalzverkäuferin in Augsburg im Jahre 1817. Sie hat Rind- und Schweineschmalz in Holzbottichen und in einem großen Tontopf auf den Schmalzmarkt gebracht.

WAAGE UND SCHMALZMARKT

Die »Stadt Waag« an der Maximilianstraße – bis 1806 hieß dieser Abschnitt »Weinmarkt« – in der ersten Hälfte des 18. Jahrhunderts. Der Stich (oben) gibt das Straßenleben bei der Fronwaage (Haus am linken Bildrand) wieder, der Ausschnitt aus einer Zeichnung von 1722/32 den Betrieb unmittelbar an der Waage. Das schmale Waaggäßchen ist auf beiden Bildern links von der Waage erkennbar.

ben der Münze die Waage um 2000 Gulden an den Bürgermeister Peter von Argon und seine Söhne auf deren Lebenszeit.[3] Sie befindet sich am meistfrequentierten Handelsplatz, dem Weinmarkt. Das Haus bekam später als Anschrift die Literabezeichnung A 21 und ab 1938 Maximilianstraße 55. Hier blieb die Waage bis 1807. Jetzt erinnert das schmale Waaggäßchen zwischen Maxstraße und Wintergasse an den einstigen Standort.

Ratsdekrete, »den Schmalzmarkt betreffend«

Die Reichsstadt achtete über 500 Jahre lang die Rechtsverhältnisse in puncto Fronwaage, von der Anno 1536 ein Neubau überliefert ist, wie sie im Stadtbuch von 1276 festgeschrieben waren. Als sich jedoch im Laufe des 16. Jahrhunderts der Waagmeister den vor seiner Waage ablaufenden Schmalzhandel »unter den Nagel gerissen« hatte, wurde dies dem Rat denn doch zuviel. Die Stadtregierung griff mit Verfügungen, »den Schmalzmarkt betreffend«, regelnd ein. Solche Mandate sind aus den Jahren 1573 und 1578 bekannt.

1596 wurde die Stadt dann sehr massiv: Entgegen dem 1276 verbrieften Grundsatz, daß kein bischöflicher Bedienter ein Gewerbe in der Reichsstadt betreiben dürfe, habe »sich der Waagmeister das Schmalzverkaufen und

Obwohl Ein Hochedler und Hochweiser Rath zum Besten gemeiner Burger und Innwohnerschaft allhier sowohl/ als auch der umliegenden benachbarten Dorfschaften/ schon mehrere den Schmalzkauf betreffende Verordnungen, in Annis 1573. 1578. 1600. 1657. 1663. 1668. 1709. 1770. & 1771. ergehen lassen/ so war Demselben doch höchst mißfällig zu vernehmen/ daß seit einiger Zeit diese Verordnungen gänzlich außer Achtung gesetzet/ und höchstschädlicher Unfug/ und Mißbräuche bey dem wochentlichen/ Donnerstags und Freytags an der Fürst-Bischöfflichen Fronwaag auf der Reichsstraße abhaltenden Schmalzmarkte/ eingerissen/ hiedurch aber das Schmalz im Preiße außerordentlich gesteigert worden sey.

Diesem Unfug/ Mißbrauch/ und daraus nothwendig erfolgenden Schmalztheurung vorzubeugen/ will ein Hochedler und Hochweiser Rath, die den 12. Nov. 1573. 23. Dec. 1578. 23. May 1600. 27. Sept. 1657. 28. April 1663. 12. April 1668. dann 13. Dec. 1770. und 28. Febr. 1771. ergangene Verordnungen anmit erneuern/ und solchemnach verordnen/ daß

1.) so/ wie bißhero/ also auch künftighin, an den Donnerstagen kein Burgerlicher Hucker vor Nachmittags 3. Uhr sich ob dem Schmalzmarkte einfinden/ um einiges Schmalz auf dem an der Fürst-Bischöffl. Fronwaag auf freyer Reichsstraß abzuhaltenden Markte handeln/ minder andern darum handelnden Burgern und Innwohnern in den Kauf fallen/ oder einiges Schmalz erkaufen soll, bey unnachläßiger/ halb dem Anzeiger/ nebst Verschweigung des Namens/ und halb dem Fisco zu bezahlender Geldstrafe von 10. Reichsthaler.

2.) Wird ersagten Huckern bey gleicher Strafe ernstlich verbothen/ auf einen Markttag mehrer als 125. Pf. zu erkaufen/ und damit auch

3.) Fremde/ zumalen Benachbarte/ oder sonst mit Victualien anhero fahrende Gäste ihre Bedürfniß auf besagtem Markte füglich erhalten mögen/ so ist denselben/ wie bißhero also auch ferner vergönnet, an den Freytagen ihre Nothdurft daselbst dergestalten einzukaufen/ daß sie jedoch gleichfalls auf einen Markttag ohne besondere jedesmal von dem Proviantamt auszuwürkende Erlaubniß mehr nicht/ als 125. Pf. erkaufen sollen/ bey unausbleiblicher Strafe; und weil

4.) gegen die Verordnungen vom 27. Sept. 1657. und 28. April 1663. das an Markttägen überbleibende Schmalz vielfältig eingestellet und verschleppet wird/ als soll künftig solch überbleibendes Schmalz/ so ferne es in der Fürst-Bischöflichen Waag eingestellet werden wollte/ zuvor durch die Hallbediente ordentlich beschrieben/ und die Fässer gezeichnet/ außerdem aber durch die Karrenzieher in die Stadthalle gebracht/ daselbst verwahrlich aufbehalten/ und in einem/ wie im andern Falle/ den nächstfolgenden Markttag wiederum zu freyem Kaufe ausgestellet werden. Es wird aber

5.) den Karrenziehern bey Verlust ihres Dienstes untersagt/ für jemand, wer derselbe auch immer seyn möchte/ Schmalz zu erkaufen/ oder eigenmächtig zu verführen/ dagegen aber

6.) der gesammten Burger- und Innwohnerschaft freygelassen/ ihr ob dem Markt erkauftes Schmalz entweder durch die Karrenzieher/ oder jemand anders/ nach eigenem Gefallen in ihre Häuser zu bringen/ doch daß sie im ersteren Falle den Karrenziehern 2. kr. vom Centner zu reichen schuldig/ die Fremde aber

7.) Das erkaufte Schmalz/ so ferne sie solches nicht sogleich von der Stadt hinwegführen/ durch die Karrenzieher gegen gleiche Abgab in ihr Quartier bringen zu lassen gehalten seyn sollen. Endlich wird

8.) gesammter allhiesiger Burger- und Innwohnerschaft/ besonders aber den Huckern/ und Schmalzhändlern alles obrigkeitlichen Ernstes/ und bey unnachläßiger Strafe von 20. Reichsthaler/ halb dem Anzeiger/ und halb dem Fisco zu bezahlen/ untersagt/ den fremden anhero fahrenden Schmalzhändlern vor die Stadt/ oder auch weiters entgegen zu gehen/ oder ihnen sonsten aufzupassen/ mit selbigen Handlung zu pflegen oder sonsten einige Preißes-Vereinigung zu treffen/ wie dann noch überdiß in öftern Betretungsfall ein solcher Uebertreter mit Verlust des Burgerrechts/ und sonstiger Leibesstrafe bestraft/ der Anzeiger aber jedesmal nebst Verschweigung des Namens/ mit 10. Reichsthaler belohnet werden solle.

Decretum in Senatu,
den 14. Dec. 1776.

Der Ratserlaß vom 14. Dezember 1776 widmet sich »zum Besten gemeiner Burger und Inwohnerschaft« ausschließlich den Abläufen auf dem Schmalzmarkt »an der Fürst-Bischöflichen Fronwaag auf der Reichsstraße«. Er zählt auch die bereits in den zurückliegenden 200 Jahren ergangenen, den Schmalzkauf betreffenden Verordnungen auf.

»Was kost' das Schmalz, wann man darf fragen?« – »Ist es gewogen, kann ich's sagen!« So lautet die Originalbeschriftung für eine Szenerie auf einem Schmalzmarkt um 1810, wie sie damals Kinder mittels gedruckter, ausschneidbarer Figuren selbst gestalten konnten.

-auswiegen angemaßt«. Der Rat ließ dies untersagen »und dabey bedeutet, daß, wann er hievon nicht abstehen würde, man von Seiten der Stadt zwar rechtmäßige, aber ihm unanständige Mittel zu ergreifen gesonnen wäre«.[4] Sechs Jahre nach diesem Streit kam es in einem am 22. März 1602 unterzeichneten Vertrag zwischen Bischof und Reichsstadt zur Beilegung vieler strittiger Punkte im Verhältnis zwischen Geistlichkeit und Bürgerstadt.[5] Dazu zählten auch die »Bischöfliche Fron-Waag« und der Schmalzmarkt. Es sollte beim Erheben von Waag-Gebühren und den Rechten des Hochstifts und seines Waagmeisters im großen und ganzen beim alten bleiben, der Bischof möge aber doch seinen Beamten »von aller Ungebühr abhalten«. »Wobey dem ... Waagmeister vertröstet worden, daß, wann er sich bey dem Rath gebührend melden würde, ihm der Schmalz-Handel gleichwohl gestattet werden solle«, zeigte die Stadt ein Entgegenkommen beim Nebengeschäft des Wiegemeisters. Und man arrangierte sich nach diesem angebotenen Kompromiß, wie ein »Revers« von 1641 erkennen läßt.[6]

»Revers« von 1602: Weiter Schmalz in der Waage

Der Waagmeister Michael Widemann hatte aufgrund des »Friedensangebotes« von 1602 förmlich um die Schmalzhandels-Erlaubnis nachgesucht. Der Rat erteilte sie unter der Bedingung, daß er in einem Schreiben – einem »Revers« – folgende Auflagen anerkenne: 1. Diese Bewilligung sei »aus keiner Schuldigkeit oder Gerechtigkeit, sondern aus gutem Willen geschehen«. 2. Er werde sein Schmalz nur außerhalb eines Sechs-Meilen-Radius (1 Meile = 7,5 km) einkaufen oder bestellen. 3. Er werde mindestens drei Pfund auf einmal auswiegen und 4. alles Schmalz, das er am Ankunftstag nicht verkaufen kann, in die »Hall«, also die Obhut der Stadt, überführen. Unter solchen Auflagen durften auch die späteren bischöflichen Waaginhaber diesem Nebenerwerb nachgehen.

Warum die Stadt dem Schmalzmarkt von 1573 bis 1776 insgesamt zehn Erlasse »zum Besten gemeiner Bürger und Innwohnerschaft allhier« widmete, wie es in der Ausfertigung von 1776 heißt, das erklärt sich aus der einstigen Bedeutung dieses Lebensmittels. Schweine- und Rindschmalz waren zum Backen, Braten, Rösten und Kochen unerläßlich. Heutige Ersatzfette fehlten, zudem lebte man fettreich. Schmalzausteilungen an Arme in Notzeiten sind 1548 (zweimal wöchentlich) und subventionierte »Billigverkäufe« 1570 (36 Zentner pro Woche) und 1579 überliefert.[7] Die Marktberichte aus dem 19. Jahrhundert nennen exakte Umsatzmengen: Im Jahr 1845 summierte sich das auf den Märkten verkaufte, über städtische Waagen gegangene Schmalz auf 122 575 Pfund!

Eine der ausführlichsten gedruckten Marktordnungen zu Reichsstadtzeiten erschien 1738. In ihr heißt es: »Schmalz, Butter, Eyer bey der Waag.« Diese Lebensmittel durften damals am Donnerstag »von Nachmittag 1 Uhr an bis Abend und am Freytag den gantzen Vormittag« verkauft werden.

»Schmalz, Butter, Eyer bey der Waag!«

Den »allhiesigen Huckern und Küchlen-Backer« war es verboten, schon am Donnerstagvormittag bei der Waage Butter und Schmalz vorab zu kaufen. Sie sollten »die rechte Zeit mit den anderen Bürgern abwarten«, dann aber »auch nicht so ohnverschamt und schier alles Schmaltz allein hinweg nemmen«. Nur etwa ein Zentner sollte ihnen pro Markttag zugestanden werden.
Auf dem »Donnerstags und Freytags an der Fürst-Bischöflichen Fronwaag auf der Reichsstraße abgehaltenen Schmalzmarkte« seien Unsitten und Mißbräuche und damit verbunden außerordentliche Teuerungen eingetreten, mußte Anno 1776[8] der Rat »höchst mißfällig vernehmen«. So sah er sich zum wiederholten Male genötigt, sich mit diesem Thema zu beschäftigen und erneut eine Verordnung zu erlassen. Daß er sich in diesem Beschluß ausdrücklich auf die seit 1573 dazu gefaßten Entscheidungen berief, zeigt einmal mehr die damalige Langlebigkeit städtischer Verordnungen auf. Es wäre heutzutage undenkbar, sich auf vor 60, 80, 100 oder gar 200 Jahren – wie beim Schmalzmarkt – ergangene Gesetze, Vorschriften oder Ortssatzungen zu berufen. Das war zu Reichsstadtzeiten jedoch gang und gäbe.

Nicht mehr als 125 Pfund auf einmal...

In diesem Anschlag wird die längst bestehende Bestimmung wiederholt, daß kein Händler mehr als 125 Pfund an einem Markttag kaufen dürfe, sich Augsburger Kramer und Großabnehmer am Donnerstag erst ab drei Uhr nachmittags auf dem Markt einfinden und fremde, von außerhalb der Stadt kommende Einkäufer erst am Freitag einkaufen dürften.
Ausgewogen wurde das Schmalz wie ehedem vom bischöflichen Waagmeister oder seinen Bediensteten. Und die Schmalzfässer durften auch 1776 nach Marktschluß noch bei ihm eingestellt werden bzw. er konnte es in Kleinmengen verkaufen.[9] Der Schmalzmarkt im großen fand an der Fronwaage statt, die Hucker und Melber verkauften das Fett in Kleinmengen. Es gab auch eigene Schmalzhändler, bestätigt eine andere Quelle zwei Jahre später.[10] »Dem bischöflichen Waagmeister ist unter gewissen Einschränkungen und Bedingungen solches auszuwägen die Begünstigung ertheilet«, heißt es 1778 wei-

ter. Die Stadt hielt sich also weiterhin an ihre Zusage von 1602, die ungewöhnliche Kombination von amtlichem, nichtstädtischem Gewichtskontrolleur und Schmalzhändler zuzulassen! Erst die Säkularisation machte diesem Kuriosum ein Ende.

Waagmeister blieb bis 1803 Schmalzhändler

»Alle Güter und Waren, die hierher kommen oder von hier abgehen, müssen auf die Fronwaage gebracht und dort abgewogen und verpackt werden. Diese Waage zu halten, ist ein Vorrecht des Bischofs von Augsburg, welcher einen Waagmeister dazu setzt«, bestätigt Paul von Stetten 1788[11] die Modalitäten. Die Beschäftigten rund um die Waage jedoch sind städtisch: zwei Güterbestätter (ein »welscher« und ein deutscher), sechs Spanner, sechs Ballenbinder und 24 Karrenzieher. Die »Güterbestätter«, wovon einer italienisch spricht, haben die Aufgabe, die Waren zwecks Besteuerung an das Hallamt zu melden, diese nach Bezahlung der Gebühren abzufertigen bzw. die Zwischenlagerung zu organisieren.

1807: Waage verschwindet von der Maxstraße

1806 wurde die Stadt bayerisch, und damit hatten die königlichen Beamten das Sagen. Sie ließen 1807 die Güterwaage in den Hof des ehemaligen Hallgebäudes verlegen.[12] Dieses stand auf dem Platz der heutigen Ulrichsschule an der Hallstraße. Gleichzeitig wurde das Waagamt aufgelöst und mit dem Hall- und Mautamt in der 1807 errichteten Mauthalle (heute Teil des Holbein-Gymnasiums) vereinigt. Der Schmalzmarkt war weiter vonnöten – er wurde mit der Waage von der Maximilianstraße verbannt. Er »wanderte« mit in den Garten des aufgelösten Katharinenklosters, in die Nähe der Waage, die zum Schmalzauswiegen benötigt wurde. Mit Beginn des Jahres 1816 trat eine in vielen Bereichen umgekrempelte Marktordnung in Kraft, in der es unter anderem heißt: »Täglich mögen die dringenden Lebensbedürfnisse zugeführt werden, als Milch, Schmalz, Butter, Eier...« Schmalz gehörte also zu jenen Viktualien, die sogar sonntags angeboten werden durften.[13]

»Von heute an findet der Schmalzmarkt im Hintergebäude des Rathauses zu ebener Erde am Eisenberg statt. Die Waage ist dort aufgestellt.« Dies läßt am 6. November 1829 der Magistrat verlautbaren.[14] Ab Januar 1830 findet im »ehemaligen Schmalzwaaglokal im St.-Katharinen-Klosterhof« der Verkauf des von außerhalb der Stadt gebrachten Mehls, außerdem von Brot und Rollgerste statt, ist aus einer Lokalzeitung zu erfahren.

Der Schmalzmarkt beschäftigte die Behörden im 19. Jahrhundert noch weiter. Am 31. Juli 1832 gab der Magistrat bekannt, daß – »den Wünschen des Publikums zu genügen« – der Verkauf von kleineren Partien von ein bis vier Pfund Schmalz wie in früheren Zeiten auf dem Viktualienmarkt gestattet sei. Größere Gefäße müßten jedoch ins »Schmalzwaaglokal« gebracht und gegen die übliche Gebühr gewogen werden. Die königliche Regierung pfiff jedoch die Stadt zurück und verfügte ganz im Sinne propagierter größerer Handelsfreiheiten,

Schmalztöpfe unterschiedlichster Größen aus blau bemaltem grauem Steingut sind heutzutage nur mehr dekorative Flohmarktware.

daß große wie kleine Partien auf dem Markt oder an der Waage gleichermaßen erworben werden könnten. »... daß mithin der Verkauf ohne Beschränkung frei gegeben sey«, revidierte daraufhin der Bürgermeister wenige Wochen später seine Anordnung von Ende Juli.[15]

»Schmalzwaaglokal« an der St.-Peters-Kirche

Rund ein weiteres halbes Jahrhundert später war die städtische Schmalzwaage vor allem für den Straßenmarkt immer noch eine wichtige Anlaufstation. Eine ab 1. Januar 1879 gültige Gebührenordnung[16] (1 Kilo = 1 Pfennig, 1 bis 3 Kilo = 3 Pfennig usw.) weist auf diese städtische Einrichtung, die nun praktischerweise nahe dem meistfrequentierten Wochenmarktplatz, dem »Eiermarkt« (Rathausplatz), bereitstand. Die an die St.-Peters-Kirche am Perlach auf der Fischmarktseite angebauten Lädchen Nr. 2 und 3 – jetzt gibt's dort Schmuck – waren in den Adreßbüchern als »Schmalzwaage« ausgewiesen! Spätestens mit der Übersiedlung aller Straßenmärkte in den neuen Stadtmarkt im Oktober 1930 war auch der Schmalzwaage die Seinsberechtigung entzogen.

Ansicht des Hallthors zu Augsburg.

Ansicht des Koenig: Baierisch. Hallgebäudes zu Augsburg in der obern Maximilian's Strasse.

Das Hallamt und die »Halle«

Steueramt, Lager und Markt für »trockene« Ware

Zum augsburgischen Marktwesen gehörte auch das Hallamt, in reichsstädtischen Dokumenten meist nur »Halle« genannt. Diese Bezeichnung kommt von »Hall«, dem keltischen Wort für Salz. Ein dafür gebautes Lagerhaus hieß ursprünglich »Halle«. Ob im Mittelalter in Augsburg das Salzlager so genannt wurde, ist auch aus den ältesten, den Salzhandel regelnden Urkunden nicht ersichtlich. Diese stammen aus dem Jahr 1275. Darin wurde bereits von »saltz« und »saltzstadel« geschrieben. Im 16. Jahrhundert kam in Augsburg der vermutlich aus dem Altbayerischen importierte Name »Halle« oder »Hall«[1] für das Handelsgüter-Zwischenlager und »Hallamt« für das dazugehörige Zoll- und Warensteueramt, wie man jetzt diese Institution nennen würde, in Gebrauch.

Mit Salz hatten diese Bezeichnungen zu der Zeit in Augsburg nichts mehr zu tun. Davor war vom »Ungeldhaus«[2] oder »Siegelhaus« für die reichsstädtische Steuerbehörde die Rede. Es stand südlich des Herkulesbrunnens und wurde 1604 von Elias Holl durch einen Neubau ersetzt.[3] Es war bis zur Errichtung einer »Halle« wenige Meter davon entfernt für die Besteuerung aller Waren zuständig, danach lediglich noch »für Weine und alle nasse Ware«, wie es auf einem Stich heißt.

Hall-Ordnungen mit langen Tax-Tafeln

Die früheste Hall-Ordnung stammt von 1555, Anno 1599 hieß es dann, daß »die jüngsthin verbesserte Hall-Ordnung« vom Rat bestätigt wurde.[4] Auf weitere Ordnungen, »wie es daselbst, so wohl wegen Abstossung und Verkauffung der hierhero kommenden Waaren, als auch der davon zu erstattenden Gebühren gehalten werden solle«,[5] aus den Jahren 1626, 1638, 1642, 1652 und 1728 wird in der auf zehn Seiten angewachsenen, durch zwei Tax-Tafeln ergänzten Neufassung von 1735[6] verwiesen. Diese reichsstädtischen Steuergesetze bestimmten die Abgabenhöhen für die unterschiedlichsten Waren und regelten die Erhebungsmodalitäten. Der »Hallmeister« und seine Gehilfen kontrollierten Wiegezettel, Frachtpapiere und besahen die Waren. Und sie kassierten.

Abgaben für Tuche, Spitzen, Rosinen, Glas, Blech

Die Ordnungen von 1621 und 1652 widmen beispielsweise den in die Stadt kommenden Tuchen aller Art breiten Raum. »Auf der Hall« oder beim »Hallamt« waren die auf die Jahr- oder Tuchmärkte gebrachten Stoffe anzumelden und das fällige »Ungeld« zu entrichten. Erst mit der ausgestellten »Politte«, dem Gebührenbeleg, in der Hand durften die Karrenzieher, Ballenbinder oder Tuchhefter für die auswärtigen Händler tätig werden.[7]

Ähnlich war mit vielerlei Waren zu verfahren. Diese sind 1735 in umfangreichen Listen samt den fälligen Gebühren erfaßt: Sollten Edelsteine und Perlen in der Stadt verkauft werden, waren »in der Hall« pro 100 Gulden Warenwert 15 Kreuzer zu entrichten. Bei niederländischen, venezianischen und französischen schwarzen und weißen Spitzen betrug die Taxe 10 Kreuzer pro Pfund. Muskatnüsse und -blüten, Zimt »und was mehr dergleichen kostbare Specereyen seyn mögen« vom Zentner 30 Kreuzer. Ein weiterer Abschnitt erfaßte Rosinen, Weinbeeren, Feigen, gedörrte Zwetschgen, Lorbeer, Eßkastanien, Zitronen, Heringe, Stockfische, Seifen, Spiegel, Glaswaren, Stahl, Eisen, Blech und Papier, »auch all andere Waren, wie sie Namen haben, deren Wert der Zentner bis 24 Gulden und darunter beträgt«.

»Transito-Güter« ans Hallamt melden

Die lange Aufstellung bestätigt: Das Hallamt berechnete für diese »trockenen« Handelswaren pro Zentner drei Kreuzer, wenn sie in der Stadt veräußert wurden. Diese Besteuerung war äußerst niedrig: Sie betrug lediglich zwei bis drei Promille vom Warenwert. Das Einlagern »in der Halle« bis zum Verkauf oder Weitertransport wurde extra mit Gebühren belegt. Transitware unterlag einem günstigeren Durchfuhrzoll von wenigen Kreuzern. 1788 ist letztmals die Aufgabe des Hallamts mit angeschlossenem Lagerhaus geschildert: Von den bei der Stadtwaage (Maximilianstraße 55) postierten »Güterbestättern« werden »die Anzeigen von hierher gebrachten

---

Linke Seite: Kolorierte Umrißradierungen um 1820 von den beiden königlichen Hallgebäuden. Oberes Bild: Die damals neue, 1808 erbaute Mauthalle an der Hallstraße mit der 1807 angelegten Zufahrt durch das Halltor. Dieser große Bau ist inzwischen Teil des Holbein-Gymnasiums. Unteres Bild: Die einstige reichsstädtische »Halle« an der Maximilianstraße, durch deren beide Tore die Fuhrwerke in den dahinterliegenden Zollhof fahren konnten.

Fuhrwerksstau am Herkulesbrunnen Anno 1626 (Ausschnitt aus dem Stadtplan von Wolfgang Kilian). Beim Siegelhaus, wo die Abgaben für »schwankende Ware« (alles Flüssige) zu bezahlen waren, und am benachbarten Hallgebäude herrschte stets reger Betrieb.

Waren in das Hallamt gemacht, und die eigenen oder Transito-Güter an die Eigenthümer oder Speditores nach entrichteten Gebühren abgefertigt. Was aber von Fremden zum Verkauf hieher geschickt worden, das wird in die Halle, B 20, als in eine Niederlage gebracht, wo es in einer bestimmten Zahl von Tagen verkauft werden kann oder zurückgeschickt werden muß.«[8]

Stiche verdeutlichen besser als viele Worte die Lage der Baulichkeiten: Die lange Häuserzeile, die das 1604/5 erbaute dreistöckige Siegelhaus, Wein- und Salzstadel bildeten, befand sich bis zum Abbruch im Jahre 1809 mitten auf der Maximilianstraße zwischen Herkulesbrunnen und Ulrichsplatz. An der Westseite der Wein- und Salzdepots verlief die schmale Hallgasse. Die »Halle« lag ab 1664 am Beginn dieser Gasse auf der Westseite. Heute steht auf einem Teil ihres Grundes die Ulrichsschule, über dem Restgrundstück mündet die Hallstraße auf die Maximilianstraße. Bis zum Jahre 1633 befand sich an dieser Stelle ein Gebäude der Fugger, das abbrannte. Die Reichsstadt kaufte den Ruinengrund und baute 1664 darauf ein Mehrzweckgebäude für das Stadtgericht und das Hallamt[9] und richtete dahinter den »Hallhof« als Lager- und Umschlagplatz ein. Wie die aufgeführten Warenlisten belegen, wurde hier tatsächlich nur die »trockene Ware« versteuert, gelagert oder verkauft. Das Siegelhaus gegenüber blieb für alles Flüssige zuständig.

Hanf, Leder, Zitronen, Tabak »in der Hall«

Auch als Markthalle für tägliche Handelschaften diente das Gebäude mit der Anschrift »Litera B 20«. So werden in der Marktordnung von 1738[10] sehr unterschiedliche Artikel in die »Halle« verwiesen: »Desgleichen ist in die Hall zu verkaufen und zu kaufen angewiesen: gedörrte Zwetschgen, Reiß, Flachs, Hanf, Leder, Zitronen, Pomerantzen, Melonen, Tobac und alle dergleichen Kauffmännische Waaren und Güter, alles nach der vorhandenen Hall-Ordnung«. Diese Marktfunktion verlor der Baukomplex großteils 1808 mit der Errichtung der »Königl. Mauthalle« im Garten des 1802 säkularisierten Dominikanerinnenklosters St. Katharina.

Die großzügige, vom bayerischen Staat errichtete Mauthalle übernahm 1808 die Funktion als Güterniederlage und Zollamt, wie sie bis 1806 das reichsstädtische Hallamt ausübte. Nur flossen jetzt die kassierten Zölle und Steuern in den Staatssäckel. Auch in der Bezeichnung änderte sich nicht viel: »Königl. Baier. Hallamt« hieß die Behörde, der ein »Halloberbeamter« vorstand. Mit 14 Bediensteten vom Hallverwalter über zwei Waagmeister bis zu den vier Amtsdienern betrieb der Staat das »Hallamt« zum Teil in den alten Büroräumen weiter, während der Güterumschlag auf dem Hof und in der Halle ablief.[11]

Aus der Baubeschreibung[12] geht hervor, daß zuvor »einige im alten Hallhofe gestandene Gebäude abgebrochen und der Garten des aufgehobenen Katharinenklosters geräumt« werden mußten. Nur die Klostergartenmauer verläuft noch heute auf der alten Grundstücksgrenze. »Stattlich erhebt sich seitdem dieser schöne Bau mit seinen Ein- und Ausgangs-Thoren, von welchen das Hauptportal oberhalb mit dem schön gegossenen bayerischen Wappen und einer freistehenden Facade mit mehreren den kommerziellen Verkehr andeutenden Figuren geschmückt ist«, erläutert die Schilderung weiter.

»Die Lokalitäten für das königliche Hallamt sind in einem Seitengebäude (Lit. B 20), in einem solchen befindet sich die stadtgerichtliche Registratur«, weist die Beschreibung von 1837 auf das Schicksal des an der Maxstraße stehenden früheren reichsstädtischen Stadtgerichts- und Hallgebäudes hin. Dieses war 1806 in bayerisches Eigentum übergangen. Neben den Büros der königlichen Behörden und einigen Bedienstetenwohnungen beherbergte der Gebäudekomplex neben der erwähnten Gerichtsregistratur auch das Stadt- und Bezirksgericht.

Rest-»Halle« weicht 1904 der Hallschule

Als im Oktober 1875 der neue Justizpalast am Alten Einlaß bezugsfertig war, zogen auch die letzten im alten Justiz- und Hallgebäude noch verbliebenen Gerichtsbehörden aus.[13] »Wann wird mit dem Abbruch des Stadtge-

Die restlichen alten Hallgebäude kurz vor dem Abbruch. Um 1880 war bereits die rechte Haushälfte abgetragen worden. Erst dadurch entstand die Hallstraße, in die der Blick gerichtet ist. Hier sind die Rückgebäude sichtbar. 1904 wurden die abgebildeten Bauten abgebrochen, als man Platz für eine großzügige Volks- und Kunstschule – die »Ulrichsschule« – benötigte. Sie prägt seither diese Straßenecke.

Fuhrwerke und Transportschlitten (links) für den über Pflasterstraßen abzuwickelnden innerstädtischen Güterverkehr werden beladen. Ausschneidebilder wie dieses aus dem 18. Jahrhundert überliefern die damals im Augsburger Hallgebäude alltäglichen Arbeiten.

richts begonnen?« So fragte ein Anwohner der Maximilianstraße im April 1877 bei einer Zeitung an.[14] Vermutlich erst 1880 erfolgte ein Teilabbruch – acht der vierzehn Fenster des langgestreckten Baus verschwanden, am Rest wurde eine neue Giebelmauer hochgemauert.

Auf diese Weise war eine Bresche in der zuvor geschlossenen Häuserzeile an der Maximilianstraße und Platz für die Hallstraße entstanden. Diese erhielt am 2. April 1881 den bezugsreichen Namen. Zuvor hatte es zwischen dem Hallhof und der Maximilianstraße nur eine Tordurchfahrt im Hall-/Gerichtsgebäude gegeben. Um das einstige Klostergarten-Gelände mit der großen Mauthalle für den Güterverkehr zu erschließen, war 1807 das bis zur Aufhebung der Festungseigenschaft Augsburgs 1866 von Militär bewachte kleine Halltor durch die Stadtmauer gebrochen worden. An dessen Stelle trifft seit 1880 die Hallstraße auf die Konrad-Adenauer-Allee.

Schon 1833 waren in die Gebäude des Dominikanerinnenklosters St. Katharina die neu gegründete Gewerbeschule und die Polytechnische Schule eingezogen. Letztere gilt als Vorläuferin der späteren Oberrealschule, auf die sich wiederum das Holbein-Gymnasium gründet.[15] Vor dem Bau der für 1000 Schüler konzipierten Ulrichs- oder Hallschule an der Ecke Maximilianstraße/Hallstraße im Jahre 1904/5 verfiel der Rest des alten Hall- und Gerichtsgebäudes dem Abbruch.[16] Damit war die Geschichte der einstigen reichsstädtischen »Halle« zu Ende.

Zöllner gehen, Gymnasiasten ziehen ein...

Die rund 100 Meter lange, 1808 erbaute Mauthalle mit der früheren Litera-Anschrift B 22a (seit 1938: Hallstraße 5) diente bis in die Zeit nach dem Zweiten Weltkrieg als Hauptzollamt, beherbergte Büroräume und eine Güterniederlage. 1954 ist darin auch ein Lebensmittel- und

Aus einem Stahlstich-Album von 1859: »Das Hallgebäude zu Augsburg«. Dieses Zollamt war 1808 im Klostergarten von St. Katharina erbaut worden. Ins alte Kloster (rechts) zog 1833 die Polytechnische Schule ein, die Mauthalle wurde ab 1956 Teil des Holbein-Gymnasiums.

Süßwaren-Großhandel untergebracht. Mit dem Bau eines neuen Zollamts an der Burgkmairstraße neben dem Finanzamt Augsburg-Stadt wurde das alte Zollgebäude völlig überflüssig. Es ging von Staats- in Stadtbesitz über, und im Dezember 1956 begann der Umbau zu einem Schulgebäude: Der Bau mit den schmiedeeisernen bayerischen Wappen bzw. den Monogrammen des obersten Bauherrn, König Max I., über den inzwischen vermauerten vier Toren wurde Teil des Holbein-Gymnasiums, das zuvor schon die einstigen Klostergebäude auf der Nordseite der Hallstraße belegte. Der Umbau zog sich bis 1964 hin. Seither trägt die Mauthalle schulintern die Bezeichnung »Neubau«, was aufgrund einer totalen Entkernung und der modernen inneren Gestaltung gerechtfertigt erscheint. Natürlich ist aufgrund dieser Baumaßnahmen von einer 1837 gerühmten technischen Einrichtung nichts mehr zu sehen: Im Inneren der Halle wurde die »sehenswerte, nach Anleitung des königl. Herrn Salinendirektors von Reichenbach verfertigte Brücken-Waage mit ihrem aus Eisen und Stahl sinnreich konstruierten Mechanismus« hervorgehoben. Die damals hochmoderne Konstruktion hatte mit der alten bischöflichen Fronwaage am Hause Maximilianstraße 55 nichts mehr gemein.

Allegorische Figuren verwittern efeuumrankt

Die vier auf den frühen Abbildungen deutlich erkennbaren allegorischen Sandsteinstatuen – nach alten Beschreibungen den »kommerziellen Verkehr« symbolisierend – über der langen Fassade entlang der Hallstraße dürfen längst einen fast bis zur Unkenntlichkeit fortgeschrittenen Verwitterungsprozeß in unmittelbarer Nähe ihres ursprünglichen Standortes fortsetzen: Sie stehen efeuumrankt im kleinen Garten des Schaezler-Palais.

Altes und neues Tongeschirr, bestimmt für die Augsburger. Oberes Bild: Die großteils nur noch fragmentarisch erhaltenen irdenen Schüsseln, Kannen und Töpfe waren in Lützelburg hergestellt worden, zu Bruch gegangen und dort in Abfallgruben gelandet. Die Lützelburger Hafner beschickten jahrhundertelang die Dult. Dort lebt die Tradition des »Hafamarkts« auf 200 Metern Stellfläche weiter (unteres Bild).

Der Hafnermarkt

Rigorose Einfuhr-Beschränkungen für Töpferwaren

Dank der Aufmerksamkeit und der akribischen Arbeit der Archäologen ist die von unseren Vorfahren aller Epochen gefertigte und verwendete Keramik bekannt. Aus vorrömischer Zeit ist das Fundmaterial spärlich im Vergleich zur Fülle der Tongefäße, die die Römer hinterließen. Das Gebrauchs- und Repräsentationsgeschirr, die Vorrats-Amphoren und irdenen Küchengeräte der Augsburger Stadtgründer kamen bei Grabungen in vielen Exemplaren ans Tageslicht. Ein Teil dieser Tonwaren stammt aus fernen Landen. Doch je länger die Eroberer diesseits der Alpen ansässig waren, um so höher wurde der Anteil heimischer, also rätischer Irdenware.

Deren Herstellungsorte rund um Augsburg sind großteils bekannt: Westheim, Stadtbergen, Friedberg, Schwabmünchen, Schwabegg sind die stadtnächsten. Selbst die feineren, roten Tonprodukte, als Terra sigillata bekannt, konnten nahe der römischen Provinzhauptstadt produziert werden. Der Geschirrverkauf in der Stadt erfolgte durch Händler und wohl auch in Läden der Markthalle der Römerstadt an der Stephansgasse. Mit Victorius Victorianus ist gar ein Keramikhändler des 3. Jahrhunderts durch eine Grabinschrift namentlich bekannt.[1]

Schüsseln, Kannen, Teller am »Hafner-Bergl«

Die Straßenbezeichnung »Hafnerberg« ist die einzige Erinnerung an den zu Reichsstadtzeiten angewiesenen Verkaufsplatz für Geschirr aus Ton. Der Bedarf war gewaltig: Jeder Haushalt benötigte eine Vielzahl von Kannen, Töpfen, Schüsseln, Tellern, Tassen, Vorratsbehältern für Schmalz, Essig, Kraut und viele andere Lebensmittel. Diese Gefäße entstammten – schon des Preises wegen – großteils heimischer Produktion. Das heißt nicht, daß alles in der Stadt gefertigt war. Die Augsburger Hafner konnten zumindest zeitweise nicht genug liefern, denn sie töpferten nicht nur, sondern bauten auch Öfen und formten die Kacheln dazu. Der Bedarf an Haushaltsgeschirr war jedoch meist so groß, daß Zulieferungen von außerhalb in die Stadt nötig waren.

Berufskollegen aus der Umgebung sahen für ihre Erzeugnisse auf dem städtischen Markt stets gute Absatzchancen. Der Andrang von »draußen« war entsprechend groß – manchmal zu groß für die um ihre Existenz bangenden Augsburger Hafner. Aus diesem Grund sind bereits 1440 Verkaufsbeschränkungen verfügt. Es befanden sich nämlich mehrere Hafnerzentren in der Nähe. Vor allem das kleine Dorf Lützelburg mit etwa der gleichen Anzahl an Hafnern wie Augsburg, das 1610 insgesamt 21, 1720 noch 13 – ebenso wie 1818 – selbständige Hafnermeister zählte, sah in der nahen Großstadt die besten Absatzchancen. Die Handwerkerakten »Hafner« aus dem Zeitraum 1508 bis 1600 im Stadtarchiv enthalten viele Hinweise auf jene Orte, aus denen irdenes Geschirr auf den Augsburger Markt kam.[2] Aichach, Schrobenhausen und Rain am Lech gehörten dazu. Von dort und anderen Orten wurde vermutlich schon seit Jahrhunderten geliefert, denn bereits in den Jahren 1276 und 1282 sind Geschirrimporte in Augsburg wahrscheinlich: Hafnerware ist nämlich bei den damals festgesetzten Brückenzolltarifen unter den Fertigprodukten aufgeführt.

»Hafen und ander irden geschirr…«

Der Verkaufsplatz im 13. und 14. Jahrhundert ist nicht überliefert. Anno 1438 wird ein spezieller Marktplatz angewiesen.[3] Zwei Jahre später befaßt sich der Rat mit den Hafnern. Im Beschlußprotokoll von 1440 heißt es, daß künftig alle, »die Häfen vail haben«, seien sie Bürger dieser Stadt oder Gäste, dies »off dem Blatz by Sant Martin ond nendert andert« dürften. Ausgenommen davon sind die Augsburger Hafner. »Die migent in ihren Heußern verkaufen.« Der Warenaufkauf von auswärtigen Töpfern zwecks Wiederverkauf wird verboten.[4] Die genannte Sankt-Martins-Kirche stand bis 1538 am heutigen Kesselmarkt. In Richtung Schönefelder Hof dürfte dieser Marktplatz für »Hafen und ander irden geschirr«, wie es in dem 21-Zeilen-Protokoll von 1440 heißt, gelegen haben. Im Oktober 1560 verlegt der Rat den »Hafner-Marckt« ein Stück weiter nordwärts, auf den Fronhof.[5] Diese Verbannung vom angestammten Platz scheint nur vorübergehend gewesen zu sein.

Wie ein solcher Freiluft-Töpfermarkt aussah, ist im großen Stadtplan von 1626 mit einer winzigen Marktszene am »Hafner-Bergl« (so die Beschriftung) dokumentiert. Sehr viel anschaulicher ist dies auf einem Bild aus der Zeit um 1720/50 überliefert.[6] Ob es sich bei dieser Zeichnung mit den auf den Boden gestellten oder gestapelten Tonwaren vom Teller bis zur Kanne um den Hafner-

Hochbepackt trägt die Händlerin um 1820 Töpferware auf den Markt. Mit »Häfen, kauft Häfen!« preist sie die Tonerzeugnisse an.

Augsburg in Gebrauch befindlichen Tongeschirrs – also irdener Gegenstände der vielfältigsten Art – vom 16. bis zum 19. Jahrhundert. Da sind zum einen die Funde unterhalb von St. Ulrich: 1982 kam bei einem Abbruch am Baumgärtleingäßchen eine Grube zum Vorschein, die mit rund 870 Gefäßen, davon fast 100 vollkommen erhalten, angefüllt war.

Es dürfte sich dabei um das vielfältige Inventar eines Klosterhaushalts der 2. Hälfte des 16. Jahrhunderts gehandelt haben. Die Archäologen gehen davon aus, daß sich das Kloster St. Ulrich und Afra bei Augsburger Töpfern und auf dem Hafnermarkt mit Gebrauchsgeschirr eindeckte.[7] Somit ist anzunehmen, daß ein Großteil aus örtlicher Produktion, zumindest aber vom Augsburger Markt und von stadtnahen Zulieferern stammt.

Ländliche Hafner: eine lästige Konkurrenz

Ergänzt wird der Töpfermarkt-Einblick mit der Produktionspalette der privilegierten auswärtigen Hauptbeschicker des Augsburger Marktes aus Lützelburg. Dort kam in den achtziger und neunziger Jahren zentnerweise Keramik ans Tageslicht. Man stieß auf Abfallgruben von Töpfereien, gefüllt mit dem gesamten Herstellungsprogramm vom Henkelkrug über die Tonflasche bis zu Töpfen, Tellern, Tassen und Deckeln vom 17. bis Anfang des 19. Jahrhunderts. Wie aus vielen Archivalien bekannt ist, nahm Lützelburg auf dem Augsburger Hafnermarkt eine Sonderstellung ein. Dies hatte seinen Grund in der engen Verbindung mit dem Heilig-Geist-Spital, das in diesem stadtnahen Dorf über ausgedehnten Besitz verfügte.

Die Abhängigkeit von Augsburg dokumentierten die Lützelburger Hafner unter anderem 1650: Drei dortige Hafner legten in der Lechstadt ihre Meisterprüfung ab. Der Pfleger des Heilig-Geist-Spitals war dabei vermittelnd tätig. Der Hintergrund für diese Prozedur: Nur anerkannte auswärtige Meister durften in Augsburg ihre Produkte verkaufen, die zudem von städtischen Meistern geprüft wurden. Bei dieser »Güte-Überwachung« kam es zu vielerlei, auch in Gerichtsakten aufscheinenden Schikanen seitens der Augsburger Zunft.[8]

markt von Augsburg oder Nördlingen handelt, konnte noch nicht geklärt werden. Die Warenpräsentation war überall die gleiche: Man breitete die in Stroh verpackt auf Leiterwagen in die Stadt gebrachten zerbrechlichen Tonprodukte zu ebener Erde aus.

Archäologen fördern alte Keramik zutage

Die Vielfalt des Angebots auf dem Hafnermarkt vor ein paar hundert Jahren ist nicht nur durch dieses Bild überliefert. Mehr als museale Keramiksammlungen meist hochwertiger Erzeugnisse verhalfen die Archäologen zu einem umfassenden Einblick in das Sortiment des in

Einfuhr zur Dult auf 1000 Stück begrenzt

Die Drangsalierung der lästigen ländlichen Konkurrenz durch die reichsstädtische Zunft muß fast unerträglich gewesen sein, denn 1741 griff die Stadt im Streit zwischen den Augsburger und Lützelburger Hafnern über die Ablegung der Meisterprüfung und die daraus resultierenden Geldforderungen und Modalitäten ordnend ein.[9] Der Drang auf den Augsburger Markt war verständlich bei der Vielzahl dieser Handwerker in einem einzigen Dorf. »…es

Hafnermarkt im 18. Jahrhundert. Ob die Zeichnung aus dem Heimatmuseum Schwabmünchen den Augsburger Markt am Hafnerberg beim Schönefelder Hof (SH und Zirbelnuß auf den Säcken!) oder den zu Nördlingen zeigen soll, steht noch nicht eindeutig fest.

befinden sich dahier 17 Hafner, die ihr Geschirr meistens nach Augsburg und Donauwörth verschleißen«, vermerkt um 1750 eine Kurzbeschreibung von Lützelburg.[10]
1755 reglementiert der Rat wiederum den Töpfermarkt: Er beschränkt die Anzahl des für den Dultverkauf nach Augsburg einzuführenden Geschirrs.[11] Die ländlichen Töpfereien waren auf den überörtlichen Markt angewiesen und hätten gerne den Großteil ihrer Ware in Augsburg verkauft. Doch die Stadt schützte mit rigorosen Einfuhrbeschränkungen die einheimischen Hafner und beugte so einem ruinösen Preisverfall durch Überangebot und damit der Verarmung städtischer Handwerker vor.

Dies dokumentiert ein auf Betreiben der Augsburger Zunft zustande gekommenes Urteil: Das »Kunst-, Gewerb- und Handwerksgericht« legt am 15. September 1786 zur Belieferung der Osterdult und des Ulrichsmarktes (ab 4. Juli, Dauer: acht Tage) durch ortsfremde Hafnermeister fest: Ein jeder anerkannte Meister dürfe »ganz glasiert 200 Stück, innen glasiert 800 Stück« hierher bringen. Nicht verkaufte Ware durfte nicht mehr ausgeführt werden. Sie sollte bis zum nächsten Jahrmarkt eingelagert oder an Augsburger Hafner verkauft werden.[12] Der Kampf gegen diese Handelsbeschränkungen geht weiter. Fünf Jahre später wird erneut ein Urteil verkündet: Die

Die gesamte Palette qualitätvoller Keramik, wie sie in einem wohlhabenden Haus im 16. Jahrhundert in Gebrauch war, kam 1982/83 bei archäologischen Grabungen im Ulrichsviertel an der Kirchgasse 4 zum Vorschein. Solche Tonwaren bot damals der Augsburger Hafnermarkt.

Lützelburger haben beantragt, auf den »Michaelis-Marckt« 500 Teile über das erlaubte Kontingent nach Augsburg bringen zu dürfen. Dies wird abgelehnt. Beim gleichzeitigen Ersuchen, als Ersatz für den Transportbruch 50 Stücke zusätzlich genehmigt zu erhalten, haben sie nur teilweise Erfolg: Sie einigen sich mit der Augsburger Zunft ihrer Berufskollegen auf 25.

Anweisung 1738: Nur freitags »Importware«

»Das irdene vom Land herein kommende Geschirr wird alle Freytag ob dem Hafner-Berglein verkaufft«, bestätigt die Marktordnung von 1738 den seit 300 Jahren angestammten Platz. Auch das aufgrund eines besonderen Vergleichs von Augsburger Hafnern oder deren Witwen von den Lützelburgern aufgekaufte Geschirr mußte hier oder bei den Wochenmärkten angeboten werden. Das Handwerksgericht verfügte nämlich, daß die reichsstädtischen Töpfer nur beschränkt als Zwischenhändler auftreten durften. Diese ersparten sich teilweise die eigene Produktion und kauften »nemlich gleich als erste ein und schier alles Geschirr«, wurde gerügt. Dies wurde künftig nur noch ab 10 Uhr erlaubt – zu den Dultzeiten aber »aller Fürkauff verbotten«.

Ab 1816 Geschirrmarkt am Oberen Graben

Eine verwaltungsmäßig völlig neue Epoche bricht für Augsburg mit dem Verlust der Reichsfreiheit 1806 an. Doch bayerische Beamte halten vorerst meist an den überkommenen Marktbestimmungen fest. Erst am 4. Januar 1816 tritt eine neue Marktordnung in Kraft. Sie nennt auch einen neuen Platz für den Töpfermarkt: »Hafner-Geschirr und Tändel-Markt am Oberen Graben.« 1837 bestätigt ein kleiner Stadtführer: »Zur Zeit der Dulten ist der ziemlich bedeutende Verkauf von Hafner- und eleganteren Töpferwaren auf dem Oberen Graben angeordnet.«[13] Der »Hafenmarkt« als Bestandteil der Dult – aber mit eigenem Marktplatz – fand bis Herbst 1938 zwischen Jakobspfründe und Vogeltor auf dem westlichen Gehsteig am Oberen Graben statt. Seit der Georgi-Dult 1939 ist er in die Verkaufsmeile zwischen Jakobertor und Vogeltor integriert.

Bis Herbst 1938 hatte der Geschirrmarkt seinen Platz am Oberen Graben. Seit 1939 ist er in die Dult zwischen Vogeltor und Jakobertor integriert. Das Foto von einem Marktstand mit Blumentöpfen, Gartenzwergen, Vasen und Tassen entstand auf der Michaelidult 1939.

Wann der wöchentliche Hafnermarkt einschlief, darüber konnten bislang keine Hinweise gefunden werden. Die bayerischen Gewerbegesetze von 1825 und 1868 schufen zwar für jeglichen Handel freiere Bedingungen, und Beschränkungen, wie sie über viele Jahrhunderte Augsburg den auswärtigen Hafnern diktierte, durften nicht mehr aufrecht erhalten werden. Doch auch der freie Zugang zu den städtischen Märkten konnte den Niedergang des Hafnerhandwerks ab der Mitte des 19. Jahrhunderts nicht aufhalten. Die Konkurrenz, die den Töpfern übermächtig zusetzte, kam nicht von anderen Familienbetrieben: Billige Fabrikmassenware verdrängte die handgefertigte und damit teurere Keramik.

Um 1900: Fabrikware verdrängt Hafner

Das Augsburger Adreßbuch von 1896 nennt noch 32 selbständige Hafnermeister. Es führt aber unter deren Anschrift vielfach »Ofenhandel«, »Herdmagazin« oder ähnliches auf. Bau und Reparatur von Kachelöfen und Herden dürften schon an der Wende zum 20. Jahrhundert die Hauptaufgabe von Hafnern gewesen sein. In Lützelburg starb zu dieser Zeit das Hafnerhandwerk völlig aus. 1822 waren dort 30 Brennöfen in Betrieb, 1892 noch zwei, 1909 keiner mehr.[14]

Töpfermärkte sind wieder im Aufwind

Das Billig-Angebot der Geschirrhändler auf der Dult erfreut sich auch in unserer Zeit ungebrochener Beliebtheit, wie die um Metalltöpfe, -kannen und Küchen-Gebrauchsgegenstände erweiterten langen Stände zwischen Vogeltor und Jakoberwall beweisen. Rund 200 laufende Meter nimmt jeweils ihre Standfläche ein. Doch seit Mitte der 1980er Jahre ist auf diesem traditionsreichen Markt ein neuer Trend bzw. die Rückkehr zum ursprünglichen Hafnermarkt erkennbar: Immer mehr handwerklich-künstlerische Keramiker bieten ihre individuelle Eigenproduktion an. Mit dem »1. Schwäbischen Töpfermarkt« wurde 1994 in Augsburg die Wiederbelebung einer alten Hafnermarkt-Tradition, nun ausgelagert auf das Gelände der Sheridan-Kaserne, erfolgreich initiiert.

Die Dult

Anno 1276: »Ostermarckt« und »Sant Michels Messe«

Eine Urkunde aus dem Jahre 1030 bildet den ältesten schriftlichen Nachweis über das Bestehen eines Jahrmarktes in Augsburg. Am 17. Januar 1030 bestätigt Kaiser Konrad II. den Donauwörthern, daß eventuellen Störern des dortigen Wochen- oder Jahrmarktes die gleichen Sanktionen drohten wie jenen in Augsburg oder Regensburg.[1] Es bestand demnach in Augsburg ein Markt mit schriftlich fixierter Ordnung, auf die das kaiserliche Privileg für Donauwörth Bezug nimmt. Es darf also von einer fast 1000jährigen Tradition der immer noch alljährlich zweimal stattfindenden Augsburger Jahrmärkte gesprochen werden, für die sich ab Anfang des 19. Jahrhunderts die Bezeichnung »Dult« einbürgerte.

»Augspurger Dult«: 1755 Gaudium der Studenten

Der Name Dult für einen Jahrmarkt war bereits im 14. Jahrhundert im altbayerischen und im alemannisch-württembergischen Raum als »Tult« oder »Tuld« gebräuchlich. In Augsburg wurde vor 1800 nur zweimal von einer »Dult« geschrieben: 1653, als geplündertes Gut auf der Straße verkauft wurde[2], dann wieder 1755, als die Studenten der Jesuitenschule von St. Salvator zum Fasching eine maskierte Schlittenfahrt mit 93 Darstellungen unter dem Motto »Augspurger Dult« durchführten.[3]

Eine vor dem Jahr 1000 liegende Datierung für eine »Geburtsurkunde« der Augsburger Dulten wird manchmal angeführt: Sie bezieht sich auf einen Besuch von Kaiser Otto II. Anno 967 in Augsburg, wo er »die Gedächtnus S. Michaelis und die Jahrmeß mit besonderen Freuden begehen« half, wie in der Welser-Chronik von 1595 geschrieben wird.[4] Von Historikern wird dies als Kirchenbesuch und nicht als Nachweis für einen Michaelimarkt schon im Jahre 967 gedeutet.

Die Dulten unserer Zeit sind nur mehr ein Abklatsch einstigen Marktgeschehens. Umsätze, Warensortiment, Bekanntheitsgrad und Bedeutung für die Stadt waren über etliche Jahrhunderte völlig anders: Die beiden Jahrmärkte oder »Messen« entsprachen Regionalmärkten, aber mit einem die Ländergrenzen überschreitenden Warenaustausch. Ihrer herausragenden Rolle für das städtische Wirtschaftsleben entsprach über 800 Jahre lang auch der Veranstaltungsbereich: die alte »Reichsstraße« zwischen St. Ulrich und dem Rathaus bzw. dem Dom. Der Straßenraum stand für die von der Stadt aufgebauten Buden zur Verfügung, die anliegenden Häuser boten zur Dultzeit Platz für gemietete vorübergehende Geschäftslokale auswärtiger Händler.

Bis 1815 Ulrichsmarkt für Pilger

Der »Ostermarckt« wie die »Sant Michels Messe« sind bereits im Stadtrecht von 1276 feste Begriffe. Ein dritter, kleinerer Jahrmarkt etablierte sich zu Anfang des 16. Jahrhunderts rund um das Ulrichsfest am 4. Juli. Der Oster-Jahrmarkt war zugleich die Kirchweih von St. Ulrich. 14 Tage betrug Anno 1276 die Dauer der Hauptmärkte. Beginn für die Frühjahrsmesse war eine Woche nach Ostern. Der Michaelimarkt durfte am Tag des namengebenden Heiligen (29. September) eröffnet werden und dauerte im 16. Jahrhundert 17 Tage. Der Ulrichsmarkt begann am Ulrichstag (4. Juli) und bot den zahlreichen Wallfahrern, die zum Ulrichsgrab pilgerten, Gelegenheit zum Einkauf. Ursprünglich war's nur ein Kurzmarkt von drei, später vier Tagen. 1724 verfügte der Rat auf Vorschlag der Hallamt-Deputierten eine Verlängerung auf acht Tage.[5] Bei dieser Dauer blieb es bis zu seiner Abschaffung im Jahre 1815.

»Messen« mit internationalem Angebot

Die beiden großen Jahrmärkte erreichten zwar als »Messen« (wie sie häufig in offiziellen Schriftstücken hießen) längst nicht den Bekanntheitsgrad und die wirtschaftliche Bedeutung wie jene in Frankfurt, Nürnberg oder Leipzig, doch sie waren für die Stadt von enormer Wichtigkeit. Die Anbieter reisten aus mehreren Tagesetappen Entfernung an. Im Jahre 1373 konnte man z. B. Tuche aus Brüssel, Mechelen, Löwen und »aus den Rheinlanden« kaufen. In den Besteuerungslisten von 1556 sind Stoffe aus London und Böhmen ebenso aufgeführt wie aus Eichstätt oder Günzburg.[6] Die Bevölkerung der Stadt und der Region deckte sich auf diesen »Messen« mit Gebrauchsgegenständen und Luxuswaren ein.

Die Maximilianstraße war jahrhundertelang Dultstandort – letztmals standen hier die Marktstände vom 20. April bis 3. Mai 1884. In den angrenzenden Gasthäusern und Privaträumen hatten weitere auswärtige Händler zur Dultzeit »Geschäftslokale« eingerichtet.

Die Dult bot stets Interessantes. Der Händler präsentiert um 1820 seine Bilder dem Publikum an einer Leine und auf dem Tisch. Unten: Dultszene mit Wundermittelverkäufer und Schlangen, arrangiert mit Figuren eines Augsburger Ausschneidebogens (um 1780).

Am 15. Juni 1549 »verordnete der Rath, daß denen fremden Kramern und Handwerkern über die gewöhnliche Kirchweyhen alle Monat einmal ihre Waren feil zu haben erlaubet werden solle«. Die Einführung solcher »Großverkaufstage«, die in der Bedeutung zwischen den Wochenmärkten und den Dulten lagen, beinhaltete die Zulassung vieler Handwerker wie Schäffler und Hafner aus dem Umland. Dagegen wehrten sich die Augsburger Handwerker und Zünfte – und zwar mit Erfolg: 1557 wurde ihre Abschaffung verfügt, mit dem Bemerken, »daß es hinfüro bey den Jahr- und Wochenmärckten gelassen werden solle«.[7] Damit war das Thema Monatsmärkte ad acta gelegt.

Hafner und Schäffler aus dem Umland

Die Jahrmärkte oder »Kirchweyhen«, wie sie auch hießen, boten die beste Möglichkeit für den Warenaustausch zwischen der Großstadt und einem weiten Umland. Diese Tatsache scheint in zahlreichen Ratsmandaten auf, die die Reichsstadt in bezug auf die Jahrmärkte erließ. So durften die Hafner aus Lützelburg, Friedberg, Aichach oder anderen Töpferhochburgen nur zu den »Großmärk-

Marktbuden um 1750/60. Der Stich verdeutlicht, wie qualitätvoll das Angebot an den zweckmäßigen Dultständen teilweise war. Diese Darstellung ist in der Graphischen Sammlung der einzig erhaltene Überrest einer Marktbilder-Serie dieser Zeit von Augsburger Künstlern.

ten« ein umfangreicheres Sortiment ihrer Produkte als üblich nach Augsburg bringen. Ansonsten herrschten zum Schutz der einheimischen Töpfer strikte Einfuhrbeschränkungen. Bei den Schäfflern,[8] Tuchmachern und anderen Handwerkern waren Ausnahmen festgelegt.

Ein einziger Kupferstich aus einer offenbar umfangreichen Augsburger Serie mit dem Titel »Wochen- und Jahrmärkte« aus der Zeit um 1750/60 ist in den Städtischen Kunstsammlungen zu finden. Er zeigt ein paar der typischen Dultstände. Besser ist es um diese Zeit mit der schriftlichen Überlieferung bestellt. »Ist Ostern kaum acht Tag vorbey, / so ist die erste Kirreweyh. / Doch ist's Geld-Lösen nicht gar viel, / Georgi-Tag verderbt das Spiel.« Mit diesen vier Zeilen geht das 1768 gedruckte »Augsburger Jahreinmal« auf die erste Dult im Jahreslauf ein. Die Kürze von nur acht Tagen wird bedauert, denn um den Georgi-Tag (24. April) sei der Spaß meist schon wieder vorbei. Auch der Ulrichsmarkt ist in dieser Reimerei geschildert und dabei sogar ein Teil des Warensortiments genannt: »Kommt dann der Julius herbey, / so ist au de Ulrichs Kirrewey. / Da wird das Weibs Volk heftig lauffen, / Strümpf, Zeug und Spitzen einzukauffen!«[9]

Maximilianstraße als »Marktmeile«

Paul von Stetten erläutert 1788 in einer Stadtbeschreibung[10] auch die Jahrmärkte, »die theils von hiesigen, theils von fremden Verkäufern besetzt und bezogen werden«. Er schildert den Marktkalender: »Hauptmärkte sind jährlich drey, nämlich an Exaudi-Sonntag nach Ostern, an St. Ulrich und an St. Michaelis. Jene dauern acht Tage und sind auf dem Holzmarkte bis gegen St. Ulrich-Platz aufgeschlagen, dieser währet drey Wochen und geht vom Perlach gegen die Domkirche. Nebenbey sind noch verschiedene kleinere Märkte oder Kirchweihen, die allein

Viele Erlasse regelten den Zugang auswärtiger Handwerker und Händler zu den Jahrmärkten. Dieses Rats-Dekret vom 17. September 1731 zur »Hereinbring- und Verkauffung deß frembden Schäfflers-Geschirrs« erschien damals wenige Tage vor Beginn der Michaelidult.

von hiesigen Krämern und Handwerkern besetzt werden.« Der Oster- und der Ulrichsmarkt dauerten also 1788 eine Woche und fanden zwischen dem Merkurbrunnen und den Ulrichskirchen statt, während die Michaelidult der »große« Jahrmarkt war, die Stände drei Wochen stehen bleiben durften und auf der Karolinenstraße bis zum Dom plaziert waren. Der abschließende Satz läßt den Bedeutungsschwund der Warenmessen bereits im ausgehenden 18. Jahrhundert erkennen: »Auf allen wird nur Kleinhandel mit allerhand Bedürfnissen, Bequemlichkeiten, und was sonst zum Wohlstande gehört, getrieben.« Zeitungsberichte verraten in der ersten Hälfte des 19. Jahrhunderts ein weiteres Absinken des Niveaus. 1845 gibt ein Stadtführer[11] noch folgende Auskunft: »Die Dulten werden sowohl von Engros- wie Detailhändlern, sogar aus Baden, Sachsen und Preußen, bezogen. Diese Messen werden in der Maximilianstraße abgehalten und nehmen den Raum von der Armenhausgasse bis zum Eisenberg ein.« Inserate in den lokalen Tageszeitungen dieser Zeit bestätigen die »internationale« Beschickung aus den damaligen deutschen Kleinstaaten.

Händler aus Württemberg, Baden, Preußen

Das Angebot war breit gefächert: Hemden, Decken, Stickereien aus Bielefeld – Feilen, Messer, Waagen, Scheren, Räucherpfannen, Bier- und Weinkannen aus Nürnberg – Tabakspfeifen aus Bayreuth – Barchent aus Jedenhausen im Württembergischen – Bekleidung jeglicher Art, Schmuck, Korbwaren, Bürsten und alles, was im Haushalt benötigt wurde, gab's aus nah und fern beispielsweise auf der Michaelidult des Jahres 1835. Ein Teil der Händler hatte eine der über 300 von der Stadt aufgestellten Buden gemietet, viele jedoch einen Hof, eine Hauseinfahrt oder Räume in Gaststätten bezogen.

Die Öffnungszeiten waren in der Dultordnung festgelegt, die auch alle marktrelevanten Fragen wie Standmiete und Abgabenzahlung regelte. Darüber stand jedoch die 1811 erlassene »allerhöchste Verordnung«, die die Zulassung als Händler auf Messen im gesamten Königreich Bayern festlegte. Vor allem auf »Ausländern« lag dabei das besondere Augenmerk: Sie mußten mit jährlich erneuerten Originalattesten ihres Heimatortes nachweisen, daß sie selbst Fabrikanten, »konzessionierte Professionisten«, Kaufleute oder Produzenten waren.[12]

1815: Osterdult-Verlängerung auf 15 Tage

1815 erfolgte eine Neuordnung im Augsburger Marktwesen. Davon waren auch die Jahrmärkte betroffen. Der Ulrichsmarkt wurde abgeschafft,[13] dafür die Osterdult von acht auf 15 Tage verlängert, die Michaelidult jedoch von drei auf zwei Wochen verkürzt. 1851 erschien wiederum eine neue Dultordnung.[14] Sie bestätigt: »Dulten sind in Augsburg zwei: eine um Ostern, eine um Michaelis. Jede dauert 14 Tage.« In 15 Paragraphen legte sie die Modalitäten fest. Von 8 bis 18 Uhr ist Geschäftszeit, sonntags darf nicht vor 10 Uhr geöffnet werden. Hausierhandel ist verboten, es darf nur im Dultbereich von den der königlichen Zulassungsordnung von 1811 unterliegenden Beschickern verkauft werden. »Schauspieler, Kunstreiter etc. können ohne polizeiliche Bewilligung keine Produktionen aufführen«, lautet Paragraph 13. Das verdeutlicht, daß die Warendult und die sie begleitende »Vergnügungsdult«, aus der der Plärrer hervorging, um 1850 noch eine Einheit bilden.

»Schmierige alte Meßbuden« sollen verschwinden

Zwischen 1815 und 1885 blieb die Dauer der Dulten bei 14 bzw. 15 Tagen. Im Jahre 1878 wurde der zeitgleiche Rummelplatz mit Schaustellern, Kunstreitern, allerhand Vergnügungsbuden und Abnormitäten-Präsentationen verselbständigt und vom Platz vor dem Halltor (jetzt Adenauerallee) auf den Kleinen Exerzierplatz verlegt. Ein Leserbriefschreiber[15] wünschte sich bereits 1878 die Dult auf der Maxstraße mit ihren »schmierigen alten Meßbuden« ebenfalls auf den Kleinen Exerzierplatz oder sonstwohin außerhalb der Stadt. »Muß man jährlich zweimal die schönste Straße der Stadt so gründlich verunstalten«, fragte er. »Aus den Verkaufsbuden erschallt den lieben langen Tag über ein entsetzlicher Lärm und Getöse, Marktschreier aller Art brüllen dazwischen wie losgelassene Untiere.« Er berichtet weiter von Betrunkenen und störendem Tabakqualm und meint, eine Verlegung sei in höchstem Maße gerechtfertigt. Der Beschwerdeführer mußte sich nicht mehr lange ärgern…

Diese Verbannung aus der »Vorzeigemeile« erfolgte in zwei Schritten ab 1883: »Die Augsburger Michaeli-Dult wird heuer und in den folgenden Jahren nicht mehr in der Maximilians-, sondern in der Jakober-Straße stattfinden«, läßt der Magistrat im Amtsblatt verkünden.[16] Diese Ortsveränderung bewährte sich. »Im allgemeinen waren auch die Verkäufer mit dem Geschäft zufrieden, manche haben sogar einen wider Erwarten guten Erlös gemacht«, meldet eine Zeitung über das erste Dultwochenende am

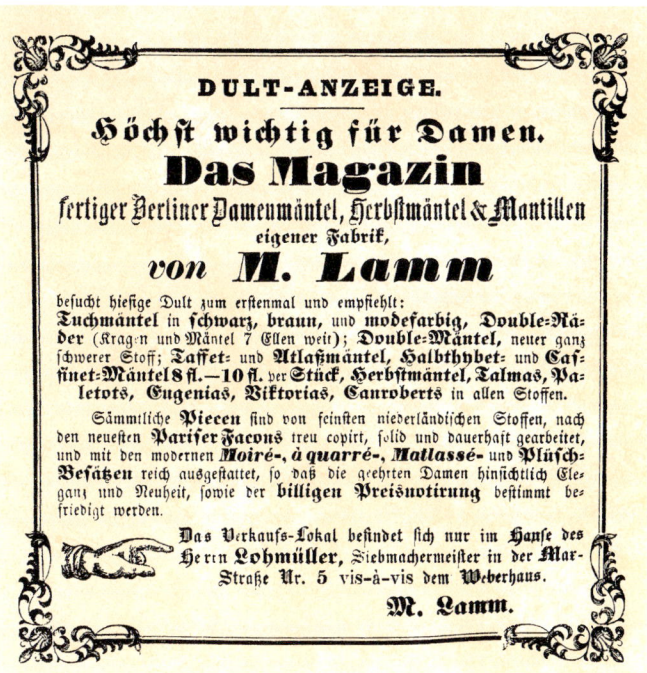

Mit Zeitungsinseraten wie diesem aus dem Jahr 1855 warben im 19. Jahrhundert vor allem auswärtige Dulthändler für ihre Waren.

neuen Platz. »Namentlich in den Wirtschaften der Vorstadt war ein außerordentlich starker Verkehr«, heißt es weiter. Lediglich der Trambahnbetrieb machte Schwierigkeiten: Man konnte nur noch vom Jakobertor aus nach Lechhausen fahren, und die Straßenbahngesellschaft ließ sich für die entgangenen Einnahmen entschädigen!

Seit 1885 beide Dulten in der Jakobervorstadt

»Die diesjährige Augsburger Osterdult, welche in der Maximiliansstraße abgehalten wird«, kündigte eine Zeitung[17] für Sonntag, 20. April, bis Samstag, 3. Mai 1884 an. Es war die letzte innerstädtische und für lange Zeit die letzte 14tägige Dult. 1885 mußte auch die Frühjahrsdult in die Jakobervorstadt abwandern. In diesem Jahr folgte eine neue Dult-Ordnung[18], in der unter anderem die dem weiteren Bedeutungsverlust angepaßte Verkürzung auf jeweils acht Tage verkündet wurde. »Messen

(Dulten) sind in Augsburg jährlich zwei; eine um Ostern, eine um Michaeli. Jede dauert 8 Tage. Die Osterdult beginnt acht Tage nach Ostern, die Michaeli-Dult am Michaelitage, wenn derselbe ein Sonntag ist, außerdem am Sonntag nach Michaeli.« Damit wich man vom über sechs Jahrhunderte nachweisbaren Brauch ab, die Michaelidult am Fest des namengebenden Heiligen zu eröffnen – egal auf welchen Wochentag dieser fiel.

Eine Vermengung von Warenmarkt und Volksbelustigung wurde bald nicht mehr geduldet. Das ist unter anderem bei der amtlichen Dult-Ankündigung Anno 1899 mit einem Zusatz klargestellt, der im selben Wortlaut z.B. noch bei der Georgi-Dult 1908 (26. April bis 3. Mai) wiederholt wird: »Ausdrücklich machen wir darauf aufmerksam, daß jegliche Schaustellung wie Moritatensänger, Bärentreiber, Kamelführer, Riesendamen oder Riesenkinder, Harfenistinnen und Musikgesellschaften nicht mehr gestattet sind. Auch Schiffschaukeln sind nur zum Plärrer zugelassen.«[19]

Während der Dult: »Hafamarkt« am Graben

Die Plazierung der Stände mitten auf dem Jakoberstraße zwischen Jakobskirche und Jakobertor sowie auf dem Jakobsplatz blieb vier Jahrzehnte lang unverändert. Zeitgleich lief jeweils der seit 1815 am Oberen Graben stattfindende Hafnermarkt ab. Als im Herbst 1914 der Erste Weltkrieg ausbrach, hatte das sogleich Auswirkungen auf die Michaelidult: Manche Bude blieb leer! »Auch hier hat der Krieg der sonst geräuschvolleren Lustigkeit einen Dämpfer aufgesetzt...«, registriert eine Zeitung.[20] Weder ein Karussell (es durfte sonst auf dem Jakobsplatz stehen) noch Konzert- oder Tanzmusik gab's, »die Kauflust beschränkte sich sowohl auf der Jakoberstraße als auch auf dem Porzellan- und Hafenmarkt meist auf das notwendigste Bedarfsgeschäft.« Noch 1915 hieß es: »Die feilgebotenen Waren sind in der Hauptsache die gleichen wie all die Jahre« und »Am Töpfermarkt war der Absatz nennens-

> ** (Verlegung der Dult.) Bekanntlich wurde vom Kollegium der Gemeindebevollmächtigten angeregt, die Dult in die Jakobervorstadt zu verlegen. Der Magistrat ging auf diese Anregung in so fern ein, als er beschloß, zunächst und versuchsweise die Michaelidult in der Jakober Vorstadt abhalten zu lassen. Dies wird nun jetzt zum ersten Male geschehen und die Buden sind bereits aufgestellt. Dieselben stehen von der Kirche bis zum Thore, sowie auf dem ehemaligen Saumarkt, jetzigen Jakobsplatz, und es hat ganz den Anschein, als sei mit der Veränderung ein glücklicher Griff gethan worden, denn schon jetzt, wo noch ausgepackt wird, giebt es ein lebendiges echtes Jahrmarkttreiben und für den gewöhnlichen Verkehr ist keine wesentliche Beschränkung zu bemerken. Die Trambahn fährt allerdings nur vom Thore aus. — Auf dem „Plärrer" ändert sich nichts.

Oben: Zeitungsbericht vom 23. September 1883 über die erste Dult in der Jakobervorstadt. Dort stand nun die lange, von der Stadt aufgestellte Budenzeile zwischen Jakobskirche und Jakobertor (Bild rechte Seite). Der Jakobsplatz wurde von den kleineren, händlereigenen Ständen belegt (Foto von 1896, unten).

wert. Die Auswahl war eine sehr gute.«[21] Die Dulten fanden im Gegensatz zur Jakoberkirchweih auch während des Ersten Weltkriegs statt – mit einer Ausnahme: Die Osterdult 1917 entfiel auf Anordnung militärischer Stellen.

Verlegung in Etappen an den Stadtgraben…

Für den zunehmenden Verkehr bildeten die Budenstraßen zwischen Jakobskirche und Jakobertor gefahrvolle Engstellen. So erfolgte 1926 zur Entlastung der Jakoberstraße eine Dreiteilung der Dult:[22] Auf der marktartigen Magistrale der Vorstadt konnten Händler mit Kleidung, Blechwaren, Spielzeug und Süßigkeiten die städtischen Buden belegen. Am Oberen Graben zwischen Jakobspfründe und Vogeltor durften weiterhin die Tonwarenhändler entlang dem Stadtgraben ihre Kaffeetassen, Blumenvasen, Schalen und große Steinguttöpfe für die Vorratskammer, feuerfestes Geschirr, tönerne Samenwannen und alles sonstige aus Porzellan, Steingut und emailliertem Blech ausbreiten. Außerdem waren dort die Holzwarenverkäufer angesiedelt worden.

Als drittes, völlig neues Dult-Segment hatte man 1926 erstmals den etwas abgelegenen Straßenzug entlang dem Stadtgraben zwischen Jakobertor und Vogeltor ausersehen. »Das ist der gemütlichste Teil der Dult«, war 1931 in einer Zeitung zu lesen.[23] Vom Vogelstimmen-Imitator bis zum Horoskopverkäufer, von den Wollblumen über Hühneraugensalbe, Haushalts- sowie Küchenpflegegeräte bis zu Zigarettendrehmaschinen reichte auf diesem Dultteil 1931 das Angebot, wo 45 Buden und 27 Schragenstände plaziert waren (auf der Jakoberstraße nur mehr 33). Schon bei der Dreiteilung 1926 wurde auf die durch Straßenbahn und Fuhrwerke verursachte Gefährdung der Dultbesucher auf der Jakoberstraße hingewiesen und die künftige Aufstellung der Buden entlang den Gehsteigen und nicht mehr auf der Straßenmitte vorgeschlagen.

Man reagierte 1930, beließ es aber lediglich beim »Wenden« der Stände, so daß sich das Publikum nur mehr auf einem Mittelgang bewegte.[24] Im Oktober 1938 erschien das letzte Zeitungsbild mit Ständen auf der Jakoberstraße.[25] 1939 lautete am Ostersamstag eine Zeitungs-Über-

Seit der Georgidult 1939 findet der zuvor zeitweise dreigeteilte Warenmarkt ausschließlich auf dem langen Straßenzug Vogelmauer/Obere Jakobermauer entlang dem Stadtgraben zwischen Vogeltor und Jakobertor statt. Die beiden Bilder stammen von der Michaelidult 1939.

schrift: »Die Georgi-Dult nicht mehr am Graben«.[26] Der Hafnermarkt mußte also seinen traditionellen Standort auf dem westlichen Gehsteig entlang dem Oberen Graben verlassen. Erst aus der Kurzmeldung geht dann hervor, daß auch die Jakoberstraße nicht mehr mit Buden belegt wird. Die Dult mit allen Marktbereichen wurde »auf den günstigeren, leicht vom Verkehr abzuriegelnden Straßenzug zwischen Vogeltor und Jakobertor zusammengefaßt«, hieß es später in der Begründung für die Neuordnung.[27]

Wiederbeginn 1946 mit ein paar Buden

Während des Zweiten Weltkrieges war die Dult sehr ausgedünnt. Manchmal verloren sich nur ein paar Stände mit großen Lücken dazwischen auf der langen Budenmeile. 1944 und 1945 entfielen die Dulten völlig. Stark verspätet, dafür aber zwei Wochen lang, stand vom 12. bis 26. Mai 1946 wieder ein knappes Dutzend Stände neben dem ausgebrannten Jakobertor an der Oberen Jakobermauer zur ersten Nachkriegsdult.[28] Sehr bescheiden war das Angebot: Feuerhaken, Aschenbecher, Kartoffelschäler, sinnvolle Sprüche auf Holztäfelchen, einfaches Spielzeug. 1947 begann dann die Georgidult wie seit 1885 wieder am Sonntag nach Ostern und dauerte eine Woche.

1948 war die amtliche Ausschreibung sehr vorsichtig formuliert: »Die Frühjahrsdult wird bei entsprechender Beteiligung vom 4. bis 11. April an der Jakober-/Vogelmauer abgehalten.« Es fanden sich genügend Interessenten – obwohl die Stadt keine Verkaufsstände bereitstellte. Die Ankündigung der Herbstdult 1948[29] enthält Überraschungen. Sie soll während der Plärrerzeit vom 22. bis 29. August als »Volksfest-Begleiter« ebenfalls auf dem Kleinen Exerzierplatz stattfinden. Der Grund für diese zeitliche und örtliche Verlegung: Im Zuge der Schutträumung wurde der größte Teil des Stadtgrabens entlang der »Dultmeile« als Auffüllgelände benutzt. Viele Tonnen zerkleinerter Trümmer aus der Jakobervorstadt landeten 1948 im ehedem breiten wassergefüllten Graben, in dem seither nur ein schmaler Bach fließt.

1948 wegen Schutträumung mit Plärrer vereint

Entlang der Langenmantelstraße standen im August 1948 dennoch etwa 50 Dultstände. »Die D-Mark hat bewirkt, daß die Dult sowohl räumlich als auch was das Angebot betrifft erheblich umfangreicher als in den Vorjahren ist«, berichtete die Presse und nennt das durch die Währungsreform (20. Juni) fast üppig gewordene Warensortiment: Küchengeräte, Kinderpistolen, Wäsche, Taschenmesser, Hosenträger, Puppen und Arbeitsmützen aus US-Armee-Beständen.[30] »Wer's hat, kann sein Geld auf dem Plärrer und nebenan auf der Dult ausgeben«, merkt der Berichterstatter etwas sarkastisch an. Unmittelbar nach der Osterdult 1949 – nun wieder am Stadtgraben – forderten die Fieranten, im Herbst in die Fuggerstraße übersiedeln zu dürfen. Doch die Stadt hielt künftig an der Dultstraße am Stadtgraben fest.

Oberer Graben wird »trödlerfrei«

Der Obere Graben blieb zwar den Trödlern vorbehalten, die dort das ganze Jahr über ihren Stammplatz hatten. Sie wurden aber ab 1946 durch den Bau des Schienenstranges für die »Fünfer« an der Westseite der Straße eingeengt. Als diese Tramlinie im Oktober 1960 wieder verschwunden war, folgte im Frühjahr 1965 die Fahrbahn-Verbreiterung, und damit waren die »Tandler« vom Oberen Graben verdrängt. Die restlichen vier noch als Freilufthändler agierenden »Antiquitäten«-Anbieter erhielten Plätze östlich des Vogeltores angewiesen.[31] Damit war endgültig das gesamte Dultgeschehen auf den Straßenzug Vogelmauer/Obere Jakobermauer am Stadtgraben zwischen Vogeltor und Jakobertor konzentriert.
Auch auf der Dult folgten Wirtschaftswunderjahre. Das drückte sich in den Umsätzen und der Nachfrage nach Standplätzen sehr deutlich aus. 1954 meldeten sich zur achttägigen Frühjahrsdult 79 Händler, 103 »Spezialisten« und 14 Anbieter von Geschirr an. 1962 erwartete man zur Herbstdult 180 Händler. 148 Stände und 15 der langen Töpfe-Teller-Tassen-Verkaufsauslagen konnten vom 2. bis 9. Oktober 1966 registriert werden.

1985 Frühjahrsdult auf 16 Tage verlängert

Die Herbstdult beginnt jeweils am Samstag nach dem 27. September und dauert neun Tage. Dieselbe Länge hatte 100 Jahre lang auch die Frühjahrsdult. 1985 erfolgte ihre Ausweitung auf über zwei Wochen – zwecks Steigerung der Attraktivität fürs Käuferpublikum und der Rentabilität für die Anbieter. Sie trägt also seit diesem Jahr die zuvor längst gebräuchliche Bezeichnung »Osterdult« zu Recht: Die Planen an den Ständen dürfen seit 1985 statt am Vortag des Weißen Sonntags eine ganze Woche eher, am Karsamstag, hochgeschlagen werden. Und erst 16 Tage später, Sonntag abend 19 Uhr, müssen die Fieranten, Wurstbrater, Keramikhändler und sonstigen Dultbeschicker wieder mit dem Einpacken beginnen.[32]
Nach vor wirkt die Dult wie ein Magnet auf Beschicker wie Besucher gleichermaßen. Das zeigt der Blick in die Statistik von 1995: Auf rund 900 Meter Länge präsentieren zur Osterdult 147 Markthändler neben inzwischen viel Kulinarischem ein breitgefächertes Angebot vom Kunsthandwerklichen über Spezialkleber und -putzmittel, Textilien, Blumen und allerlei Krimskrams auch die traditionellen Töpferwaren: Auf 200 Meter Verkaufsstand-Länge summiert sich das Freiluft-Warensortiment der Geschirrhändler! Der Andrang belegt es zweimal jährlich: Die Dult ist so attraktiv wie in den bald 1000 Jahren seit ihrem ersten sicheren Nachweis Anno 1030.

Von der Befestigung am Jakoberwall aus ist ein Großteil der Dult überblickbar, die zweimal im Jahr Tausende Besucher anzieht.

Ein Riesenrad (Aufnahme um 1970) zählt zu den besonderen Attraktionen unter den vielen Unterhaltungsangeboten auf dem Plärrer. Dank Hunderter Lampen bietet es bei Dunkelheit ein wechselndes, buntes Farbenspiel über der kleinen Vergnügungsstadt und markiert weithin sichtbar den Plärrerstandort. Der Blick aus den hochstehenden Gondeln auf das Volksfest und die Stadt hat seinen besonderen Reiz.

Der Plärrer

»Dult-Anhängsel« wurde Schwabens größtes Volksfest

Der Plärrer hat eine sehr lange Vorgeschichte: Er entstand aus dem die Jahrmärkte begleitenden »Unterhaltungsteil« mit Moritatensängern, Gauklern, den Präsentationen von Affen, Bären oder anderen exotischen Tieren. Solche Volksbelustigungen zählten zu den festen Bestandteilen der beiden großen Augsburger Märkte oder Messen, für die sich im Laufe des 19. Jahrhunderts der Name »Dult« einbürgerte. Selbst der 1815 eingestellte Ulrichsmarkt um den 4. Juli dürfte wandernde Schausteller angezogen haben.

Augsburgs Rolle als bedeutsame »Marktstadt« ist bereits Anno 1030 schriftlich belegt. Von einem unterhaltsamen Marktteil ist allerdings so früh nichts überliefert. Doch zu späterer Zeit wird des öfteren von »Schaustellungen« zur Marktzeit berichtet. So wurden die Vorstellungen reisender Unterhaltungsunternehmen noch im 20. Jahrhundert genannt. »Hanswurste«, Seiltänzer, Abnormitätenkabinette, Artisten und Menagerien sorgten für Belustigung und Staunen der zu Märkten in die Stadt strömenden Menschen. Aufsehenerregendes und Exotisches war jedoch nicht nur mit den Märkten verbunden – in Augsburg bot sich des öfteren Bestaunenswertes, das Chronisten der Aufzeichnung wert war.

Giraffen und Leoparden als Kaiser-Begleiter

Die Geschichte sensationeller Tierpräsentationen beginnt Anno 802: Kaiser Karl der Große schickte den Elefanten Abul Abaz nach Augsburg.[1] 1214 bescherte der erste Hoftag von Kaiser Friedrich II. in Augsburg den staunenden Menschen ein gewaltiges Schauspiel: Der Monarch führte bei seinen Reisen stets eine Menagerie mit exotischen Tieren wie Giraffen und Leoparden mit sich. Insgesamt zehnmal beehrte er Augsburg bis 1237 mit Besuchen.[2] Auch später wurden in der Reichs- und Handelsstadt Tiere aus fernen Erdteilen zur Schau gestellt. 1443 zeigte eine Wandermenagerie einen afrikanischen Elefanten, 1483 machte wiederum ein Elefant Station. Er kam als Geschenk für Kaiser Friedrich III. aus Portugal auf dem Weg nach Innsbruck in die Lechstadt.

Mit Gewürzseglern, an denen auch Augsburger Handelshäuser beteiligt waren, trafen zu Beginn des 16. Jahrhunderts Papageien und andere exotische Vögel aus den neu entdeckten Ländern in den Firmenzentralen in der Lechstadt ein. Die Fugger[3] schmückten ihre Schaugärten mit Vogelvolieren, Affenhäusern, Raubtiergehegen und Teichen mit seltenen Fischen. 1570 ließ Hans Fugger seinen Augsburger »Zoo« durch Gehege so erweitern, daß auch die Bürger diese Exotenpräsentation besichtigen konnten. 1575 besuchte Kaiser Max II. diesen Tierpark und war davon tief beeindruckt.

Attraktionen: Reichstage, Turniere, Schützenfeste

Von 1584 ist ein Schaubudenzettel erhalten, der von einem afrikanischen Löwen berichtet. Auch bildlich sind zur Schau gestellte Tiere überliefert: Ein Elefant wurde 1483 beim Augsburg-Besuch gezeichnet, ein westafrikanischer Waldpavian 1553. Augsburger Stecher hielten weitere Exoten im Bild fest: 1748 ein Panzernashorn,

»Diese Messe hindurch« werde ein aus Afrika kommender Venetianer elf lebendige, seltsame Tiere zeigen, kündigte um 1750 ein Plakat an. Der »Löw« (oben) und das »Lux-Kalb« zählten dazu.

Anno 1748. im Monath May und Junio ist disses Nashorn Rhinoceros.

In Augspurg lebendig gleich wie in den Vornehmsten Staedten Deutschlandes gesehen worden, da ich es in zerschidenen Stellungen nach dem Leben gezeichnet, in der höhe habe ich es 5¼ in der længe 11¼ Schuh befunden, von farbe ware es dunckelbraun unten am leibe an der brust und in der tieffe der übereinander liegenden falten ist es gebrochen rothlicht, von dessen eigenschafften und ganzen structur hatt D. Parson ein Engellander eine natürliche historie an Nt Folckes Ritter und Praesidenten der Engl. Societet gestellet, welche an güthe seine beygefügte abbildungē weit übertroffē.

Das im Mai und Juni 1748 in Augsburg gezeigte Nashorn war nicht nur für die Stadt- und Landbevölkerung eine gewaltige Sensation, auch der vortreffliche Tiermaler Johann Elias Ridinger zeichnete es »in verschiedenen Stellungen nach dem Leben«, wie er selbst erläutert.

1760 einen Löwen mit einer Terrierhündin als Gespielin. Bei der Ausschmückung des Rokokosaales im Schaezlerpalais im Jahre 1767 mit Tierdarstellungen vom Pavian bis zum Ara fand der Maler Gregorio Guglielmi wohl manches Exemplar in Augsburg als lebendes »Modell«. Häufig kamen Tierschauen zu den Marktzeiten. Die Reichsstädter bekamen auch des öfteren gratis andere große »Schauspiele« geboten: Turniere und überregionale Schießen standen unter den Volksunterhaltungen des 15. und 16. Jahrhunderts an erster Stelle. Reichstage waren Riesenattraktionen für das Stadt- und Landvolk, das hierbei massenhaft seine Zuschauerrolle genoß.

Die Ausstellungs- bzw. Festplätze waren unterschiedlich. Die großen Armbrust- und Stahlschießen mit Begleitprogramm wie Glückshafen, Pferderennen, Wettlauf, Weitsprung, mit Bier- und mit Weinzelten fanden »auf der Rosenau« zwischen Wertach und Rosenauberg statt.[4] »Stechen« (Turniere) hatten auf dem Fronhof ihren festen Platz. Auch sonstige Festivitäten durften die Augsburger im Hof des Bischofssitzes (Fronhof = Herren-Hof) beim Dom abhalten. Dies bestätigt ein Schiedsspruch von 1456[5], der besagt, daß der Fronhof zwar im Besitz von Bischof und Domkapitel bleibe, aber »wenn die Augsburger darauf ihr Volk versammeln, Turniere oder andere Kurzweil dort abhalten wollen«, stehe der Fronhof zur Verfügung.

1713: »Komödien und Seiltänzereien abgeschafft«

Nach dem letzten Reichstag in Augsburg (1582), im und nach dem Dreißigjährigen Krieg (1618 bis 1648) und während des religiös geprägtem »Puritanismus« in der ersten Hälfte des 18. Jahrhunderts waren außergewöhnliche Unterhaltungsmöglichkeiten rar. In den Jahren 1707 und 1709 wurden öffentliche Feierverbote verkündet. Am 17. August 1713 erließ die Stadtobrigkeit ein Dekret, in dem es unter anderem heißt: »Tanzen an Sonn- und Feyertagen soll wegen der Entheiligung dieser Tage nicht weniger verboten seyn, weyl in mehreren benachbarten Orten contagiöse Seuchen mehr zu- als abnehmen... Und zwar soll solches Tanzen und Springen weder publice noch privatim erlaubt, auch an den Werktagen verboten, deßgleichen sollen Komödien, Seiltänzereien und andere Lustbarkeiten abgeschafft seyn.«

Das Verbot von öffentlichen Schaustellungen, Kirchweihen sowie von jedermann bemerkbaren privaten Vergnügungen war demnach zwecks Bannung von Seuchengefahr sowie aus religiösen Gründen ergangen. Man betrachtete die Kriege und damit verbundenen Epidemien als Strafe Gottes. Dessen Zorn sollte nicht »durch solche Üppigkeiten gereizt werden«. 1729 wurden Redouten zur Fastnachtszeit verboten, 1733 »Vergnügungsplätze« wie das Lueg ins Land, der Zwinger und die Kaufleutestube geschlossen.[6] Dieses Feierverbot ließ sich zwar über etliche Jahre, ja Jahrzehnte, aber nicht auf Dauer durchsetzen. Um 1740/50 bewirkte der Wandel des Zeitgeistes das Wiederaufleben alter Feiergewohnheiten und die Zulassung von Volksunterhaltungen.

Zirkusse und Exotenschauen zur »Messezeit«

Fahrende Schausteller und Zirkusse hatten die Augsburger »Messen« als Publikumsmagneten in ihren Kalendern notiert. Viele Marktbesucher bedeuteten auch für sie gute Einnahmemöglichkeiten. Daß zur »Messezeit« bevorzugt Zirkusse und Raritätenschauen Augsburg als Ziel wählten, ist durch archivierte Ankündigungen und illustrierte Anschläge nachweisbar. Ein um 1750 gedrucktes Plakat verkündet beispielsweise: »Ein aus Africa kommender Venetianer wird diese Messe hindurch 11 lebendige sehr

Seiltänzer traten oft zur Dultzeit auf. Dort sah sie sicher Christoph Weigel – er verbrachte rund 20 Jahre in Augsburg –, ehe er ab 1698 in Regensburg solche Stiche veröffentlichte, zu denen Abraham a Sancta Clara die belehrenden und moralisierenden Texte schrieb.

seltsame Thiere sehen lassen.« Abbildungen zeigen unter anderem je einen Löwen, Leoparden, Strauß, Pelikan, Affen.[7] Das Auftrittsgelände solcher Exotenschauen ist bis Ende des 18. Jahrhunderts nicht immer eindeutig lokalisierbar. Doch eines steht fest: Fahrendes Volk sah die Obrigkeit ungern in der Stadt. Man wies Menagerien meist außerhalb der Stadtmauern einen Platz an. Im 18. und Anfang des 19. Jahrhunderts wird des öfteren die »Rosenau« vor dem Jakobertor als Festplatz genannt (oft verwechselt mit »auf der Rosenau«, dem vor allem im 15./16. Jahrhundert für große Schützenfeste benutzten Gelände zwischen Rosenauberg und Wertach). Beim Jakobertor hatten die »knallenden« Schützen, vereinigt in der »Feuergewehr-Schützengesellschaft«, ihre Schieß-

Typische Rummelplatz-Szene in der Zeit um 1810/20: eine Affe auf dem Seil beim Auftritt, ein Drehorgelspieler und dressierte Hunde.

stände samt Gaststätte und reichlich freien Platz. Vor allem zu den großen Herbstschießen siedelten sich hier Glücksbuden und Unterhaltungskünstler an.

Reiter, Seiltänzer, Menagerien beim Schießgraben

Von größerer Bedeutung war aber ein nur wenige Schritte vom Stadtzentrum entferntes Gastspiel-Gelände: der Schießgraben-Bereich. Dieses Areal hat seine ureigene Geschichte: Anno 1545 ließ der Rat der Stadt vor dem Gögginger Tor Schießplätze für die Schützenvereine herrichten, die zuvor dort im trockenen Stadtgraben (»Schießgraben«) geschossen hatten.[8] Die in der »Schießgrabenstraße« erhaltene Bezeichnung ging auf den höhergelegenen Platz über. Hier, im Bereich des nunmehrigen Beethovenviertels, entwickelte sich im 18. Jahrhundert neben den Schießbahnen und -häusern der Stahl-Armbrustschützen und der Bogenschützen, der »leisen Schützen« also, ein gesellschaftlicher Treffpunkt der Augsburger, zu dem selbst Kinderspielplätze gehörten. Angegliedert war auch ein vielfältig nutzbarer Festplatz, ein »Anger«. Dies war im 18. und 19. Jahrhundert das stadtnächste und bevorzugte Areal für Zirkusse und Schausteller – in enger räumlicher Verbindung mit dem Warendult auf der Maximilianstraße.

Ein 1828 aufgelegter »Wegweiser für die Stadt Augsburg« definiert das dortige Vergnügungsangebot genauer: »Der Schießgraben bei dem Hallthore enthält vier einzelne Unterhaltungsplätze. Der Besuch dieser Plätze ist

Dieser Anblick könnte sich auf dem Schießgrabenanger vor dem Halltor während der Dultzeit Anfang des 19. Jahrhunderts geboten haben.

immer äußerst zahlreich, und in dem dabei befindlichen Anger geben gewöhnlich die Kunstreiter, Seiltänzer und dergl. ihre Vorstellungen, so wie für die Menagerien und andere Sehenswürdigkeiten dort Hütten aufgeschlagen werden.« Solche Darbietungen mit Bären, Affen, Kamelen usw. dokumentiert eine Serie von kolorierten Stichen in einem in Privatbesitz befindlichen Kinder-Bilderbuch aus der Zeit um 1810/20, dem die historischen Farbbilder auf diesen beiden Seiten entnommen sind.

Erstes »Volksfest« beim Königsbesuch 1824

Auf dem »Schießgraben-Anger« fand am 1. August 1824 ein ungewöhnliches Volksfest statt, von dem zwei gezeichnete »Momentaufnahmen« erhalten sind: Inmitten von Zelten und Buden paradiert hier die Landwehr vor König Max I. Joseph und Königin Karoline von Bayern. Anläßlich des Stadtbesuches des ersten bayerischen Königspaares war dieser Festplatz reichlich mit Unterhaltungsmöglichkeiten für jedermann ausgestattet und teilweise zum Ausstellungsgelände umfunktioniert worden. Neben dem Königszelt – erstellt ausschließlich aus Augsburger Erzeugnissen – wurden in den Schießständen Industrieprodukte aus der schwäbischen Metropole präsentiert. Diese Königshuldigung mit Unterhaltungsprogramm und Ausstellung trägt erstmals – nach Oktoberfest-Vorbild – offiziell die Bezeichnung »Volksfest«. Als fünf Jahre später das 1825 gekrönte zweite bayerische Königspaar Ludwig I. und Therese dem Oberdonaukreis und dessen

Von den Volksfesten anläßlich der Königsbesuche 1824 und 1829 zeugen neben ausgiebigen Berichten auch drei Bilder. Das obige zeigt die Parade vor dem bayerischen Königspaar Max I. Joseph und Karoline auf dem Schießgraben am 1. August 1824. Aus etwas anderem Blickwinkel sah Johann Lorenz Rugendas dasselbe Ereignis (linke Seite, oben). Als im August 1829 König Ludwig I. und Königin Therese der Stadt ihre Visite machten, gab's ihnen zu Ehren ein derart riesiges Volksfest samt Pferderennen nach dem Muster des Oktoberfestes, daß es nur auf dem Großen Exerzierplatz bei Kriegshaber ausreichend Platz für die vielen Unterhaltungsangebote gab (linke Seite, unten).

Hauptstadt Augsburg einen »Staatsbesuch« abstattete, da reichte der kleine Festplatz für das geplante gigantische Volksfest nicht mehr aus. Man zog weit vor die Stadt: Nur der Exerzierplatz bei Kriegshaber bot dafür ausreichend ebenes, freies Gelände. Der später »Großer Exerzierplatz« genannte [9] Übungs- und Schießplatz erlebte am 29. August 1829 und in den Tagen danach ein minutiös geplantes Volksfest riesigen Ausmaßes nach dem Muster des seit 1810 ausgerichteten Münchner Oktoberfestes. Es sollte vor allem der Förderung des Zusammengehörigkeitsgefühls im Volke und zur Hebung des bayerischen Nationalstolzes dienen – also mit Beteiligung und zum Vergnügen aller Volksschichten aus Stadt und Land. So lauteten die Vorgaben des Regierungspräsidenten Fürst Wallerstein an die Vorbereitungskomitees.

1829: Pferderennen und eine Ochse am Spieß

Nach Oktoberfest-Vorbild gehörte 1829 ein Pferderennen auf einer Rundbahn von 8300 Fuß (2422 Meter) dazu, bestritten von 27 jugendlichen Reitern. Zelthallen waren für die Ausstellung hervorragender landwirtschaftlicher Produkte aufgebaut, und eine Vergnügungs-

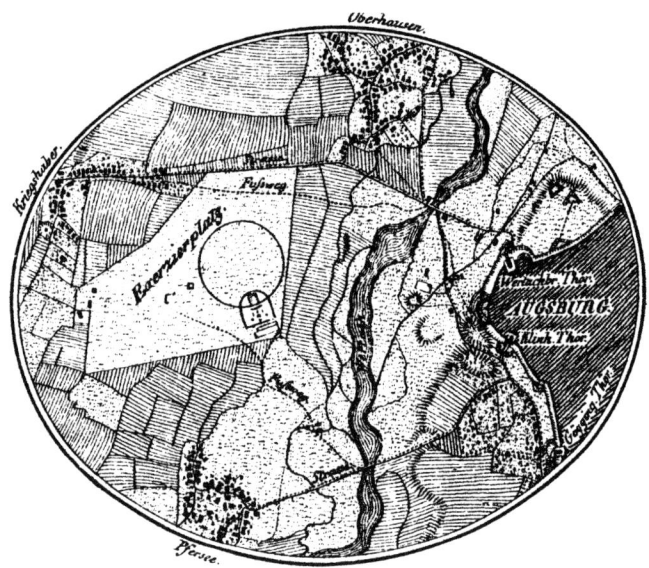

Das erste Landwirtschafts- und Volksfest 1833 fand auf dem Großen Exerzierplatz statt. Dem Programm lag dieser »Situations-Plan« (Kreis = Pferderennbahn) bei. Zum zweiten derartigen Fest 1835 benutzte man erstmals den stadtnahen Kleinen Exerzierplatz.

stadt von 126 mit Laubwerk und Blumen verzierten Hütten, Buden und Zelten, Schießständen, Karussells, Musikkapellen und sieben »Abteilungen« mit Gauklern und Schaustellungen sorgte für Kurzweil. Bier und Wein wurden ausgeschenkt, und mittendrin brutzelte ein 1700 Pfund schwerer, von den Metzgern gestifteter Ochse. Stangenlaufen, Sackrennen, Ringelstechen zu Pferd und das Wettklettern an einem 60 Fuß hohen, glattgehobelten Fichtenstamm waren weitere Unterhaltungsmöglichkeiten. Und bei allen Wettbewerben winkten Preise.[10]

25 000 Besucher auf dem Großen Exerzierplatz

Das Königspaar weilte am 29. August 1829 nur ein paar Stunden auf dem von rund 25 000 Menschen bevölkerten Festgelände, danach dauerte das Volksfest noch eine ganze Woche. Nach Abschluß wurde die Forderung laut, doch alljährlich – wie in München – zum Geburtstag des Königs am 25. August auch in Augsburg ein Volksfest der erlebten Art auszurichten. Das war den Verantwortlichen aufgrund der immensen Kosten für die öffentlichen Kassen doch zu viel. In bescheideneren Ausmaßen folgten dann aber mit Beteiligung des Landwirtschaftlichen Vereins des Oberdonaukreises 1833, 1835, 1841 und 1853 kombinierte Landwirtschafts- und Volksfeste. 1833 war nochmals der Große Exerzierplatz Ausrichtungsort, 1835 wurde dort nur mehr ein Pferderennen ausgetragen, der stadtnahe »Kleine Exerzierplatz« aber als »Festwiese« genutzt. Das Areal feierte damit seine Premiere als Volksfestgelände. 1841 und später wurde nur noch auf dem heutigen Plärrerstandort gefeiert, und zwar unter Verzicht auf dort nicht durchführbare Pferderennen. Mit der Verlegung des althergebrachten innerstädtischen Festplatzes ließ man sich jedoch viel Zeit.

Schießgraben-Bereich bleibt bis 1877 Festplatz

Bis 1877 galt für den Schießgraben bzw. den Halltorplatz: »Während der Jahrmärkte oder auch zu anderen Zeiten im Sommer haben englische Reiter, Seiltänzer, Menageriebesitzer und andere Seltenheitszeiger hier ihren Stapelplatz.«[11] Es waren viele Schausteller und Zirkusse, die Augsburg besonders während der Dultzeit als publikumsträchtig einschätzten, beispielsweise 1835 die »berühmte Menagerie des Herrn Bendikt Advinent« mit Panther, Leopard, Hyäne. 1837 gastierte die Königlich Niederländische Menagerie, 1846 Zirkus Renz, 1855 der »Thierbändiger Charles aus Paris«, 1862 wurde der »Schweizer Riesenochse« gezeigt, 1869 kündigte die Große Ägyptische Menagerie ihr Kommen an, 1875 erbat der Zirkus Herzog-Schuhmann Auftrittserlaubnis.[12] Die Dultordnung[13] von 1851 geht nur mit einem einzigen Satz auf die »Vergnügungsdult« ein: »Schauspieler, Kunstreiter etc. können ohne polizeiliche Bewilligung keinerlei Produktionen aufführen«, heißt es da lediglich. Als 1862 das Göggginger Tor abgebrochen und der breite Stadtgraben mit Abbruchmaterial und durch Abtragung der Bastion angefallene Erde verfüllt war, rückte das »Zirkusgelände« auf dem dadurch entstandenen, großflächigen Halltorplatz unmittelbar an den Hallhof heran. Dort durften sich nun Zirkusse und Schausteller niederlassen. Doch nicht mehr lange ...

Letzte »Dult« beim Halltor mit Attraktionen

Das Ende dieses Festplatzes ergab sich mit der Verkehrserschließung und der Neugestaltung in Königsplatznähe: 1874 war die neue Schrannenhalle an der Halderstraße in Betrieb genommen worden, im Jahr danach gleich daneben die »Central-Turnhalle« (jetzt Stadtsparkassen-Zentrale), 1877/78 erfolgte die Einebnung der Bastion beim Eserwall (jetzt Theodor-Heuss-Platz) und 1878/79 der Abbruch des Stadtgerichts. Dieses Gebäude schloß den Hallhof zur Maximilianstraße hin ab. Erst nach dessen Abriß und der zeitgleichen Beseitigung des Halltores entstand die Hallstraße. Diese städtebauliche Neugestaltung duldete keinen Festplatz mehr mittendrin. Dessen Verlegung wurde ab etwa 1870 dringlich.
Die letzte »Frühjahrsdult beim Halltor« – die Bezeichnung »Volksfest« wurde dafür nie verwendet – war ein Großereignis. »Unsere Osterdult brachte ein Leben auf den Hallthorplatz, wie es noch nie da war!«, schreibt am

10. April 1877 das »Augsburger Tagblatt«. In weiteren Ausgaben sind die Attraktionen dieses Jahres geschildert: eine mechanische Steinkohlengrube in Miniaturformat, ein »Russisches Zaubertheater« mit »lebenden Bildern«, »Böhms Automatisches Kabinett«, Schießhallen – ein üppiges »Dult«-Angebot im Frühjahr 1877![14]

Seit Ostern 1878 auf dem Kleinen Exerzierplatz

Das durch die geschilderten Volksfeste erprobte Areal für Großveranstaltungen vor dem Wertachbrucker Tor hatte man längst als neuen Dauerfestplatz im Auge. Zwischenzeitlich war diese »Festwiese« nur durch sporadische militärische Übungen und ab 1837 für die Schafmärkte genutzt.[15] Eine Woche nach Ostern 1878 begann auf diesem Gelände die erste ausgelagerte 14tägige »Osterdult«, wie diese Volksbelustigungen trotz Trennung von der Warendult offiziell noch jahrzehntelang hießen. Eine Zeitung berichtet über den ersten Sonntag: »Auf dem kleinen Exerzierplatz, wo diesmal die Schaubuden, Schießstände, Caroussels etc. aufgestellt sind, haben sich die Schaulustigen zu Tausenden eingefunden und er gewährte das schöne Bild eines Volksfestes.«[16] Der Vorläufer des Plärrers nahm als Jahrmarktbestandteil im Herbst wie der Warenmarkt am 29. September, dem Michaelitag, seinen Anfang und dauerte 14 Tage. Mit der Dultordnung von 1885 folgte die Festsetzung des Markt- und des Volksfestbeginns auf das diesem Tag nachfolgende Wochenende – wenn nicht zufällig St. Michael auf einen Sonntag fiel. Gleichzeitig wurde die Verkürzung von Herbstdult und Herbstvolksfest auf acht Tage verfügt. Auch die Osterdult dauerte ab 1885 nur mehr acht Tage (Beginn: Sonntag nach Ostern). Der Frühjahrsplärrer jedoch behielt seine 15-Tage-Dauer, sein Anfang wurde jedoch um eine Woche auf Ostersonntag vorgezogen, so daß beide Veranstaltungen am gleichen Tag endeten.

Beim althergebrachten September-/Oktober-Termin gab's eine übermächtige Konkurrenz: Das Münchner Oktoberfest zog die Schausteller und seit Bestehen der Bahnlinie (1840) auch die Augsburger an. Laut Zeitungsmeldungen fuhren schon in den 1840er Jahren Sonder-

---

Plärrer – 1879 vom Volkswitz so getauft

1878 zog die »Vergnügungsdult« aus Königsplatznähe auf den Kleinen Exerzierplatz bzw. »auf den Plärrer« um. Dieser Name taucht erstmals am 30. April 1879, ein Jahr nach der Verlegung, bei der Berichterstattung über die dritte »Dult« auf dem neuen Festplatz auf.[17] »Der kleine Exerzierplatz, oder, wie er seit neuerer Zeit vom Volkswitz getauft wurde, der Plärrer, war auch am letzten Sonntag das Ziel all derer, die um möglichst wenig Geld in frischer Luft etwas sehen oder hören wollten.« Der Bezeichnung »Plärrer« oder »Plerrer« liegen etliche damals gebräuchliche Begriffe zugrunde[18]: »Plärre« nannte man eine kleine hölzerne Markttrompete, »plärren« ist ein uralter Ausdruck für schreien und »blären« bedeutete einst neugierig schauen oder alles sehen wollen. »Blerrer« wiederum ist eine alte Bezeichnung für einen offenen, freien Platz – und dies war ja der Kleine Exerzierplatz. Aus diesem Grund wurde über Jahrzehnte »Plärrer« ausschließlich als Platzbezeichnung, nicht aber als Volksfestname gebraucht. Auch der Blick nach Nürnberg, wo ein Volksfestplatz »Plärrer« heißt, beeinflußte anscheinend die Namensgebung in Augsburg.[19] Offizielle Stellen scheuten sich lange, die volkstümliche, aber etwas derbe Bezeichnung Plärrer zu verwenden. So hieß es 1904, daß »die Herbstdult auf dem Plärrer« am 1. Oktober beginne.[20] Und 1914: »Die Osterdult betreffend: Die Frühjahrs-Schaustellungen auf dem kleinen Exerzierplatz (Plärrer) finden vom 12. mit 26. April statt.« Im selben Amtsblatt wird aber auch vom »heurigen Plärrer« berichtet.[21] Noch schlimmer verklausuliert wird 1926 vom sogenannten Plärrer, der Herbstmesse, die in Form von Volksbelustigungen auf dem Kleinen Exerzierplatz abgehalten wird, geschrieben.[22] Zwei Jahre vor dem 100jährigen Umzugsjubiläum wurde der inzwischen in der Bevölkerung ausschließlich gebrauchte Volksfestname amtlich: Seit 1976 gibt es offiziell den Frühjahrs- und den Herbstplärrer. Aus dem Kleinen Exerzierplatz, auf dem schon seit vielen Jahrzehnten keine Soldaten mehr exerzieren, sondern lediglich als Volksfestbesucher gesichtet werden, wird gleichzeitig das »Plärrergelände«. Diese Verfügung ist jedoch zwanzig Jahre später noch nicht in die letzte Amtsstube durchgedrungen, denn der Paragraph 1 der neuen Plärrerordnung von 1996 lautet: »Diese Verordnung regelt die Abhaltung des Frühjahrs- und Herbstplärrers auf dem Kleinen Exerzierplatz (Festplatz).«

Der bunte, phantasievolle »Gruß vom Plärrer in Augsburg« (oben) wurde 1898 gedruckt. Die Aufnahme von der »Michaeli-Dult 1905« verwendet für den Herbstplärrer die ebenfalls gebräuchliche Bezeichnung »Dult«. Sie dokumentiert einen sehr regen Besuch auf dem Kleinen Exerzierplatz. Zu den Attraktionen des damals meist alkoholfreien Volksfestes zählte 1905 unter anderem ein Bierausschank.

Im September 1906 fand ein 15tägiges Jubiläums-Volksfest aus Anlaß der 100-Jahr-Feier der Einverleibung Augsburgs ins Königreich Bayern im Wittelsbacherpark statt. Es bestand vor allem aus großen Wein- und Bierzelten, in denen beliebte Musikkapellen aufspielten.

züge gen München. Bis zu sechs Extrafahrten waren es um 1875 an einem Oktoberfest-Wochenende. Wohl auch aus diesem Grund gestaltete sich 1878 das erste herbstliche dultbegleitende Vergnügungsangebot auf dem Kleinen Exerzierplatz sehr bescheiden.

Viel Konkurrenz für den Herbstplärrer

Im Gegensatz zum stets von Schaustellern und Besuchern stark frequentierten Osterplärrer konnte sich das Herbstfest lange nicht richtig etablieren. Es hatte lange keinen »geschützten« Termin und durfte auch von innerstädtischer Konkurrenz beeinträchtigt werden: 1880 veranstaltete der Veteranen- und Kriegerverein Augsburg mit Genehmigung des Magistrats vom 4. bis 11. September aus Anlaß der 10-Jahres-Feier des Sieges bei Sedan auf der »Festwiese Kleiner Exerzierplatz« ein Volksfest mit vielen Attraktionen. Als solche zählte auch, daß die ganze Woche hindurch ab 15 Uhr bei günstiger Witterung die Musik spielte und ab diesem Zeitpunkt Bier ausgeschenkt werden durfte. Dieses aus Attraktivitätsgründen von der Vereinsführung beantragte »alkoholische Zugeständnis« war erst nach langen, kontroversen Debatten bei einer Ratssitzung gemacht worden.[23]

»Alkfreies« Vergnügen – Bier nur ausnahmsweise

Nach Ostern 1883 meldet die Presse lediglich: Der »Plerrer« ist stark frequentiert und besser mit Schaubuden und sonstigen »Annexen« besetzt als bei der letzten »Dult«.[24] Mehr ist über die Belegung beim am 29. September dieses Jahres beginnenden Herbstplärrer zu erfahren: Es sehe am Eröffnungstag dort »noch ziemlich mager aus, denn es befanden sich nur 4 Schaubuden, 3 Caroussels, 1 Kasperl-Theater, 1 Photograph, einige Schießbuden und dergleichen dort«. Tags darauf jedoch trifft auf dem Kleinen Exerzierplatz der »Cirkus Lorch« ein. 20 Pferde, sechs Ponys, zwei Elefanten und »zahlreiches künstlerisches Personal, worunter mehrere Mohren«, sorgen nun für Anziehungskraft auf dem Festplatz.[25]

Am Veranstaltungstermin des Herbstplärrers änderte sich nach der Festlegung des Beginns im Jahre 1885 aufs Wochenende über zwei Jahrzehnte lang nichts. 1904 ist der 1. Oktober erster Plärrertag. Auch die Dauer beträgt immer noch acht Tage. Noch hat man in puncto Zeitüberschneidung nicht die Konsequenzen aus der übermächtigen Oktoberfest-Konkurrenz gezogen, läßt jedoch 1905 zur »Michaeli-Dult auf dem Plärrer« ausnahmsweise einen Bierausschank zu.

1906 ist es wieder der Osterplärrer, für den Inserate Sensationen ankündigen: Ein Flohzirkus verspricht »täglich während der Dult« Vorstellungen. 15 kleine Pferdchen von 40 Zentimeter Höhe sind in Aktion zu sehen und »während der Messe in Augsburg« ist auf dem Kleinen Exerzierplatz ein »Riesen-Kinematograph mit eigener Maschine von 40 Pferdekräften« für die Stromerzeugung aufgebaut. Das neue Medium Kino zählt zu den ganz großen Volksfest-Zugnummern: Kurzfilme berichten mittels bewegter Bilder von Exotischem und Aufregendem aus aller Welt.

»Echte« Volksfeste in Lechhausen und Oberhausen

Inzwischen veranstalteten damals noch nicht eingemeindete Nachbarorte eigene »Volksfeste« – wobei sie sicher bewußt diese Bezeichnung wählten. Im August 1905 lief das »1. Lechhauser Volksfest« in zugkräftiger Nähe zu Augsburg im »Griesle« ab.[26] 1906 zog Oberhausen nach und veranstaltete vom 16. Juni bis 1. Juli ein Volksfest mit Bier- und Weinbude, Ochsenbraterei, Festschießen, Rad- und Autorennen sowie großem Feuerwerk. Wenige Wochen später feierte man in Augsburg im Wittelsbacherpark »100 Jahre bayerisch« ohne Rücksicht auf die herbstliche Plärrertradition: Ein 15tägiges Volksfest zog vom 9. bis 23. September 1906 die Massen an. Dort durfte in Bier- und Weinzelten bei Musik ohne jegliche Alkoholbeschränkung »gefestet« werden.

Das Münchner Oktoberfest und die erwachte Umland-Konkurrenz konnten in Augsburg auf Dauer nicht ignoriert werden. So erfolgt 1908 bereits im Februar die amtliche Ankündigung einer Vorverlegung um vier Wochen: »Bemerkt wird, daß im heurigen Herbste der Plärrer am kleinen Exerzierplatz bereits in der Zeit vom 6. mit 13. September stattfindet.«[27] 1910 fragt die Stadt sogar in Nürnberg nach dem Datum des dortigen elftägigen Volksfestes, um eine Überschneidung zu vermeiden. Auch in puncto Alkohol zeigen sich Lockerungstendenzen: Ab 1910 ist ein Bierausschank zugelassen.[28] 1913 wird der Herbstplärrer noch weiter in den Sommer vorverlegt: von Samstag, 9., bis Sonntag, 17. August – und zwar mit einem Bierzelt der Gesellschaftsbrauerei!

Plärrer 1938: Utopisch war damals noch eine »Raketenfahrt zum Mond« – das Volksfest bot sie samt Mondmännchen als Kulisse!

Bereits im Februar 1914 wird er für 16. bis 23. August angekündigt. Der Magistrat schließt 1914 Nicht-Augsburger als Schausteller aus: »Ausdrücklich machen wir darauf aufmerksam, daß auswärtige Schiffschaukelbesitzer, Produktionen von Schaustellungen durch Inhaber von Spieldosen und Drehorgeln, von Kraftapparaten, Platten- und Ringwurf- sowie Glücksspielen überhaupt, durch Seiltänzer (Gymnastiker), Moritatensänger, Bärentreiber, Riesendamen und dergleichen nicht zugelassen werden.« Eine Bierbude, eine Weinbude und eine Kaffeebude sollen diesmal das Volksfest attraktiver machen. Die Konzessionen dafür werden unter Augsburger Gast- und Weinwirten meistbietend versteigert.[29] Doch die Vorbereitungen waren umsonst...

Drei Plärrer-Ausfälle im Ersten Weltkrieg

Am 1. August 1914 tritt Deutschland in den Krieg ein, am 5. August bringen die Augsburger Zeitungen die Kurzmeldung: »Die heurige Herbstdult fällt wegen des Krieges aus. Die bereits eingezahlten Kautionen werden zurückerstattet.«[30] Mit »Dult« ist der Plärrer gemeint – die »Warenmesse« in der Jakobervorstadt findet statt. An zwei weiteren Plärrer-Terminen sucht man während der Kriegszeit vergeblich nach entsprechenden Berichten. Am Dienstag nach Ostern 1915 erscheint lediglich die Fünf-Zeilen-Notiz: »Der Plärrer steht öde und leer. Die Umgebung des Kleinen Exerzierplatzes ist zufrieden,

Seit 1928 gehören Bierzelte ständig zum Plärrer. Beim Herbstvolksfest 1938, bei dem dieses Foto entstand, wurden ein Bierzelt (links erkennbar) und ein Weinzelt aufgebaut. Außerdem boten 130 Händler und Schausteller viel Unterhaltung und reichlich Verpflegung.

von dem musikalischen Chaos der verschiedenen Orgeln und Kapellen heuer verschont zu sein, da keine Schau- oder sonstige Bude vorhanden ist.«[31] So werden die Augsburger über den Volksfest-Ausfall getröstet. Dem fahrenden Gewerbe der Schausteller war durch solche Absagen die Existenzgrundlage entzogen, und so hatte ihr Verband bereits am 13. Februar 1915 in einem Schreiben an die Stadt darum gebeten, an den traditionellen »Schaustellungsterminen festzuhalten«. Man nahm amtlicherseits die wirtschaftlichen Argumente ernst und stimmte sich in einer Briefaktion mit anderen bayerischen Städten in puncto Volksfesten ab. Das Ergebnis ist die Ankündigung vom 17. Juli 1915: Vom 8. bis 15. August findet der Plärrer statt – jedoch ohne Alkohol, also wieder ohne Bier- und Weinbuden!

Auch 1916 werden nach Ostern ein 15tägiges, vom 6. bis 13. August ein achttägiges Volksfest veranstaltet. Es sind ebenso »Kriegsplärrer« wie jener im August 1917 (das Frühjahrs-Volksfest 1917 war vom General-Kommando frühzeitig abgesagt worden) und die 1918 stattfindenden: ohne Musikkapellen, ohne Alkohol! Nur Karussells, Schaukeln, Schießbuden und andere Unterhaltungsbetriebe brachten den Menschen etwas Fröhlichkeit in den von vielfachen Rationierungen geprägten Kriegsalltag. »Lukullisch« war aus diesem Grund das Verpflegungsangebot nicht, doch es strömten zwischen 11. und 18. August 1918 viele auf den durch ein großes Holzlager stark eingeengten Festplatz, auf dem 59 Schau- und sonstige Buden aufgebaut waren. In einer Zeitungs-Nachbetrachtung wird von »schlechtem Niveau« und dem »Vergnügungsplatz der unteren Kreise« geschrieben.[32]

Bert Brecht: Plärrer-Fan mit Schaukelleidenschaft

Zu den Plärrer-Stammbesuchern zählte Bertolt Brecht.[33] Freunde berichten später: »Für den jungen Brecht war der Plärrer das große Kulturereignis.« Er habe sich geäußert: »Dort lernt man die Welt kennen, wie sie wirklich ist.« In das Jahr 1917 wird sein Plärrergedicht über das »Mädchen mit dem goldenen Haar« datiert. Einige Zeilen daraus: »Der Frühling sprang durch den Reifen / des Himmels auf grünen Plan, / da kam mit Orgeln und Pfeifen / der Plärrer bunt heran. / Dort hab ich ein Kind gesehen / das hat ein goldenes Haar / und ihre Augen stehen / ihr einfach wunderbar.« Die Tagebuch-Aufzeichnungen seines Freundes Caspar Neher berichten von gemeinsamen Plärrer-Besuchen im Mai 1919 und von der großen Leidenschaft des »Stückeschreibers« zum Schiffschaukeln – obwohl es ihm dabei oft übel wurde.

Dieser Osterplärrer 1919 ist auch anderweitig erinnernswert: Angekündigt wird er für die Zeit vom 20. April bis 5. Mai. Anfang April übernimmt ein »Revolutionärer Arbeiter-, Bauern- und Soldatenrat« die Macht in der Stadt. Am Ostersonntag, dem anberaumten Plärrerbeginn, marschieren Reichswehr- und Freiwilligenverbände ein und stellen die alten Verhältnisse wieder her. Zum 15tägigen Plärrer haben 14 Schießbuden und Schaugeschäfte, 18 Karussells und 27 weitere Budeninhaber ihre Geschäfte aufgebaut. Doch der Betrieb ruht vorerst und wird nach Rücksprache des Augsburger Militärkommandos mit Hauptmann Leeb in München erst am 25. April eröffnet. Gleichzeitig darf ein Zirkus seine Vorstellungen beginnen. Als Ausgleich für den verspäteten Beginn wird der Plärrer bis Sonntag, 11. Mai, verlängert. Bertolt Brecht nutzt diesen letzten Tag für etliche Schiffschaukel-Touren mit Caspar Nehers Schwester Marietta.

Für das bislang nur achttägige Herbstvolksfest beantragt 1919 der Schausteller-Verband im Interesse besserer technischer Attraktionen, die sich nur bei längerer Nut-

Das Plärrergelände

Das heutige Plärrergelände hat eine Ausdehnung von 35 882 Quadratmetern. Es ist der Rest einer teilweise buckligen, kiesigen Au zwischen der unregulierten Wertach und der vom Klinkertor zur Wertachbrücke führenden »Straße nach Ulm«. So hieß die lange Allee, auf deren Trasse jetzt die Langenmantelstraße verläuft. Der Senkelbach und ein Weg (jetzt Badstraße) zum Wertachdamm, auf dem die Schwimmschulstraße angelegt wurde, begrenzten das Gelände. In dessen tieferliegenden, früher bachdurchzogenen Teilen befinden sich in unserer Zeit die Schwimmbäder. Das stadteigene Areal bildete ein zur Wertachbrücke hin spitz zulaufendes Dreieck von etwa 520 Meter Länge und bis zu 180 Meter Breite. Dieser Bereich stand ab 1835 für die Volksfeste und ab 1837 für Schafmärkte zur Verfügung. Die Stadt verteidigte dieses Areal hartnäckig gegen Übernahmeversuche durch das Militär. Man dürfe darauf nur nach Absprache mit der Stadtverwaltung Übungen abhalten, beklagte 1847 die Garnisons-Kommandantur. Aufgrund dieser sporadischen militärischen Verwendung bürgerte sich für die große Wiese die Bezeichnung »Kleiner Exerzierplatz« ein. Der »Große Exerzierplatz« (112,5 Hektar) befand sich auf der Gemarkung »Uneben« bei Kriegshaber.[34]

Ostern 1878 wurde daraus der ständige Volksfest- und Zirkusplatz. Bereits zuvor war an dem einst unbebauten Areal »geknabbert« worden. 1829 wurde am Holzbach an der Stelle des heutigen Sportbades eine Miltärschwimmschule eingerichtet, 1848 daneben die Freibadeanstalt, die 1876 erweitert wurde. Um 1870 errichtete die Stadt nahe der Wertachbrücke (Langenmantelstraße 23) eine Polizeistation. Die Einengung des Festplatzes ging weiter: 1894 erstand neben der Polizei ein Volksbrausebad und 1899 ein »Feuerlöschrequisitenhaus« als dezentrales Depot. Ein am Seitzsteg abzweigendes Stichgleis der Localbahn zur Spinnerei Wertach und zur Baumwollspinnerei am Senkelbach durchschnitt 1907 das Plärrergelände und reduzierte es etwa zu heutiger Größe. Jenseits der nach Abbruch der Textilfabriken beseitigten Gleisanlagen wurden 1923/24 jene drei Wohnblöcke errichtet, die im Norden den Volksfestplatz begrenzen.

1918 wurden Pläne für eine »neue Volksfestwiese« an der Donauwörther Straße ausgearbeitet. Die Schausteller protestierten heftig gegen diese abgelegene Neuplazierung, und zwar mit Erfolg: Am 1. März 1919 bekamen sie in Schreiben mitgeteilt, daß ihnen weiterhin der Kleine Exerzierplatz zur Verfügung stehe. Dies war nicht der letzte Verlegungsplan: 1929 sollte an der Badstraße eine »Zentral-Fortbildungsschule« erstehen. Auch diese Gefahr für den stadtnahen Volksfestplatz konnte abgewendet werden. Keine Einspruchsmöglichkeiten bestanden gegen den Bau von Barackenlagern und die Ablagerung von Trümmerschutt während des Zweiten Weltkriegs. Erst 1955 stand wieder die gesamte Fläche des Volksfestplatzes zur Verfügung. Die Barackenstadt, in der während des Krieges Gefangene und Ausgebombte untergebracht waren, war beseitigt worden. Es fanden wieder bis zu 120 Schaustellerbetriebe Platz. 1973 ging ein dringender Wunsch der Beschicker in Erfüllung: Die Budenstraßen wurden befestigt. Sie hatten die Stadt mit einem Kostenzuschuß von 150 000 Mark praktisch in Zugzwang gebracht. Kurz danach wurden die Pläne für die neue Nordtangente bekannt: Sie sollte das Areal beschneiden. 1978 empfahl die Stadt den Marktkaufleuten die Ausschau nach einem neuen Festgelände und beschloß 1983 die Beschneidung des Plärrergeländes durch eine Verkehrstrasse zwischen Ackermann- und Langenmantelstraße. Weder diese »Amtsvariante« noch die vorgesehene, sich mit einem lärmintensiven Rummelplatz kaum vertragende massierte Wohnbebauung des angrenzenden ehemaligen Dierig- und Spinnerei-Areals wurden verwirklicht. Statt dessen erstanden auf dem Fabrikgelände ein Möbelhaus und das Arbeitsamt.

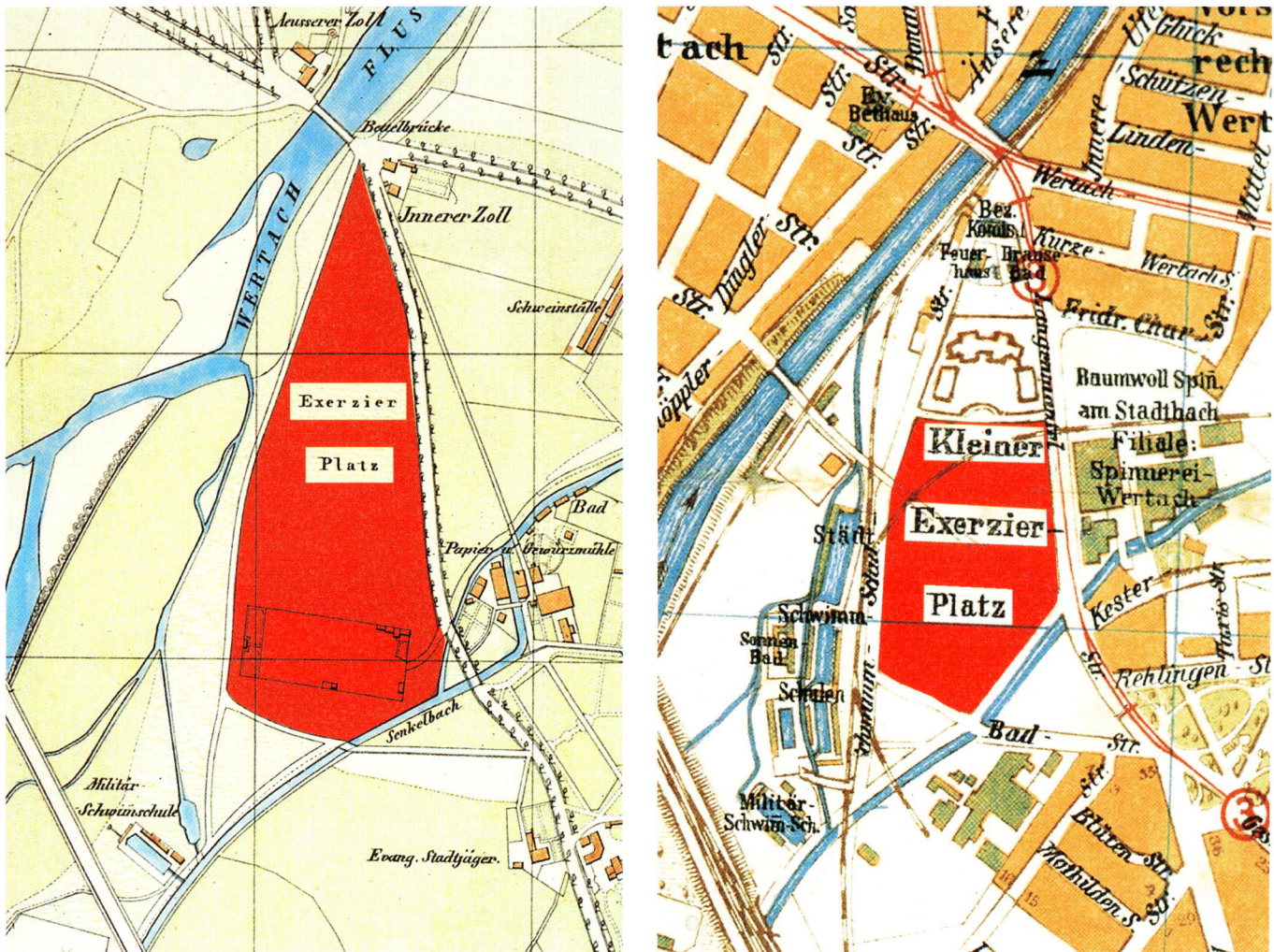

Der Kleine Exerzierplatz wird seit 1878 alljährlich zweimal zum Plärrergelände. So lautet seit 1976 auch die offizielle Bezeichnung für das 35 882-qm-Areal. Die Stadtplanausschnitte von 1846 (links, mit noch unregulierter Wertach) und 1924 verdeutlichen die Einengung des ursprünglich weiten, freien Areals abseits von Wohnvierteln durch Bebauung und sogar Localbahngleise quer über das Gelände.

zungszeit rentierten, eine 15tägige Dauer wie im Frühjahr. Dies wird bei gleichzeitiger Gebührenerhöhung genehmigt und die Zeit vom 10. bis 24. August festgesetzt.

1919: Herbstvolksfest dauert künftig 15 Tage!

Dies war der »Einstieg« in den auch künftig zweiwöchigen Herbstplärrer! Die notvollen Nachkriegszeiten wirkten sich sehr negativ auf die Volksfest-Umsätze aus. So baten die Schausteller nach Ostern 1920 wegen geringer Einnahmen um zwei Tage Verlängerung. Sie wurde ebenso gewährt wie im August desselben Jahres das Gesuch, »wegen schlechter Geschäfte während des Tages« die Plärrer-»Sperrstunde« kurzfristig von bisher 20.30 auf 21.30 Uhr zu verlängern. Nach dem Ersten Weltkrieg besteht weiterhin auf dem Plärrer Alkoholverbot! Im Herbst 1921 folgt die Ausnahme: Eine große »Festwiese«

wird von den Schaustellern organisiert, angekündigt als »Augsburger Oktoberfest«. Trotz Inflation sind Wein-, Bier- und Likörbuden zugelassen, außerdem ein kleines Bierzelt. Diese Neuerung wird von vielen freudig begrüßt, doch sie löst auch einen Sturm der Entrüstung über »Unmoral, Volksverderbung durch Alkohol und Entartung der Volksbelustigungen« aus. Dieses »Oktoberfest« verläuft zwar ohne »Exzesse«, doch Alkohol ist als Volksfest-Getränk wieder für einige Jahre tabu.

Herbst 1926: Heidelbeerwein-Ausschank

Nach Überwindung der Not- und Inflationszeiten zählen die Berichte über den 16tägigen Osterplärrer 1926[35] ein abwechslungsreiches Vergnügungsangebot auf: Bei der Eröffnung am Karsamstag, 3. April, warten neben 14 Schaustellungen von der Hundedressur über das Riesen-

Plärrer im Jahre 1948. Kleine Federzeichnung von A. W. Lütschg.

krokodil und ein »Sporttheater« bis zur »Riesenzauberei« noch zwei Ketten- und fünf Schiffschaukeln, acht Karussells, drei Schießsalons und zwei Kasperltheater auf Gäste. »The Whip – die originelle Vergnügungsbahn«, Gerstmaiers Riesen-Hippodrom und Stadelmanns große »Gebirgs-Gondelbahn« zählten zu den »Reizen in gewohnter Fülle«, von denen eine Zeitung schrieb.

Fürs leibliche Wohl sorgten eine Anzahl kleiner Verkaufsstände und einige Schweinswurstbratereien sowie eine niederländische Waffelbäckerei und eine »große afrikanische Kosthalle«. Bierzelte waren 1926 Fehlanzeige! »Diejenigen, denen Limonaden nicht das richtige Durstlöschmittel waren, drängten in die umliegenden Wirtschaften«, ist über das erste Volksfest-Wochenende zu lesen. Es habe trotzdem ein gewaltiger Andrang geherrscht, so daß Tram-Sonderwagen eingesetzt wurden. Doch im Herbst 1926 wird das Alkoholverbot aufgeweicht: Ein großes Zelt mit Heidelbeerwein-Ausschank ist zugelassen! Der endgültige Umschwung in puncto Bier und Wein kommt im folgenden Jahr.

Die Zeitungsvorschau auf das »Herbstvolksfest auf dem Plärrer« vom 28. August bis 11. September 1927 macht manchem den Mund wäßrig. »Hubers Schweinswürstelbude mit Hasenbräubierausschank hat auch eine Hühnerbraterei errichtet«, wird angekündigt. Und im Plärrer-Resümee ist dann zu lesen: »Besonders die Bierbude fand immer eine durstige Gemeinschaft versammelt!« Daß auch die »Volksbelustigungen aller Art« und besonders das Feuerwerk am Freitagabend ankamen, wird so nebenbei erwähnt.[36]

1927 nur eine Bierbude – ab 1928 zwei Bierzelte

Die Ankündigung für Herbst 1928: »Für den Durst sorgen die Ausschankzelte der Kronen- und Prügelbrauerei.« Zwei Bierzelte also![37] Sie sind neben Hippodrom, Lachtempel, Liliputbahn, Sporttheater, Panoramen, der »Opel-Fahrschule« und dem »Riesenochsen Sultan II.«, einer Anzahl Karussells, Berg-und-Tal-Bahnen, Kettenflieger, Russischem Rad, Schiffschaukeln usw. Anreize zum Volksfestbesuch ab 1. September 1928.

In der Ausschreibung für 1929 heißt es bereits wie selbstverständlich: »... mit Bierzeltbetrieb«. Seither gehören Bier und Bierzelte zum Plärrer. »Anti-Alk«-Kampagnen hatten keine Chance mehr. 1931 wird der Plärrer als »Oster-Schaustellungs-Messe« in Inseraten angekündigt – Eröffnung am Ostersonntag, 5. April. Die Bestückung kann sich sehen lassen: Achterbahn, Steilwandfahrer, Ido-Afrika-Schau mit 30 jungen Krokodilen, Hundetheater, Kasperl, Velodrom und Hippodrom. Bürgerbräu stellt ein kleines Bierzelt auf, in einem anderen wird Rohrenfelser Weizenbier ausgeschenkt, Kosthallen, Obst-, Schießbuden, Karussells ergänzen das Vergnügungsangebot. Der Plärrer endet am 19. April, zwei Tage später heißt es schon: Zirkus Busch kommt!

1938: »Technik feiert auf dem Plärrer Triumphe«

»Auch die Schaustellungen auf dem Kleinen Exerzierplatz (Plärrer) erhalten durch eine ständige Verbesserung und Vergrößerung immer mehr den Charakter von Volksfesten«, schrieb 1938 Oberbürgermeister Mayr in einer Bilanz über die vergangenen fünf Jahre seit der »Machtergreifung«.[38] Fotos von 1938 und 1939 zeigen denn auch eine gewaltige »Festwiese«, und eine sehr ausführliche Zeitungsberichterstattung bestätigt die Bilanz des Stadtoberhauptes: 130 Händler bzw. Schausteller, darunter 36 größere Schaugeschäfte, belegen die weite Fläche des zweiwöchigen Herbstplärrers 1938. Ein

Wein- und ein Bierzelt zählen dazu. »Die Technik feiert auf dem Plärrer Triumphe«, titelt eine Zeitung. Sie kann auch an Ostern 1939 von 135 Unternehmen aus der Unterhaltungs- und Schaustellerbranche – darunter ein Fahrgeschäft »Mondrakete« (siehe Bild auf Seite 150) und wetterfeste Bierhallen – berichten.

Probeläufe für Oktoberfest-Attraktionen

Der seit 1908 beibehaltene frühe Herbstplärrer-Termin – also ohne Oktoberfest-Kollision – und nicht zuletzt die Verlängerung seit 1919 auf 15 bzw. 16 Tage wie der Osterplärrer sowie die schwabenweite Werbung durch die Stadt zeitigten auch wirtschaftlichen Erfolg. Der Plärrer Ende August/Anfang September entwickelte sich teilweise zum Vorläufer des Oktoberfestes: Augsburg erlebte häufig die Premiere und Erprobung einer neuen technischen Volksfest-Attraktion, mit der derselbe Schausteller dann einige Wochen später in der Landeshauptstadt für Aufsehen sorgte.

Im Spätsommer 1939 ist Krieg Thema Nummer 1 – so auch auf dem am 16. August beginnenden Plärrer. Von Euphorie unter den Festbesuchern ist in der gleichgeschalteten Presse zu lesen. Die Kriegsbegeisterung hielt zwar 1940 noch an, doch bei den Volksfestberichten ist viel zwischen den Zeilen herauszulesen, wenn von »momentanen Einschränkungen, kriegsbedingten Verhinderungen« und ähnlichem geschrieben wird. Die Beschickung wurde von Mal zu Mal geringer. Im August 1943 fand dann der letzte Plärrer unter NS-Herrschaft statt.

1947: Strommangel beendet »Volksbelustigung«

Im Herbst 1945 kam nur ein »Notplärrer« mit einem Kinderkarussell, einer kleinen und einer großen Schiffschaukel, einem Fahrgeschäft und vier Spielbuden zustande. Abgelagerter Bombenschutt und Baracken engten zudem das Gelände ein. Anfang Mai 1946 meldet die Zeitung: »Der Osterplärrer auf dem Kleinen Exerzierplatz wurde um eine Woche, bis einschließlich 12. Mai, verlängert.«[39] Die Drei-Zeilen-Meldung mit der Verfügung der allmächtigen amerikanischen Militärregierung ist die gesamte spärliche Berichterstattung über den noch bescheidenen zweiten Nachkriegsplärrer. Doch es folgt bald eine feierfreudige Zeit, in der die Menschen viel an Vergnügen, Essen und Trinken nachzuholen haben.

1947 fallen die Plärrer-Berichte schon entschieden länger aus. Am Freitag, 15. August, durften die 52 Geschäfte und ein Bierzelt zum Herbstvolksfest öffnen. Es sollte bis 31. August dauern. Doch bereits am Freitag, 29., lautete die Mitteilung in der Zeitung: »Die Volksbelustigung auf dem Plärrer, Kleiner Exerzierplatz, wird mit dem heutigen Tage stillgelegt.«[40] Der Grund war Strommangel, der zu Notabschaltungen führte. Als »nicht unbedingt versorgungswürdig« eingestuft, mußten die Schausteller dichtmachen. Während 1948 der Herbstplärrer bereits am 14. August beginnt, ist 1950 schon jene noch gültige Regelung in Kraft, die den Beginn auf das letzte Augustwochenende festsetzt. Sollten weniger als vier Plärrertage auf diesen Monat entfallen, darf bereits am vorletzten Wochenende angezapft werden.

Gerade der Frühjahrsplärrer ist als erstes großes Volksfest im Jahr trotz einer wahren Inflation kleinerer Veranstaltungen mit Bierzelt und üblichem Schießbuden-, Autoscooter- und Fieranten-Begleittroß in und um Augsburg immer noch zugkräftig. Das belegen beispielsweise die Mitteilungen des Marktamtes zu Ostern 1996: 86 Schausteller werden vom 7. bis 21. April für Volksfestgaudi sorgen, heißt es in der Ankündigung. 445 Absagen mußten verschickt werden – ein Indiz dafür, wie beliebt der Plärrer auch in Insider-Kreisen ist. Das liegt an der bekannten Zugkraft: Eine halbe Million Besucher werden meist erwartet, die sich in Bierzelten, Fahrgeschäften und den Attraktionen in den »Plärrerstraßen« vergnügen.

Mischung aus High-Tech und Nostalgie

High-Tech hat längst auch auf dem Plärrer Einzug gehalten: Das beweist die Liste der aufwendigen, computergesteuerten Fahrgeschäfte unter den 89 zum Herbstplärrer 1998 zugelassenen Schaustellern und Verkaufsbetrieben. »Frisbee«, »Typhoon«, »Sound Factory«, »Transformer«, »Hexentanz« heißen die Magenkribbler, bei denen teilweise die Schwerkraft getestet wird. Geisterbahn, »Hoppser« und etliche andere Unterhaltungsangebote bilden den »Grundstock« im Technikbereich. Doch die Zugkraft des Plärrers ist begründet in der richtigen Mischung: Neben zwei großen und drei kleinen Bierzelten darf die Nostalgie mit Riesenrad, Orchestrion und Kasperltheater, altem Kettenkarussell, Schiffschaukel und Kindereisenbahn nicht fehlen.

Die 1996 erlassene jüngste Plärrer-Ordnung[41] orientiert sich in mehreren Abschnitten an den verschärften Lärmschutz-, Abfall- und technischen Verordnungen. Der Frühjahrsplärrer beginnt weiterhin am Ostersonntag und dauert im Normalfall 15 Tage – unter Einbeziehung des 1. Mai oder bei besonders ungünstigen Witterungsverhältnissen kann von dieser Regelung abgewichen werden. An 17 Tagen dürfen die Geschäfte beim am letzten bzw. vorletzten August-Freitag beginnenden Herbstplärrer geöffnet bleiben, und zwar täglich bis 23 Uhr.

Das Turamichele

Michaelitag: Dultbeginn, Zahltermin, Mieterwechsel

Der Michaelitag war jahrhundertelang der Beginn des Herbstjahrmarktes und dadurch mit der Marktgeschichte eng verbunden. Deshalb gehört auch dieser Beitrag über das Turamichele zur »Marktstadt Augsburg«. Der Schilderung dieses Brauchtums vom »Kampf« des heiligen Michael gegen den Drachen vor dem Perlachturmfenster scheint aber eine Erläuterung der besonderen Bedeutung dieses Heiligen für Augsburg angebracht. Und dazu ist ein weiterer Rückblick als bis 1526, in das Jahr des mutmaßlichen ersten Turamichele-Auftritts, vonnöten. Denn St. Michael genoß in Augsburg schon vor der Jahrtausendwende große Verehrung. So berichtet eine Augsburg-Chronik,[1] Kaiser Otto II. habe auf seiner Reise nach Rom Anno 967 in Augsburg Station gemacht »und geholfen, das Fest St. Michaelis zu begehen«. Dies ist der älteste Nachweis für den besonders gefeierten Gedenktag des Erzengels Michael am 29. September. Der meist mit Flammenschwert und Lanze abgebildete Sieger über Luzifer wird seit dem fünften Jahrhundert von den Christen als Beherrscher des Bösen und als Kämpfer gegen jeglichen Unglauben verehrt.

Der Vortag des Michaelitages spielte schon zuvor in der frühen Stadtgeschichte eine herausragende Rolle: Anno 807 wurde an diesem Tag unter Bischof Simpert der karolingische Dom geweiht. Bei diesem stand im 10. Jahrhundert schon eine St.-Michaels-Kapelle, ebenso im Kloster St. Ulrich und Afra.[2] Das belegt unter anderem die traditionell große Wertschätzung dieses Erzengels. Auch die Weber hatten ihn zu ihrem Schutzpatron erkoren, und an seinem Festtag wurde er durch einen Umzug geehrt. Die Vorführung am Perlachturm bildete einen wesentlichen Bestandteil des Weberfeiertages.[3]

Weiterhin war der Michaelitag seit alters einer der drei jährlichen Gerichtstage des Stadtvogtes, und zwar »uff dem berlach von alter herkommen«, wie es 1423 heißt. 1447 wurde das zuvor im Freien am Fuße des Perlachturms auf dem Fischmarkt stattfindende Blutgericht ins danebenstehende »Dinkhaus«, das spätere Rathaus, verlegt. Das Turamichele vollziehe ein Gerichtsurteil am Teufel und es sei in Erinnerung an das Vogtgericht installiert worden.[4] So deuteten manche Historiker das Entstehen des Brauches und die Tatsache, daß zum Erscheinen dieses Erzengels stets viele Menschen zusammenströmten und durch Mitzählen beim Zustechen halfen.

Jährlich Freude, aber auch Ärger »zu Michaelis«

Der Namenstag von St. Michael am 29. September wurde im alten Augsburg mit Freude und mit Mißmut gleichermaßen erwartet. Einerseits begann an diesem Tag die Herbstdult, die acht Jahrhunderte lang nur Michaeli-Jahrmarkt oder -messe hieß, und »zu Michaelis« nahm als inoffizieller Bestandteil der Dult meist auch ein Rummelplatzvergnügen seinen Anfang. Das waren die angenehmen Dinge, die man mit diesem Tag verband.

Doch es gab auch viel Unerfreuliches, das dieses Datum mit sich brachte: Es war der althergebrachte Fälligkeitstermin für Zehnte, Abgaben, Jahreszinsen, Mieten und Pachten. Auch die Verlängerung oder Kündigung eines Mietverhältnisses erfolgte noch im 19. Jahrhundert zum Michaelitag. Es war der Wohnungswechseltag, den anläßlich eines Reichstages der Rat per Erlaß verschob, »um nicht noch mehr Ungemach in der Stadt zu schaffen«.

Anno 1854 zitiert eine Lokalzeitung den offenbar geläufigen Spruch »Gegen Zins und Miete hat St. Michael weder Nachsicht noch Güte«[5], und 1877 erinnerte man nach dem Auftritt des Turamicheles in der Presse an dessen unangenehme Aufgabe, daß es »übers Jahr wiederum an den Zinstermin mahnen muß«.[6] Die große Popularität von St. Michael könnte mit der geschilderten, wenig erfreulichen Bedeutung des Michaelitages als Zinstermin zusammenhängen. Bezahlen zu müssen, das mißfiel vermutlich jedem. Was lag näher, als im zappelnden Teufel einen unbeliebten Geldempfänger zu sehen?[7]

1526 erstes »Auftrittsjahr« am Perlachturm?

Die Überlieferung besagt, daß es das »Turamichele« in Augsburg seit 1526 gebe. Die mutmaßliche »Premiere« im Jahre 1526 ist lediglich durch später niedergeschriebene mündliche Brauchtums-Übermittlung festgehalten. Zeitgenössische schriftliche Nachweise konnten bislang nicht gefunden werden. Diese zeitliche Festlegung hat

---

Linke Seite: Das Turamichele zeigt sich der Menge in unserer Zeit inmitten einer bunten Umrahmung. Doch nur zu bestimmten vollen Stunden öffnet sich der Vorhang am dekorierten Auftrittsfenster, und St. Michael sticht synchron mit den Glockenschlägen zu.

Ausdruck der besonderen Bedeutung des Erzengels Michael im 16./17. Jahrhundert ist die kunstvolle bronzene Figurengruppe von Hans Reichle, die seit 1607 die Zeughausfassade schmückt.

vermutlich zwei Hintergründe. Der erste: 1526 wurde der Perlachturm um »etliche Gaden« (Stockwerke) erhöht, mit einem Stübchen für die Feuerwächter und einer zweiten Glocke versehen. Ein »zierlich zugespitztes Dach« krönte den erhöhten Perlachturm.[8] Soweit die schriftlich belegte Geschichte. Im unteren Teil sei hinter einem Bogenfenster eine Michaelsfigur installiert worden, am 29. September 1526 habe diese ihren ersten »Auftritt« gehabt – so heißt es in der Überlieferung.

Der weitere Anlaß könnte religiöser Art gewesen sein: 1525 war in Augsburg erstmals das Abendmahl in beiderlei Gestalt gereicht worden – Luthers neue Lehre hatte also in der Stadt Fuß gefaßt. Sollte dagegen mit dem »Schauspiel« des über den abtrünnigen Engel siegenden Himmelsfürsten Michael symbolisch durch die Katholiken demonstriert werden? 1528 untersagte der Rat den am Vorabend des Michaelsfestes bei eingebrochener Dunkelheit üblichen, wohl mit dem großen Gerichtstermin am nächsten Tag in Zusammenhang stehenden Ritt des Stadtvogtes in Begleitung vieler Vornehmer und Bürger zu den vier Haupttoren der Stadt. Mit diesem Verbot sollte weiteren Zusammenstößen zwischen Katholiken und Luther-Anhängern vorgebeugt werden. Erst 1581 wird von der Wiederaufnahme dieses Brauches in einer weniger aufwendigen Form berichtet.[9]

St. Michael: Symbolfigur des »wahren Glaubens«

Diese Ereignisse bestätigen die später noch deutlicher werdende Rolle von St. Michael als Symbolfigur des »wahren Glaubens«. Aus demselben Grund dürften im Zuge der Gegenreformation 1580 die Fugger bei St. Ulrich eine Michaelskapelle gestiftet haben, Anno 1600 eine St.-Michaels-Kapelle auf dem Hermanfriedhof erbaut und 1607 die Figurengruppe des siegreichen Erzengels an der Zeughausfassade angebracht worden sein.[10]

Bei den Menschen in Stadt und Land scheint die neue Errungenschaft einer mechanischen Figur mit öffentlichem Auftritt jedenfalls schnell beliebt geworden zu sein. Zudem bestand am Michaelifest seit alters ja ein recht profaner Grund, ins Stadtzentrum zu kommen: der Beginn der Michaeli-Messe, die oft als der »vornehmste Augsburger Markt« bezeichnet wurde. Der Auftritt des Turamicheles eröffnete also höchstwahrscheinlich ab 1526 jeweils die herbstlichen Volksfest- und Warenmarkt-Wochen.

Neue Figuren 1616 mit Uhr gekoppelt

Nach 90 Jahren hatte die erste Figurengruppe ausgedient. Augsburgs bekanntester Stadtbaumeister Elias Holl war an der Erneuerung beteiligt. Er hatte 1615 den Perlachturm erhöht und mit einer neuen Haube gekrönt. 1616 vermerkt er in seiner Familienchronik: »Ich habe auch den Engel Michael, so alle Jahr an St. Michaels Kirreweyh herausgeht, durch die Schlaguhr also angeordnet, daß er herausgeht und den Drachen in den Rachen stößt.«

Der Bildhauer Christoph Murmann der Jüngere hatte im Auftrag der Stadt für ein Honorar von 41 Gulden neue, bewegliche Gestalten geschnitzt, der Uhrmacher Georg Marquart die mechanische Einrichtung konstruiert und Elias Holl diese mit dem Schlagwerk der Turmuhr gekoppelt. Letztere erneuerte damals der Uhrmachermeister Hans Schlym.[11] Holl schreibt zwar auch vom »Drachen« wie viele nach ihm, doch in der Diskussion, was die Zappelfigur zu Füßen des St. Michael darstelle, gingen die Meinungen schon oft auseinander. »Zum Erzengel Michael gehört der Teufel, und der Drache gehört zum heiligen Georg«, stellte einmal ein Leserbriefschrei-

Diese Zeichnung vom Platz vor dem Perlachturm an einem Turamicheletag um 1750/60 gilt als älteste bildliche Überlieferung des Brauches. Der sinnige Reim dazu: »Es thut so jung als alt gewiß auf den Perlach gehen, den Thurn Micheli und Waldmanns Aff zu sehen.«

ber unmißverständlich fest.[12] Er hatte recht! Der Lyriker Gerhard Riedel löste die Frage 1985 salomonisch: »Das Turamichele besiegt den höllischen Geist, das Böse. Für den einen ist's der Teufel, für den anderen ein Drache.«[13] Doch zurück zur Turamichele-Geschichte: 1752 war der Perlachturm freskiert worden – da mußte auch das Turamichele neu ausstaffiert werden: Der Maler Antoni Dämpfli hat in diesem Jahr »den thurn Micheli fein gefaßt« und der Stadtschneider Johann Bachmair ihn neu eingekleidet.[14]

Michaelitag erstmals um 1750 skizziert

Zur selben Zeit entstand die vermutlich früheste Darstellung des Geschehens auf dem Perlachplatz am Michaelitag: eines der nur als Skizzen vorhandenen, offenbar nie gedruckten Augsburger Monatsblätter von J. D. Nessenthaler.[15] Die flüchtige Tuschzeichnung zeigt Buden und eine kleine Theaterbühne mit Akteuren und im Hintergrund den Perlachturm mit dem Turamichele im Fenster. Ein Affe auf einer hohen Stange neben einer Bude ist ebenfalls bildlich festgehalten. Die etwa zeitgleich in Gedichtform verfaßte und 1768 gedruckte Schilderung des Jahresablaufs in Augsburg, das »Jahreinmal«, meint zum Michaelitag: »G'wiß muß man auf den Perlach gehen, den Thurn-Micheli da zu sehen.«

Ansonsten sind die Berichte über den Verlauf dieses Tages im 18. Jahrhundert sehr spärlich. Ein berühmter Augsburg-Besucher erinnert sich wenigstens des Brauches: Wolfgang Amadeus Mozart fragt in einem Brief aus Salzburg vom 10. Mai 1779 an sein Augsburger »Bäsle« Anna Maria Thekla Mozart: »Lebt's thüremichele noch?« Sie hatte ihm bei einem Besuch wohl davon erzählt, oder er wußte von seinem Vater Leopold Mozart, der als Augsburger Bürgersohn sicher oft am Perlachturm stand und mitzählte, von diesem Brauch. Wolfgang Amadeus weilte nie an einem Michaelitag in Augsburg.[16]

1806: Königliche Regierung verbietet Brauch

»Am Vorabend des Michaelitages und am Feste selbst erschien das sogenannte Thurn-Michele, das noch in neuester Zeit bekannt war«, erklärte wenige Jahre nach der Übernahme der Reichsstadt in das bayerische Königreich ein Chronist[17] einen »derzeit nicht mehr gepflogenen alten Brauch«. Kaum hatten nämlich 1806 die bayerischen Beamten das Sagen, kam das Auftrittsverbot mit dem Bemerken, dieser »kindische Brauch« sei »unwürdig einer aufgeklärten Zeit«. Oder hatten sie Sorge, die Augsburger »Beute-Bayern« könnten im Teufel die neue Obrigkeit sehen und diese symbolisch und mit Genuß von St. Michael abmurksen lassen?

1822 gedruckt: die erste annähernd wirklichkeitsgetreue Abbildung vom »Thurmmichel zu Augsburg«. Die Lithographie sollte damals in Erinnerung bringen, wie das seit 1806 von bayerischen Beamten mit einem Auftrittsverbot belegte Figurenpaar aussieht.

Das Verbot bedeutete 17 Michaelifeste ohne St. Michael und seinen Widersacher. »… das ist ein von Holz gearbeiteter, schön gekleideter und mit einem Uhrwerk auf dem Perlachthurm in Verbindung gesetzter Engel Michael, der einer unter sich habenden Drachen-Figur bey jedem Glockenschlag den Spieß in den Rachen stieß« – so um 1810 die Erläuterung des Turamichele-Brauches.

Im September 1820 baten Augsburger Bürger in einem Schreiben den Magistrat um die Erlaubnis, »daß das erwähnte Altertum am nächsten Michaelitag wieder öffentlich gezeigt werden darf«. Es durfte nicht! Schon 1822 schildert eine mit einer farbigen Abbildung des Turamicheles gezierte Acht-Seiten-Schrift die Turamichele-Geschichte und das Wiedererscheinen.[18] Doch Fehlanzeige – der später als Carl Böheimb identifizierte Anonymus artikulierte darin nur den dringenden Wunsch vieler Augsburger. Er tat es derart realistisch, daß aufgrund dieser Blättchen häufig 1822 als das »Entlassungsjahr« der Figurengruppe aus der Verbannung genannt wird. Doch die Augsburger mußten noch ein weiteres Jahr auf die ersehnte obrigkeitliche Auftrittserlaubnis warten.

1823 siegt St. Michael über St. Bürokratius

Erst 1823 war es soweit, da hatte endlich St. Michael gegen St. Bürokratius gesiegt! Das Wiedererscheinen des von den Klosterschwestern von Maria Stern prächtig neu eingekleideten Turamicheles soll Berichten zufolge ein Festtag für die Augsburger gewesen sein.
Zeitungsberichte zum Michaelitag-Brauch sind im 19. Jahrhundert zwar nicht alljährlich zu finden, doch wenn er einige Zeilen wert ist, dann wird stets von großem Zulauf geschrieben. Interessant ist vor allem, was am 30. September 1847 – einer Zeit großer Kornteuerung – zu lesen war: »… Mehrere meinten, man hätte ihm symbolisch einen Kornkipperer vor die Füße legen sollen,… die Mehrzahl entschied sich dahin, daß der ihm unterlegene schwarze Drache alle Teufeleien vertrete, die das Menschengeschlecht von sich stoßen sollte.«[19] Dies bestätigt, was die bayerischen Beamten Anno 1806 vermuteten und was für Kenner der Mentalität der Augsburger selbstverständlich war: Sie sahen im zappelnden Teufel mal den ungeliebten Steuereintreiber, die aus München gekommene neue Obrigkeit oder sonst einen Mißliebigen, dem der Erzengel Michael seine Lanzenstöße verpaßte.

1860: »Der Kinderwelt gar wichtige Feier…«

Auch der in königlichem Auftrag 1860 verfaßte, als hervorragende sozialgeschichtliche Quelle dienende Bericht des Amtsarztes Dr. Koller über das Leben in Augsburg widmet sich diesem Brauch. »Nicht zu übersehen aber möchte die der Kinderwelt gar wichtige Feier des Michaelitags sein«, in deren Mittelpunkt »die unter Namen Turmmichele weit und breit bekannte und bei der Jugend nicht minder als beim Landvolk seit Jahrhunderten sehr geschätzte Figur« stehe, schreibt Dr. Koller.[20]
Über viele Jahrzehnte änderte sich am alljährlichen Erscheinen des Turamicheles am Perlachturm nichts. Selbst

»Das Turamicha läßt Dich bestens grüßen« schreibt 1898 Vetter Wilhelm auf der humorigen Karte vom Turamichele-Auftritt an seine Kusine in Neuburg. Seriös dagegen gibt sich die Postkarte von 1914 (rechts) mit der Menschenmenge vor dem frisch bemalten Perlachturm.

während des Turmumbaus 1910 – zwei Stockwerke wurden abgetragen und neu aufgebaut und große Flächen bemalt – ist der Auftritt verbürgt. 1914 wird von »außergewöhnlich großer Gratulantenschar an Augsburgs Campanile« berichtet. Der Berichterstatter hat dafür eine »patriotische« Erklärung: »Wer erblickte in diesem sonst so harmlosen Vorgang heuer nicht eine Allegorie auf das große Kriegstheater…? Jener gigantischen Schaubühne, auf der gegenwärtig St. Michael, der Erzengel der Deutschen, im Begriffe ist, den Drachen der Hinterlist, der Tücke und der Bosheit niederzuringen und ihm den Todesstoß zu versetzen.« Eine Augsburger Zeitung rief ihre Leser dazu auf, »heuer einmal recht eindringlich die tiefere Bedeutung des Turmmichele zum Bewußtsein zu bringen«.[21] Die Michaelitage während des Ersten Weltkriegs wurden wie gewohnt mit dem Erscheinen des Figurenpaares von 1616 im Turmfenster begangen. In der Presse herrschten in diesen Jahren kriegs- und notzeitenbedingte Themen vor, und Berichte vom Turamichele sucht man vergeblich. 1919 konnten Zweifler, ob das Turamichele auch in der nunmehrigen Republik tätig werden dürfe, beruhigt werden: »Wie all die Jahre zuvor« habe es zugestochen, ist am Tag danach aus der Zeitung zu erfahren.[22]

1920 ist dem Michaelitag wieder ein längerer Artikel gewidmet.[23] Noch ausführlicher dann die Berichterstattung sechs Jahre später: 1926 wurde die Figur aus Anlaß des ganz groß gefeierten 400-Jahr-Jubiläums des mutmaßlichen ersten Erscheinens wieder farblich aufgefrischt und bekam ein neues Gewand. Ein »arbeitsreiches« Jahr hatte der Erzengel 1930: Er mußte in diesem 400. Confessio-

Augustana-Jubiläumsjahr zwischen Juni und September jeden Sonn- und Feiertag als besondere Attraktion für die vielen auswärtigen Gäste in Aktion treten!

Ab 1933: mit Hakenkreuzfähnchen an der Lanze

Auch nach 1933 wurde an dem Brauch festgehalten. Zehn Jahre lang war da das Turmfenster mit Hakenkreuzfähnchen geschmückt, eines sogar oben an der Lanze befestigt. 1943 fand der letzte Auftritt des 1616 von Murmann geschnitzten Figurenpaares statt.[24] Dazu mußte eigens die ansonsten stillgelegte Perlachturm-Uhr in Gang gesetzt werden. Erst rund 20 Stunden nach den Bombenangriffen in der fürchterlichsten Kriegsnacht in Augsburg im Februar 1944 brannte der untere Teil des Perlachturms aus – und das dort verwahrte Turamichele wurde zum Kriegsopfer. Das Feuer war von einem Nachbargebäude auf das Dach der Peterskirche übergesprungen und von dort – im allgemeinen Chaos unbeachtet – in den Unterbau des Turmes eingedrungen.[25]

1944 und 1945 dachte noch niemand an einen Ersatz für das zerstörte mechanische Kunstwerk. Da herrschte am Michaelitag ungewohnte Ruhe auf dem angesichts von Ruinen und Schutt gespenstisch wirkenden Rathausplatz. Doch am 28. und 29. September 1946 versammelten sich wieder Hunderte auf den Trümmerhügeln rund um den Augustusbrunnen: Auf einem Holzpodest am Perlachturm durften mit der Erlaubnis der Besatzer zwei Menschen zwecks Brauchtumspflege in »kriegerische« Aktion treten: der Ballett-Tänzer Walther Klaß als Michael und seine Partnerin Annemarie Stahl als bei jedem Lanzenstich furchtbar zappelnder schwarzer, gehörnter Teufel. In den beiden folgenden Jahren wiederholten sich diese realistischen Vorstellungen bis zu neunmal je Michaelitag. Am 7. Oktober 1948, wenige Tage nach dem letzten improvisierten Auftritt, kündigte das Amtsblatt an, daß im nächsten Jahr »neue Figuren nach altem Vorbild« im Einsatz sein würden.[26]

1949: »Figuren aus Mensch waren schöner«

Als 1949 erstmals ruckelnd das von dem Kemptener Bildhauer Karl Hoefelmayr geschnitzte und von dem Augsburger Malzfabrikanten Ernst Gebler spendierte neue Turamichele aus dem Turmfenster fuhr und mit jedem Glockenschlag zustieß, sollen manche Kinder enttäuscht gewesen sein: Die Figuren »aus Mensch« hätten ihm viel besser gefallen, meinte ein Drittkläßler in einem Schulaufsatz. Die damals vielen allzu modernen Schnitzwerke sind bis heute alljährlich »im Einsatz«.

Zwei Menschen sind es jedoch noch immer, die den Ablauf mit etwas Muskelkraft und viel Feingefühl bewerkstelligen, und zwar genau nach »Regieanweisung«: Einer öffnet den Vorhang, der andere gibt den Schwung, damit St. Michael mit einer Schulter voran auf Schienen durch das für eine Frontalausfahrt zu schmale Fenster auf das kleine Podest hinausrollt. Dann harrt nach einer Drehung um 90 Grad die Bedienungsmannschaft auf die ins Turminnere übertragenen Glockenschläge, mit denen synchron das Zustechen erfolgen muß. Dies geschieht durch Drehen einer Kurbel, die über Gestänge und Wellen die Lanzenstöße und das Zappeln des Teufels bewirkt.

Die neue Rolle als »Verkaufsförderer«

Die Auftritte werden inzwischen mit »Aktionstagen« und vielem Drumherum werbemäßig vermarktet. Für das Figurenpaar und das dahinterstehende »bewegende« Zwei-Mann-Team artet dies meist in Überstunden auf-

28. September 1942: Mit Hakenkreuz-Fähnchen an der Lanze, aber ohne Stirnreif mit Kreuz, steht das Turamichele zum Auftritt bereit.

Zweimal das Turamichele samt Widersacher. Links (um 1910 fotografiert) die originalen Holzfiguren von 1616, die 1944 im Perlachturm verbrannten. Rechts in ähnlicher Pose Walther Klaß und Annemarie Stahl. Sie ersetzten von 1946 bis 1948 die mechanischen geschnitzten Akteure.

grund von »Zusatzvorstellungen« aus. Denn lediglich – wie althergebracht – einmal am Vorabend des Namenstages und des öfteren am Michaelitag im Turmfenster zu erscheinen, ist in unserer von Umsatzdruck beherrschten Zeit doch etwas zu wenig – angesichts der für das Begleitprogramm getätigten hohen Investitionen.

1997 wird »anläßlich des Turamichele« – wie es in der amtlichen Verlautbarung[27] heißt – am 28. September für ganz Augsburg der bereits dritte Marktsonntag verfügt. Tausende nutzten die fünf verkaufsoffenen Stunden zum »Shopping«, etliche fanden sich auch zur vollen Stunde am Perlachturm ein, um dem Turamichele ihre Reverenz zu erweisen. Jedoch – merkliche Begeisterung über das Kurzschauspiel der zwei mechanischen Figuren konnte nur bei wenigen der 21 Auftritte des »Tura Michele« (so ein Inserat) an den vier Aktionstagen nur selten festgestellt werden. Der Wandel ist unverkennbar: Ein alter Brauch dient in unserer High-Tech-Epoche als Aufhänger zur Umsatzbelebung: Aus dem einstigen Glaubensstreiter St. Michael ist ein Verkaufsförderer geworden…

Der Augsburger Maler Hans Burgkmair zeichnete die Vorlage zu diesem Holzschnitt mit einer Pilgergruppe aus dem Jahre 1509. Die Muscheln am Hut weisen den Mann in der Mitte als Jakobspilger aus. Solche Fernwallfahrer nach Santiago de Compostela machten auch im Pilgerhaus an der Jakobskirche Station. Die Jakobspilger werden oft als die mutmaßlichen Begründer der Jakober Kirchweih bezeichnet.

Die Jakober Kirchweih
Fest und Markt mit ungewisser Frühgeschichte

Als das älteste Augsburger Volksfest wird fast alljährlich Ende Juli die Jakober Kirchweih angekündigt. 400, 600, 800, ja 1000 Jahre werde sie schon gefeiert. Gar im frühen Christentum wollte man schon das erste »kirchweihmäßige Treiben« ansiedeln.[1] So »steigerte« sich im Laufe den letzten sechs, sieben Jahrzehnte in Reden und Veröffentlichungen ihre mutmaßliche Tradition. Doch leider konnten bislang für diese Altersangaben keine historisch stichhaltigen Belege erbracht werden. Die wissenschaftliche Erforschung der Kirchweih-»Frühgeschichte« wurde zwar schon mehrfach angegangen, doch jeweils bald wieder eingestellt – mangels aussage- oder beweiskräftiger Unterlagen. Diese Nachforschungen müßten nämlich zum Nachweis derart früher Ursprünge bei der Einbindung Augsburgs in die vor über 1000 Jahren einsetzende Wallfahrt zum mutmaßlichen Grab von St. Jakob in Santiago de Compostela im nordwestlichen Spanien ansetzen. Der derzeitige Stand der Forschung sowie die Bild-, Schrift- und baulichen »Dokumente« in Augsburg in bezug auf die Jakobsverehrung und -wallfahrt sind im folgenden zusammengefaßt und der belegbaren »Kirchweihgeschichte« vorangestellt.

Wo einst die Jakobspilger rasteten...

Der Bau einer Jakobskapelle, die dem Stadtviertel den Namen gab, wird mit dieser Wallfahrt begründet. Augsburg und speziell die Kapelle vor der Stadt seien Anlaufpunkte von Pilgern gewesen, eine von vielen Raststationen an den grenzüberschreitenden »Jakobswegen«, wie die Pilgerrouten mit Übernachtungs- und Verpflegungsmöglichkeiten nach Nordspanien noch heute genannt werden. Diese Erklärung bezog sich ursprünglich allein auf die frühe Geschichte der Jakobskirche. Erst in unserem Jahrhundert suchte man eine Begründung für eine möglichst lange Tradition der Jakober Kirchweih. In den 1930er Jahren gab's in der Presse dafür folgende Erläuterung: Das Volksfest habe seinen Ursprung im mittelalterlichen Pilgertreffpunkt Jakobskirche, wo zum Festtag des Heiligen am 25. Juli alljährlich viele Wallfahrer zusammengeströmt seien, um zu beten und zu feiern. Daraus habe sich die Jakober Kirchweih entwickelt. So versuchten die unbekannten »Erfinder« die Anfänge der Jakober Kirchweih schlüssig zu erklären.

Sucht man die Kirchweih-Ursprünge in der Jakobs-Wallfahrt, muß tatsächlich weit zurückgeblendet werden: Schon im 9. Jahrhundert zog Santiago de Compostela, wo der Legende nach der Apostel Jakobus der Ältere begraben liegt, die Gläubigen an. Auch aus deutschen Landen treffen um diese Zeit die ersten Pilger ein. Im Laufe des 11./12. Jahrhunderts wuchs diese Wallfahrt zu einer Massenbewegung im gesamten Europa an, war im Rang unter den Fernwallfahrten mit Rom oder Jerusalem gleichzusetzen.[2] Bis zum Ende des 15. Jahrhunderts wanderten Abertausende mit dem langen Pilgerstab in der

Die »Jacobs Brüder« waren im 16. Jahrhundert ein derart geläufiger, teils abwertender Begriff, daß sie Anno 1568 Hans Sachs auf einem Holzschnitt von Jost Amman in sein Ständebuch aufnahm.

Hand und der Jakobsmuschel als Pilgerkennzeichen an der breitrandigen Filzkappe von Stadt zu Stadt, von Herberge zu Herberge in Richtung Compostela, um dort die Vergebung von Sünden zu erlangen, ein Gelübde zu erfüllen oder auch im Auftrag von Wohlhabenden, die sich diese gefährliche Strapaze ersparen wollten.

Anno 1348 eine Jakobskapelle nachweisbar

Der Bau einer Jakobskapelle draußen vor dem »Sträffinger Tor«, das später Barfüßertor genannt wurde, ist im Jahre 1348 schriftlich belegt. Dabei handelte es sich der Forschung zufolge bereits um die dritte Kapelle an dieser Stelle. Dafür gibt es auch Hinweise aus archäologischen Untersuchungen.[3] Ein Vorgängergebäude stand wohl schon im 12./13. Jahrhundert dort. Um 1355 wird die von Palisaden umgebene, im einstigen Schwemmland des Lechs gelegene Kapelle durch eine Kirche ersetzt. Von dieser ist jetzt noch der Chor erhalten.[4]

Bei dieser Kapelle bzw. Kirche trafen sich, so die Überlieferung, die Jakobspilger. An sie dürften die Schlußsteine im Chorgewölbe von 1355 erinnern: Sonne und Muschel sind dort als typische Jakobspilger-Symbole zu sehen. Die Errichtung eines Altenspitals und Pilgerhauses am Lauterlech Anno 1348 durch die Stadt stand auch mit den Wallfahrern in Zusammenhang.[5] Über dort nächtigende Santiago-Pilger läßt sich allerdings aus den ab etwa 1480 erhaltenen Pilgerhaus-Unterlagen nichts ersehen. Daraus geht aber nicht hervor, woher die Beherbergten kamen und wohin sie gingen. Zudem war diese Unterkunft vor allem ein Spital für »arme Bürger und sonderlich Rathspersonen und andere so in der Statt Ämter gewesen und hernach zu Armut kommen«,[6] und erst in zweiter Linie eine Pilgerherberge.

Nach Rom, Loreto, Einsiedeln, Compostela

Ein weiteres Pilgerhaus wurde 1440 eingerichtet, »in welches arme Fremdling unnd Bilgram (von denen es auch den Namen hat) und sonderlich die jenigen, so gen Rom, Compostell, Loretto und dergleichen Heilige Oerther wallfahrten, pflegten auffgenommen zu werden... doch nit lenger dann auff ein Nacht oder zwo«.[7] So berichtet die 1595 gedruckte Welser-Chronik. Vier Betten für fromme »Durchreisende« standen in diesem vom Ehepaar Hirn gestifteten Haus an der Bauerntanzgasse im Lechviertel unterhalb des Judenberges zur Verfügung. Diese »Jakobs-Brüder« des 16. Jahrhunderts sind in zwei Beispielen in Augsburg erhalten: Hans Burgkmair lieferte die Vorlage zu einem 1508 erstmals gedruckten Holzschnitt, der eine kleine Pilgergruppe zeigt. Einer davon ist dank der Jakobsmuscheln am breitkrempigen Hut als

In der Basilika St. Ulrich und Afra steht diese als Pilger gewandete Terrakottafigur des Apostels Jakobus d. Ä. aus der Zeit um 1590.

»Jaköbler« zu identifizieren.[8] In der Ulrichsbasilika ist die zwischen 1586 und 1591 entstandene Terrakotta-Figur des Apostels Jakobus d. Ä. im muschelgeschmückten Pilgergewand zu sehen.[9]

Daß eine dem heiligen Jakob geweihte Kapelle bzw. Kirche und Pilgerhäuser außerhalb der Kernstadt lagen, hatte triftige Gründe: Man wollte die »Jakobiten« wie auch andere Pilger nicht allzugern in der Stadt haben, befürchtete die Einschleppung von Krankheiten. Schließlich befand sich unter den Fernwallfahrern auch allerhand zweifelhaftes Volk. Bettler und Diebe nutzten gern das Pilgergewand als Tarnung. Wie viele in den Pilgerhäusern oder in anderen Herbergen nächtigten, ist nirgendwo verzeichnet. Die bisherigen Erkenntnisse über die Bedeutung Augsburgs im internationalen Pilgerwesen früherer Jahrhunderte weisen die Stadt vor allem als Treffpunkt von Rom- und Einsiedeln-Pilgern aus.[10]

Augsburg war nur ein »Nebenrastplatz«

Eine in jüngster Zeit gefertigte Karte mit den historischen deutschen Pilgerrouten nach Santiago de Compostela bezieht Augsburg in die Wallfahrerstrecke als Rastpunkt zwischen Nürnberg/Eichstätt und Benediktbeuern und auf einem Querweg zwischen Ulm und München mit ein.[11] An einer Hauptroute lag Augsburg jedenfalls nicht, die großen Pilgerströme erfaßten die Lechstadt nie. In historischen gedruckten Pilgerführern sucht man Augsburg vergeblich.

Eine wissenschaftliche Untersuchung über die zwischen 1600 und 1620 Augsburg passierenden Pilger, die beim Domkapitel vorsprachen, bestätigt dies.[12] In dieser Zeit suchten Hunderte bei dieser geistlichen Institution, die eine von vielen »Schnorrmöglichkeiten« darstellte, um ein »Viacum« – eine finanzielle Unterstützung bei der Wallfahrt – nach. Die meisten gaben Rom oder Loreto in Italien als Ziel an. Bei 16 ist in einer Zeit, als Santiago nicht mehr sehr gefragt war, dieser spanische Wallfahrtsort in den Rechnungsbüchern eingetragen.

An die auf die Jakobspilger begründeten mutmaßlichen Ursprünge der Jakober Kirchweih, die heutzutage so feuchtfröhlich-weltlich verläuft, erinnert man inzwischen wieder verstärkt von kirchlicher Seite. Die evangelische Pfarrei St. Jakob und die katholische von St. Max sind bei der Kirchweih-Eröffnung präsent, veranstalten spezielle Gottesdienste und Aktionen wie Lichtbildervorträge, Konzerte und 1996 das Freiluft-Spiel »Aufbruch nach Santiago« und 1997 eine Kurzwalllfahrt.[13]

1415: Kirchweih-Feiern nicht im »Kirchhoff«

Die inzwischen x-mal angeführte vielhundertjährige Kirchweih-Tradition ist – wie geschildert – lediglich vom recht vagen Wissen um die Jakobswallfahrt im allgemeinen abgeleitet. In Augsburg selbst ist die Jakober Kirchweih bislang durch schriftliche Überlieferung in der Zeit vor 1750 nicht belegbar. Es gibt zwar bereits Anno 1415 und 1422 Ratsbeschlüsse zu Kirchweihen,[14] aber leider ist darin nur jene zum St.-Ulrichs- und zum St.-Afra-Tag ausdrücklich genannt. Ansonsten heißt es dort unter anderem, daß während der Kirchweihen in jedem Haus ein Zuber mit Wasser bereitstehen müsse und niemand einen Fremden beherbergen dürfe. Außerdem verfügte der Rat 1415, »das man auf den Kirchhoffen (= Friedhof um die Kirche) noch andern geweihten Statt« während der Kirchweihen weder verkaufen noch kaufen noch sich dort zum Feiern niederlassen dürfe.

Der Bierausschank bei der St.-Veits-Kirchweih (die Veitskapelle stand am Fronhof) wurde im 17. Jahrhundert erwähnt – einen Hinweis auf eine Kirchweihfeier bei St. Jakob sucht man zu so früher Zeit vergeblich. Dabei ging der St.-Jakobs-Tag des Jahres 1485 sogar in eine Augsburg-Chronik ein: »Ist der ganze Lech mit dem ganzen Fluß in den Arm des Lechs, der durch die Jakober Vorstatt läuft, geloffen«, heißt es da. Wer in die Jakobskirche wollte, mußte bis zum Nabel im Wasser waten, vermerkt der Schreiber unter anderem.[15] Sollte da ein Kirchweihfest geplant gewesen sein – die Chronik erwähnt nichts davon –, fiel es buchstäblich ins Wasser.

Eh der Julius geht vorbey, ist auch Jakobi Kirrewey

Lange muß man warten, ehe in der Augsburg-Literatur eine Nachricht über die Jakober Kirchweih auftaucht. Erst in der 1768 erstmals gedruckten, in Reimform gehaltenen Schilderung des Jahresablaufs wird sie genannt: »Eh der Julius geht vorbey, / ist auch Jakobi Kirrewey. / Da kauft man in der Vorstadt ein / Obst, Enten, Hühner insgemein. / Und wer mit Geld versehen ist, / nimmt wenigst noch Lavendel mit.« Diese sechs Zeilen lassen auf eine bereits vorweisbare Tradition und einen großen Bekanntheitsgrad der Jakober Kirchweih schließen. Daß damit auch ein Markt verbunden war, ist durch das zumindest teilweise aufgeführte Sortiment belegt.

Sicher wurde die Jakober Kirchweih seit alters stets am St.-Jakobs-Tag, dem 25. Juli, und am Tag danach gefeiert – egal, welche Wochentage dies waren. Kirchweihen waren unverrückbare Daten und keine »Sonntagsfeste«. Als 1772 Bayerns Kurfürst bei Papst Clemens XIV. für seinen Herrschaftsbereich – wozu Augsburg ja damals nicht zählte – eine erhebliche Reduzierung der kirchlichen Feiertage erreichte und diese auch durchsetzte, blieben in Altbayern die Kirchweihen noch ausgenommen.[16] Doch bei der Verschärfung des Gesetzes »die abgewürdigten Feyertäge betr.« Ende 1801 hieß es unter anderem: »Alle Kirchweihen sollen nunmehr an den Sonntagen statt haben.« Das wirkte sich vorerst nur auf das bayerische Lechhausen aus. Ab 1. Januar 1806 wurde auch Augsburg bayerisch, doch als König Max noch im selben Jahr die Einheitskirchweih am 3. Oktobersonntag verfügte, galt das nur für seine alten Erblande Ober- und Niederbayern – die neu gewonnenen Gebiete wie die ehemalige Reichs-

Grußkarte von der Jakober Kirchweih, geschrieben im Jahre 1900. Typische Kirchweih-Schmankerln dienen als Zierat.

stadt Augsburg ließ er mit dieser Regelung ungeschoren, hier sollte nicht gleich weiterer Ärger ausgelöst werden. Für die Jakober Kirchweih blieb folglich der Jakobitag das maßgebliche Datum.

Kirchweih nur noch sonntags

Dann passierte etwas, was im obrigkeitsstaatlich regierten Königreich Bayern eine Ausnahme bilden dürfte: Das »Kirchweihgesetz« wurde 1813 revidiert, »um die Verschiedenheit zu beseitigen«, wie es in der kurzen Verordnung heißt. Was war geschehen? Nur wenige altbayerische Orte hatten ihren althergebrachten Kirchweihtermin fallengelassen und den Allerweltstermin im Oktober akzeptiert. Die meisten verweigerten die Verlegung der seit Urväters Zeiten den dörflichen Jahreslauf mehr als jeder Kalender prägenden Kirchweih. Es gab Unruhen mit Polizeieinsatz. Zudem durften ja in Schwaben und Franken die Kirchweihen übers Jahr verteilt begangen werden.

Jedenfalls sah sich die bayerische Regierung genötigt, die Verordnung von 1806 aufzuheben »und zu gestatten, daß die Kirchweih an dem herkömmlichen Kirchweihtage, und wenn dieser ein Werktag sein sollte, an dem nächst vorhergehenden Sonntage gefeiert werde«. Letztere Bestimmung war auch für die Jakober Kirchweih maßgebend: Offiziell mußte also am Sonntag vor dem 25. Juli gefeiert werden – tatsächlich war sie aber meist nach diesem Datum angesetzt. 1822 beispielsweise war dies der 28. Juli. Und obwohl im Gesetz nur von einem Tag Dauer geschrieben wird, kündigen Zeitungsanzeigen für Sonntag und Montag Tanzmusik in einigen Vorstadtwirtschaften an. So ist es auch 1823 und weiterhin.[17]

Gemüse, Rettiche, Blumen an vielen Ständen

Die Wirte der Jakobervorstadt steckten offenbar 1838 hinter einer Verschiebung um eine Woche. Ein Zeitungsschreiber äußert sich nämlich schadenfroh,[18] denn den Kirchweihsonntag dieses Jahres verregnete es total. »Das sind nun die Folgen der Verlegung. Oder meint ihr, es ist dem Herrn Taufpaten von der ganzen Vorstadt einerlei, wann man seinen Namenstag feiert? Habts schon gesehen, er hat euch zur Strafe die Kirchweih mit Regen und nochmals mit Regen ordentlich getauft und gebadet!« Dieser Bericht schildert die Kirchweih Anno 1838. Danach gab es Stände mit mächtigen Jakobi-Rettichen, Krautköpfen, Blumenkohl und »anderen solchen exotischen Gewächsen. Eine Orangerie von Stachel- und Erdbeerstauden in Gartenscherben, eine Menge blühender Geranien, wirklich schöne Oliander, die nebst mehreren Nelken, einigen Wachsblumen und Hortensien die Zierde des Blumenflors ausmachten.«

Es sei zwar in den Wirtschaften viel getrunken worden, Wachen und Patrouillen hätten aber dafür gesorgt, daß die »Illuminanten« nicht durch Händel oder gar Tätlichkeiten die allgemeine Gemütlichkeit störten. »Die Speisen und Getränke waren im allgemeinen gut, nur waren hie und da die Manieren der Bedienenden etwas Münchnerisch und manchmal sogar extra-Münchnerisch«, merkt der Berichterstatter weiter an, was offensichtlich 1838 ein sehr abwertendes Urteil darstellte.

Immer wieder sind es Zeitungsinserate und -berichte, die das Nacherleben der Kirchweih im 19. und 20. Jahrhundert ermöglichen. Ob 1846, wo vier Wirtschaften jeweils für Sonntag und Montag Tanzmusik versprechen, oder in anderen Jahren. 1847 wird ein vielzeiliges Gedicht »Die Jakober Kirchweih« abgedruckt.[19] »Laut jauchzt das Volk, es wimmelt in den Straßen, / der Vorstadt Kirchweih ziehet mächtig an... / Ein schöner Blumenmarkt stellt dar sich unsern Blicken, / an ihm dann reihen sich die Buden mit Gemüs. / Die Gärtner stellen aus nur Exemplar von Früchten, / die Rettige besonders, die spielen eine Roll, / es prangt der Kolrabi in himmelhohen Schichten, / so wie auch Kopfsalat und Blumenkohl.«

Extravorstellungen im Theater am Lauterlech

Auch das bis 1876 mitten im Kirchweihgeschehen liegende Augsburger Stadttheater am Lauterlech war während der Kirchweihtage für Extravorstellungen während der ansonsten spielfreien Sommermonate genutzt. Die Zeitungen vermerken des öfteren solche »Kirchweihvorstellungen«, wie beispielsweise 1808: »Heute, Montag, den 25. Juli, wird auf dem hiesigen Theater eine noch nie gesehene große heroische Oper in 3 Aufzügen aufgeführt: Lodoiska. Die Musik ist von Cherubini.«[20] 1852 führten die vier Kinder »des Herrn C. Alex. von Kaler vom hiesigen Theater« an zwei Tagen vier Possen (»mit reichlich Beifall des spärlich versammelten Publikums«)[21] auf. Ebenfalls 1852 gab für die Kirchweihgäste das Marionettentheater im Holeischen Hof in der Jakobervorstadt das Drama »Der bayerische Hiesel« zum besten. Auch reisende Ensembles vermerkt die Theaterchronik Ende Juli 1851 (»zwei Vorstellungen, mit Glück«), 1853 (»ohne pekuniären Erfolg«) sowie 1856 und 1858. Es spricht für die Zugkraft der Kirchweih, wenn Schauspieltruppen auf einen Besucherstrom setzten und einen Teil davon an den Biergärten vorbei ins Theater zu locken suchten.

1854: Nur noch Einheits-Kirchweih im Oktober!

Im Februar 1854 wird eine äußerst unpopuläre Verfügung (siehe Faksimile links unten) der in Augsburg residierenden Regierung von Schwaben und Neuburg in den Amtsblättern bekanntgemacht: Die Kirchweihen während des Jahres werden im gesamten Regierungsbezirk verboten und die »Einheitskirchweih« am 3. Oktobersonntag eingeführt! Davon ist selbstverständlich auch die Jakober Kirchweih betroffen. Dieser Erlaß ist die endgültige Durchsetzung der 1806 für Teile des Königreichs verfügten, 1813 wieder zurückgenommenen »Allgemeinen Kirchweih«. Diese Kirchweihen zu unterschiedli-

Der Regierungs-Erlaß vom Februar 1854 bestimmte: Alle weltlichen Kirchweihfeiern werden auf den dritten Oktober-Sonntag verlegt. Inserate von 1854 (rechts) bestätigen, daß die Jakober Kirchweih »getarnt« als »Jakobi-Markt« oder »Kohlrabi-Fest-Markt« überlebte.

chen Terminen blieben jedoch allen Arbeitgebern vom Großbauern über den Handwerksmeister bis zum Fabrikherrn und der Ministerialbürokratie wegen »Mangel an Ordnung, Sittlichkeit und Sparsamkeit« ein Dorn im Auge. So wurde in den Landtagen zwischen 1829 und 1834 mehrmals der vergebliche Versuch einer Vereinheitlichung unternommen, dem 1853 eine entsprechende Verfügung des bayerischen Innenministeriums für die nachgeordneten Behörden folgte. Diese ministerielle Anordnung wurde erst 1862 durch ein etwas abgemildertes, Ausnahmen zulassendes Gesetz sanktioniert.

Kirchweih-Erlaß seit 1854 im Umland wirksam

Die Verkündung der »Kirchweih-Erlasses« in den Regierungsblättern im Februar 1854 löste auf den Dörfern wie in Augsburg heftigsten Widerspruch aus. Alle damals selbständigen Orte in Augsburgs Umgebung mit ihren bislang über Sommer und Herbst verteilten Kirchweihfesten sollten also ab 1854 am 3. Oktobersonntag um die traditionell vielen Gäste aus der Großstadt konkurrieren? Bis dahin hatte Lechhausen am letzten Juni-Wochenende (jeweils einschließlich Montag), Oberhausen am ersten Juli-Sonntag, Göggingen um den 15. September, Gersthofen eine Woche zuvor und Pfersee am ersten Sonntag im Oktober Kirchweih gefeiert.[22] Jedes andere Dorf hatte ebenso seinen althergebrachten ureigenen Kirchweihtermin, zu dem viele Gäste aus den Nachbarorten vor allem zum Tanz kamen.

Weder im schwäbischen noch im bayerischen ländlichen Raum hatte die Bevölkerung eine Chance, sich dem Befehl der Kreisregierung zu widersetzen. Diese hatte eine einschneidende Handhabe: Kirchweih bedeutete althergebracht Tanz an zwei Tagen – dazu wurde 1854 nur noch an besagtem Termin im Oktober die Erlaubnis erteilt. Außerdem war der katholische Klerus auf die amtliche Verfügung eingeschworen und mußte kirchlicherseits mitziehen. Auf dem Land gehörte also die traditionelle »Individual-Kirchweih« der Vergangenheit an. Das bestätigen fortan die Einladungsinserate der Wirte in den Landgemeinden zum dritten Oktobersonntag, »als dem Allgemeinen Kirchweihfeste«.

Trickreiche Rettung eines »Jakobi-Marktes«

In Augsburg ging man trickreich beim Versuch der Bewahrung des Termins der Jakober Kirchweih – der einzigen im Stadtbereich so groß gefeierten – zu Werke. So darf im nachhinein mit Recht festgestellt werden. Die Presse hatte keine Einflußmöglichkeiten, sie hatte zu solch unpopulären Regierungsentscheidungen zu schweigen! Doch vorsichtig formulierte Leserbriefe enthüllen, daß es vielfache Einsprüche gegeben haben muß. Auf jeden Fall mußte das katholische Pfarramt von St. Max – nicht die eigentlich betroffene evangelische St.-Jakobs-Pfarrei – ein Gutachten über Ursprünge und Wesen der Jakober Kirchweih für amtliche Stellen anfertigen.[23] Es scheint sehr klug formuliert gewesen zu sein und rückte wohl die lange Tradition des großen Gemüse- und Blumenmarktes in den Vordergrund – nicht die Kirchweih-Festivitäten. Diesen Schluß läßt die danach ergangene amtliche Erlaubnis für einen »Marktsonntag« um den 25. Juli in der Jakobervorstadt zu.

Markt ohne Tanz, ohne »Kirchweih«...

Die am 21. Juli 1854 veröffentlichte, unkommentierte Mitteilung lautet nämlich: »Hinsichtlich der Feier der Jakober Kirchweih ist nunmehr von Seite Kgl. Regierung der Entscheid erfolgt, daß zwar der Viktualien- etc. Markt stattfinden darf, gewöhnliche Kirchweih-Feierlichkeiten und Lustbarkeiten aber verboten wurden. Die Kirchweihe soll mit den übrigen am dritten Sonntag im Oktober gefeiert werden.«[24] Die Folge: Das Wort Kirchweih ist um den 25. Juli herum tabu, nur noch »Musikalische Darbietungen«, »Harmonie-Musik« oder »Große Musik« werden ohne Hinweis auf den traditionellen Grund für Sonntag/Montag, 23./24. Juli 1854, in der Jakobervorstadt in Inseraten angekündigt! Jegliches Tanzvergnügen unterbleibt. Nur eine Brauerei wagt es, von einer »Jakober Fest-Feier« zu schreiben.

Den dritten Oktobersonntag, das sogenannte »Allgemeine Kirchweihfest«, boykottierten die Brauereien und Wirte der Vorstadt. Nirgendwo findet eine Kirchweihfeier statt! 1855 und 1856 wird nur vom »Jakobi-Markt« geschrieben und lediglich vom Blumen- und Gemüsemarkt berichtet. Doch zwei Jahre nach dem Kirchweihverbot durfte bei »Jakobi-Marktfeste« wieder getanzt werden – und zwar Sonntag und Montag wie ehedem. Bestes Essen und Trinken war ebenso angekündigt, nur das Wort »Kirchweih« vermied man noch.

Der Zeitungsnachbericht deutet dann an, daß »höchste« Mächte die Hand über das Traditionsfest gehalten hatten: »Dem gestrigen ersten Tag des Jakober-Festes – dessen in diesem Jahre wieder unverkümmert gebliebene Abhaltung die Betheiligten dem weisen Entscheide höchster Stelle verdanken – war besonders in den Vormittags-Stunden der Himmel so hold, daß sich die hier althergekömmliche Lust an diesem Tage zur Befriedigung aller derer offenbaren konnte, welche für Volkslust Sinn haben und den evidentesten Erscheinungen des Volkslebens Aug und Ohr nicht absichtlich verschließen wollen.«[25] Offensichtlich hatten sich einflußreiche Augsburger Per-

Gruß von der Augsburger Jakoberkirchweih

Grußkarte von 1921 zur ersten Kirchweih nach dem Krieg 1914/18.

sönlichkeiten mit dem Ersuchen um Erhalt der Jakober Kirchweih an Minister oder gar an das königliche Haus gewandt. Von dort kam eine Ausnahmegenehmigung, die den Fortbestand sicherte.

1860: »... ein Fest des protestantischen Augsburg«

Nach 1857 wird erst sporadisch, dann allgemein wieder von der Jakober Kirchweih geschrieben. Diese Bezeichnung verwendet auch ein amtlicher Bericht aus dem Jahre 1860, verfaßt im Auftrag von Bayern-König Max II.[26] Das protestantische Augsburg habe neben dem Friedensfest »das Jakober-Kirchweih-Fest, ursprünglich wohl das Patrozinium der St. Jakobskirche. Es wird alljährlich am nächsten Sonntag nach dem 25. Juli gefeiert. In der Früh Festpredigt in der St. Jakobskirche, sodann eine Art Jahrmarkt in der Jakobs-Vorstadt, namentlich für Gemüsegärtner, die hier nicht selten Prachtexemplare ausstellen. Viele Buden mit Kinderspielwaren, dann Karussells und Marionettentheater für die Kinder, Tanzmusik in allen Gast- und Wirtshäusern der Vorstadt und Scheibenschießen in der Rosenau.«

Zu Dauer und Feiergewohnheiten bemerkt der Bericht: »Das Ganze dauert indes nur den Sonntag und ist besonders am Nachmittag und Abend eine ungemein große Frequenz in diesem Stadtteile bemerkbar. Bei dieser Gelegenheit werden von den Vorstadtbewohnern Freunde und Verwandte aus anderen Stadtteilen eingeladen und verbringen bei mehr oder weniger wohlbesetztem Tische die Zeit, wobei früher wenigstens das sogenannte Kirchweihmus (Reismehlbrei mit Rosinenwasser und Mandeln versetzt) nie fehlen durfte.« Die genannte, durch Kupferstiche vielfach bildlich überlieferte »Rosenau« mit gleichnamiger Wirtschaft und Schießständen lag außerhalb der Stadtbefestigung an der Oblatterwallstraße (nicht zu verwechseln mit dem Rosenaufeld zwischen dem Rosenauberg und der Wertach).

Bei der Dauer scheint der Verfasser, der Augsburger Bezirksgerichtsarzt Dr. Koller, bei seinem Bericht die Feierfreudigkeit der Augsburger untertrieben zu haben. Es kann ihm nicht entgangen sein, daß die Kirchweih nicht mal auf Sonntag und Montag beschränkt blieb. Darauf weist unter anderem ein Inserat vom Dienstag, 27. Juli 1858.[27] Der Branntweiner Chr. Ziegler im Jägergäßchen zeigt darin an, daß »heute abend, zum Abschied vom Jakobi-Markt, Garten-Musik« bei ihm sei.

Die »Gautsche« oder »Schogge« gehört dazu

Das 1864 gedruckte »Schwäbisch-Augsburgische Wörterbuch« führt zum Stichwort Jakober Kirchweih aus: »Ein echtes Augsburger Volksfest, wo besonders seit Alters die Gärtner ihre besten Produkte, besonders Riesenrettiche, liefern. Die Gautsche oder Schogge darf nicht vergessen werden, an der die Jungen und die Alten ihre Freude haben.«[28] Dieses »Vergnügungsgerät« ist die Frühform der Schiffschaukel, die fortan zur Kirchweih gehörte wie das Bier. In den zahlreichen Augsburger Zeitungen läßt sich die Kirchweihgeschichte verfolgen. 1880 ist ein Vorziehen des Beginns auf Samstagabend feststellbar. Das belegt ein Inserat der Brauerei Stötter am Lauterlech[29]: Sie lädt am Samstag ab 19 Uhr zur »Vorfeier mit Musik-Produktion« ein. Sonntag ist ab 10 Uhr »Concert«, ab 16 Uhr »Großes Concert« und abends Feuerwerk, am Montag ab 15.30 Uhr wiederum »Großes Concert« (Faksimile auf Seite 175 unten). »Es war ein ächtes und gerechtes Kirchweihleben«, kommentiert danach das Augsburger Anzeigblatt.

Manche Kirchweih-Grüße vermitteln fotografische Wirklichkeit. Die kolorierte Karte (oben) wurde 1909 gedruckt, die untere 1910.

Witzig war Anno 1908 (oben) genauso beliebt wie schon Anno 1906, wo die untere Karte in bierseliger Stimmung geschrieben wurde.

»Der Pulsschlag des biederen Augsburgers geht wieder höher, stehen wir doch 3 Tage lang wieder unter dem Zeichen der Jakober Kirchweih, und dieses Zauberwort elektrisiert nach wie vor die breitesten Massen der Einwohnerschaft«, ist 1904 in der Presse zu lesen.[30] Der Schreiber meint, daß »dieses schwäbische Volksfest in der überlieferten Form vielen Anforderungen unseres ernsteren Zeitalters nicht mehr entspricht«, doch für viele bedeute es den »Mittelpunkt der Gemütlichkeit«. Wer Gedränge und Lautstärke liebe, sei dort gut aufgehoben. Um diese unterschwellige Rüge wegen allzuviel Bier, Schmausen und lautstarker Musik zu verstehen, muß der Unterschied zum Plärrer damaliger Zeit verdeutlicht werden: Letzterer war alkoholfrei und lediglich ein »Schau- und Erlebnis-Volksfest«. Im Gegensatz dazu standen bei der Jakober Kirchweih stets das Kulinarische, extra gebrautes, mindestens sechs Monate gelagertes Bier, Tanz und Gaudi jeder Art im Mittelpunkt.

Bier unterm Zeltdach schon um 1900

Daß sie auch 1904 ein Eß- und Trinkfest war, ist wiederum an den vielen Inseraten ablesbar: Konzerte, Tanz, »Gaudium«, »prima Stoff«, Nudeln, Küchlen und gar Feuerwerk versprachen rund 20 Anzeigen verschiedener Brauereien und Wirtschaften. »Polizeistunde« war übrigens um 21 Uhr! Noch 1909 wurde ein Gesuch um eine Stunde Verlängerung von der Obrigkeit abgelehnt. Zuviel Betrunkene und »exzessive Elemente« würde das Vorstadtfest sonst anlocken und die Tätigkeit der Aufsichtsorgane erschweren, hieß es in der Begründung.

Eine ganz private Beurteilung enthält ein Kirchweihgruß Anno 1906 einer jungen, offenbar vom Land stammenden Frau an ihre Freundin in der Heimat: »Auch Euch möchte ich eine Karte von der Kirchweih schicken. Es dauert dieselb zwei Tage und ist da so ein Treiben wie auf einem Markt ähnlich. Es ist da nämlich Gemüse-Ausstellung und werden auch Preise verteilt. Der Gärtner neben mir hat den I. Preis erhalten.« Eine andere Postkarte vom 25. Juli 1909: »Heute ist hier die Jakober Kirchweih, da ist es zünftig!« Es gibt ab etwa 1895 etliche Kirchweihkarten mit Fotos und mit »witzigen« Zeichnungen. Die Frage »Seit wann gibt es Bierzelte auf der Kirchweih?« kann unter anderem mittels der rechts oben wiedergegebenen, 1902 verschickten Bildpostkarte beantwortet werden. Unter Zeltdächern über einem Holzgerüst ist ein Musikerpodium aufgebaut, und viele Gäste haben unter diesem offensichtlich provisorischen Dach Platz genommen. Man verließ sich also schon zur Jahrhundertwende nicht mehr nur auf das schöne Wetter! Das belegt auch das rechts wiedergegebene Inserat der

Die erste Abbildung von Zeltdächern auf einer Postkarte von 1900.

Brauerei Lorenz Stötter von 1914.[31] »Im dekorierten, zeltüberdachten Hofe der Brauerei« werde gefeiert, heißt es da. An anderer Stelle wird von »geschmückten Hallen« geschrieben. Fotos aus den dreißiger Jahren überliefern solche Hofüberdachungen, die bis zum Zweiten Weltkrieg üblich waren.

Üppige Kirchweihfeier vor Kriegsausbruch 1914

Die Zeitungsanzeigen von 1914 verraten noch mehr: Schon für Donnerstag abend kündigt Fortunabräu eine »Bierprobe mit Ausschank meines allgemein bekannten Kirchweih-Export-Bieres« an. Samstag abend, Sonntag und Montag waren dann die üblichen Feiertage. Doch taucht bereits in diesem Jahr der Begriff »Jakober-Nachkirchweih« auf: Dazu und zum »letzten Ausschank des Stötterschen Kirchweihbieres« lädt der Restaurateur Georg Fink bei »fideler Biermusik« nämlich am nachfolgenden Sonntag, 2. August, ein. Ob diese Nachfeier tatsächlich stattfand, ist zweifelhaft, denn am Tag zuvor begann der Erste Weltkrieg. Dies zog ein sofortiges Absetzen von Musikunterhaltungen nach sich.

Die Vorzeichen für eine ungetrübte Kirchweih waren 1914 ungünstig: Ein Hagelunwetter vernichtete eine Woche vor Beginn einen Großteil der für das Fest bestimmten Gärtnerwaren. Eine sonst übliche Prämierung der schönsten und größten Rettiche, Kohlrabi, Gurken mußte unterbleiben. Kaum 20 der 116 Augsburger Gärtner konnten überhaupt ausstellungswürdige Produkte präsentieren. Für den Verbrauch konnte dennoch genügend angeboten werden. Blumen jedoch gab's in der üblichen Vielfalt: Palmen, Hortensien, Fuchsien, Knollenbegonien und Heliotrop sind genannt. Der Wochenmarktbericht registriert eine »lebhafte Nachfrage für Eier, Butter und Schmalz zu Kirchweihbäckereien«. Und die Gastwirte hätten die zahlreich angebotenen Gänse und Enten zu ziemlich hohen Preisen für die Jakober Kirchweih aufgekauft.[32]

Am Samstagabend waren all jene Wirtschaften, in denen Konzerte stattfanden, dicht besetzt, berichtet die Zeitung. Und weiter: »Am Sonntag gestaltete sich der Verkehr zu einem ganz riesigen, und es kostete Mühe, in einer der zahlreichen Wirtschaften einen Platz zu erobern.« Nudeln, Kücheln, »Salzspitzeln in der Größe eines Spazierstocks«, Radi, Rostbratwürste, Gänse und Enten seien reißend weggegangen. »Die Schiffschaukel- und Karussellbesitzer, die fliegenden Stände wie auch die zahlreichen Obsthändler machten glänzende Geschäfte.«

Am Hauptfesttag, dem Sonntag, beherrschte vor allem das »altbayerische Landvolk in seiner schmucken Sonntagstracht« die Szene, am Montag kamen mehr die Augsburger und natürlich die Vorstädter selbst in die Wirtschaften. »Den Unterhaltungsstoff bildete selbstverständlich allerorts der österreichisch-serbische Konflikt. Nachdem verschiedene Extrablätter erschienen waren, welche den Krieg immer näher rückten, entstand eine gehobenere Stimmung«, berichtet eine Zeitung noch am Montag, den 27. Juli 1914. Wenige Tage später war's dann soweit, und die in Überfluß gefeierte 1914er Kirchweih sollte für etliche Jahre die letzte gewesen sein.

1915 bis 1921: Sechs kirchweihlose Jahre

Von 1915 bis 1920 sucht man Kirchweih-Berichte nämlich vergeblich: Der Krieg und die anschließende Notzeit mit Zwangsbewirtschaftung und geringstmöglicher Zuteilung der meisten Lebensmittel, Malzrationierung und weiteren Beschränkungen hatten ein Feiern unmöglich gemacht. Die Situation Ende Juli 1920 gibt eine wehmütige Schilderung wieder:[33] »Jakobisonntag – einst Inbegriff alles Köstlichen für jene, die da leben, um zu essen und zu trinken! Und heuer? Der Menschheit ganzer Jammer spricht aus den Gegensätzen, die sich den Augsburgern auftun. Er kann sie nun einmal nicht vergessen, die schönen Jakobitage mit ihren Körben voll Brezen, ihren Schüsseln voller Weißwürstel und den dickleibigen Fässern. Nichts war! Dünnbier, Lebensmittelmarken, Marmeladenzuteilungen! Wuchergerichte tagten…«

1921 taten sich etwa 250 Jakobervorstädter zusammen und riefen inmitten schlimmster Inflation mit viel Bangen ums Gelingen erneut zur Feier ihres ureigenen Vorstadtfestes. Ein kleiner Umzug wurde veranstaltet, die Gärtner präsentierten ihre Erzeugnisse, einige Fieranten waren da, die Wirte und Bräuer taten ihr Möglichstes, um wieder trinkbares Bier und einige Schmankerl auf den Tisch zu bringen. Sie alle wurden nicht enttäuscht: Die Menschen strömten wie ehedem in die Vorstadt! Mit diesem Neubeginn wurde eine neue Epoche in vielfacher Hinsicht eingeleitet: Da gab's 1923 nicht nur die erste Eisdiele, 1924 wurde eine neue Kirchweihstandarte beim Einzug vorangetragen (sie verbrannte 1944), auch große Zelte zählten fortan zur festen Einrichtung.

1926: Eine Größe wie nie zuvor!

»Eine Größe, wie sie in der Vorkriegszeit nie erreicht wurde«, hatte 1926 die Kirchweih laut Presseberichten[34] angenommen. Buden und Karren mit Obst, Schokolade, Süßigkeiten, Ballons füllten den Lauterlech und die Gärtner-Stände, Schiffschaukeln und Karussells eine Seite der Jakoberstraße und den Jakobsplatz. Und der »Feier-Funke« ist auf das folgende Wochenende übergesprungen.

Zwei Neuerungen dokumentiert das Inserat von 1914: Im »zeltüberdachten« Hof soll erstmals »Nachkirchweih« gefeiert werden.

Kirchweih 1938: So hoch schaukeln wie das Jakobertor konnte man zumindest optisch an der Schiffschaukel auf der Jakoberstraße.

Die Schilderung des Kirchweih-Ablaufs in den endzwanziger und den dreißiger Jahren kommt »aus erster Hand«: Margot und Lotte, die beiden Töchter des Wirtes »Zum Goldenen Stern«, Meinrad Zettler (Pächter von 1928 bis 1939), am Anfang der Rosengasse und ihr Nachbar Wilhelm Wagner[35] verbrachten ihre Kindheit im Zentrum des alljährlichen Kirchweihgeschehens. »Mit dem Zelt- und Karussellaufbau begann für uns die Kirchweihzeit – das war eine lange erwartete Zeit«, blicken alle drei zurück. Während für den damaligen Bub das grob gezimmerte Musikerpodium im Zelt des Gartens vom »Goldenen Stern« aufgrund dort vor Festbeginn ausgetragener »Ringschlachten« unter den dick behandschuhten Kindern unter Anleitung des Augsburger Boxmeisters Heidenreich in Erinnerung blieb, war für die beiden Wirts-

töchter der Zeltabbau entschieden wichtiger: »Unter den Lattenrosten des Zeltbodens fanden wir so viel im Trubel durchgefallenes Kleingeld, daß für uns beide ein reichliches Taschengeld zusammenkam.«

Zwei Bierzelte gehörten zu Ende der zwanziger Jahre zur Kirchweih – das größere im Garten des »Goldenen Sterns«, einer der bekanntesten Wirtschaften der Jakobervorstadt. Sie wurde 1944 zerbombt. Ein kleineres Zelt war auf dem Gelände der Fortuna-Brauerei von Georg Streit im Kurzen Sächsengäßchen unter Mitbenützung von Gebäudewänden aufgebaut. Die »Janitscharen«, eine 30-Mann-Blaskapelle, spielten im »Stern«-Zelt auf, elf Bedienungen sorgten für Bier, Würstchen, Göckel oder Schweinsbraten. »Oder die Leute brachten sich Rettiche von den Gärtnerständen und Brezen mit und tranken dazu eine Maß oder meist mehrere«, erinnern sich die Wirtstöchter an die Gebräuche in den dreißiger Jahren. Für Wilhelm Wagner blieb das Karussellanschieben im Gedächtnis haften: Fünf Runden schieben, eine mitfahren, das war der »Tarif« für die Buben.

1938: Erstmals neun Tage »Durchfeiern« erprobt

Und wie lange dauerte in den Dreißigern das Vergnügen? »Vom Kirchweihsamstag bis einschließlich Montag der erste Abschnitt, unter der Woche war nichts los, dann Nachkirchweih am darauffolgenden Samstag und Sonntag.« Eine »Auffüllung« der dazwischenliegenden Wo-

Ein 12 000-Liter-Faß war beim Festzug 1938 als Werbung dabei.

Kirchweih-Eröffnung 1938. Zwischen Jakobskirche und Jakobertor gehörte die Jakoberstraße nach dem Festzug allein den Besuchern.

Bierzelt im Garten des »Goldenen Sterns« an der Rosengasse (1938).

chentage probte 1938 die Fortuna-Brauerei. Während die anderen Vorstadt-Brauereien mit Inseraten für insgesamt fünf Kirchweihtage warben, lud »Fortuna« die gesamte Woche hindurch ab 19 Uhr zu »Großkonzerten bei voller Besetzung« in ihre großen Lokalitäten, in Halle, Bierzelt und »Bierstall« ein.[36] 1939 schlossen sich diesem »Durchfeiern« bereits mehrere Konkurrenten an. Doch dann begann der Zweite Weltkrieg und mit ihm eine Kirchweih auf »Sparflamme«.

Bombastische Festzüge in den Dreißigern

Die Nationalsozialisten entdeckten die Jakober Kirchweih für propagandistische Zwecke und gaben ihr eine eigene Ideologie. 1936 und in den folgenden drei Jahren gestalteten sie die Eröffnung bombastisch: Herolde ritten den aus den vier Himmelsrichtungen kommenden prächtigen Wagen- und Fußgängergruppen samt Festkapellen voraus, ein 12 000-Liter-Bierfaß und ein überdimensionaler Rettich wurden mitgeführt und alle irgendwie mit der Kirchweih in Zusammenhang stehenden Handwerke hatten historisch gewandete Gruppen zu stellen. Mit Reden von Parteigrößen, die dem Vorstadtfest nationalen

Juli 1949: Einzug von Musikkapelle, Bedienungen und Trachtengruppen auf der ruinengesäumten Jakoberstraße zur ersten Nachkriegs-Kirchweih. Ein Festzelt im Hof der Augusta-Brauerei war das Ziel. 1950 standen bereits vier Bierzelte, 1951 sogar fünf.

Brauchtums-Charakter im Sinne von Volkstumsbewahrung zumaßen, lief die Eröffnung am Samstagnachmittag ab. Der Zustrom war aufgrund der Werbung durch die Zeitungen und das damit beauftragte Fremdenverkehrsbüro gewaltig. Die Gärtner waren in langer Reihe mit Blumenständen und Verkaufstischen für Rettiche, Gurken und andere Gartenprodukte vertreten.

1941 klangen die gleichgeschalteten Zeitungsberichte[37] sehr verhalten in puncto Festesfreude, und als kulinarische Anreize in dieser bereits von Lebensmittel-Rationierungen bestimmten Zeit wurden lediglich Süßigkeiten, Eis und Fischbrote angepriesen. Kein Festzug, keine Bierzelte, keine Musikkapellen! »Es wird eine Kirchweih in kriegsbedingtem Rahmen sein«, hieß es in der Ankündigung. Dem Entschluß, die Kirchweih überhaupt zu veranstalten, sei der Gedanke zugrunde gelegen, »dem schaffenden Menschen in der Heimat in seinen freien Stunden Unterhaltung und Entspannung von angestrengter Arbeit« zu bieten.

1943 bis 1948: Stille Jakobitage ...

Zweimal drei Tage an den Wochenenden einschließlich Montag waren 1941 die »Seeschlange«, die Schiffschaukeln, Schießstände und die Käfigschaukel »Looping« in Betrieb. »Was dieser Kirchweih das Gepräge gibt, das ist, daß ungefähr 90 vom Hundert aller Betriebe von Frauen geführt werden, da die Männer an der Front stehen«, wurden die Besucher eingestimmt. 1942 fand die letzte Kriegskirchweih statt. Dann folgten – wie im Ersten Weltkrieg und in den Jahren danach – sechs sehr stille Jakobitage ohne das gewohnte Volksfest.

Erste Nachkriegskirchweih mit Blitz und Donner

Eine Ruinenlandschaft war die Jakobervorstadt seit dem Bombardement vom Februar 1944. In den ersten Nachkriegsjahren war inmitten des Schutts an ein Feiern nicht zu denken. Erst als die planmäßige Räumung der Kriegshinterlassenschaft bewerkstelligt war und der allgemeine Aufschwung nach der Währungsreform von 1948 das Festefeiern wieder zuließ, wurde die Jakober Kirchweih vor allem auf Betreiben des Vorstadt-Stadtrates Zinnecker, des Fachverbandes der ambulanten Händler und durch Gärtner-Innungsobermeister Wörner wiederbelebt. Beim ersten noch bescheidenen Festzug durch die von Ruinen, aber auch schon Neubauten gesäumte Jakoberstraße am Samstag, 23. Juli 1949,[38] waren zwar die früher üblichen Böllerschüsse noch verboten, doch Blitz und Donner ersetzten kurz nach dem Einzug ins große Festzelt im Hof der Augusta-Brauerei die fehlenden Knaller. Ein kleineres Zelt hatte Hasenbräu aufgebaut. Zehn Tage durchgehend war Festbetrieb – beginnend am Kirchweihsamstag bis einschließlich Montag nach dem nächsten Sonntag.

1950 standen bereits vier Großzelte, für die es genügend Platz auf dem von Ruinen befreiten Gelände gab, und zwei Zeltprovisorien. Sie ersetzten die zerstörten Wirtschaften, standen teilweise auf deren Grund. Die Wirte hatten 360 sechs- bis vierzehnjährige Kinder von Ausgebombten zu einem fröhlichen Nachmittag eingeladen – rund 2000 kamen. Doch niemand mußte hungrig wieder gehen! 86 alte Leute aus der Fuggerei und dem Jakoberviertel freuten sich nach überstandener Notzeit ebenfalls über die Einladung zu einem Kirchweihnachmittag. Diese Altennachmittage haben seither Tradition.

Die 1950 begonnene Kirchweih-Ausweitung zu Plärrergröße setzte sich fort: 1951 standen erstmals fünf riesige Bierzelte in der Jakobervorstadt, ein Benzin-Autoskooter zählte zu den großen Attraktionen. 1952 kam ein Weinzelt mit Schrammelmusik zu den fünf blasmusikbeschallten Bier-Großarenen. Außerdem waren zehn Fahrgeschäfte in Betrieb, neun Schießbuden und 50 ambulante Händler zogen viele tausend Besucher an.

Riesenvolksfest: Fünf Bierzelte auf Ruinengelände

Erstmals schränkte 1954 der nun rasch voranschreitende Wiederaufbau mit der Neutrassierung der Pilgerhausstraße das Kirchweihgeschehen ein. »Wer soll das bezahlen« war der Hit des Jahres, bei einem Maß-Preis von 1,60 DM (12 Pfennig für die Kellnerin) waren die Umsätze gewaltig. Zum ersten Mal gab es am 25. Juli 1954 für alle Geschäfte an der »Feststraße« einen verkaufsoffenen Marktsonntag. 1956 sah sich der Stadtrat dazu gezwungen, wegen Platzmangel Schießbuden, Karussells und Skooter »auszusperren«. Neben fünf Bierzelten durften Stände und drei Kinderkarussells aufgebaut werden, außerdem die Bäcker, Metzger und Tabakwarengeschäfte der Vorstadt bis 21 Uhr geöffnet halten. 1957 standen letztmals fünf Bierzelte – samt 42 weiteren Ständen und Fahrgeschäften – im Jakobsviertel. 1958 war nur mehr Platz für drei Großzelte vorhanden, in denen in diesem Jahr 130 000 Maß Bier getrunken wurden.

Eine Reihe von Jahren blieb's bei dieser Größenordnung, dann setzte eine weitere Rückentwicklung vom Riesenvolksfest zum überschaubaren, wieder etwas gemütlicheren Kirchweihbetrieb wie vor 1939 ein. 1978 beispielsweise bestand das gesamte Vergnügungsangebot aus zwei Bierzelten, zwei Glückshäfen, einem Kinderkarussell und 20 Verkaufsgeschäften. Eine Entzerrung des Festgeschehens versuchte man 1982 durch Aufwertung des Jakobsplatzes, indem dort statt bisher sechs nun zwölf Betriebe zugelassen und zusätzlich ein Bierbrunnen plaziert wurde. Die oftmals gewünschte dauerhafte Einbeziehung der Jakoberstraße scheiterte an den Verkehrsproblemen.

Der Kampf gegen allzu hohen Geräuschpegel begann in den achtziger Jahren und führte zu Auflagen sowie zur Beschränkung mit Lautsprecherdrosslern und zu den von vielen Besuchern geschätzten Nachmittagen mit »Blasmusik pur«, also ohne Verstärker. Unangetastet ist die Dauer: Zehn Tage darf jeweils bis 23 Uhr Kirchweih gefeiert werden,[39] am elften gehörte bis 1997 das Zelt im Hof der Augusta-Brauerei der Wasserwacht. Sie organisierte darin ein Konzert, dessen Reinerlös sie einstreichen durfte.

Reduzierung durch Platzmangel und Lärmschutz

Die feierliche Eröffnung mit Prominenz und Mini-Festzug ist geblieben. 1998 stand nur noch ein Großzelt im Hof der Augusta-Brauerei. 27 Schausteller bauten 1996 ihre Verkaufsbuden und Kinderfahrgeschäfte auf. 1998 waren's nur mehr 18. Zudem entfällt seit 1997 das Radrennen aus dem Begleitprogramm. Es ist unübersehbar: Die Jakober Kirchweih ist weit unter einstige Ausmaße geschrumpft. Ein Marktsonntag für die Jakobervorstadt bezog die dortigen Geschäfte in die 1997 und 1998 um eine Woche vorgezogene Kirchweih ein und sorgte für eine Aufwertung.

Heftige Proteste gegen »Miesmacherei der Kirchweih« löst 1997 ein Zeitungskommentar aus, in dem Spötter zitiert werden, die vom »Niveau eines Brauereifestes größeren Ausmaßes« sprachen.[40] Auch lärmgeplagte Anwohner melden sich energisch zu Wort. Die Kirchweih ist Ende der 90er Jahre in einer kritischen Phase. Begleitet wird sie – das ist unübersehbar – vom gleichen »Troß« an Fieranten und Schaustellern, die überall den Flor um eine Festivität mit Bierzelt bilden. Die einstige Originalität der Jakober Kirchweih ist verlorengegangen.

Ökumenische Allianz bei der Jakobswoche

Die Vorstadt-Kirchengemeinden halten aktiv dagegen: Sie bilden eine engagierte ökumenische Allianz zur Feier einer Jakobswoche, deren Programm vom Konzert bis zur Ausstellung und zum gemeinsamen Gottesdienst reicht. Doch die Zeiten haben sich geändert, die Jakobervorstadt und nicht zuletzt ihre Bewohner haben sich gewandelt. Es gibt statt einst 24 Brauereien lediglich noch eine im Viertel, Biergärten sind Mangelware. Geänderte Lebens- und Feiergewohnheiten sowie ungezählte weitere Unterhaltungsmöglichkeiten setzen der Kirchweih zu. Sie läßt sich nicht einfach »zurückfahren« zu dem, was sie einmal war: das ureigene Fest der Jakobsviertler in Brauereien, Wirtschaften, Biergärten und zu Hause, zu dem die Eingesessenen gerne Gäste einluden und sich über regen Betrieb in ihrer Vorstadt freuten.

Der Christkindlesmarkt

Weihnachten 1498: Lebzelterbuden an Perlach und Dom

Der Augsburger Christkindlesmarkt zählt zu den stimmungsvollsten weihnachtlichen Märkten in Bayern. Dieses Prädikat darf er sich allerdings erst seit Dezember 1963 zulegen: Seit diesem Jahr findet er auf dem weiten Pflasterareal vor der Kulisse des Hollschen Renaissance-Rathauses statt – auf jenem Platz, wo schon vor 500 Jahren zur Weihnachtszeit die Buden der Lebzelter standen: »vff dem Berlach«. Nach der Erstnennung eines »Lebkuchenmarktes« Anno 1498 wird dieser 1527 noch mal »umb das rathaus« erwähnt. Der Weihnachtsmarkt fand sicherlich weiterhin statt, wird jedoch in den bisher erforschten Quellen erst wieder um 1760 greifbar.

500 Jahre Augsburger Christkindlesmarkt – man darf ihn mit Recht unter die deutschen Traditions-Weihnachtsmärkte einreihen. Augsburg scheute bisher den Vergleich mit Nürnberg (1639 nachweisbar), Frankfurt (seit 1393), Bad Wimpfen (ab 1487), Dresden oder Stuttgart (Ersterwähnung 1692). Die Bescheidenheit in puncto Historie hatte ihren Grund – man konnte bislang lediglich einen archivalisch nicht eindeutig belegbaren Krippenverkauf Anno 1653 bei der Moritzkirche als »Geburtsstunde« des Augsburger Christkindlesmarktes vorweisen.

Vor 500 Jahren: Lebzelter hielten Weihnachtsmarkt

Der 13. Band der Ratsprotokollbücher enthält den Nachweis: Eine Ratssitzung am »sampstag nach sannt Thomae tag« (22. Dezember) des Jahres 1498 hatte den Weihnachtsmarkt zum Inhalt. Da beschlossen die Ratsherren: »das nun füroohin alle die, so zu weyhennacht zeiten lebzollten wie wan aller herkommen ist vff dem Berlach, oder vor vnnser lieben frawen kirchen feyl haben wöllen, vmb die stännd mit ainander lössen vnd sich nach dem loß stellen, das auch dieselben alle gleich hütten ainer maß die man in füro geben wirdet...« Das 17-Zeilen-Protokoll stellt den frühesten bislang bekannten Nachweis über einen alljährlichen Weihnachtsmarkt in Augsburg dar.[1]

Trotz der Kürze ist diese Niederschrift des Ratsschreibers sehr aussagekräftig. Daß der Weihnachtsmarkt während seines Ablaufs am 22. Dezember 1498 Thema einer Ratssitzung war, läßt Unstimmigkeiten bei der Budenbelegung durch die Lebzelter vermuten. Solche Streitigkeiten wollte der Rat offenbar mit künftiger Verlosung und der Festlegung, daß »fürhin« alle Stände von der Stadt gestellt und gleich sein sollten, aus der Welt schaffen. Dies belegt, daß es sich um einen regelrechten Markt mit etlichen Hütten gleicher Größe handelte.

Älter als die erste schriftliche Erwähnung

»Seit alter herkommen« bestehe dieser Lebzeltenverkauf zur Weihnachtszeit auf dem Perlachplatz und vor dem Dom (»vnnser lieben frawen kirchen«), vermerkt das Ratsprotokoll. Diese Formulierung besagt, daß der Weihnachtsmarkt schon 1498 Tradition hatte – also alljährlich und zumindest seit einer oder mehreren Genera-

Linke Seite: Das Rathaus bildet die augsburgtypische Kulisse für den seit 1963 auf dem Rathausplatz stattfindenden Christkindlesmarkt.

Die Lebküchner begründeten mit ihren Buden den Augsburger Christkindlesmarkt. Der Stich (um 1700) zeigt sie bei ihrer Arbeit.

tionen stattfand. Er darf also bereits zur Mitte des 15. Jahrhunderts als feste Einrichtung angesehen werden. Daß er auch weiterhin bestand, bestätigt wiederum ein Eintrag in einem Ratsprotokollbuch. Am 28. November 1527 »ist der letzelter halben erkenndt, das sie zu weyhennachten lezelten mögen feill haben vmb das rathaus«.[2] Der Weihnachtsmarkt der Lebzelter soll also 1527 um das Rathaus stattfinden, nicht auf dem Perlachplatz und nicht – wie 1498 erwähnt – am Dom.

Lebzelten oder Lebkuchen spielten ab dem 12./13. Jahrhundert an Weihnachten eine große Rolle. Sie waren schlichtweg das Weihnachtsgebäck. Im Kloster Tegernsee ist ihre Herstellung bereits im 11. Jahrhundert dokumentiert, im schlesischen Schweidnitz 1295 eine eigene Lebzelter- und Pfefferküchnerzunft nachweisbar und in Nürnberg trennten sich 1643 die Lebküchner von den Bäckern. Die Ratsprotokolle von 1498 und 1527 belegen eindeutig, daß es auch in Augsburg eine größere Anzahl Lebzelter gab, denen sogar ein eigener Weihnachtsmarkt zugestanden wurde.

Pfefferkuchen wichtigstes Weihnachtsgebäck

In Augsburg tauchen die Lebkuchen noch anderweitig als unverzichtbares Weihnachtsgebäck auf: 1538 verbot der Rat den Brauch des »Lebzeltenstreichens«. Vergeblich – wie eine Schilderung um 1600 zeigt, aus der Genaueres darüber zu erfahren ist: Am »Unschuldigen-Kindlein-Tag« (28. Dezember) »gehen die jungen Gesellen herum mit der Ruthen, schlagen die Jungfrauen ›um den Lebkuchen‹ – und dies nennen etliche den ›Pffeffertag‹«.[3] Von diesem Brauch leitet sich nach neuesten Forschungen die mancherorts und in Liedern gebrauchte Bezeichnung »Pfefferkuchen« für dieses süße Gebäck ab – also nicht, wie meist vermutet, von Pfeffernüssen.

An diesem Tag kurz nach Weihnachten zogen junge Burschen von Haus zu Haus und durch die Straßen, um den Mädchen mit einer Rute um die Waden zu streichen, was diesen Glück bringen sollte. Dafür erwarteten dem Brauch zufolge die »Pfefferer« einen Lebkuchen als Geschenk. Auswüchse hatten 1538 offenbar den Rat zum Verbot veranlaßt. Aber noch um 1760/70 wird davon berichtet – es wurde also weiterhin »gepfeffert«.

Die Lebzelten gab's in früheren Zeiten in den unterschiedlichsten Ausführungen. Als Herzen, rund und in allen möglichen quadratischen Formen und Größen sind sie überliefert. Zur Ausformung des vor allem aus Honig, wenig Mehl und vielen exotischen Gewürzen bestehenden Gebäcks verwendeten die Lebzelter künstlerisch gestaltete Modeln. Im 15. und 16. Jahrhundert herrschten religiöse, biblische Motive vor, die erhaltenen Stein-,

Erster Nachweis für einen Weihnachtsmarkt in Augsburg in den Ratsprotokollen vom Samstag, den 22. Dezember 1498. Der Eintrag lautet: »Item vff sampstag nach sannt Thomae tag apostoli anno lxxxxviii. Das nun fürohin alle die, so zu weyhennacht zeiten lebzollten wie wan alter herkommen ist vff dem Berlach, oder vor vnnser lieben frawen kirchen feyl haben wöllen, vmb die stännd mit ainander lössen vnd sich nach dem loß stellen, das auch dieselben alle hütten ainer maß, die man in füro geben wirdet vnd nit weytter haben vnd gemainer statt von yedem stannd besunder ain ort ains gulden ze stettgellt geben sülle, on all widerred, doch alles vff ains rats widerruffen.«

Zinn- und Holzmodeln zeigen aber auch andere phantasievolle Darstellungen wie Reiter, schöne Frauen, Porträts, Wappen und vieles mehr.[4] Auf dem Weihnachtsmarkt war eine große Vielfalt schon aus Konkurrenzgründen vonnöten – stand doch Bude an Bude mit ausgelegten Lebzelten.

1609: »Lebzelter und Wachs-Kertzen giesser…«

Die Vermutung liegt nahe, daß die Lebzelter auch Kerzen und Wachsstöcke als jahreszeitlich passende »Beiware« an ihren Ständen anboten: Die meisten von ihnen verarbeiteten nämlich beide von den Bienen gelieferten Rohstoffe Wachs und Honig. Sie waren also gleichzeitig Kerzengießer und benutzten dieselben Modeln häufig nicht nur für das Festtagsgebäck, sondern gossen sie auch mit Wachs aus. Diese Wachsreliefs waren ein beliebter Wandschmuck.[5] Es kommt nicht von ungefähr, daß 1609 die »Lebzelter und Wachs-Kertzen giesser« bei der

Marktplatz-Anweisung in einer Zeile genannt werden – es gab vermutlich beide Produkte vom gleichen Produzenten am gleichen Stand.⁶ Ein späterer Hinweis auf die Lebzelter: »Von Bach-Öfen der Lebzelter« – ein Ratserlaß von 1682 – findet sich in einem von der Bäckerzunft geschriebenen Pergamentband. Das legt nahe, daß die Bäcker hinter der Verfügung »Denen Lebzeltern und Consorten ist gänzlich verbotten, eigen Lebzelter-Bachöfelein zu bauen«⁷ standen. Sie wollten sicherlich die Feingebäck-Konkurrenz in Schach halten.

Unter »Wachsmacher (Lebküchner)« faßt der Augsburger Adreßkalender von 1824 die offenbar in der ersten Hälfte des 19. Jahrhunderts immer noch nicht zu trennenden Berufe zusammen und nennt vier Anschriften,⁸ darunter Ignaz Alois Gast im Hause F 300 (Auf dem Kreuz 22). In diesem Anwesen ist ab 1719 eine Wachsbleiche und Lebzelterei nachweisbar. Das Monogramm »IAG« ist auf den abgebildeten Lebkuchenmodeln eingebrannt, die den Spuren zufolge auch mit Wachs ausgegossen wurden. Die ununterbrochene Wachszieher-Tradition setzt unter Verzicht auf die Lebkuchenherstellung seit 1839 auf demselben Areal in nunmehr fünfter Generation die Familie Miller fort – bekannt als Kerzenfabrik J. M. Miller. Sie verwahrt neben den beiden gezeigten noch etliche der historischen Holzmodeln ihrer Vorgänger.

Augsburger Markt schon vor der Reformation

Augsburgs Weihnachtsmarkt bestand bereits im 15. Jahrhundert – also vor der Reformation – als »Lebkuchenmarkt«. Die Frühgeschichte bzw. Ausweitung der »Christmärkte« hängt jedoch vielfach mit dem Fußfassen der »neuen Lehre« zusammen. Nachdem nämlich Martin Luther seine Kinder »vom heiligen Christkind« und nicht mehr wie bisher üblich von St. Martin (am 11. November) oder St. Nikolaus (6. Dezember) beschenken ließ, bürgerte sich bei Evangelischen die Kinderbescherung am Heiligen Abend ein. Während unter Erwachsenen bis ins 19. Jahrhundert vielfach der Neujahrstag der »Schenktag« blieb, wurde es im Laufe des 16. Jahrhunderts in protestantisch gewordenen Städten und Gebieten üblich, Kinder an Weihnachten zu beschenken und ihnen zu erklären, das Christkind habe die Gaben heimlich gebracht. Diese Sitte förderte in überwiegend evangelischen Städten das Entstehen von »Christmärkten« und trug zur Sortimentserweiterung bestehender Märkte bei.

Ob auch im konfessionellen »Mischgebiet« Augsburg der evangelische Bevölkerungsteil bereits im 16./17. Jahrhundert den Gabentisch an Weihnachten deckte und was in dieser Zeit für die Kinder auf dem Weihnachtsmarkt gekauft wurde, darüber konnten bislang in Augsburg

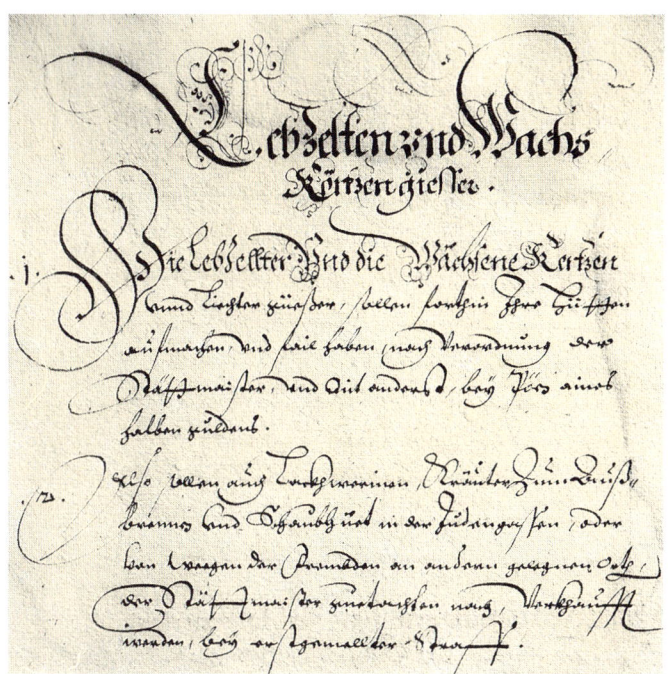

In der 1609 geschriebenen Anweisung für die Marktmeister werden »Lebzelter und Wachs-Kertzen giesser« in einem Absatz genannt. »1. Die lebzellter und die wächsene Kertzen unnd Liechter güeßer, sollen forthin ihre hütten auf machen, und fail haben nach Verordnung der Stättmaister, und nit anderst, bei pön aines halben Guldens.« Absatz 2 des Faksimiles betrifft den Verkauf von Kräutern zum Ausbrennen.

keine Hinweise gefunden werden. Sicher ist, daß es bis Ende des 16. Jahrhunderts auf dem Christkindlesmarkt keine Krippenfiguren gab. Die Weihnachtskrippe kam um 1560 aus Italien nach München. 1563 stand vermutlich die erste bei den in München ansässigen Jesuiten, etliche Jahre danach eine weitere in der dortigen Residenz der regierenden Wittelsbacher. Von München aus verbreitete sie sich im süddeutschen Raum und weiter nach Norddeutschland, Holland und Polen.

Was gab's auf den frühen Weihnachtsmärkten?

Mit Beginn des 17. Jahrhunderts erfaßte dann ein wahres »Krippenfieber« alle Schichten der Bevölkerung. In Augsburg fand diese Begeisterung ihren noch heute sichtbaren Ausdruck in den Weihnachtsaltären verschiedener Kirchen. Um 1600 entstand die Weihnachtsdarstellung in der Katharinenkapelle am Domkreuzgang, 1604 die eindrucksvollste plastische Weihnachtsszene am Hochaltar der Basilika St. Ulrich und Afra und 1622/23 der Christi-Geburt-Altar von Heilig Kreuz. Danach wurden Hauskrippen populär, und zu deren Ausstattung tauchten – so ist zu vermuten – Krippenfiguren auf dem Weihnachtsmarkt auf.

Augsburger Lebkuchenmodel (Größe 11,7 x 21,2 cm) aus dem 18. Jahrhundert. Ihn benutzte ein früher Vorgänger von Kerzen Miller.

1653 sollen Leute aus Oberhausen ihre selbstgefertigten Weihnachtskrippen kurz vor dem Christfest bei der Moritzkirche zum Verkauf angeboten haben. Ein schriftlicher zeitgenössischer Nachweis für diese Datierung ist bislang nicht gefunden. 1653 wurde aber aufgrund dieser Überlieferung meist als Ursprungsjahr des Christkindlesmarktes in Augsburg bezeichnet, der zu diesem Zeitpunkt schon 200 Jahre Tradition hatte. Wahrscheinlich verbergen sich in den schriftlichen Quellen auch für die Zeit nach 1527 Hinweise auf einen Augsburger Weihnachtsmarkt – die zeitraubende Suche danach wäre im Rahmen einer Diplomarbeit oder Dissertation sicher lohnend. Für diese Marktgeschichte konnte sie aber nicht erfolgen. Derzeit herrscht also noch eine Nachrichtenlücke bis zur Mitte des 18. Jahrhunderts.

»Dockenwerk« aus der Fayencefabrik Göggingen

Einen Hinweis auf das vorweihnachtliche Markt-Angebot enthält die Geschichte der fürstbischöflichen Fayence-Manufaktur in Göggingen: Man versprach sich im Gründungsjahr 1748 einen ersten Gewinn aus der Fertigung von »Dockenwerk« – also Puppen und Spielzeug aus Ton – für die Nikolaus- und Weihnachtsmärkte.[9] Damit ist Konkretes aus dem Warensortiment auf den Christkindlesmärkten zur Barockzeit überliefert. Ein rund 100 Jahre älterer, umfangreicherer Nachweis stammt aus Nördlingen: Dort sah sich 1651 der Rat gezwungen, »das Feilhalten auf Schragen« von »Weihnachtskram aus Zinn, Dockenwerk, Schleckerei und anderen Sachen« zu verbieten und nur noch in Krämläden zuzulassen.[10] Ab Ende des 18. Jahrhunderts geben »Bescherungsbilder« Auskunft über den weihnachtlichen Gabentisch. Von zwei in Nürnberg gedruckten Stichen zeigt der eine Buben und Mädchen vor einer Puppenküche, einem Stall mit Pferden, einem Buch. Dazu kommen Körbchen mit Obst, Gebäck und Lebkuchen. Ein anderes, »Christabend« betiteltes Bild läßt ein Kleintheater erkennen, einen säbelschwingenden Reiter, einen kleinen Leiterwagen, ein Steckenpferd, ebenfalls Früchte, und ein größeres Mädchen erhält einen Vogel samt Käfig.

1761: »S. Niclas- und H. Christ-Markt«

Der Augsburger Weihnachtsmarkt scheint nicht zu den bedeutenden Märkten gehört zu haben. Diesen Schluß läßt die Überlieferungsarmut zu. Sein Fehlen in den frühen Marktmeister-Dienstanweisungen und den zahlreichen Marktordnungen, die beispielsweise 1609 selbst den Besen- und den Fegsandverkauf regelten, erklärt sich aus seiner Sonderstellung wie die Dult mit eigenem Reglement. In dieser Anweisung finden zwar auch die »Lebzelter und Wachs-Kertzen-giesser« Berücksichtigung,[11] doch es heißt 1609 nur, daß sie auch »forthin ihre Hütten auffmachen und feilhaben nach Verordnung der Stättmeister« (Faksimile auf Seite 183). Wann und wo sie verkauften, ist nicht dokumentiert.

Erst eine Marktplatzordnung von 1761[12] führt den Weihnachtsmarkt auf: Sie weist dem »S. Niclas- und H. Christ-Markt« die Alte Gasse »vom Klauberischen-Eck biß zum Wachthauß« als neuen Standort zu – ohne allerdings den vorherigen zu nennen. Daß in diesem vom paritätisch besetzten Rat 1761 gefaßten Beschluß auch von

CHRISTKINDLESMARKT

einem »S. Niclas-Markt« geschrieben wird, dürfte auf die Augsburger Religionsparität zurückzuführen sein, die seit 1649 beiden christlichen Glaubensgemeinschaften absolut gleiche Rechte garantierte. Während bei Protestanten Mitte des 18. Jahrhunderts sicher die Weihnachtsbescherung gang und gäbe war, zumindest bei einem Teil der katholischen Bevölkerung aber immer noch St. Nikolaus die Kinder beschenkte, mußte es einen Nikolaus- und einen Weihnachtsmarkt geben!

»Christkindleins Kirreweyh« auch am Abend

In den 1768 gedruckten Reimen zum Jahreslauf taucht »Christkindleins Kirreweyh« als fester Bestandteil althergebrachten Augsburger Brauchtums auf: »Danach kommt in gemeßner Reih / auch des Christkindleins Kirreweyh. / Da hat man auch bey Lichtern feyl. / Da geht man vor die lange Weil / zu sehen und sich seh'n lassen, / so kalt es ist auf freyer Gassen.« Der Verkauf an den Ständen fand also auch abends »bei Licht« statt, und die Augsburger gingen bummeln, egal wie kalt es war.

Mit Beginn der bayerischen Regierung (ab 1806) gibt es amtliche Anordnungen in bezug auf den vorweihnachtlichen Markt, doch es finden sich lange Zeit keine Hinweise darauf in Augsburger Zeitungen. Dies hatte seinen Grund in der damals üblichen Wertung von Nachrichten und Mitteilenswertem: In den 1830er, 1840er Jahren wurde lediglich eine minimale Lokalberichterstattung gepflogen. Das Selbstverständliche, allwöchentlich oder alljährlich Wiederkehrende fand man nur selten der Veröffentlichung wert, wobei die Jakober Kirchweih zumindest im ab 1830 erscheinenden Augsburger Tagblatt eine Ausnahme bildet. Die anderen kleinformatigen, oft nur vierseitigen Zeitungen widmen sich Weltthemen vor allem politischer Art, dem Adel, dem technischen Fortschritt und oft nur in einigen Zeilen dem örtlichen Geschehen. Dabei haben Beschlüsse der königlichen Regierung, die Berichterstattung aus dem Rathaus, Theater- und Literaturbesprechungen eindeutig Vorrang.

1814: »Christmarkt« dauert nur vier Tage

Amtliche Verfügungen, Briefe, Abrechnungen – gesammelt in dicken Aktenbündeln im Stadtarchiv[13] – dienen seit 1814 als verläßliche Quellen. In diesem Jahr wird der »Weihnachts- oder Christmarkt« behördlich neu geregelt. »Durch die Anordnungen des General Kommissariats des Lechkreises vom 15. u. 30. Nov. 1808 ist die Abhaltung des sogenannten Nikolai Markt abgestellt und dafür die Haltung eines Weynachts- oder Christmarktes bewilligt worden«, heißt in einem der ältesten dieser amtlichen Schriftstücke vom 29. Oktober 1814. Vier Tage

Monogramme weisen den Augsburger Lebküchner und Kerzenzieher Ignaz Alois Gast als einstigen Besitzer dieses Models aus.

dürfe er dauern – vom 21. bis 24. Dezember –, wird auf Widerruf verfügt, nicht ohne zuvor in München nach der dortigen Dauer (nur drei Tage) angefragt zu haben. Reichlicher Schriftverkehr folgt 1815: Der Marktinspektor muß sich über eine eventuelle Verlegung und den zweckmäßigsten Platz äußern. Er schlägt »ober dem Merkur-Brunnen auf der Maximilianstraße« (also südlich des Brunnens) vor. Dort findet der in den aus dem Zeitraum zwischen 1820 und 1850 nur spärlich erhaltenen Schriftstücken meist »Christmarkt« genannte Weihnachtsmarkt um diese Zeit dann wohl auch statt. Später wechselt er dann weiter nordwärts in den Bereich zwischen Weberhaus und Rathaus.

Wie geschildert, findet man in der ersten Hälfte des 19. Jahrhunderts den »Christmarkt« in Zeitungen nur sehr sporadisch der Erwähnung wert – 1835 beispielsweise nur in zwei Inseraten[14], in denen der Conditor Ferdinand Prieser und der »Strumpfwirker Joseph Anton Rüscher auf der Barfüßerbrücke« melden, daß sie in diesem Jahr nicht auf dem Christmarkt zu finden sind, sondern nur in ihren Läden verkaufen.

1846: Sturm wirft Stände auf der Maxstraße um

Wäre am 22. Dezember 1846 nicht ein Sturm durch Augsburgs Straßen gefegt, wodurch mehrere Buden umgeworfen und somit Händler geschädigt wurden – der Weihnachtsmarkt wäre in diesem Jahr mit keiner Zeile berücksichtigt worden.[15] Im folgenden Jahr jedoch tut die Drechslerswitwe Rosina May aus der Jakobervorstadt in einer kleinen Anzeige am Beginn des nun fünftägigen Marktes, dem 20. Dezember, kund: Da sie keinen Laden besitze, werde sie ihre »selbstgefertigten Docken auf dem Christmarkt verkaufen«.[16] Geschäfte vom Zinngießer bis zum Drechsler preisen ihre Produkte per Inserat als Weihnachts- und Neujahrsgeschenke an.

In den 1850er Jahren häufen sich die amtlichen Schreiben. So beantwortet am 6. Dezember 1854 ein städtischer Sekretär die Anfrage eines auswärtigen Bewerbers um eine Bude: »Es besteht dahier herkömmlich ein Christmarkt 5 Tage hindurch vor Weihnachten.« Wenig später wird vom Magistrat der mehrfach vorgetragene Wunsch auf Verlängerung von fünf auf sieben Tage wegen »Gefährdung der übrigen Gewerbeberechtigten« abgelehnt.[17]

1855 bis 1858: Konkurrenz durch »Bazare«

1855 berichtet das »Augsburger Tagblatt« über einen »Weihnachts-Bazar«[18] vom Sonntag, 16., bis 24. Dezember im großen Saal des Gasthofes »Goldene Traube« (auf dessen Platz steht jetzt der Filmpalast): »Die Einrichtung sowie die zierlichen, nützlichen, süßen und anderen Waaren sind so schön gruppiert und ausgelegt, daß es eine Freude ist, im Bazar herumzuspazieren!« Augsburger Geschäftsleute und Handwerker vom Taschner über Drechsler, Spielwaren- und Porzellanhändler bis zum Zinngießer und Kürschner veranstalten eine Art Christkindlesmarkt unter Dach, der 1855 viel Publikum anzieht. Dieser »Bazar« ist im ersten Jahr derart ertragreich, daß er noch dreimal – trotz Einsprüchen von nicht beteiligten Geschäftsleuten – stattfindet.

Über diese Märkte im Saale berichten die Zeitungen, und auch in Inseraten wird dafür geworben. Doch zum gleichzeitigen »Christmarkt« im Freien findet sich in diesen Jahren wiederum kein Hinweis oder Marktbericht.

Die Konkurrenz-Basare in der »Goldenen Traube« können die hochgesteckten Umsatzerwartungen auf Dauer nicht erfüllen. Die bei der Stadt eingereichten Teilnehmerlisten enthüllen die von Jahr zu Jahr rückläufige Tendenz: 1856 werden 27 Teilnehmer registriert, im Jahr darauf noch 21 und 1858 beim letzten »Bazar« nur mehr 13. Der Weihnachts-Straßenmarkt wird erst in den 1870er Jahren mehr in der Presse faßbar. 1874 dauert er acht Tage. 75 Ortsansässige – auswärtige Anbieter sind nicht zugelassen – bieten ab 17. Dezember neben Lebkuchen und Zuckerwaren, Spielwaren, Puppen, Engeln und Christbaumschmuck auch Wolle, Garne, Webwaren, Schuhe, Messer, Keramik, Bücher und Korbwaren an.

1878: »Weihnachtsbuden ab 15. Dezember«

1878 konkurriert wieder ein »Central-Bazar«, diesmal im Gasthof zum »Goldenen Falken« (er lag am Königsplatz). Nur ein Magistratsbeschluß weist auf einen Christkindlesmarkt: »Auf gestellte Bitte dürfen die

Auf einem Christkindlesmarkt des 18. Jahrhunderts. Von der Puppenküche bis zu Engeln reicht das kleine Geschenke-Sortiment.

Weihnachtsbuden vom 15. dieses Monats an aufgestellt und eröffnet werden. Demgemäß dürfen am 22. (Sonntag) alle Läden in der Stadt geöffnet bleiben.«[19] Ansonsten wird der Weihnachtsmarkt Anno 1878 von der Presse wiederum ignoriert. Im redaktionellen Teil eines Blattes wird jedoch in Fortsetzungen ein Bummel durch das weihnachtliche Angebot in den Läden unternommen. Dazu werben Inserate mit Geschenkvorschlägen.[20]

Die mehrfach gestellten Anträge von Geschäftsleuten und Fieranten um Verlängerung über die Weihnachtsfeiertage hinaus lehnt der Magistrat stets kategorisch ab. Noch öfter wird um früheren Beginn gebeten. Diesem Ansinnen kann sich die Obrigkeit nicht völlig verschließen. 1879 darf bereits am 14. Dezember begonnen werden, Ende ist grundsätzlich am Heiligen Abend.

Ab 1881 erzwingt die Einrichtung einer Pferdetrambahn Beschränkungen bei der Budenaufstellung, und die anliegenden Ladengeschäfte-Inhaber sehen eine günstige Gelegenheit zur Abdrängung des Weihnachtsmarktes in Richtung St. Ulrich. Dem entspricht der Rat aber nicht, sondern verbannt zur Platzeinsparung nur die Obsthändler vom Markt. Der Marktmeister fragt vorsichtshalber schriftlich an, ob er vor den Häusern C 1 bis C 12 (Maxstraße zwischen Judenberg und Rathaus) noch Buden aufstellen dürfe. Die Zahl der Händler schwankt nun von Jahr zu Jahr sehr stark: Sind es 1890 noch 139, so sinkt die Budenzahl bis auf 86 (1892) ab, steigert sich im Jahr darauf aber wieder auf 115. 1893 kann jedoch lediglich von 37 Beschickern Standgebühr kassiert werden. Auch die Umsätze variieren erheblich.

Die »Wandergeschichte« beginnt 1898

»Heute wurde mit dem Aufstellen der Stände für den Christmarkt begonnen«, verkündet am 15. Dezember 1895 eine kurze Notiz.[21] Der Hinweis »Eine große Anzahl auswärtiger Fieranten ist bereits eingetroffen« wird amtlich bestätigt: Die Budenstraßen zwischen Eisenberg und Weberhaus werden südlich des Merkurbrunnens

Vom Augsburger Christkindlesmarkt im 19. Jahrhundert sind keine Abbildungen bekannt, doch die Weihnachtsmärkte dürften damals überall ähnlich ausgesehen haben wie auf dieser anonymen Zeichnung, bei der eine identifizierbare Umgebung fehlt.

fortgesetzt. Doch die Erwartungen der nun auch von auswärts zugelassenen Marktleute werden nicht erfüllt – ein Resümee zwei Wochen später: Für die Beschicker sei das Ergebnis sehr dürftig gewesen. Nur zwei bis sechs Mark hätten manche pro Tag eingenommen.
Im 19. Jahrhundert ist überwiegend die untere Maximilianstraße zwischen Merkurbrunnen und Rathaus Buden-Standort. Dann ergeht 1898 der Ratsbeschluß: Der Christkindlesmarkt wird künftig in der Ludwigstraße plaziert. Aus diesem Grund wird eine Weihnachtsmarkt-Satzung mit 16 Paragraphen erlassen. Sie bestimmt unter anderem, daß 1898 vom Sonntag, 17., bis 24. Dezember die Stände auf der Südseite der Ludwigstraße von der Grottenau in Richtung Heilig-Kreuz-Straße bis 20 Uhr geöffnet sein dürfen.[22]

Die Ludwigstraße ist nur erste Station...

Da die Verlegung aus bester Lauflage nicht ohne Diskussionen und Probleme vonstatten ging, ist aus der Presse manch Interessantes zur Weihnachtsmarktgeschichte zu erfahren. »Wie seit vielen Jahrzehnten auf der Maximilianstraße« möchten die Budenmieter ihre Stände plaziert sehen, schreiben sie in einem Gesuch an den Rat. »Mit Rücksicht auf den Straßenbahnverkehr und den Wochenmarkt kann dem nicht mehr entsprochen werden«, lautet dagegen die amtliche Begründung für die Verlegung. Und weiter: Wegen der Elektrifizierung der Tram in diesem Jahr »können nunmehr drei Reihen Buden nicht mehr aufgestellt werden«, und der Wochenmarkt belege an manchen Tagen den gesamten Straßenraum bis zum Weberhaus. Die als Alternative ins Auge gefaßte obere Maximilianstraße zwischen Herkulesbrunnen und Ulrichskirchen wird städtischerseits für den Weihnachtsmarkt als zu weit von der Stadtmitte entfernt angesehen. Es kommen 1898 aber trotz Neuplazierung 68 Anmeldungen, so daß die Marktinspektion auch die Ostseite der Theaterstraße für die Konditorwaren miteinbezieht. Von sehr gutem Besuch und hohen Umsätzen der besonders reich herausgeputzten anliegenden Geschäfte ist nach der Eröffnung zu lesen.[23]
Die »Wandergeschichte« über viele Standorte ist dank Amtsakten und endlich auch ausgiebigerer Zeitungsberichterstattung lückenlos verfolgbar. So auch 1901, als sich der Magistrat wieder mit dem Christkindlesmarkt aufgrund eines Antrags von Kommerzienrat Schwarz zur Abschaffung beschäftigen muß: Er lehnt dies ab, verfügt aber, daß künftig solche, die sich an einem Basar beteiligen, sowie Ladeninhaber keinen Stand mehr zugeteilt bekommen. Zudem wird ab 1902 das Warensortiment auf Weihnachtliches im weiteren Sinne beschränkt. 59 Anbieter nutzen 1902 trotzdem die etwas eingeengten Verkaufsmöglichkeiten, wobei auch Geschirr, Korb- und Kurzwaren sowie Schuhe als nicht unbedingt weihnachtlich zugelassen waren.

21 Jahre Dahinkümmern am Oberen Graben

1903 wird der vorweihnachtliche Markt aus der Innenstadt regelrecht abgeschoben: »Als Marktplatz ist die Westseite am Oberen Graben bestimmt«, verkündet das städtische Amtsblatt.[24] Dort muß er mit dem Tandelmarkt konkurrieren, der entlang dem Stadtgraben zwischen Jakobspfründe und Vogeltor seinen Standort hat. Die Dauer ist fortan für über 20 Jahre auf acht Tage »eingefroren«: Am 17. Dezember ist Verkaufsbeginn – egal, auf welchen Wochentag dieses Datum fällt.
58 Buden werden 1904 noch belegt, ein Jahr später ist es nur eine weniger. Doch der geringe Umsatz läßt bald viele auf die Teilnahme am Augsburger Weihnachtsmarkt verzichten: 1908 melden sich nur mehr 38 an. Die geschäftlich unerfreuliche Stimmung gibt 1911 eine anschauliche Schilderung wieder.[25] »Vom Hauptschienenstrang des Augsburger Verkehrslebens weg hat man vor einigen Jahren aus zwingenden Gründen die Christkindles-Dult an ein stilles Nebengleis ausrangiert – an den idyllischen Stadtgraben«, beginnt der Redakteur und schildert dann, daß in der momentan schneelosen Umgebung von kahlen Bäumen alles etwas trostlos aussehe. Und zwar in doppelter Hinsicht: »Es fehlt das Leben in der Natur und im Geschäftsverkehr.«

Krippenbauer Wiegel mit Selbstgefertigtem

Dabei lasse das Angebot Kinderaugen strahlen, fährt er fort und erläutert warum: »Da atmen vor allem die mit Liebe und Kunstverständnis von unserem einheimischen Krippenbauer Wiegel eigenhändig geschnitzten, modellierten, bemalten und gefaßten Krippenfigürchen echt weihnachtliche Stimmung.« Die Krippenfiguren des als 18jähriger von Burgau nach Augsburg gekommenen Josef Wiegel (1845 bis 1918) zählen heute zu den gesuchten Kostbarkeiten.[26] Lametta-Sterne und Thüringer Glaskugeln, Eiszapfen mit Kantenschliff, kleine, bunt bemalte Porzellanwaren, Sonneberger Puppen, Tanzbären und Hampelmänner sind 1911 zu bestaunen. Watteschnee und Modelliermaterial zum Krippenbau, Laubsäg- und Kerbschnitzarbeiten, Bücher und Rauschgoldengel gibt's zu kaufen. Zuckerstangerl, Schaumkonfekt, türkischer Honig und Feigen fehlen nicht. Der Schreiber träumt angesichts der Warenvielfalt von eigenem kindlichem Weihnachtserleben vor 40 Jahren, wo goldene Nüsse und rotbackige Äpfel am Christbaum hingen.

Ende der 1930er Jahre: Blick auf eine Budenzeile am Rande der Königsplatzanlagen. Hier fand ab 1934 der Christkindlesmarkt statt. Letztmals durften zur Weihnachtszeit 1946 die damals wenigen Händler in dieser viel frequentierten Geschäftslage ihre Stände aufbauen.

Am 17. Dezember 1912 stehen nur mehr 27 Weihnachtsmarktbuden am Graben, 1914 wird der Christkindlesmarkt in einer Zeitungsmeldung als »Dult« apostrophiert, die wenige Monate nach Kriegsbeginn nur ein beschränktes Angebot aufweise. Genannt werden Krippenfiguren, Christbaumschmuck aus Watte und Glas (aus Thüringen kommend). Heimarbeit begegne man »auf Schritt und Tritt« wie Sonneberger Tischchen, Stühlchen, Puppenschäffer und Butterkübel, doch auch Säbel, Trompeten gebe es, außerdem allerlei Leckereien.[27] Auch 1915[28] (nur mehr 16 Verkäufer, im Jahr darauf 15) und in den folgenden Kriegs- und Nachkriegsjahren wird die kaum noch als Weihnachtsmarkt zu bezeichnende kurze Budenstraße »zwischen Mittlerem Neuem Gang und Schäfflerwarenmarkt« (an der Ecke zur Barfüßerbrücke) plaziert.

1930: Vom Jakobsplatz auf den Obstmarkt

Einer Verdammung kommt die Verlegung mitten in die Jakobervorstadt gleich: 1924 müssen die Fieranten mit ihren Ständen zum nun fast zweiwöchigen vorweihnachtlichen Markt auf den Jakobsplatz bei der Fuggerei auswandern. Dieser abgelegene Platz ist für das Geschäft äußerst ungünstig. Während am verkaufsoffenen Silbernen und darauffolgenden Goldenen Sonntag ungeheures Gedränge im Kaufhaus Landauer (jetzt Zentral-Kaufhaus) gemeldet wird, ist der Christkindlesmarkt keine Zeile wert.[29] Am 8. Oktober 1930 ziehen die Obsthändler vom Obstmarkt in den neuen Stadtmarkt um – am 18. November bereits faßt der Stadtrat einen Beschluß zum Thema Weihnachtsmarkt: »Als Marktplatz wird mit sofortiger Wirkung der Obstmarkt, im Bedarfsfalle auch der

Aufnahme vom 23. Dezember 1944. Zur sechsten Kriegsweihnacht organisierte die NS-Frauenschaft einen Christkindlesmarkt-Ersatz.

Der Elias-Holl-Platz zwischen dem Maria-Stern-Kloster und der Rathaus-Ostfassade, geschmückt mit zwei überdimensionalen Engeln, war von 1952 bis 1960 ein zwar sehr stimmungsvoller, doch von allzuwenig Besuchern frequentierter vorweihnachtlicher Marktplatz.

Kesselmarkt, bestimmt.« So die Kurzmeldung über die Rückkehr des Christkindlesmarktes in den Innenstadtbereich. Doch auch hier scheint vielen Marktkaufleuten trotz erheblicher Geschäftsbelebung nicht der richtige Ort. 1933 konkurriert zudem ein vorweihnachtlicher Verkauf in marktähnlicher Form in der vielfrequentierten Untermayer-Passage zwischen der Maximilianstraße 14 und der Philippine-Welser-Straße mit dem Christkindlesmarkt auf dem ruhigeren Obstmarkt.

Noch wird 1933 amtlich mitgeteilt, daß der Christkindlesmarkt 1934 »auf dem Adolf-Hitler-Platz« (vor und nach der NS-Zeit: Königsplatz), und zwar »auf dem inneren Gehsteig vom Wetterhäuschen zum Bayerischen Hof« veranstaltet wird, also entlang der Kurzen Bahnhofstraße. Für den einheitlichen weihnachtlichen Schmuck der von der Stadt aufgestellten Stände werde gesorgt. »Damit hat der Christkindlesmarkt den schönsten Platz der Stadt erhalten«, konstatiert das Amtsblatt. Eröffnung ist jeweils am 3. Adventssonntag, zwischen 11 und 14 Tage dauert er in den Jahren bis 1943 (1939: 10. Dezember Eröffnung, 1941: 14. Dezember). Bis 1943 bleibt der Königsplatz Standort. Am 23. Dezember 1944 organisiert die »Frauenschaft« (eine NS-Gruppierung) an ein paar Buden einen Weihnachtsverkauf als Christkindlesmarkt-Ersatz mit Krimskrams und Selbstgebackenem.

Nach 1945: Königsplatz, Alter Einlaß, Fuggerstraße

1945 findet ab 9. Dezember ein kleiner Christkindlesmarkt (19 Stände) am Königsplatz statt. »Ein fürwahr großartig klingender Name für die bescheidenen, um nicht zu sagen kümmerlichen Verkaufsstätten«, die trotz des minimalen Angebots von dichten Menschentrauben umlagert seien, wundert sich der Berichterstatter.[30] Auch 1946 dürfen die Händler – nur ein Dutzend sind's – ihre Stände an der Westseite der Königsplatz-Anlagen aufstellen. 1947 wird ab Mittwoch, 17. Dezember, »in den Anlagen der Volksschule St. Anna«[31] (nördlich des Justizgebäudes, Am Alten Einlaß) der letzte Christkindlesmarkt zu R-Mark-Zeiten abgehalten. »Verkaufsstände können von der Stadt nicht zur Verfügung gestellt werden«, heißt es in der amtlichen Verlautbarung. Lediglich 14 Anbieter von Haushalts- und Spielwaren sowie Talmi-Schmuck finden sich ein. Nach ein paar Tagen sind einige wegen Totalausverkauf schon wieder verschwunden.

In einem am 8. Dezember 1948[32] veröffentlichten Leserbrief wünschen sich zwei »Weihnachtsdult-Beschicker« einen attraktiveren Platz als im vorigen Jahr, und zwar dort, »wo schon vor und während des Krieges und auch danach die Weihnachtsdult abgehalten wurde«: am Königsplatz. Diese »Dult« beginnt am Mittwoch, 15. Dezember, auf dem östlichen Gehsteig entlang der Fuggerstraße zwischen Kö' und Grottenau. Es wird der ausgedehnteste seit Jahrzehnten. Der Grund: Seit dem 22. Juni dieses Jahres gilt die kaufkräftige neue Deutsche Mark. Dies ist am reichlichen Angebot von nicht weniger als 104 Ständen deutlich zu sehen. An 160 (!) mit insgesamt 1200 Meter Tannengrün-Girlanden geschmückten Buden entlang der Fuggerstraße gibt's auch 1949 zu kaufen, was das Herz begehrt – für diejenigen, die schon über genügend Bares verfügen. Im folgenden Jahr muß sogar die Straßen-Westseite in Anspruch genommen werden. Auch 1951 ist die Fuggerstraße vorweihnachtlicher Marktplatz. Doch die Verkehrsprobleme und Unfallgefahren drängen zur Ausschau nach einem ruhigeren, anheimelnderen Bereich…

1952 bis 1960 Buden auf dem Elias-Holl-Platz

Trotz starker Widerstände der Marktkaufleute beschließt des Stadtrat: 1952 wird der Elias-Holl-Platz Standort des Christkindlesmarktes! Mit der auf diesem Areal mögli-

Blick aus dem Goldenen Saal des Rathauses auf den abendlichen Christkindlesmarkt, der seit 1963 den Rathausplatz belegen darf.

chen Höchstzahl von fast 100 nun elektrisch beleuchteten Dultbuden bestückt und mit viel Grün herausgeputzt, scheint dieser Platz zu Füßen der hochaufragenden Rathaus-Ostfassade (von der zwei riesige Engel blicken) der ideale Ort dafür. »Der Christkindlesmarkt hat hier sein festes Zuhause gefunden«, schrieb damals ein Redakteur. Er kannte offenbar die »Wanderlust« des Marktes nicht! Vier Jahre später: »Für den Christkindlesmarkt gibt es wohl keinen stimmungsvolleren Fleck in der ganzen Stadt als den Elias-Holl-Platz«, ist am 13. Dezember 1956 in der Tageszeitung zur Eröffnung zu lesen. Angefügt wird aber, daß den Händlern der Platz zu ruhig sei. Sie stünden lieber am Königsplatz oder an der Fuggerstraße, wo die Umsätze dank Stadtmarktnähe und viel »Laufkundschaft« doppelt so hoch gewesen seien.

»Nur Waren mit Beziehung zu Weihnachten...«

Auch um eine Vergrößerung des Verkaufssortiments bemühen sich die Fieranten seit Jahren. Doch dagegen besteht eine einschränkende Ortsvorschrift, die 1956 nochmals präzisiert wird: Die Waren müssen in enger Beziehung zu Weihnachten stehen: Christbaumschmuck, Krippen, Krippenfiguren, Spielwaren, Back- und Zuckerwaren, Gegenstände des heimischen Kunsthandwerks, Obst und Tabakwaren sind erlaubt. Zur Wahrung des weihnachtlichen Charakters sollen Wurstbratereien, Topfstände und ähnliches ausgeschlossen bleiben! Ein Auswachsen der Warenmischung zum Dultangebot sei zu vermeiden – so heißt es 1956. Diese Angebotsbegrenzung zeitigt eine zurückgehende Bewerberzahl: 1957 beziehen nur noch 70 Händler einen Stand auf dem Elias-Holl-Platz, 1960 treffen beim Marktamt lediglich 43 Teilnahme-Zusagen ein!
Aus diesem Grund ist 1961 der Christkindlesmarkt mehrfach Thema im Stadtrat. Die emotional geführten Debatten enden mit einer Abstimmung am 15. November zugunsten der Marktkaufleute, und zwar in puncto Ortswechsel und Sortiment: 87 Christkindlesmarktstände werden bereits am 9. Dezember 1961 (auch eine längere Dauer beinhaltete der Beschluß) wieder an der Ostseite der Fuggerstraße in bester »Lauflage« aufgebaut! Die Warenpalette ist nun erweitert um Töpfe, Geschirr, Handschuhe, Krawatten, Gardinen. »Eher wie eine Dult« sei es nun, registriert ein Berichterstatter und fährt fort: »Die Krippenausstellung in der Dominikanerkirche erinnert schmerzlich daran, was auf dem Christkindlesmarkt fehlt!« Die Umsatzbilanz des 16tägigen Marktes ist zwar zufriedenstellend, doch trotz grüner Girlanden herrscht wenig weihnachtliches Flair. Aber auch 1962 ist die Fuggerstraße vorweihnachtlicher Marktplatz. An ihrem Ende beim Stadttheater steht der »Christbaum für alle«, und im Stadtmarkt hängt ein riesiger Adventskranz über dem »Bauernmarkt«-Areal zwecks Einstimmung auf das bevorstehende Fest.

Seit 1963 Christkindlesmarkt auf dem Rathausplatz

Im Oktober 1962 fällt der Beschluß für einen »vorläufig freien« Rathausplatz, die Einebnung und Pflasterung folgen 1963. Diese ist kaum fertig, da belegt die 1949 offiziell »Christkindlesmarkt« getaufte vorweihnachtliche Dult mit 111 Ständen die weite Fläche. Ab diesem Jahr sind auch wieder ortsfremde Bewerber zugelassen, nachdem zuvor Nicht-Augsburgern dieser Markt verschlossen war. Auch der »Christbaum für alle« ist seither vom Platz vor dem Stadttheater hierher umgesiedelt. Im November 1965 folgt der Ratsbeschluß, daß an diesem »Marktplatz« künftig festzuhalten sei.
Begann über Jahrzehnte der Christkindlesmarkt meist am Samstag vor dem »Silbersonntag« (3. Advent), der bis 1960 ein verkaufsoffener Tag war, so erfolgt ab 1961 ein schrittweises Vorziehen: 1969 ist schon der 6. Dezember erster Verkaufstag. Doch die Verlängerungstendenz ist damit noch nicht ausgereizt: 1973 findet bereits am Samstag vor dem 1. Adventssonntag die feierliche Eröffnung statt. Die 1988 neu gefaßte Satzung gestattet noch einen Tag mehr[33]: »Der Christkindlesmarkt beginnt am Freitag vor dem ersten Adventssonntag...«

»Augsburger Atmosphäre«: ein Werbeargument

Girlanden, Lichterketten und der Schmuck der langgestreckten Breitseite des städtischen Verwaltungsgebäudes an der Platz-Südseite sorgen für die vor allem am Abend wirksam werdende »warme« Stimmung. Eine Ausweitung rund um das Fugger-Denkmal, auf den Martin-Luther-Platz und in die Annastraße bezieht auch das Umfeld mit ein. Zum »Aufwärmen« läßt die Stadt erstmals 1968 zwei Würstchenbuden zu, 1972 Glühwein und nach zwei »Erprobungsjahren« weitere alkoholische Getränke. Crêpes und Reiberdatschi werden bald als weitere Neuerungen eingeführt, und seit 1977 gehören auch Pizzas zum Sofortverzehr-Sortiment.
Als Gegenpol zur Ausweitung des Angebotes an leiblichen Genüssen erfolgt eine Aufwertung durch Besinnliches und Kulturelles: Seit 1970 wird alljährlich die von der Alt-Augsburg-Gesellschaft gestiftete lebensgroße Krippe aufgebaut, 1977 der »Engeles-Auftritt« eingeführt und 1978 das »Christkindl-Postamt« installiert. Bereits am Abend des 24. November – einem Donnerstag – beginnt 1994 die »Weihnachtszeit« auf dem Rathausplatz mit einem Märchen-Musical auf dem in diesem Jahr erstmals aufgebauten Veranstaltungspodium »Eisschloß«.

Budenstraße auf dem verschneiten Weihnachtsmarkt, beherrscht vom Rathaus – gezeichnet von dem Augsburger Künstler Marc Patrick.

Die umsatzstarken Imbiß- und Getränkebuden werden 1994 mit fast verdoppelter Standgebühr belegt. 1997 wird das Platzgeld für die sechs Glühweinanbieter auf dem Rathausplatz noch mal um die Hälfte erhöht. Das Marktamt beschränkt die Gastronomie auf 20 Prozent der nun 134 Geschäfte. Es gibt neben Pizzen, Bratwürsten, Steak-Semmeln, Glühwein auch noch – wie althergebracht – gebrannte Mandeln und heiße Maroni.

Kinderaugen strahlen angesichts der Krippen und Krippenfiguren, glitzernden Sterne, des Christbaumschmucks traditioneller Art, von Spielzeug modernster technischer Ausstattung, aber auch aus Holz. Diese klassischen Weihnachtsartikel führen etwa 30 Prozent der Stände. Rund 1,2 Millionen Besucher werden jährlich erwartet, die täglich ab 9.30 Uhr (sonntags ab 10 Uhr) bis 20 Uhr bummeln und einkaufen können. Rund 1500 Glühlampen am um die 20 Meter hohen Christbaum für alle sowie viele weitere über den Budenstraßen und an der Platzsüdseite zaubern abends und vor allem bei Schnee eine unvergleichliche, die spezielle »Augsburger Atmosphäre«. Die in gelbliches Halogen-Licht getauchte Rathauskulisse tut ein übriges dazu. Jedoch: Ein augsburgtypischer Weihnachtsmarkt-Artikel fehlt. Die Lebkuchen, mit denen vor mehr als einem halben Jahrtausend in Augsburg die Christkindlesmarkt-Geschichte begann, vermarkten längst die Nürnberger als ihr – industriell hergestelltes – Spezialgebäck.

So wie vor 500 Jahren Buden an verschiedenen Orten der Stadt üblich waren, so ist es inzwischen wieder. Die seit 1982 veranstaltete »Weihnachtsinsel« im Zeughaushof mit künstlerischem und handwerklichem Angebot von Selbsterzeugern hat sich zu einer festen Einrichtung entwickelt. Die Handwerker haben im Handwerkerhof einen weihnachtlichen Verkauf ins Leben gerufen, und vom Hausfrauenbund-Weihnachtsbasar bis zu den Stadtteil-Märkten wird eine Vielzahl von Basaren veranstaltet.

Die Geschichte des Christbaums

… und sein noch »junger« Markt in Augsburg

Ein Christbaummarkt ist in Augsburg erst in den 1880er Jahren nachweisbar. Er hatte sich um diese Zeit aufgrund vermehrten Bedarfs entwickelt. Schließlich hat der Christbaum in der Schwabenmetropole noch keine allzu lange Tradition: Um 1800 oder bald danach dürften nach bisherigen Erkenntnissen in den Wohnzimmern gutbürgerlicher evangelischer Familien zu Weihnachten die ersten geschmückten Bäumchen gestanden haben. Bis zur Mitte des 19. Jahrhunderts wurde der Christbaum auch in katholischen Kreisen üblich. Wann die ersten Fichten, Tannen oder Föhren zur Vorweihnachtszeit auf Plätzen oder Straßen angeboten wurden, ist nicht an einer Jahreszahl festzumachen. Erst 1883 berichtet der Marktinspektor, daß die unbedeutendsten Einnahmen beim Christkindlesmarkt von den Christbaumverkäufern stammten.[1]

Vom Schutz vor Dämonen zum Weihnachtssymbol

Die Christbaumgeschichte ist eigentlich der Wandel der Verwendung grüner Zweige oder Bäume als Schutz vor Dämonen und zur Geisterbeschwörung in dunkler Jahreszeit zum Bezug auf das Fest der Geburt Jesu. Die »Übernahme« in christliche Denkweisen erfolgte in vielen Schritten und dauerte mancherorts Jahrhunderte. Ehe der Christbaum auch in Augsburg heimisch wurde, hatte er nach seiner Ersterwähnung im Elsaß eine rund 300jährige Wanderung in vielen Etappen durch vorwiegend evangelische deutsche Länder hinter sich.

Die frühesten schriftlichen Nachrichten über einen mit Äpfeln, Birnen, Lebkuchen, Flittergold und farbigen Nüssen geschmückten Baum in der Weihnachtszeit stammen aus dem Jahre 1419, und zwar aus Freiburg. Die Bruderschaft der Bäckerknechte habe am Christfest im Heilig-Geist-Spital einen solchen Baum aufgestellt und nach einem Umzug an Neujahr abgeschüttelt. Diese »Baumgeschichte« ist als Zunftbrauch anzusehen, während der Ursprung unseres häuslichen und öffentlichen Christbaums im Elsaß zu suchen ist.

Schlettstadt (Sélestat) im Elsaß reklamiert den frühesten Nachweis von Christbäumen für sich: Der dort lebende Chronist Balthasar Beck berichtet Anno 1508, daß in seiner Heimatstadt am Christtagabend Tannenbüsche oder -bäume aufgerichtet und mit Backwerk und Äpfeln geziert werden. Ist anfangs im Elsaß meist von »Tannreis in der Stube« die Rede, kommt im Verlauf des 16. Jahrhunderts allmählich der ganze Baum zur Verwendung. Buchsbäume, Eiben oder Wacholderbüsche wurden dabei ebenso zu Christbäumen wie Föhren oder Fichten. 1539 stand Chronistenberichten zufolge im Straßburger Münster der erste öffentliche Christbaum.

In der Zeit um 1500 im Elsaß »erfunden«?

1561 ist im elsässischen Ammerschweier die erste Verordnung zum Waldschutz nachweisbar: Jedem Bürger stehe zu Weihnachten nur ein Baum von höchstens 2,50 Meter Höhe zu.[2] Um 1600 steht am Weihnachtsabend in Straßburg der mit Oblaten, Äpfeln, Zischgold, Zuckerwaren und papierenen Rosen behängte Christbaum in vielen Stuben, und um 1645 heißt es aus derselben Stadt, daß der Weihnachts- oder Tannenbaum, den man zu Hause aufrichtet und mit Puppen und Zucker behängt, feste Gewohnheit sei.[3] Im 17. Jahrhundert hat der Christbaum die Grenzen des Elsaß überschritten. Davon berichtet unter anderem Liselotte von der Pfalz: 1652 in Heidelberg geboren, seit 1671 mit dem Bruder des französischen Königs Ludwig XIV. verheiratet und am dortigen Hof lebend, erinnert sie sich in einem Brief 1708[4] sehnsüchtig der lichtergeschmückten Buchsbäumchen, wie sie schon in ihrer Kindheit an Weihnachten zu Hause fester Brauch waren.

Die Wanderschaft der »Christkindchens-Bäume«

Um diese Zeit ist der Christbaum in Augsburg wohl noch unbekannt – er muß erst mehrere evangelische Länder »durchwandern«, ehe er im katholischen Süden zum Weihnachtssymbol wird. Ende des 17. Jahrhunderts ist er in Baden allgemein Brauch. 1737 wird in Sachsen von der Sitte berichtet, für jedes Familienmitglied ein Bäumchen zu schmücken. In Thüringen ergeht 20 Jahre später das Verbot, Fichtenwipfel für Weihnachtsbäumchen abzuhauen. Dies läßt auf massenweisen Bedarf schließen.

Linke Seite: Bilder wie dieser Holzstich von 1883 in der Zeitschrift »Illustrierte Chronik der Zeit« trugen wesentlich zur Popularisierung des Christbaums in allen Bevölkerungskreisen bei. Die Faszination von Kindern angesichts brennender Kerzen und glitzernder Dekoration kommt bei fast allen frühen Darstellungen zum Ausdruck.

Die Verbreitung läßt sich anhand schriftlicher und ab Ende des 18. Jahrhunderts auch bildlicher Nachweise verfolgen: In Berlin ist er 1755 in Wohnungen erstmals erwähnt. Über das evangelische Nürnberg rückt der Christbaum-Brauch näher an Augsburg heran: In der fränkischen Reichsstadt entstand um 1790/1800 eine Radierung, die eine Bescherung am Weihnachtsmorgen zeigt. Ein Christbaum aus Eichenästen füllt dabei eine Zimmerecke aus. Brennende Kerzen, Süßigkeiten und Äpfel zieren ihn. In der Franken-Metropole hatte dieser Brauch schon Jahrzehnte vor der ersten bildlichen Dokumentation Fuß gefaßt, denn bereits 1768 erging dort ein Edikt gegen das »Umhauen und Hereinbringen junger Waldbäume, die zu Christbäumen verwendet werden«. Diese danach oft wiederholte Waldschutzordnung besaß noch 1805 Gültigkeit.[5]

Fäll- und Verkaufsverbote bleiben unbeachtet

1795 erschien ebenfalls in Nürnberg eine Beschreibung des »Christkindlein-Baumes«:[6] »An allen Ästchen und Zweigen hingen nun allerlei kostbare Konditor- und Zuckerwaren als: Engel, Puppen, Tiere und dergleichen, alles von Zucker, welches mit den Blüten des Baumes gar artig harmonierte. Ferner hing auch vergoldetes Obst von allen Sorten daran...« Eine um 1810 gefertigte Abbildung (Bild rechts!) hält offenbar die Reaktion der Nürnberger auf das Fäll- und -verkaufsverbot fest: Ein aus Holzlatten gefertigter, stilisierter Baum ist mit Girlanden behängt und mit Kerzen geschmückt, darunter sind die Geschenke für die Kinder ausgebreitet.[7] Dies ist der frühe Vorläufer der in unserer Zeit von einer Firma in Fürth millionenfach produzierten künstlichen Weihnachtsbäume.

1792 schritt in der seit 1791 unter preußischer Herrschaft stehenden vormaligen Markgrafschaft Ansbach-Bayreuth die Polizeideputation gegen das »Einbringen grüner und anderer Bäume bei herannahender Weihnachtszeit« ein. Es nutzte nichts, wie das Oberforstamt Ansbach 1797 berichtete. Solche Verbote seien schon unter der markgräflichen Regierung ergangen, und trotzdem wurden aus herrschaftlichen und Privatwaldungen die »Christkindchens-Bäume« in Ansbach zum Verkauf gebracht.[8] Auch weitere Erlasse gegen das »Abhauen junger Tannen, Fichten und Kiefern zur Weihnachtszeit« blieben wirkungslos. Als Ansbach im Jahre 1806 und Bayreuth 1810 bayerisch wurden, sah die neue Obrigkeit die weihnachtlichen Fällaktionen (und wohl auch Diebstähle) genauso ungern wie zuvor die preußischen Beamten.

Ein Ausdruck für die wachsende Beliebtheit des Weihnachtsbaums: Gedichte und Lieder auf den Christbaum

Ersatz für einen echten Christbaum dürfte diese kerzengeschmückte Holzkonstruktion in Nürnberg um 1800 gewesen sein, da dort seit 1768 ein Weihnachtsbaumfäll- und -verkaufsverbot bestand.

entstanden in den ersten Jahrzehnten des 19. Jahrhunderts. Das heute noch bekannteste ist »O Tannenbaum, o Tannenbaum«, von Magister Ernst Anschütz auf die Melodie eines alten Landsknechtsliedes gedichtet.

Königin Karoline als Christbaum-Propagandistin

Im katholischen München, unter dessen Regierung und starkem Einfluß Augsburg seit 1806 steht, ist der Überlieferung zufolge der Christbaum durch die evangelische Königin Karoline um 1800 eingeführt worden. Obwohl die katholische Kirche um diese Zeit den Weihnachtsbaum noch als heidnisches (und evangelisches!) Symbol verdammte, standen in der Residenz höchstwahrscheinlich schon im ersten Jahrzehnt des 19. Jahrhunderts geschmückte Bäumchen. Darauf weist das Dezember-Bild aus einer Folge gemalter »Momentaufnahmen Münchner Lebens« von Anno 1816: Es ist für die bayerische Landeshauptstadt die älteste Darstellung eines Christbäumchens samt Krippe. Wohl nicht ohne Grund wählte der Maler die königliche Residenz als Hintergrund![9]

Einem Tagebucheintrag über Weihnachten 1837 von der Hand der im Leuchtenberg-Palais lebenden Schwester König Ludwigs I., Auguste Amalie, ist zu entnehmen,

CHRISTBAUMMARKT

daß sie dort 14 Christbäume aufstellen ließ – für jedes Familienmitglied einen. Es dauerte allerdings viele Jahre, ehe die im Königshaus eingebürgerten Weihnachtsbräuche allgemein publik wurden. Daß dort der Christbaum lange vor der ersten öffentlichen Erwähnung heimisch war, dieser Ansicht sind auch Historiker wie die Augsburger »Bayerische-Königinnen-Biographin« Dr. Martha Schad. Die oftmals als »Christbaum-Verbreiterin« angeführte erste bayerische (evangelische!) Königin Karoline stammte schließlich aus Baden, wo der Christbaum schon vor 1700 üblich war. Auch die im thüringischen Hildburghausen geborene (ebenfalls protestantische) Gattin König Ludwigs I., Therese, verzichtete nach ihrer Heirat 1810 in München kaum auf gewohnte Weihnachtsbräuche wie das grüne Bäumchen.

Vom höchsten Adel übernahm das überwiegend katholische Großbürgertum (nach einem »Gesinnungswandel« der katholischen Geistlichkeit) der bayerischen Residenzstadt den Christbaum. 1840 macht dann die Augsburger Abendzeitung bekannt, daß die königliche Familie mit reichlich dekorierten Tannenbäumen Weihnachten gefeiert habe. König Max II. überrascht 1848 bei Besuchen in Armenschulen die Kinder mit geschmückten und beleuchteten Christbäumen und trägt so zur Popularisierung bei.

Um 1820: Christbäume in Augsburg heimisch

Im schwäbischen Augsburg scheint der Christbaum zeitgleich wie in der Landeshauptstadt heimisch geworden zu sein – jedoch vermutlich weniger durch den Adel verbreitet, sondern von der evangelischen Bevölkerung der seit 1649 von der Religionsparität geprägten Stadt. Daß hier der Christbaum schon um 1820 in vielen Familien fester Brauch war, dafür spricht ein 1823 in Augsburg verlegter Kupferstich, betitelt »Die Christnacht«. Diese für Augsburg früheste Abbildung eines Christbaums zeigt zwei kerzengeschmückte und mit Modelgebäck reich gezierte Tannenbäume in der guten Stube einer

Im evangelischen Franken gehörte der Christbaum längst zum festen Weihnachtsritual, bevor er in Augsburg heimisch wurde. Diese in Nürnberg enstandene Radierung zeigt eine Bescherung um 1790 samt einem aus Eichenästen gebundenen »Baum« in der Zimmerecke.

»Die Christnacht« ist der 1823 im Augsburger Verlag Herzberg erschienene Kupferstich beschriftet. Dies ist die erste Abbildung von Christbäumen für Augsburg. Die Bescherung bei einer offensichtlich wohlhabenden Familie zeichnete der Nördlinger Johann Michael Voltz.

wohlhabenden Biedermeier-Familie im Moment der Bescherung. Diese fiel sehr üppig aus, wie die wiedergegebenen Geschenke erkennen lassen.[10] Die vermutlich zweitälteste Augsburger Christbaumdarstellung zierte im Dezember 1857 ein Zeitungsinserat: Ein kleiner Holzstich zeigt zwei Kinder an einem Gabentisch unter einer Föhre mit brennenden Kerzen.[11]

Silbernüsse, Zucker, Äpfel am Lichterbaum

Laut Zeitungsberichten von 1850 kommt in Augsburg die Bescherung an Heiligabend »jedes Jahr mehr und mehr in Mode«. Zuvor waren in katholischen Familien Kinder am Nikolaustag und Erwachsene zum Jahresbeginn beschenkt worden. Dies ist laut Annoncen, in denen 1855 »Geschenke zu Weihnachten und Neujahr« offeriert werden, um die Mitte des 19. Jahrhunderts noch teilweise Usus. Bei den Evangelischen ist um diese Zeit allem Anschein nach längst Weihnachten der »Schenktag«. In der Lokalpresse sind die Hinweise auf den Christbaum lange Zeit rar. 1838 wird mal vom Einkauf beim Konditor für den süßen Behang des »Christkindleins-Baumes« geschrieben. Ein 1852 publiziertes Gedicht präzisiert den Baumschmuck: Silbernüsse, Zuckerstücke, Äpfel, Bleisoldaten. Ein weiteres berichtet von den Lichtern, »die so schön den Festbaum zieren«.[12] In derselben Zeitung wird die »Christbescherung« im katholischen Waisen- und Armenkinderhaus zwei Tage vor Heiligabend geschildert: »Ein großer mit sinnigen Verzierun-

gen geschmückter und von Hunderten brennender Kerzen strahlender Christbaum überraschte beim Eintritt in dem Saale die Besucher auf das Angenehmste...«
1860 wird die über Jahrhunderte verfolgbare Vorreiterrolle der Protestanten als »Christbaum-Verbreiter« in Augsburg in einem Bericht des Bezirksarztes bestätigt: Bei den Evangelischen in der Stadt sei der Christbaum »heutzutage allgemein geworden«, ist bei der Schilderung Augsburger Gebräuche und Feste zu lesen.[13]

1855: »Drum glänze, schmuckes Bäumchen...«

Daß der Christbaum zusammen mit der schon ab etwa 1600 gebräuchlichen Krippe in der Mitte des 19. Jahrhunderts auch in katholischen städtischen Häusern zum Weihnachtsritual zählt, läßt ein kurz vor Weihnachten 1855 gedruckter Vers vermuten: »Drum glänze immerhin, schmuckes Bäumchen auf dem Tische! Und belebe frommen Sinn, Kripplein in der Nische«, heißt es darin. Über die Baumzier geben 1862 wiederum Inserate Auskunft. Zum »Schmucke des Lichterbaumes« werden nun des öfteren »Baum-Confecturen« angeboten.

Das durch Zeitungen bekannt gemachte Weihnachtsbrauchtum »bei Hofe« in München wurde dienststeifrig von den königlichen Beamten auch in rein katholischen ländlichen Gebieten Bayerns übernommen. Sie stellten ebenfalls ein Bäumchen auf und übten damit eine Vorbildfunktion aus. So zum Beispiel im schwäbischen Zusmarshausen, wo 1860 der dortige Bezirksarzt feststellt: »Den Christbaum kannte man früher nicht; jetzt aber hat er sich, durch die Beamten veranlaßt, eingebürgert.«[14]

Zeitungen und Beamte fördern Verbreitung

Es dauerte aber noch sehr lange, bis in allen Dörfern um Augsburg der Christbaum seinen festen Platz bekam – zuerst beim Bezirksamtmann, beim Richter und bei der Beamtenschaft der Zentralorte, dann beim Dorflehrer, beim Pfarrer und in der Kirche und erst danach in der Wohnstube des Bauernhauses. Im Altlandkreis Schwabmünchen standen in den Ortschaften an der »Hochstraße« schon vor 1850 die ersten Christbäume, in den »Stauden« dagegen in der zweiten Jahrhunderthälfte. In abgelegenen Dörfern dieser Region wurde er erst nach dem Ersten Weltkrieg üblich.[15] Dabei wurde der Christbaum zeitweise kirchlicherseits geradezu propagiert: Die vielen katholischen illustrierten Kalender, Wochen- und Monatsschriften hatten ab 1875/80 den Christbaum für sich entdeckt und trugen mit Bildern zu seiner Verbreitung bei.
Eine »Miscelle« in einer konservativ-katholischen Augsburger Zeitung spricht an Weihnachten 1898 gar von der »bedeutenden Aufwertung der Tanne dank ihrer Ver-

Am 19. Dezember 1857 schmückte dieses vermutlich zweitälteste Augsburger Christbaum-Bild ein Inserat im »Augsburger Tagblatt«.

wendung als christliches Symbol, da gerade sie zum Christbaum ausgewählt wurde«.[16] Und die »Hofberichterstattung« desselben Blattes vergißt die herrlich geschmückten Christbäume in der Münchner Residenz nicht. Ab etwa 1895 verwenden zudem die massenhaft hergestellten weihnachtlichen Grußpostkarten das Motiv Christbaum in allen nur möglichen Variationen.

Ab 1892 »regulierter« Christbaum-Markt

In den 1880er Jahren entwickelt sich in Augsburg der öffentliche Verkauf dieses weihnachtlichen »Bedarfsartikels« zum regelrechten Markt. Er ist anfangs dem Christkindlesmarkt zugeordnet, doch bei der Abrechnung muß die Marktinspektion Anno 1883 »die unbedeutendsten

Einnahmen von Christbaumverkäufern« registrieren. Am 16. Dezember desselben Jahr trifft bei der Stadt eine Beschwerde des Königlichen Landbauamtes ein, in der mit langer Begründung der Christbaumverkauf bei Staatsgebäuden gerügt wird. Sofort werden andere Plätze angewiesen.[17] Und von 1886 stammt eine Notiz der Marktinspektion in bezug auf den Christbaumhandel: 17 Christbäume werden konfisziert und zum Verbrennen an die Armenpflege abgegeben.

Am 14. Dezember 1892 tritt die erste »Ortspolizeiliche Vorschrift über den Verkauf von Christbäumen« in Kraft. »Der Christbaummarkt beginnt alljährlich am 15. Dezember und dauert bis zum 24. Dezember Abends 7 Uhr«, heißt es darin. Die damaligen Verkaufsplätze sind nicht erwähnt.[18] »Alle Verkäufer von Christbäumen haben an der Zollstation gemeindeamtlich oder forstamtlich bestätigte Lieferscheine abzugeben«, führt § 3 aus. Diese mußten genaue Angaben über den Verkäufer, die Anzahl der Weißtannen und Fichten und Herkunftsangaben wie Waldung und Forsteigentümer enthalten.

Der Augsburger Ursprungsnachweis lehnte sich an ein bayerisches Gesetz von 1887 an, das im Regierungsbezirk Oberfranken den »Forstfrevel durch Entwendung von Christbäumen« eindämmen sollte. Es wurde 1910 als »Königlich Allerhöchste Verordnung«[19] speziell für den Großraum Augsburg neu gefaßt. In der Umgebung der schwäbischen Kreishauptstadt habe das »Entwenden von Tannen-, Fichten- und Föhren-Büschen und -Gipfeln« überhand genommen, heißt es in der Begründung des Regierungserlasses.

»Baumfrevel-Gesetze« wegen Massenverbrauch?

1911 wird das »Christbaumgesetz« neutralisiert auf den »Verkauf von Walderzeugnissen«, jedoch eine »Verstärkung des Forstschutzes« während der Monate Oktober, November und Dezember angeordnet. Eine nun ellenlange Liste führt den erweiterten Geltungsbereich auf. Dazu zählen neben den Städten München, Nürnberg, Regensburg auch Augsburg und Lechhausen: Hier dürfen nur »zertifizierte« Christbäume eingeführt werden.

Drei »Christbaum«-Postkarten aus den Tausenden Variationen dieses Motivs, die ab etwa 1895 millionenfach verschickt wurden und bis zum Ersten Weltkrieg den Christbaum in allen Gesellschaftsschichten und bis in den abgelegensten Weiler populär machten.

Linke Seite: Weihnachten 1917 – häusliche Idylle einer Teilfamilie, da der Vater an der Front ist. Das Bild erschien als Kunstbeilage der »Sonntags-Zeitung fürs Deutsche Haus«. Ein Christbaum steht selbstverständlich in der Wohnstube.

Diese staatlichen Verordnungen lassen Rückschlüsse auf die Verbreitung des Christbaums und damit einhergehend den massenhaften Diebstahl zu. Daß sie ab 1887 über 20 Jahre lang nur in Oberfranken galten, ab 1909 Bayreuth, Wunsiedel, 1910 den Großraum Augsburg und 1911 einen Teil des übrigen Bayern einbezog, ist auch ein Indiz für die zitierte Christbaum-»Wandergeschichte«. Diese Jahreszahlen decken sich mit den heimatkundlichen Belegen aus verschiedenen Gegenden, wann dort der Christbaum zum Allgemeingut wurde.

Die speziellen Augsburger Marktvorschriften werden später oftmals neu gefaßt. Am 26. November 1904, am 22. November 1928 und am 25. Januar 1929 folgen Anordnungen über die Abhaltung des Christbaummarktes.

Der Christbaum schwebt, von Engeln getragen, zur Erde. Zu Weihnachten 1901 publizierte die christlich geprägte Zeitschrift »Die Welt« diesen oft wiederholten Holzstich nach Ludwig Richter.

Christbaum mit Krippe aus einem Dezemberbild im »Neuen illustrirten Marien-Kalender« des Jahres 1900. Kerzen, Kugeln und Figuren schmücken das von einem Stern überstrahlte Bäumchen.

Oben: Ein »Christbaum für alle« stand ab 1926 auf dem Balkon des Rathauses. Nachdem es im Februar 1944 ausgebrannt war, entfiel in diesem Jahr der traditionelle Baum an diesem exponierten Platz. Doch bereits an Weihnachten 1945 symbolisierte an gleicher Stelle vor rußgeschwärzter, fensterloser Fassadenmauer eine prächtige Tanne mit vielen Kerzen die Hoffnung auf eine bessere Zeit.

Links: Fotos von Weihnachten 1940. Der auf der Maximilianstraße gekaufte Christbaum erstrahlte am Heiligen Abend, mit Lametta, Kugeln und Kerzen geschmückt, im Wohnzimmer – allerdings erst nach der üblichen völligen Fensterverdunkelung wegen »Fliegergefahr«. Selbst zur sechsten Kriegsweihnacht 1944 gab's in Augsburg einen Christbaummarkt mit relativ reichlichem Angebot.

Der Beginn bleibt nach wie vor der 15. Dezember.[20] Das Amtsblatt nennt 1937 die Verkaufsorte für Christbäume: Es sind die obere Maximilianstraße, der Obere Graben, der Kleine Exerzierplatz, die Hessenbachstraße in Pfersee, die Radetzkystraße in Lechhausen sowie die Bleicherbreite. Im Zuge der allgemeinen Zwangswirtschaft zur NS-Zeit sind 1937 (und zu den folgenden sieben Weihnachten) auch die Verkaufspreise vorgeschrieben.[21]

Ab 1939 unbeleuchteter »Christbaum für alle«

Im Dezember 1939 wird zwar der seit 1926 übliche »Christbaum für alle« wiederum auf dem Balkon des Rathauses aufgestellt, doch er darf wegen der angeordneten allgemeinen Verdunklung nicht mehr beleuchtet werden. »… er möge dann um so schöner im nächsten Jahr nach siegreicher Beendigung des Krieges erstrahlen«, fügte die amtliche Verlautbarung an.[22] Selbst in der Notzeit im zerstörten Augsburg im Dezember 1944 fehlt der Christbaum bei den noch in der Stadt Verbliebenen nicht. Ein »relativ reich sortiertes Lager an Christbäumen, trotz bekannter Transportschwierigkeiten« meldet die einzige noch erscheinende Augsburger Zeitung zu dieser letzten Kriegsweihnacht.[23]

»Die Christbäume sind da!«[24] lautet eine Zeitungsüberschrift am 21. Dezember 1945. Sie stammen »aus den Forsten der Umgebung, aus Wellenburg, und nur ein kleiner Teil, die größten und edelsten haben die weite Reise aus dem Bayerischen Wald zu uns her gemacht«. Auf dem Balkon des ausgebrannten, dachlosen Rathauses steht an Weihnachten 1945 »ein prächtiger Tannenbaum mit Kerzen«, die seit 1938 erstmals wieder leuchten dürfen, als Symbol einer neuen, nicht mehr ganz hoffnungslosen Zeit. Vier Jahre später, zu Weihnachten 1948, bieten 45 Händler vom 15. bis 24. Dezember rund 50 000 Christbäume zum Verkauf gegen die gerade ein halbes

Der Rathausplatz wurde 1963 Standort des Christkindlesmarktes. Seither wird dort eine große Fichte als »Christbaum für alle« aufgestellt. Zuvor stand rund 15 Jahre lang der Lichterbaum weithin sichtbar auf der Verkehrsinsel vis-à-vis dem Stadttheater.

Jahr alte Deutsche Mark an.²⁵ 1956 stehen an 40 Stellen der Stadt 73 Anbieter der grünen »Saisonware«, die täglich bis zum Heiligen Abend zwischen 7 und 19 Uhr feilgeboten werden darf.²⁶

Ein Zeitsprung in das Jahr 1984: Rund 17 Millionen Christbäume werden in der Bundesrepublik jährlich »verbraucht«. Im Durchschnitt ist der Baum mit 30 Kugeln geschmückt, in 84 Prozent der befragten Familien gehört er zum festen Ritual des Weihnachtsfestes – das ergeben Umfragen kurz vor Weihnachten 1984. Selbst Umweltschützer äußern sich nicht negativ über den Christbaumeinschlag und -verkauf. Es handle sich dabei meist um das Abfallprodukt der Waldpflege.

Tausende Selbstabholer in den Wäldern

Die Bäume legen oft weite Transportwege zurück: Aus dem Bayerischen Wald, aus Dänemark und Holland werden vor allem die edleren Sorten auf den großstädtischen Markt gebracht. Zur »Wiederentdeckung« der heimischen Wälder trug eine in Augsburg sehr populäre vorweihnachtliche Aktion bei: Forstämter locken alljährlich Tausende Städter an jeweils einem Samstag im Dezember in die stadtnahen Forste, wo sie ihren waldfrischen Christbaum kaufen können. Wem diese bereits abholbereiten Bäume noch nicht frisch genug sind, darf sich sogar in abgegrenzten Revieren seine Fichte selbst schlagen. Auch private Waldbesitzer des Stadtumlandes haben diese Marktnische erkannt und bieten »Frischware« ab Hof, wenige Kilometer von der Großstadt entfernt.

Weihnachten 1994: »Der Trend geht zum Zweitbaum«, so die Presse. Die Dekoration der Weihnachtsbäume sei kreativ und äußerst anspruchsvoll. Kobaltblaue, elfenbeinfarbene oder bordeauxrote Glaskugeln sind in diesem Jahr im Trend. Duftsprays lassen den Baum nach Zimt, Honig oder Lebkuchen riechen. Lametta sei großteils »out«. Zwischen 500 und 1000 Mark kann eine detailgetreue Neudekoration eines Christbaumes kosten, wenn die hoch im Kurs stehenden mundgeblasenen Glaskugeln und Figuren im Biedermeierdekor oder aus Nostalgie-Serien dafür verwendet werden.

Schneeberieselter Plastikbaum mit Faltsystem

Längst hat auch der »Kunstbaum« sein einstiges Exoten- oder Spinner-Image abgelegt. Eine Firma in Fürth exportiert jährlich rund 1,3 Millionen der laut Werbung »schwer entflammbaren, ökologisch unbedenklichen, nicht nadelnden« Tannen oder Fichten mit dem patentierten Faltsystem in alle Welt. In schlichtem Grün, schneeberieselt oder mit Glitzer und Glanz behangen, hat sich dieser Weihnachtsbaum, von dem es auch den Typ »wachsender Giant-Baum« (aufstockbar bis 25 Meter) gibt, zum Exportschlager in aller Herren Länder gemausert. Vom Kreuzfahrtschiff bis zum Weißen Haus in Washington reicht die Kundschaft. Er findet aber auch in deutschen Landen vermehrt private Liebhaber. Als Deko-Artikel im Geschäftsbereich hat sich der täuschend echt wirkende, beliebig oft wiederverwendbare und pflegeleichte Plastikbaum eh schon lange gegenüber dem nadelnden Naturbaum durchgesetzt.²⁷

Ob im Wald gewachsen oder aus Kunststoff, ob kostbar geziert oder mit alternativem Behang aus Strohsternen, Äpfeln, Nüssen und allerlei Basteleien versehen – der Christbaum hat auch in unserer als säkularisiert geltenden Zeit kaum etwas von seiner Popularität eingebüßt. Er ist das Weihnachtssymbol schlechthin. 1996 steht in 80 Prozent aller deutschen Haushalte ein Weihnachtsbaum – insgesamt rund 24 Millionen Stück, für die etwa 600 Millionen Mark ausgegeben werden.²⁸

»Frisch aus dem Wald« lautet für viele die Devise bei der Beschaffung des Christbaums. Die meisten werden aber nach wie vor auf einem der zahlreichen Christbaummärkte im Stadtgebiet gekauft.

Trödelmarkt am Oberen Graben Anno 1815. Nur zwei Skizzen überliefern den Gebrauchtwarenmarkt zu dieser Zeit. Unter den Bäumen auf dem breiten westlichen Gehsteig durften ab 1815 die bis zu 48 zugelassenen vereidigten Käufler und Erdkäuflerinnen der Stadt wöchentlich zwei- bzw. dreimal ihre Stände aufbauen und Trödelmarkt halten. Der rund 130 Meter lange »Marktplatz« war oft völlig belegt.

Der Trödelmarkt

Augsburger Flohmärkte haben 500 Jahre Tradition

Das Sortiment auf den in unserer Zeit vielerorts veranstalteten Antik-, Floh-, Trödelmärkten oder Gebrauchtwarenbörsen entspricht in etwa dem Warenangebot, das die Augsburger Käufler in ihren Läden (»Käuflereien«) sowie an Ständen und die »Erdkäuflerinnen« auf ebener Erde auf den Tandel-, Grempel-, Tenttel- oder Trädelmärkten früherer Jahrhunderte präsentierten: von der echten Antiquität bis zum getragenen Kleidungsstück, vom handgeschmiedeten Nagel über Gebrauchsgegenstände bis zum Schmuck. Doch zwischen früher und heute bestehen entscheidende rechtliche Unterschiede: Der private öffentliche Verkauf von Secondhand-Ware auf Märkten ist in jüngerer Zeit jedermanns Recht – im alten Augsburg dagegen war der Handel mit Waren aus zweiter Hand ein Gewerbe, das vielen Reglementierungen und strenger Überwachung unterlag.

»Keuffel und verkaufferinne« schon 1276 erwähnt

Das zeigt sich schon im Stadtbuch von 1276: Art. CXXXIV[1] dreht sich »umbe keuffel und umbe verkaufferinne« – die Käufler und Käuflerinnen, wie die offizielle Berufsbezeichnung noch in den 1960er Jahren lautete. Da der Handel mit »Tandelwaren« von niedrigem Wert bis ins 19. Jahrhundert Frauen vorbehalten war, sind mit »verkaufferinne« die in späteren Dokumenten als »Trödel«- oder »Erdkäuflerinnen« auftauchenden Händlerinnen zum ersten Mal erwähnt. In den folgenden sechs Jahrhunderten wird das Trödlergewerbe oftmals im Geschäftsumfang und -ablauf exakt eingegrenzt. So durften gerichtliche Verkäufe nur von den geschworenen Käuflern – der »Oberschicht« in dieser Berufssparte – erledigt werden, die das Recht hatten, von gedeckten Buden und Tischen zu verkaufen. Das stand den Kleinhändlerinnen nicht zu, sie durften ihre Ware nur zu ebener Erde anbieten. Davon leitete sich ihre Berufsbezeichnung »Erdkäuflerinnen« ab.

Anno 1480: Drei »Tentel-Märckte« pro Woche

Nur vereidigte Käufler und Erdkäuflerinnen waren befugt, mit Waren aus zweiter Hand Geschäfte zu treiben. Letztere rekrutierten sich ausschließlich aus gut beleumundeten Frauen und Witwen mit Kindern in ärmsten Verhältnissen. Nur solchen war es vergönnt, auf Straßen und Brücken ihr auf dem Boden ausgebreitetes oder am gespannten Seil aufgehängtes Sortiment anzubieten. Vor allem für sie wurden um 1480 die Trödelmärkte an angewiesenen Plätzen und zu festen Terminen eingeführt.

Der Grund für die Einrichtung eines regelrechten Trödelmarktes war eine Beschwerde der etablierten Käufler. Diese reklamierten in einer Eingabe an den Rat am 5. September 1480 schriftlich, daß sie sehr »beschweret werden« von Leuten, die »hin und her laufen auf den Straßen« und ihre Ware anbieten. 27 Frauen werden als

Ausführliche Gewerbe- und Zulassungsordnungen erließ der »Hoch-Edle und Hochweise Rath deß Heil. Röm. Reichs-Stadt Augspurg« mehrfach für das in zwei Klassen unterteilte Käufler-Gewerbe.

Am Marktstand eines Trödlers gab's im Jahre 1815 vom Buch über gebrauchte Kleidung bis zur aus dem Transportgefährt schauenden Geige ein breites Sortiment, das auch heutzutage auf Flohmärkten zu finden ist: vom kuriosen, billigen Kruscht bis zur echten Antiquität.

Händlerinnen namentlich genannt. Diese sollten den »Tenttelmarckt« halten, wo sie pro Woche drei Markttage vor St. Ulrich und in der Judengasse (jetzt: Karlstraße) haben sollten. Ansonsten dürften sie aber nicht weiterhin ihre Gebrauchtwaren feilhalten. Die Beschwerde hatte Erfolg: Es wird danach vom »Tentel-Marckt« oder »Trädel-Marckt« geschrieben – womit der Beginn eines »Flohmarktes« in das Jahr 1480 zu datieren wäre.

»Trädel-Käuffler« auf ständiger Wanderschaft

Zeitweise scheint der Trödelmarkt einer Chronik zufolge aufgehoben. Das mag seine Richtigkeit haben, denn laut einem Ratsbeschluß soll er »auf Michaelis« (29. September) 1523 wiederaufgenommen werden. Auf dem »Verher-Marckt« (= Schweinemarkt, jetzt Obstmarkt) ist der neue Standort der Erdkäuflerinnen. Nur kurz ist der Tandelmarkt hier zu finden. Noch im selben Jahr müssen die »Secondhand«-Verkäuferinnen um die Ecke in die Judengasse bei St. Leonhard (die Leonhardskapelle war im Eckhaus Karolinen-/Karlstraße) weiterwandern. Doch auch hier hatten sie noch keine dauernde Bleibe: Wenige Jahre später fand die Verlegung des Tandelmarktes in die »Finstern Gräbd« am Fronhof statt. Mit Ratsbeschluß vom 18. Januar 1550 darf der Markt auf den etwas lichteren Fronhof wandern, muß aber bald wieder zurück in die dunkle Begräbnisstätte südlich des Doms etwa dort, wo inzwischen die »Römermauer« steht.[2] Von dort mußten die Erdkäuflerinnen wieder verschwinden. Am 18.

Dezember 1561 erfolgt der entsprechende Ratsbeschluß: Der Trödelmarkt findet künftig beim Kornhaus am Heilig-Kreuz-Tor statt! (Auf dem Grund dieses Kornstadels steht seit 1876 das Stadttheater.) Die Welser-Chronik weiß Genaueres zu berichten: Die erwähnte »Finstere Grät« (ein Friedhof südlich des Domes) sei 1562 zu einem schnurgeraden Durchgang zum Dom gemacht worden »und alsbald nach Abschaffung des Grempelmarckts ward dieselbe wöchentliche Trendlerey auch von diesem Ort und dem Fronhof (allda sie bis auf diesen heutigen Tag über die hundert Jahr hero an Donnerstagen nach Mittag und an Freytagen Vormittag gehalten worden) für das heilige Creutzer Thor und Kirchen auf des Raths befehl verwiesen«. Der um diese Zeit lebende Chronist zitiert den Verlegungsbeschluß und weist auf die lange Tradition (»über die hundert Jahr«, was das Bestehen eines Flohmarktes schon um 1460 bedeuten würde) dieses Verkaufsplatzes hin. Der Montags-Trödelmarkt verblieb vorerst bei St. Ulrich.

Streng paritätisch: 12 katholisch, 12 evangelisch...

Im Jahre 1565 lautet eine obrigkeitliche Order: Die »Trädel-Käuffler« halten ihren montäglichen Markt nicht mehr auf dem Platz vor St. Ulrich, wo sie 1480 schon ihre Waren ausbreiten durften, sondern auf dem abgelegeneren »Geiß-Markt« (Kitzenmarkt) um die Ecke! Es solle auf dem Ulrichsplatz mehr Raum für verschiedene Waren des Viktualien-Wochenmarktes geschaffen werden.[3] Am 28. April 1609 legt eine neu gefaßte ausführliche Marktordnung in bezug auf die »Träntelmärkte« fest: »Wie bisher am Montag vor St. Ulrich« (also waren die Käufler wiederum an den angestammten Platz zurückgekehrt!), »Donnerstag und Freitag vor dem Hlg.-Kreuz-Tor«.[4] 1629 scheinen die Trödler wieder südlich des Domes angesiedelt gewesen zu sein, denn das Hochstift verlangt nun von der Stadt, sie möge dafür sorgen, daß dort »auch die Trempel-Märckte abgestellt« würden.[5]
Im Jahre 1686 folgt die soundsovielte »Revidierte Käufler-Ordnung«.[6] Sie schreibt die paritätische Zulassung der 24 Unterkäuflerinnen fest: 12 katholische und 12 evangelische mußten es sein. Der Wert der von ihnen zu handelnden Gegenstände wird auf sechs, höchstens sieben Gulden beschränkt. »Vorkauf« (Zwischenhandel) und Hausieren werden ihnen strengstens untersagt. 1726[7] wird diese Festlegung bestätigt: »Nach alter Observanz« sollen neben 24 geschworenen Käuflern nur die 24 Erd- oder Trödelkäuflerinnen ihr Geschäft betreiben. Die Flohmarktplätze Anno 1732: Montags vor St. Ulrich, donnerstags vor dem Heilig-Kreuz-Tor (also etwa vor den Heilig-Kreuz-Kirchen) und freitags im publikums-

Trödelmarkt am Oberen Graben um 1935. Die Stände sind kaum anders als 1815, doch nun ist viel aus Metall und Glas im Angebot.

freundlichsten Bereich, nämlich in der Heilig-Kreuz-Gasse. So hieß bis 1806 die Ludwigstraße. Außerdem war zu Kirchweih- und Jahrmarktzeiten täglich Flohmarkt. Die jeweiligen Plätze dafür bestimmten nach dieser Ratsanweisung die Marktmeister.

Verarmte Bürgerswitwen als »Erdkäuflerinnen«

Schon 1740 ist der Flohmarkt wieder ein Thema im Rat. Laut Ratsdekret[8] wird die Zahl der Käufler und die der Erdkäuflerinnen auf je 24 »unabänderlich« festgelegt – unter strenger Beachtung der Religionsparität. Als Erd- oder Trödelkäuflerinnen sollen nur »verarmte oder mit Kindern überhäufte Bürgers-Witwen und Weiber guten Leumunds« durch den jeweils amtierenden Bürgermeister zugelassen werden, dem sie bei ihrer Aufnahme eine Kaution von 25 Gulden zu hinterlegen haben. Ihre Verkaufstage werden von drei auf zwei reduziert: Nur montags und freitags – bei den Kirchweihen aber alltäglich – dürfen sie »an den gewöhnlichen oder von den Stättmestern anzuweisenden Plätzen, auf Brücken und am Seil ihre Waren auslegen, aufhängen und verkaufen«.

Wo die Gebrauchtwaren angeboten werden durften, bestimmte die »Verordnung, wie und wo die Märkte künfftig zu halten seyn« von 1761[9] wieder einmal neu: »Die Erdkäufler auf dem Unteren Graben unter dem Pilgerhaus hinaus«, also nördlich der Sieben Kindel, und zwar weiterhin nur montags und freitags. Ansonsten ist dem Trödelmarkt in dieser Verordnung kein weiterer Marktplatz zugestanden. Die neue Märkteplazierung scheint sich nicht bewährt zu haben, denn die meisten Warengruppen sind bald wieder an althergebrachter Stelle zu finden. Der Trödelmarkt jedoch mußte auf Wanderschaft gehen. Er findet sich mal auf dem Jakobsplatz, bei St. Ursula, am Weberhaus und anderen Orten.

1815: Trödelmarkt fortan am Oberen Graben

Erst 1815 bekommen die Trödler einen dauerhaften Standort: am Oberen Graben unter den Bäumen entlang dem westlichen Gehsteig. Nur einmal war später dieser Standort noch gefährdet: 1854 lobte die Regierung von Schwaben und Neuburg die durch Anpflanzungen bewirkten Verschönerungen am Oberen Graben, erklärte aber im selben Schreiben, daß der Trödelmarkt nun nicht mehr dorthin passe. Dessen Verlegung sei erwünscht. In einer Sitzung des Augsburger Polizei-Senats wurden die ins Auge gefaßten Alternativen wie der Saumarkt (Jakobsplatz) oder die Straße bei St. Ursula als räumlich nicht ausreichend verworfen. Schließlich sei der am Graben gegenwärtig verwendete und benötigte Platz 440 Schuh (fast 130 Meter) lang und durchschnittlich 25 Schuh (7,30 Meter) breit. Solchen Raum böten andere Bereiche nicht. Auch die Vorgeher der Käufler-Innung, die Hausbesitzer am Oberen Graben (Trödler!) und das städtische »Bau-Bureau« hatten gegen eine Verlegung opponiert. Ein Entscheid wurde im Juli 1854 erst mal vertagt, und Ende September erfolgte der Beschluß: »Der Plan, den Trödelmarkt zu verlegen, wird vorerst aufgegeben.«[10] Daran änderte sich über ein Jahrhundert nichts.
Wie wichtig der Stadtregierung die Abschirmung der ortsansässigen, amtlich registrierten Gebrauchtwarenhändler vor lästiger Konkurrenz war, belegt ein Beschluß von 1777. Ein Mandat[11] schützt die registrierten Augsburger Käufler und Unterkäuflerinnen: »Da sich aber andere, sie seien einheimische oder fremde, Manns- oder Weibspersonen, der Käuflerey, des Hausierens oder Herumtragens verkäuflicher Mobilien und Fahrnisse unterstehen würden, solle solch anvertrautes oder eigens Gut alsogleich konfisziert, die unberechtigten Käufler oder Käuflerinnen bey dem ersten Übertretungsfall um 15 Gulden, beim zweyten aber am Leib oder mit gänzlicher Verweisung aus der Stadt bestraft werden.«

Die letzte und ausführlichste Käufler-Ordnung der Freien Reichsstadt Augsburg wird 1797 im Rat abgesegnet.[12] »§ 1. Bey der von Alters her bestimmten Zahl der vier und zwanzig geschwornen Käufler und Käuflerinnen, mit Einschluß der beeden Leihhaus-Taxatoren, nach der Religions-Parität, verbleiben, und nicht mehrere zugelassen oder aufgenommen werden sollen. § 2. Diese vier und zwanzig geschworene Käufler und Käuflerinnen sollen alltäglich in offenen Läden Mobilien und Geräthschaften aller Art, als: Juwelen, Silber, Zinn, Kupfer, Messing, Eisen, Porcellan und Glasgeschirr, Spiegel, Uhren, Malereyen, Sessel, Kästen, Tische, Kleider, Leinwand, Betten, Bettgewand und alle anderen Fahrnisse ... feil haben und verkaufen.« Diese Paragraphen und etliche weitere betrafen die Geschäftsabläufe der etablierten 22 Käufler mit Läden, die in der Höhe ihrer Umsätze unbeschränkt waren.

Nicht mehr als 24 Käufler und 24 Trödlerinnen

Erst in § 17 folgen die 24 Erd- oder Trödelkäuflerinnen, die nach wie vor ohne Verkaufslokale waren und kein Stück über sechs Gulden Wert in ihr Sortiment aufnehmen durften. »Damit aber diese Käufler- und Unterkäufler-Ordnung desto genauer nachgelebt werde«, bestimmte dieser Erlaß von 1797, daß alljährlich am »Simon- und Judä-Tag« (28. Oktober) sämtliche 24 geschworenen Käufler und Käuflerinnen (auch Frauen, vor allem Witwen verstorbener Käufler waren nun bei den »oberklassigen« Gebrauchtwarenhändlern zugelassen) sowie die 24 Trödl- und Erdkäuflerinnen (»verarmte oder mit Kindern überhäufte Bürgers-Weiber und Wittwen guten Leumunds«, wie es nach wie vor heißt) vor dem amtierenden Bürgermeister einen Eid auf diese Ordnung abzulegen hatten. Alle vereidigten 24 Käufler/innen und 24 Erdkäuflerinnen sind namentlich noch im »Augsburger Adreßkalender« von 1824 aufgeführt.

1868: »Concessions-Pflicht« fürs Trödlergewerbe

Eine fast kuriose Sonderstellung unter den Gewerben nahmen die Käufler und die Erdkäuflerinnen nicht nur zu Reichsstadtzeiten ein. Diese Tätigkeit fand noch im bayerischen Gewerbegesetz von 1868 besondere Berücksichtigung. Es befreite Handel und Gewerbe von mancherlei Beschränkung – nicht jedoch die Trödler! »Alle Staatsangehörigen ... sind zum Betriebe von Gewerben im ganzen Umfange des Königreichs berechtigt«, heißt es dort in § 1. Jedoch, es gibt Ausnahmen: »Concessions-Pflicht« besteht weiter für 1. Eisenbahnen, 2. Bankanstalten ... und »5. das Trödlergewerbe«! Fortan gelten außer für Trödler nur noch für wenige Gewerbe wie Gastwirte,

Apotheken und Kaminkehrer Zulassungsbeschränkungen. Es genügt ansonsten ab diesem Zeitpunkt, ein neues Gewerbe beim Magistrat anzumelden.[13]

Das Adreßbuch von 1896 unterscheidet im Branchenverzeichnis immer noch zwischen Käuflern, von denen es jetzt 34 nennt, und Erdkäuflerinnen, deren Zahl auf elf gesunken ist. Der Trödlermarkt wird auch in kleinen Stadtführern des vorigen Jahrhunderts nicht vergessen. Ein 1840 gedruckter erklärt die Besonderheit des Oberen Grabens: »Hier ist Montag und Freitag der sogenannte Tandelmarkt für den Verkauf gebrauchter Hausbedürfnisse, alter Kleider etc.«[14] Eine Schilderung des Trödelmarktes im Jahre 1905 nennt Montag, Mittwoch und Freitag als Verkaufstage[15], an denen oft in langer Reihe die einfachen Stände und Tische stünden.

Malerische Skizzen und Fotos

Flohmärkte unserer Zeit in ihrer bunten Vielfalt kennen die meisten von eigenen Besuchen. Über deren Vorläufer ist die Bilddokumentation rar: Zwei Skizzen aus dem Jahre 1815 halten Stände auf dem Tandelmarkt in der Nähe des Vogeltors im Bild fest. Darauf ist auch die Ware gut erkennbar. Ab 1905 belegen Fotos den bis 1964 auf demselben Straßenabschnitt beheimateten ständigen Flohmarkt, der nur von professionellen Trödlern bestrit-

Selbst Brillen aus zweiter Hand konnte man in den dreißiger Jahren auf dem Trödelmarkt erwerben. Die Oma steht bei der »Anprobe« unter kritischer Beobachtung durch die Enkel.

Aus den meist mit großen Handwagen angefahrenen Kisten und Körben bestückten die Käufler/innen ihre an den Markttagen oft in langer Reihe stehenden Tische und die zwischen den Bäumen gespannten Seile mit all dem Gebrauchten, das verkaufbar erschien.

ten werden durfte. In den zwanziger und dreißiger Jahren gehört der Tandelmarkt an drei Tagen der Woche – wie schon 1905 – zum festen Augsburger Marktleben. 1933 führt das Adreßbuch 25 Käuflereien auf. Vier davon liegen direkt am Oberen Graben, weitere 14 in der Nähe, und die Käuflerin Kreszenz Würsching führt nur die Adresse »Trödelmarkt, Oberer Graben«.[16]
Nach Ende des Zweiten Weltkriegs erlebte der Gebrauchtwarenhandel einen starken Aufschwung, ja er war zur wirtschaftlichen Notwendigkeit geworden. Nach der Währungsreform (1948) verlor er bald an Bedeutung. Zwischen 1953 und 1961 boten noch jeweils acht bis zehn Käufler ihr buntes Warensortiment am Oberen Graben an. Drei große Tandelmärkte mit einer geschlossenen Budenreihe von der Jakobspfründe bis zum Äußeren Gang kamen nach dem Zweiten Weltkrieg noch zustande. Franz Fischer (1896–1987), viele Jahre der Nestor der Augsburger Käufler, hielt die Tradition des Tandelmarktes am längsten aufrecht. Er war ab 1961 einziger Anbieter unter den Bäumen bei der Jakobspfründe. 1964 stellte Fischer letztmals seinen Tisch mit »Kruscht« auf, den er stets per Handwagen transportierte. Danach verkaufte auch er nur mehr in seinem Lädle in der Pfladergasse.[17] Der »Profi-Trödelmarkt« alter Prägung gehörte damit der Vergangenheit an.

1975: erster großer Jedermann-Flohmarkt

Samstag, 26. Juli 1975[18]: Die neue Ära der großen »Jedermann-Flohmärkte« in Augsburg beginnt! An diesem Tag stürmen rund 250 Hobbytandler und ebenso viele professionelle Händler die Dultmeile zwischen Jakobertor und Vogeltor, die von der Stadt für den ersten großen Flohmarkt angewiesen wurde. »Der nächste Flohmarkt kommt bestimmt«, hieß es danach. Es kamen noch viele, doch in den folgenden 20 Jahren auf dem Plärrergelände. Auch auf diesem Platz wurde es zu eng. Am 20. Mai 1995 lief auf dem Rest des früheren Messerschmitt-Flugplatzes in Haunstetten der erste »ausgesiedelte« Großflohmarkt ab. Doch auch dort war nach zwei Jahren Schluß: Das Gelände wird mit dem Landesamt für Umweltschutz bebaut.

Jede Woche: Gebraucht-Börsen im Dutzend

Der Blick in die Zeitung zeigt, daß es längst vielerorts eine Fülle von Flohmärkten gibt – ein Dutzend an manchen Wochenenden, darunter Nacht- und Hallenflohmärkte. Daneben sorgen Vereine und kirchliche Organisationen dafür, daß fast alles von gebrauchter Kinderkleidung bis zum Ski einen Zweit- oder Drittnutzer findet. Selbst der organisierte Handel mit Computern von Privat zu Privat klappt. Alte Bildpostkarten und Schallplatten aus Opas Zeiten sind auf Liebhaber-Börsen gefragt. Die professionelle Gebrauchtwaren-Branche hat sich spezialisiert und nutzt Marktnischen: Da gibt es »Modisches aus zweiter Hand«, den »Secondhand-Schnäppchenshop« und den Laden mit »Kruscht, Krempel, Nippes«. Und zwecks Abfallreduzierung veranstalten Städte und Gemeinden Gebrauchtwarenbörsen für Einrichtungsgegenstände und Hausgeräte. Auch der soziale Bereich ist Nutznießer und Verwerter unserer Wegwerfgesellschaft: In Lägern karitativer Organisationen können sich Bedürftige einkleiden, und die Caritas betreibt das Gebrauchtwaren-Kaufhaus »Fairkauf«, in dem Möbel aus zweiter Hand preiswert erworben werden können. Die »Käuflerei« vergangener Jahrhunderte hat den Zeitläuften angepaßte Nachfolger in den vielfältigsten Formen gefunden!

Am längsten hielt der Käufler Franz Fischer die Tradition des Trödelmarktes am Oberen Graben aufrecht. Zwischen 1961 und 1964 stand er meist als einziger am Oberen Graben, dann verkaufte auch er nur mehr in seinem kleinen Laden in der Pfladergasse.

Der Fegsand-Verkauf

Hausierer mit Pferd und Wagen auf Tour

Seit Urzeiten ist die Reinigungskraft feinen Sandes bekannt. Wasser und Sand dienten zum Säubern von metallenem Koch- und Bratgeschirr, zum Scheuern von Dielenböden oder Hartholz-Tischplatten. Es war zu Zeiten unserer Ururgroßeltern der Stolz jeder Hausfrau, die Familie an einen Tisch mit fast weißer Buchen- oder Ahornplatte plazieren zu können. Dank Scheuersand dunkelte das Holz nicht und wurde nach einem überquellenden Mahl wieder fettfrei! Sand mußte stets griffbereit sein. Für die Lieferung sorgten die »Sandmänner« oder »Sandbuben« – die Fegsandhändler.

Aus der Sicht des finanziellen Erlöses war der Fegsandverkauf sicher einer der unbedeutendsten Märkte. Es gab dafür nicht einmal einen Marktplatz – es war ein Hausierhandel. Doch ohne »Abkassieren« verlief auch dieses Kreuzer-Geschäft vor Jahrhunderten nicht: Beim Passieren eines Stadttors war in jedem Fall ein Pflasterzoll fällig! Doch wer glaubt, mit Entrichtung dieses Obolus in die Stadtkasse hätte es sein Bewenden gehabt, unterschätzt die obrigkeitliche Fürsorge für die Stadtbürger. Offenbar gab's Klagen über unterschiedliche, nicht geeichte Maße, durch die der Preisvergleich beim Sandeinkauf erschwert wurde. Der Magistrat griff ordnend ein – und so wurde der Fegsandhandel Anno 1609 aktenkundig und gelangte in die in diesem Jahr neu konzipierte »Ordnung der Stättmeister und Marktknechte«, denen die Überwachung der Augsburger Märkte sowie jeglichen Straßenhandels oblag.

»Fegsand Medlo« ruft der jugendliche Hausierer auf dem Pferd sein offenbar in zwei Qualitäten verfügbares Natur-Scheuermittel aus. Der Ausschnitt aus einem Blatt mit Augsburger Kaufrufen um 1790 ist das älteste und vielleicht einzige Bild vom Fegsandhandel. Auch im Zeitalter der Fotografie fand man es offenbar nicht wert, einen Fegsandverkäufer als Staffage für eine Straßenaufnahme zu benützen.

Der Abschnitt »Fegsandt Betreffendt« aus der Dienstanweisung für Marktmeister aus dem Jahre 1609: »Und dieweil man so gar im Fegsand denen so darmit in diese statt fahren, bißher in außmessung allerlay falsch befunden: also soll derselbig forthin nit anderst alls mit einem geeichten mäß außgemessen und die geschirr bey aufrichtung dieser Ordnung und forthin järlich mit der Stattpüren und Jar Zahl bezaichnet, auch die Übertreter erstenmals umb 6 Kreizer und forthin all zeit umb zwelf Kreizer gestrafft werden.«

»Fegsandt Betreffendt« lautet die Überschrift der Neun-Zeilen-Niederschrift in dem handgeschriebenen Buch, auf das die städtischen Marktüberwacher ihren Eid ablegen mußten und das ihnen Dienstanweisung war. Diese Fegsandhandel-Reglementierung von 1609 ist oben samt »Reinschrift« im Faksimile wiedergegeben.[1]

1609 geeichten Meßbecher vorgeschrieben

Die mit ihren Hand- oder Pferdewagen durch die Straßen ziehenden Fegsandverkäufer (oder vielleicht -verkäuferinnen) mußten der Anweisung zufolge ab 1609 ihren offenbar bis dahin in der Größe nicht festgelegten Meßbecher fortan jährlich eichen lassen. Nur aus den mit dem eingeschlagenen »Stattpüren« (Pyr oder Zirbelnuß aus dem Stadtwappen) und dem Jahr der Überprüfung versehenen Gefäßen durften sie den Mägden oder Hausfrauen deren Sandbehälter auffüllen.

Dieser »Handel« dürfte sich zu Beginn des 17. Jahrhunderts und früher nicht anders abgespielt haben, als es eine Zeichnung[2] vom Ende des 18. Jahrhunderts samt »Kaufruf« wiedergibt: »Fegsand Medlo!« ruft der auf dem den Wagen ziehenden Pferd sitzende jugendliche Fegsandanbieter. Eine Magd eilt herbei, um sich ihren mitgebrachten Behälter mit dem offenbar in zwei Körnungen mitgeführten Scheuermittel auffüllen zu lassen. In jeder Küche hing an der Wand ein Gestell, in dem die drei unerläßlichen Putzmittel Seife, Soda und Sand in beschrifteten emaillierten oder Keramiktöpfen greifbar sein mußten.

In den Akten taucht der amtlich unter »geringe Handelschaften« eingestufte Fegsandverkauf nur äußerst selten auf. Wäre da nicht Anno 1835 eine Beschwerde bei einem Lokalblatt eingegangen, »betreffend den Unfug und das jämmerliche Geheul der Sandbuben«, der Sandhandel hätte kaum jemals Erwähnung gefunden. Doch die gerügten »Sandbuben« müssen mit derartigem Geschrei und Getöse ihren Fegsand in den Straßen ausgerufen haben, daß mehrere Leserbriefe eingingen und sich die Polizei veranlaßt sah, gegen die Ruhestörung einzuschreiten. »Jetzt rufen die Sandbuben: ›Sand! Sand!‹, und dies ist genug«, vermeldet danach die Zeitung.[3]

Bertolt Brecht und der Fegsandhändler…

Noch in den 1920er und 1930er Jahren machten Sandverkäufer ihre Runde von Straße zu Straße, einen Handwagen mit einem Holzschaff voll feinem Flußsand ziehend oder – wie es in Lechhausen der Fall war[4] – mit einem einspännigen Pferdewagen. Ein Altersgenosse von Bert Brecht berichtete, der Augsburger »Stückeschreiber« sei während des Ersten Weltkriegs als etwa Achtzehnjähriger stets schnellstens auf die Straße heruntergekommen, wenn er bei seinem Elternhaus im Bleichviertel den »Fegsand«-Ruf hörte. Er habe sich mit dem Fegsandverkäufer dieses Viertels offenbar gut verstanden, und Brecht interessierten stets die Umgangssprache einfacher Leute, deren Redewendungen und Dialekte.[5]

Die Reinigungsmittel-Trias Seife, Soda, Sand hing meist griffbereit in der Küche an der Wand nahe Spüle oder Herd. Bei diesem Relikt aus »Fegsand-Zeiten« bestehen Halterung und daraus entnehmbare Behälter aus emailliertem Blech und zeigen Spuren langer Benützung und von etlichen Abstürzen.

In der Königsbrunner Ortsgeschichte[6] ist überliefert, daß von dort aus die Ärmsten zwischen 1860 und 1930 mit dem bei ihnen vorgefundenen feinen Sand nach Augsburg gefahren und damit hausieren gegangen seien. Die frühen Siedler auf der Lechebene südlich der Stadt, wo 1836 die ersten drei Häuser des späteren Königsbrunn standen, verdienten sich damit etwas zum Lebensunterhalt hinzu. Das Lechfeldmuseum in Königsbrunn erinnert mit Zeichnungen und einer »Sandprobe« an dieses Detail aus der frühen Ortsgeschichte.

Sand aus Königsbrunn und Haunstetten

In Haunstetten ist im Gewerberegister von 1901 die Anmeldung von »Milch- und Sandverkauf« durch Johann Wiedemann aus der Bürgermeister-Widmeier-Straße 8 eingetragen. Der Haunstetter Heimatforscher Ludwig Feigl[7] weiß darüber Genaueres: Wiedemanns Anwesen habe den Hausnamen »Stoi-Ma« getragen, weil er ursprünglich mit Steinen handelte. 1902 nahm er neben einem Milchvertrieb auch den Fegsandhandel auf. Beides ließ sich ideal miteinander verbinden, denn sowohl Milch als auch Sand wurden bei der Fahrt durch die Wohnviertel ausgerufen und hatten in den Hausfrauen denselben Abnehmerkreis!

Nach dem Ende des Ersten Weltkriegs kamen verstärkt industriell hergestellte Putzmittel wie »Ata«, »Imi« und ähnliches in den Handel, so daß häufig auf das Scheuermittel Sand verzichtet wurde. Doch zumindest im Pfärrlebereich und im Georgsviertel zog meist freitags – unmittelbar vor dem »Putz-Samstag« der Hausfrauen – ein Fegsandhändler mit seinem Handwagen durch die Straßen. Ein betagter Bewohner dieses Stadtteils[8] erzählte schmunzelnd, daß er als Schulbub zusammen mit anderen Kindern dessen altbayerisch gefärbten Ruf »Feeegsooond!« nachgeäfft habe, wie es heutzutage manchmal bei den durch die Straßen fahrenden Kartoffelverkäufern geschieht. Spätestens Mitte der dreißiger Jahre hörte seiner Erinnerung zufolge der Fegsand-Hausierhandel in der Augsburger Innenstadt auf.

»Ata« und »Imi« verdrängen den Scheuersand

Das Adreßbuch von 1933[9] führt unter der Rubrik »Wasch- und Putzmittel« 30 Anschriften auf. Darunter dürften sich noch etliche »reisende Putzmittelhändler« verbergen, zumal es sich dabei um viele geschäftslose Hinterhofadressen handelt. Einer aus der Yorckstraße in Lechhausen gibt sich jedoch als »Hersteller von Scheuerpulver« zu erkennen, ein anderer in der Gneisenaustraße als »Reisender«. Ganz geriet das traditionelle Putzmittel Sand nicht in Vergessenheit – vor allem in Zeiten fehlender oder teurer »moderner« Reinigungshilfen. Es gab viele Haushalte, in denen in den Mangeljahren während und nach dem Zweiten Weltkrieg wieder zur Sanddose gegriffen wurde, wenn es galt, eine gußeiserne Bratpfanne zu reinigen oder nach der Hausschlachtung das Wurstbrett zu schrubben.

Der Bayerische Holzmarkt bei der Jakobskirche (Zeichnung von Thomas Weber aus dem Jahre 1819). Auf die Jakoberstraße brachten die hochbeladenen Holzfuhrwerke aus dem altbayerischen Raum jenseits des Lechs das Brennholz. Holzmesser warteten an ihrem Amtsstübchen am Chor der Jakobskirche, bis sie vom Holzbauern und vom Käufer gerufen wurden. Holzhacker standen ebenfalls bereit.

Der Holzmarkt

Fuhrwerke und Flöße brachten Brennmaterial

Holz war bis ins 20. Jahrhundert das wichtigste Heizmaterial in Augsburg. Für Haushalte, Bierbrauer, Branntweiner, Bäcker, Ziegelbrenner und metallverarbeitende Handwerker bildeten Scheitholz und »Borzen« (gebündeltes Astholz und Reisig) unersetzliche »Betriebsstoffe«. Ohne Holz keine Feuerung! Als Baustoff bestand ebenso ein hoher Bedarf. Dies waren die Gründe für eine eingehende Regelung des Holzhandels bereits im 13. Jahrhundert, niedergeschrieben im Stadtbuch von 1276. Darin wurde festgelegt, daß ein Holzfuhrwerk einen halben Pfennig für das Passieren der Lechbrücke zu zahlen hatte und wo, wann und an wen auf den Wasserwegen ankommendes Floßholz zu verkaufen sei.[1] Schon um diese Zeit wird der Zwischenhandel (»Fürkauf«) erschwert. Holz war ein unentbehrliches Importgut, das den Augsburgern billigst aus erster Hand zur Verfügung stehen sollte. Aus diesem Grund richteten schon vor über 700 Jahren der Stadtvogt und später die Reichsstadt-Obrigkeit ihr ganz besonderes Augenmerk darauf.

Die Erlasse »den Holzmarkt betreffend« nehmen einen breiten Raum in der Märktereglementierung zu Reichsstadtzeiten und auch noch danach im 19. und 20. Jahrhundert ein. Eine wichtige Verordnung zum Holzhandel bildete der Ratsbeschluß vom März 1477, »daß das Holtz, welches bishero dem Gesicht nach verkauffet worden, nach einem gewissen Maas, so man Klafftern nennet, abgemessen und bezahlet werden solle«.[2]

Kein Holzgeschäft ohne Holzmesser

Die städtischen Holzmesser, ohne die kein Holzgeschäft abgewickelt werden durfte, mußten künftig also exakt messen statt schätzen. Dies geschah ursprünglich durch »Klaftern«, das heißt, was an aufgeschichteten Scheiten gleicher Länge zwischen die Spitzen der Mittelfinger der horizontal ausgestreckten Arme eines mittelgroßen Mannes paßte, war ein Klafter. Die Höhe des Holzstapels sollte das gleiche Maß aufweisen.

Ab 1477 galt das auf Holz-, später Metallstäbe übertragene Einheitsmaß, dessen sich die amtlichen Messer bedienen mußten.[3] Dieses Verfahren mittels geeichter Stäbe ist anschaulich auf einem großformatigen Gemälde im Besitz der Städtischen Kunstsammlungen aus der Zeit um 1530 dargestellt.[4] Dort ist zu sehen, wie der Holzmesser die 3,5 Schuh (103,7 cm) langen Scheite in sechs Schuh (177,7 cm) Breite und sechs Schuh Höhe innerhalb seiner zu einem quadratischen Rahmen verbundenen vier Meßstäbe aufschichtet. Das ergab 3,27 Kubikmeter.[5] Bei der Umstellung der Stadtmaße auf bayernweite Einheitsmaße im Februar 1809 änderte sich nur wenig, denn die »bayerische« Meßlatte wurde lediglich um 2,6 Zentimeter kürzer. Ein bayerischer Klafter beinhaltete 126 Kubikschuh (= 3,13 Kubikmeter). Seit 1. Januar 1872 gilt das metrische System, aus dem Klafter wurde der Ster Holz.[6] Gemessen wurde nun mit Zwei-Meter-Rahmen bei einem Meter Scheitlänge (= vier Kubikmeter).[7]

1448: Vier Verkaufsplätze im Zentrum der Stadt

Die Umschlagorte für Holz scheinen erstmals in einer Neufestlegung verschiedener Marktplätze Anno 1448 auf: Holz, Heu und Stroh seien »nirgend anderswo als bey St. Ulrich, St. Anna, bey dem Dom und St. Martin«[8] zu verkaufen. Zu diesen angewiesenen innerstädtischen Plätzen für die auffahrenden Fuhrwerke kam noch im 15. Jahrhundert der Bereich bei der Jakobskirche in der Jakobervorstadt hinzu, der fortan die Bezeichnung »Bayerischer Holzmarkt« trug. Hier bekamen nämlich die von jenseits der Lechgrenze aus dem Altbayerischen kommenden Anbieter ihren Stammplatz.

Während man auf der Jakoberstraße noch Anfang des 20. Jahrhunderts Brennholz aus dem »Bairland« kaufen konnte, wurden drei der vier 1448 genannten, im Stadtzentrum liegenden Holzverkaufsplätze spätestens 1529 bei einer allgemeinen Marktplätze-Neuordnung gestrichen. In der Annastraße, beim Dom und am Kesselmarkt (»bei St. Martin«) hinderten die Fuhrwerke wohl allzusehr. Als Ersatz gab's für die schwäbischen Holzbauern einen eigenen Bereich in der »Kreuz-Gassen«, womit der Straßenzug Auf dem Kreuz gemeint ist. So lautete 1609[9] die Anweisung: »Der Bayrische Holtz- und Reiß-Marckt soll hinfüran wie von alters bey St. Jakob und St. Ulrich, der Schwäbische in der Kreutz-Gassen« gehalten werden. Im Stadtplan von 1626 ist der Schwäbische Holzmarkt durch etliche Wagen dargestellt und die Anfahrtsroute nachvollziehbar: Vom Wertachbrucker Tor kommen die Fuhrwerke durch die Lange Gasse, und Auf dem Kreuz in Richtung Klinkertor sind viele Fuhrwerke plaziert.

Bei diesen Plätzen blieb es auch im 18. Jahrhundert, wie die Marktordnung von 1738 bestätigt: Es »darff und mag das Brennholz alle Werck-Tag in die Stadt geführt und auf folgenden vier Plätzen verkaufft und gekaufft werden: Erstlich ob dem Wein-Marckt beym grossen Röhr-Kasten vor dem Sigel-Haus. Zweytens besser unten zwischen dem Trauben- und Weiß-Rößleins-Würths-Hauß. Drittens in der Vor-Stadt bey Jacober-Kirch. Viertens bey dem Wacht-Hauß auf dem Creutz gegen bis Alt- und Lang-Gassen...« Die »Übersetzung«: 1. beim Herkulesbrunnen oder 2. besser weiter unten auf der Maxstraße bei der »Traube« (heute: Filmpalast), 3. nach wie vor auf der Jakoberstraße und 4. Auf dem Kreuz sollten sich die Holzwagen plazieren. Alle Holzmärkte sind im 18. und 19. Jahrhundert auch bildlich dokumentiert.

Bayern-Herzöge provozieren Holz-Notstände

Nicht immer fuhren auf diesen Verkaufsplätzen genügend Holzwagen auf. Allzu oft warteten die Käufer vergeblich. Und meist trug an dem mangelnden Angebot der rechtslechische Gebietsherr, der Bayern-Herzog bzw. -Kurfürst, die Schuld. Von solchen Holzverknappungen aufgrund eines bayerischen Lieferembargos oder von Streitigkeiten über die Floßfahrtrechte auf dem Lech mit einem der Wittelsbacher-Herrscher berichten die Augsburg-Chroniken des öfteren.

Holznotzeiten, in denen sich der Rat im Winter mehrmals sogar zum Brennholz-Austeilen aus den städtischen Vorräten gezwungen sah, gab's in Vielzahl: 1468, 1469, 1529, 1543 (im November läßt die Stadt 150 Klafter an die armen Leute abgeben), 1544 (ebenfalls Holzzuteilung), 1547 (200 Klafter für je einen Gulden an Arme), 1548/49 und 1585 sind meist bayerischerseits provozierte Engpässe überliefert.[10] Auch in den folgenden zwei Jahrhunderten wiederholen sich derartige Zwiste mit dem benachbarten, der kaiserlichen Reichsstadt nie wohlgesonnenen, stets in Geldnöten befindlichen Landesherren mit denselben Folgeerscheinungen für Augsburg.

Wie für fast alle importierten Waren bestand auch für Brennholz ein »Fürkaufverbot«. Das heißt, der Aufkauf zwecks Wiederverkauf war in der Stadt und innerhalb einer bestimmten Entfernung drum herum verboten. Aus diesem Bereich mußte das Holz von Bauern direkt auf den Augsburger Markt gebracht werden. 1515 wurde dieser Radius auf drei Meilen (22,5 km) festgelegt.[11] 1520, 1566 und in vielen weiteren Ratsdekreten bis Ende des

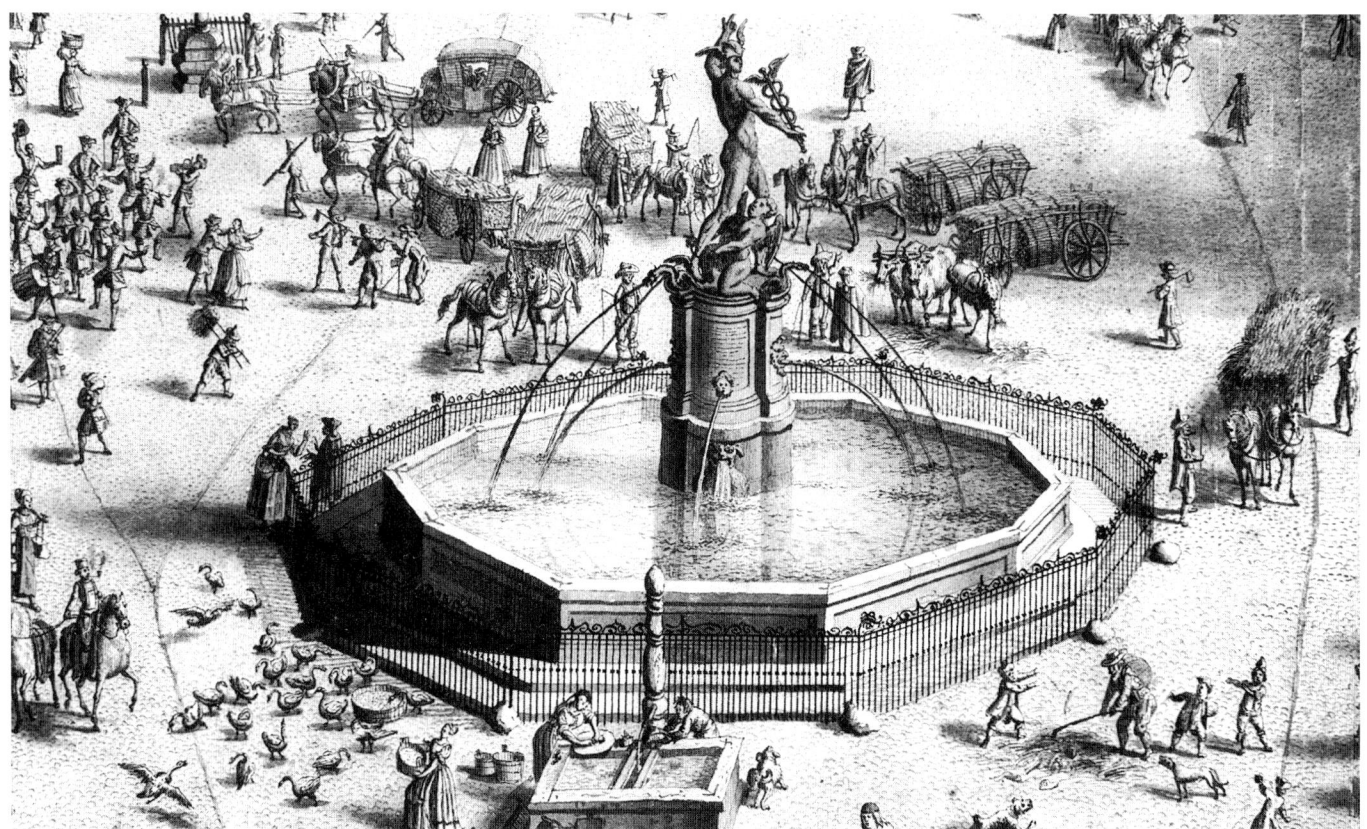

Einer der Holzmärkte lag noch im 19. Jahrhundert südlich des Merkurbrunnens, wo 1722/32 Salomon Kleiner in seinem Märktebild neben fünf Holzfuhrwerken samt Zugtieren auch gestenreiche Verkaufsverhandlungen und zwei Holzhacker (mit Axt) skizzierte.

Holzwagen dienen auf einigen Stichen des 17. und 18. Jahrhunderts als Staffage. Links: Drei aus Friedberg kommende zweirädrige Holzkarren vor der Brücke (mit Schlagbaum) zum Schwibbogentor. Rechtes Bild: Das doppelspännige Fuhrwerk verläßt, begleitet von einem Holzhacker mit geschulterter Axt, den Holzmarkt an der Jakobskirche und bringt seine Ladung zu einem Käufer.

18. Jahrhunderts wird diese Anweisung – wohl wegen ständiger Mißachtung – wiederholt. Letztmals enthält die Holzmarktordnung von 1816 die Bestimmung »Aufkauf zum Verkauf ist nicht gestattet«.

350 000 Stämme nach Augsburg geschwemmt

Wie sehr die Augsburger auf ausreichend Holz angewiesen waren, verdeutlichen die kostspieligen Unternehmungen, mit denen das für Beschaffung und Bevorratung zuständige Proviantamt im 16. Jahrhundert beauftragt wurde. Die Stadt ließ am Oberlauf des Lechs im Außerfern in Österreich Wälder aufkaufen, sie schlagen und das Holz auf dem Lech nach Augsburg schwemmen. Solche Driften,[12] bei denen die Stämme nicht zu Flößen gebunden, sondern einzeln, aber in Massen dem Lech anvertraut wurden, erfolgten 1549, 1563, 1565 und 1568. Bei der letzten und umfangreichsten Drift wurden 350 000 Stämme innerhalb von drei Wochen auf dem für die Floßfahrt gesperrten Fluß nach Augsburg geschwemmt. Dort fing man sie mittels Sperren auf.

Der Aufwand für diese aufgrund allgemeinen Holzmangels und hoher Preise durchgeführten Bevorratungs-Großaktionen war gewaltig: Zu den Waldkauf- und Fällkosten kamen langwierige bürokratische und praktische Vorbereitungen. Mit allen Gebietsanliegern und dem Bayern-Herzog waren Verhandlungen zu führen, Entschädigungen für beschädigte Brücken und Mühlenanlagen zu vereinbaren, eine Sperrung der Floßfahrt durchzusetzen und vieles mehr. War die Drift im Gange, mußten kritische Punkte am Lech Tag und Nacht mit Durchschleusern besetzt werden, wollte man den »Schwund« durch in tote Arme des Lechs gelangendes Holz und »Abzweigung« durch Anrainer gering halten.

Beim Reichstag Anno 1555 Holzpreise eingefroren

Ein interessantes Dokument zur Augsburger Holzmarktgeschichte ist eine gedruckte Verfügung von 1555: Aus Anlaß eines Reichstages in diesem Jahr wurden die Holzpreise diktiert und durften trotz vermehrter Nachfrage nicht erhöht werden. Buchenholz verfügte über den be-

Links: Der Holzmesser beim Aufschichten der Scheite innerhalb der eisernen Klafter-Maßstäbe (um 1530). Detail aus den Marktszenen auf einem Gemälde vom Perlachplatz.

Unten: Ein »Meß« bzw. ein Klafter (= 3,13 Kubikmeter) Holz mit den Preisen von 1817. Der Stoß aus 3,5 Schuh (1,02 Meter) langen Hölzern ist 6 Schuh (1,75 Meter) hoch und ebenso breit.

sten Brennwert und war damit am teuersten: der Klafter 30 Batzen. Birke stand an zweiter Stelle mit 27 Batzen. Für die Mischung aus Birken-, Eichen-, Eschen- und anderem Holz wurde der Klafterpreis auf 26 Batzen begrenzt. Am billigsten waren Fichte und Tanne mit 20 Batzen. »Bortzen oder Reisach« von besten Birken, also Bündel von dünnen Ästen und Zweigen, mußten die Holzbauern den Schober um sechs Batzen abgeben, während als letzte Position Eichenäste und »Erdstämme« (Buschholz und dünnes nachgewachsenes »Ausputzholz«) fünf Batzen pro Schober während des Reichstages einbrachten. Auf ordnungsgemäße Abwicklung sollten die »geschworenen Mässer« achten, »damit hierinnen niemand beschwärdt werde«.[13]

Der Ablauf des Holzhandels bedurfte nicht nur anläßlich von Reichstagen städtischer Eingriffe – er mußte durch häufig wiederholte und neu festgelegte Modalitäten geregelt und dauernd überwacht werden. Seitenweise gehen Dekrete und Ordnungen darauf ein. Alle Mittel wurden eingesetzt, die Preise im Griff zu behalten. »Damit der Holtz-Theure zum Theil fürkommen werde, solle niemand vergonnt seyn, allhier auff ein Tag über zwey Klafter Holtz zu kaufen«, beschränkt 1609 der Rat den Holzeinkauf aus Sorge um Verteuerung, mit der Augsburg ständig zu kämpfen hatte. Erst wenn zur Sommerszeit nach 9 Uhr und im Winter nach 11 Uhr noch unverkauftes Holz auf dem Markt sei, durften 1609 zwei Klafter dazugekauft werden – »aber mehr nit«, wird verdeutlicht.

Auch im 18. Jahrhundert »jagt« fast ein Holz-Erlaß den anderen: Allein 1749 sind es mindestens zehn.[14] Häufungen von Ratsbeschlüssen sind jeweils ein Indiz für Engpässe, Teuerungen oder ständiges Nichtbeachten von Vermarktungsvorschriften. Eine solche war der unbedingte Marktzwang. Darauf weist die Marktordnung von 1738 ausdrücklich hin: »All und jede mit Holz hereinkommende Bauren haben auf besagte 4 Plätz zu fahren« und dort im Sommer bis 12 Uhr ihre Ware feilzuhalten, bei kalter Winterszeit bis 11 Uhr. Danach haben sie die Erlaubnis, unverkauftes Holz »herum zu schreyen«, das heißt, damit hausieren zu gehen.

»Brennholz aus Schwaben und Baiern...«

Einen Gesamtüberblick über die Augsburger Holzversorgung um 1788[15] gibt Paul von Stetten in einer Kurzfassung: »Brennholz wird aus Schwaben und Baiern auf der Achse, auf Wagen, auf die Märkte geführt. Deren sind drey... Vieles, sowohl Brenn- als Bauholz, wird auch in der churbaierischen Holzniederlage zu Lechhausen erkauft und in die Stadt gebracht. Einiges kommt auf dem Lech und wird auf dem sogenannten Stadtbach verkauft. Der Magistrat, oder das Proviantamt, hat eine eigene Niederlage von Brenn- und Bauholz, theils zu den Bedürfnißen der Stadt, theils auch zum Verkaufe an die Bürgerschaft. Dieses Holz wird großentheils in den der Stadt gehörigen Waldungen im Oberlande gefällt, oder aus anderen erkauft und in und auf Flößen auf dem Lechfluße hieher gebracht. Diese Niederlage heißt der Proviantbach, und liegt vor der Stadt.«

Aus welchen Gebieten vor allem die Brennholzlieferungen kamen, wurde bereits durch die Auswirkungen von Embargos durch die bayerischen Herrscher und die Beschaffungsaktionen im 16. Jahrhundert in Tirol aufgezeigt. Neben diesen des öfteren unsicheren Holzquellen war das schwäbische Umland der stets verläßliche Lieferant. Um 1750 wurden die westwärts gelegenen Herkunftsorte in einer Beschreibung der Markgrafschaft Burgau erfaßt.[16] Bei rund 20 Ortschaften in den Stauden, in der Reischenau und im Holzwinkel lautet bei der Aufzählung der hauptsächlichen Erwerbszweige: »viel Holz« oder »Holz nach Augsburg«. Die schwäbischen Holzbauern erwiesen sich auch als zuverlässig, als 1789 aufgrund eines bayerischen Export-Verbotes die kurfürstliche Holzniederlage in Lechhausen aufgelöst wurde, von wo Augsburg im 18. Jahrhundert viel Holz bezog.[17] Kurfürst Karl Theodor von Bayern hatte in diesem Jahr wie-

»Holz, Holz« ruft der Kleinhändler mit der Schubkarre seine Scheite aus, »Borza« hat das Pferdegespann geladen (unten). Reisig oder Buschwerk aus den Lechauen band man zu »Bortzen«, die zum Feuermachen oder für die »kleine Hitze« im Herd begehrt waren. Beide Bilder sind einem um 1790 gedruckten, etwas ramponierten Stich mit etlichen Augsburger Marktrufen entnommen.

der einmal die Augsburger völlig von Holzlieferungen aus seinem Gebiet abgeschnitten, und das mitten im Winter. Selbst aus Augsburger Besitzungen im »Baierland« durfte kein Holzfuhrwerk die Lechbrücken in Richtung Reichsstadt passieren. Der Preis stieg innerhalb weniger Wochen auf das Doppelte. Man konnte dem Mangel nur teilweise durch verstärkte Zufuhr aus dem Schwäbischen, vor allem dem »Holzwinkel«, abhelfen. Die hohen Holzpreise bildeten verständlicherweise einen besonderen Lieferanreiz für die Holzbauern im Westen.

1789: Holzwinkler überbrücken Bayern-Blockade

Allein am 11. Februar 1789 passierten 2150 aus dieser Region kommende Holzwagen die drei Hauptstadttore. Erst im Juni wurde die bayerische Sperre aufgehoben.[18] 1806 gab Napoleon Augsburg als »Morgengabe« in die Hände der von ihm auf den Königsthron gehobenen Wittelsbacher. Nun hörten solche Drangsalierungen verständlicherweise auf – die Lechstadt war ja nun kein Ausland mehr, sondern die drittgrößte Stadt im neuen Königreich!
Auch die bayerische Provinzstadt Augsburg war auf einen gut funktionierenden Holzmarkt angewiesen – es gab in der ersten Hälfte des 19. Jahrhunderts keine Alternative zu diesem Brennmaterial außer dem in den 1830er Jahren vermehrt in die Stadt kommenden Torf. Kohle ist vor 1850 kaum in Augsburg verfügbar. Deshalb verwundert es nicht, daß der Holzhandel im 19. und 20. Jahrhundert dank amtlicher Dokumente und vor allem aufgrund der nun allwöchentlich veröffentlichten Marktberichte besser als je zuvor nachvollziehbar ist. Im September 1808 trafen beispielsweise auf den Holzmärkten 1419 Wagenladungen ein. 885 davon hatten Fichtenholz geladen (Preis pro Klafter 5 fl. 15 kr. bis 8 fl. 15 kr.), 343 Birke (8 bis 11 Gulden) und 187 das begehrte und teure Buchenholz, für das zwischen 9,5 und 14 Gulden pro Klafter zu zahlen waren.[19]

1816: Zwei Marktplätze sollen genügen!

Die am 4. Januar 1816 in Kraft gesetzte erste umfassende nachreichsstädtische Marktordnung reduziert den Holzhandel auf zwei Verkaufsplätze – jener am Herkulesbrunnen wird gestrichen. Dieselbe Anordnung gestattet aber auch erstmals die bislang verbotene Direktzufuhr von Holz für Brauereien und Bürger mit »größerer Consumtion«. Diese müssen sich lediglich zuvor eine »Einfuhrerlaubnis« ausstellen lassen. Zur Vermeidung von Verkehrschaos und wegen mangelnder Wendemöglichkeiten gibt es festgelegte Anfahrts- und Abfahrtsrouten. In der Jakobervorstadt dürfen die bayerischen Bauern nur durchs Jakobertor einfahren, in zwei Reihen in Richtung Jakobskirche aufrücken und die Wagen nach dem Verkauf in Richtung Barfüßertor und Vogeltor abfahren. Im Georgsviertel ist die Situation weitaus komplizierter, da ja Auf dem Kreuz auch der stark frequentierte Heu- und Strohmarkt abläuft. Die »Vermengung dieser Märkte, welche so viele Unbequemlichkeiten für die Käufer und Verkäufer und vorzüglich für andere Fußgeher erzeugte«,[20] wurde ab 1816 beseitigt. Alle Fahrzeuge mußten durchs Wertachbrucker Tor einpassieren, danach war den Holzwagen die südliche Seite des »Unteren Kreuzes« zwischen Alter Gasse und Frauentorstraße als Standplatz vorbehalten. Abfahren durften sie nur durch das Georgengäßchen (seit 1937: Sebastian-Kneipp-Gasse) oder in Richtung Frauentor/Dom, während die gekauften Heu- und Strohladungen in der Gegenrichtung an ihren Bestimmungsort gebracht werden mußten.

Juni 1829: 3436 Fuhren Holz verkauft

Die 1816 verfügte Reduzierung auf zwei Verkaufsplätze bewährte sich nicht. Welches Wirrwarr aufgrund Hunderter Fahrzeuge mit Zugtieren vor allem am Hauptmarkttag Freitag entstehen konnte, verdeutlichen am besten Zahlen aus den Monatsstatistiken: »Juni 1829 – Verzeichnis des zu Markte gebrachten Holzes: Buchen-Holz 445 Wägen, Birken-Holz 774 Wägen, Fichten-Holz 2217 Wägen.«[21] In diesem einen Monat kamen also insgesamt 3436 Holzfuhrwerke, was bei zwei Markttagen pro Woche im Schnitt etwa 400 Gespannen pro Markttag entspricht. Die Konsequenz daraus: »Da die bisherigen zwei Holzmärkte in der Jakobervorstadt und bei der Heuwaage nicht nur für die Bewohner der obern Stadt sehr entfernt sind, sondern der beschränkte Raum bei der Heuwaage für Heu-, Stroh- und Holzmarkt sehr oft nicht ausreichenden Raum darbietet«, eröffnete der Magistrat ab 19. Oktober 1835 wiederum den dritten Holzmarktplatz »vom Herkulesbrunnen aufwärts gegen die St.-Ulrichs-Kirche, ausgenommen während der Georgi- und Michaelis-Dult«.[22] Da standen dort Marktbuden.
Die kurzgefaßte Marktbeschreibung von 1846 vergißt zu erwähnen, daß Torf und Kleinholz damals nur in der Jakobervorstadt angeboten werden durften. Ein Leserbrief vom April 1878[23] offenbart dies: »Schwäbische Bauern müssen mit der Kirche ums Dorf fahren«, beklagen mehrere »Unterstädtler« und fragen öffentlich beim Magistrat an, ob nicht Torf und Kleinholz auch auf dem Schwäbischen Holzmarkt in der Unteren Stadt (Georgsviertel) zugelassen werden könnten. Die Behörden reagierten auf diese Bitte – jedenfalls läßt die Marktordnung von 1890 überall den Torfverkauf zu.
Mit den Einkaufsgepflogenheiten auf den Holzmärkten mußte sich schon 1566 zum wiederholten Mal die Rats-

Der Schwäbische Holzmarkt hatte jahrhundertelang seinen festen Platz Auf dem Kreuz bei der Heuwaage (rechts), die erst in den 1920er Jahren in Stadtwaage umbenannt wurde.

versammlung befassen: Sie erinnerte an das Verbot des Einkaufs der Bürger vor der Stadt und befahl, »daß solches hinfüro auf dem offenen Holz-Marckt geschehen, von denen Holzmessern nach dem Mäß abgemessen, und sich dieselbe hinfüro des Kauffmachens enthalten sollen«.[24] Letztere Anfügung heißt: Bei den amtlichen Messern, deren Zahl den Umsätzen entsprach (1788: 30 Mann),[25] hatte sich ein lukratives Nebengeschäft mit dem Holzzwischenhandel oder Einkauf auf fremde Rechnung eingebürgert. Das sollte fortan verboten sein. Auch diese Regelung wurde in Abständen vielfach wiederholt.

Holzmesser und Holzhacker an den Marktplätzen

1609, 1618, 1735 und etliche weitere Erlasse beschäftigen sich mit der Tätigkeit und den Geschäften der Holzhakker und der Holzmesser[26]. Die vereidigten Messer durften zu Anfang des 19. Jahrhunderts wieder – zumindest beschränkt – auf eigene Rechnung tätig werden. Das bewährte sich nicht: Die Endverbraucherpreise stiegen durch diesem Zwischenhandel an. Aus diesem Grund verfügte 1816 die Stadt, daß sie, »welche früher täglich zwei Klafter Holz für Bürger kaufen konnten«, künftig von solchen Geschäften ausgeschlossen seien.

Immer wieder mußten auch im 19. Jahrhundert die Holzmarktabläufe den Gegebenheiten angepaßt werden. So im April 1835, als der Magistrat den Bürgern am frühen Morgen den Vorrang vor den Zwischenhändlern beim Einkauf einräumte: »Das Holzkaufen durch die Holzhacker für Private darf auf den Holzmärkten von jetzt an um 9 Uhr früh beginnen. Der Holzeinkauf durch Holzmesser bleibt nach § 16 der Marktordnung verboten.«[27] Auch die Holzmarkt-Reglementierungen von 1850 erinnerten an das Aufkaufverbot durch amtlich bestellte Holzmesser, während dies den am Rande der drei Verkaufsplätze auf Kundschaft wartenden »freiberuflichen« Holzhackern nach wie vor gestattet war.[28] Daran hielt selbst die 18 Paragraphen aufweisende Holzmesser-Ordnung von 1889 fest.[29]

Ab 1853 Schätzen statt Messen erlaubt

Mit schrittweisem Wandel zum freien Markt geht die Neufassung der meisten amtlichen Anweisungen in »Amtsdeutsch« mit Ausrichtung an den neuen Gewerbe- und Handelsgesetzen einher. Die »Holz-, Kohlen- und Kalkmesser-Ordnung« von 1853[30] spiegelt diesen Vorgang. Sie schreibt zwar immer noch Schritt für Schritt vor, wie der Holzmesser mit seinem geeichten Klaftermaß die Mengenbestimmung vorzunehmen habe, für die er pro Klafter je Partei 6 Kreuzer verlangen darf. Doch sind nun für den Holzhandel völlig neue Bestimmungen angehängt: Sind sich Verkäufer und Käufer einig, darf fortan auch »nach dem Gesichte« gehandelt werden, also auf Schätzung des Holzmessers beruhend. Die Kaufparteien konnten nach der Ordnung von 1853 aber auch auf die Beiziehung dieser neutralen Amtsperson völlig verzichten. Der jahrhundertelange Zwang »Ohne Holzmesser kein Holzgeschäft« war also gefallen.

1880 und 1889 erfolgten abermalige Überarbeitungen der mehrseitigen Holzmesser-Ordnung[31]. Dienstmütze mit Nummer ist nun Vorschrift, die seit der Einführung des Dezimalsystems am 1. Januar 1872 zwei Meter langen geeichten Meßstäbe werden von der Stadt gestellt und städtische Standlokale sind jetzt Diensträume der nach zwei- bis vierwöchiger Ausbildung und Prüfung zugelassenen Holzmesser. Das Adreßbuch von 1902 nennt alle Bereitschaftsplätze[32] für diese »17 polizeilich verpflichteten, unter Aufsicht des Marktinspektors stehenden Gewerbetreibenden«. Sie sind in vier Distrikte eingeteilt, und jeder dieser Bereiche hat ein Standlokal: Die im »Fischmarktdistrikt« Zugelassenen sind »im alten Feuerhaus« (der ehemaligen Schranne an der Moritzkirche) plaziert, im »Katzenstadeldistrikt«, in dem der Schwäbische Holzmarkt abgewickelt wird, ist das städtische Anwesen F 151 (Am Katzenstadel 13) Bereitschaftslokal der Holzmesser. Bei der Jakobskirche 2 lautet die Anschrift der für den Bayerischen Holzmarkt an der Jakobskirche Ein-

Fotos von den beiden Holz- und Torfmärkten. Oben (um 1900): In langer Reihe stauen sich die Pferdefuhrwerke An der Blauen Kappe (im Hintergrund das Realgymnasium) und rücken weiter auf die Volkhartstraße vor, wenn dort nach dem Verkauf ein Platz frei wird. Unten (um 1880): Bei der Jakobskirche stehen beladene Wagen, die andere Straßenseite dient mehr als »Parkplatz« für Leerfahrzeuge.

geteilten. Außerdem gibt es 1902 noch den »Distrikt Südwestend« mit einem Häuschen an der Hermanstraße. An jedem dieser Plätze muß ständig einer von ihnen im Sommer ab 6 Uhr und im Winter ab 7.30 Uhr abrufbar sein.

Meß- und Marktgebühren oft neu festgesetzt

Pro Ster stehen dem Holzmesser 20 Pfennig Entlohnung zu. Auch für die Fuhrwerke fielen Marktgebühren an. 1876 beispielsweise hatte der Verkäufer für eine einspännige Fuhre 3 Pfennig, für eine zweispännige das Doppelte und für noch größere Wagen 9 Pfennig zu zahlen.[33] Ab April 1880 lautete die Staffelung 5 – 10 – 15 Pfennig. Nicht nur die Gebühren stiegen – auch die Holzpreise gaben ständig Anlaß zur Klage. So förderte schon in den 1830er Jahren die Holzteuerung den Torfverbrauch ungemein. Der Blick in den Marktbericht vom Oktober 1864 zeigt dasselbe Bild: 20 Gulden und 20 Kreuzer pro Klafter Buchenholz sind als Durchschnittspreis aufgeführt (1808 noch zirka 12 Gulden). Selbst für das stets preiswerteste Holz, die Fichte, sind 14 Gulden zu berappen.

Vermutlich war die Inbetriebnahme der Pferdetrambahn 1881 schuld, daß die typischen bauchigen Holzfuhrwerke endgültig von der Maximilianstraße verdrängt wurden. Der Holzhandel wurde wieder auf zwei Verkaufsplätze konzentriert. Aber auch der traditionelle große »Schwäbische Holzmarkt« Auf dem Kreuz mußte bei der Neuordnung der Marktplätze 1890[34] von dort auf den Straßenzug An der Blauen Kappe und Volkhartstraße weichen. Die breite Jakoberstraße östlich der Jakobskirche und der Jakobsplatz blieben bis zum Aufhören der Holzmärkte während des Ersten Weltkrieges offiziell der »Bayerische Holzmarkt«.

Holzverbrauch wird durch Kohle reduziert

In der zweiten Hälfte des 19. Jahrhunderts bildeten die beiden Holzmärkte immer noch die wichtigsten Brennholz-Umschlagplätze für die Direktvermarkter, die Waldbesitzer aus der Umgebung der Stadt. Es war ihnen aber zweifach mächtige Konkurrenz erwachsen: die Händler und die von ihnen vertriebene Kohle. »Harte« Kohle aus den Bergwerken und Koks aus den Gasfabriken bildeten schon um 1860 eine Alternative zum Holz. Welche Umsätze 1896 auf den traditionellen Augsburger Holz-Straßenmärkten trotz des in Inseraten von Geschäften angepriesenen Super-Service wie »Prima Buchen-, Fichten- & Fohrenholz in Scheitern, gesägt und gespalten – prompte Zustellung, franko Haus«[35] und trotz Konkurrenz durch die per Bahn inzwischen in jeder Menge nach Augsburg kommende Kohle erzielt wurden, macht das Blättern im Amts- und Anzeigeblatt für Lechhausen[36]

1938 fotografiert: Die ofenfertig gesägten und gehackten Scheite werden zum Trocknen zu einem mächtigen Rundturm geschichtet.

deutlich. Im Januar 1896 fuhren mal 87 Wagen, mal 73 auf den Holzmarkt an der Volkhartstraße. Am 8. Mai 1896 wird »gute Frequenz mit 94 Fuhren, zumeist Fichtenholz« gemeldet. Preis für drei Ster (rund ein Klafter und immer noch »ein Meß« genannt) 25 bis 26 Mark. Selbst von Juni bis August, wo der Preis bis auf 21 Mark sinkt, finden sich zwischen 75 und 94 Fuhrwerke am Markttag, dem Freitag, ein. Am 1. Oktober steigt ihre Zahl auf 120, am 15. zur Höchstzahl von 230 Wagen, sinkt aber im November/Dezember 1896 wieder auf 75 bis 120 ab.

1926 sollte der Holzmarkt wiederbelebt werden

Bis zum Ersten Weltkrieg läßt sich dank Zeitungs-Kurzberichten der Holzmarkt nachvollziehen, wenn auch die Angaben vager werden. »Viel Holz gab's heute, wenig Stroh. 30 Mark für die Meß Nadelholz, der Preis ging nicht herunter«, ist am 14. Oktober 1911 zu erfahren.[37] Während des Ersten Weltkrieges scheint der Straßenhandel mit Holz eingeschlafen zu sein. Der Versuch einer »Wiedererweckung« erfolgte 1926: »Die Heu-, Stroh- und Holzmärkte in Augsburg können wieder wie in der Vorkriegszeit beschickt werden«, lautete ein Zeitungsaufruf.[38] Vornehmlich am Freitag sollten An der Blauen Kappe und auf der Volkhartstraße die Fahrzeuge wieder anrollen. Befragte Zeitgenossen konnten sich nicht mehr an Holzfuhrwerke in den zwanziger oder dreißiger Jahren auf dem genannten Straßenabschnitt erinnern.

Der Holzkohlenmarkt

»Schwebisch kol« kam aus den westlichen Wäldern

Unter »Kohle« verstand man in Augsburg bis zum Beginn des Eisenbahnzeitalters (um 1840) ausschließlich Holzkohle. Nach Auftauchen der »echten« Kohle verwendeten die Marktberichte um 1860 die Bezeichnung »weiche Kohle« für das entschieden leichtere Produkt aus verschweltem Holz. Davon wurden in der Lechstadt jahrhundertelang große Mengen benötigt: Nicht nur alle schmiedenden und metallschmelzenden Handwerker waren zur Erzeugung hoher Temperaturen darauf angewiesen, auch die reichsstädtischen »Eigenbetriebe« wie die Stückgießerei und die Pulvermühlen hatten einen gewaltigen Bedarf. Deshalb ist der Handel mit Holzkohle früh in den Reichsstadt-Akten faßbar. Kohle war stets ein teures Produkt und in Augsburg eine klassische Importware.

»Unser Frauen Graben« wurde »Kolergeßle«

In den Ratsprotokollen ist schon 1482 und 1495 ein »Fürkauf«-Verbot festgelegt.[1] Das heißt, Zwischenhandel mit »schwebisch kol« war im Umkreis von sechs Meilen (etwa 45 Kilometer) nur beschränkt erlaubt. Sie sollte von den Erzeugern direkt auf dem Augsburger Kohlenmarkt angeboten werden. Dieser wurde lange Zeit an zwei Plätzen abgewickelt: Anno 1501 bekamen die aus dem Schwäbischen kommenden Köhler den »Frauengraben« als Marktplatz angewiesen. 1580 heißt es bei der Stiftung von acht Häusern zum Bau eines Jesuitenkollegs, daß diese »im Kolergeßle auf unser Frauen Graben«, der heutigen Jesuitengasse, gelegen seien.[2] Die Verlängerung der Jesuitengasse in Richtung Heilig-Kreuz-Kirchen behielt diesen Namen bis heute: die Kolergasse. Der zweite Holzkohlenmarkt lag 1200 Meter weiter südlich: Die auf den Kitzenmarkt mündende Kohlengasse (um 1850 Köhlergäßl genannt) wurde ebenfalls zu Beginn des 16. Jahrhunderts Holzkohle-Verkaufsplatz, und zwar für die altbayerischen Köhler.[3]
Der Bedarf muß im 16. Jahrhundert enorm groß gewesen sein. Diesen Schluß läßt eine Serie von »Kohle-Dekreten« zu. So erteilt Anno 1523 der Rat den Schmieden die Erlaubnis zur gemeinsamen Bevorratung von 100 Zubern Kohle. Dabei ist auch ein Kohlenlager der Zunft erwähnt.[4] In einem anderen Beschluß wird das »Fürkaufverbot« im Umkreis von sechs Meilen erneuert, und im Oktober 1529 weist der Rat der Stadt zwei weitere Kohlenmärkte aus: beim »Eggenbergerschen Haus« (später Imhof-, dann Riedinger-, jetzt Stadtwerkehaus am Hohen Weg) und in der Jakobervorstadt.[5]

Für Schmiede, Kanonengießerei, Pulvermühlen...

Ob dies auf gestiegenen Verbrauch bei der Schießpulverherstellung oder der reichsstädtischen Kanonengießerei am Katzenstadel (jetzt Stetten-Institut) zurückzuführen war? Letztere benötigte massenweise Kohle für die Schmelzöfen. Augsburgs erste Pulvermühle ist bereits Anno 1340 nachweisbar und wird als eine der frühesten

Kupferstich aus dem Jahre 1698: Kohlenbrenner bei der Arbeit. Aus »Abbildung und Beschreibung der gemein-nützlichen Hauptstände« mit Berufe-Darstellungen von Christoph Weigel.

Linke Seite: »Kohlergasse, 1501 den schwäbischen Kohlenbauern als Marktplatz eingeräumt« ist diese Zeichnung von 1896 beschriftet. Im Hintergrund der Turm der katholischen Heilig-Kreuz-Kirche.

Zu den großen Holzkohle-Verbrauchern zählten alle schmiedenden Handwerker wie die Harnischmacher auf diesem Holzschnitt aus dem Anno 1488 in Augsburg gedruckten Werk »Der Menschen Spiegel« von Rodoricus Zamorensis. Die Zunft der Schmiede unterhielt eigene große Vorratslager für Holzkohle.

in Deutschland angesehen. Die Pulvermühlen mixten ihr explosives Erzeugnis aus etwa sechs Teilen Salpeter, einem Teil Schwefel und einem Teil spezieller Holzkohle. Diese mußte von bestimmten, abgelagerten Laubgehölzen stammen, die bei Temperaturen zwischen 270 und 430 Grad zu verkohlen waren. An der Farbe – zwischen Rotbraun und tiefem Schwarz – konnte der Fachmann die Entzündlichkeit und damit ihre Tauglichkeit zur Schießpulverherstellung beurteilen.

Die Meiler rauchten in allen Wäldern

Gebrannt wurde die für Augsburg bestimmte Kohle in den waldreichen Gebieten an den Oberläufen von Lech und Wertach, im Altbayerischen und vor allem in den nahen schwäbischen Wäldern im Westen der Stadt. Die als »Stauden« bekannte Landschaft um Fischach und Walkertshofen war im 16./17. Jahrhundert durch allzu massive Holzausbeutung schon derart abgeholzt, daß nur noch die namengebenden Stauden wuchsen. Als um 1750 eine Beschreibung der Markgrafschaft Burgau,[6] die bis an die Augsburger Stadtgrenze reichte, erstellt wurde, listete der Verfasser Johann Lambert Kolleffel auch die hauptsächlichen Erwerbsquellen der Dörfer inmitten der westlichen Wälder auf. Bei drei Orten ist dadurch die Köhlerei nachweisbar: Geratsried, das jetzige Heretsried (»Dahier sind viele Kohlenbrenner, so nach Augspurg handeln«), Lauterbrunn (»Die Einwohner brennen viele Kohlen, welche sie nach Augspurg verschliesen«) und Adelsried (»Allhier werden viele Kohlen gebrennt, welche die Einwohner nach Augspurg verschliesen«).

Per Fuhrwerk, Handkarren, auch in großen Rückenkraxen getragen kam Kohle aus der näheren Umgebung in die Stadt. Für die Zufuhr aus dem waldreichen Oberland und dem Allgäu wurden Lech- und Wertach-Flöße benützt. Diese Kohlenimporte sind schon im 14. Jahrhundert nachweisbar. Normalerweise herrschte auch für Kohle »Marktzwang«. Doch eine neue »Kohl-Messer-Ordnung« vom 20. Mai 1653 besagt, daß auf dem Wasser aus dem Oberland kommende Kohlen, wenn sie von Bürgern der Stadt bestellt sind, von diesen direkt nach Hause geführt werden dürfen – also nicht auf den öffentlichen Markt kommen müssen. Zuvor sind sie jedoch von vereidigten Kohlenmessern »ordentlich zu messen«. Diese mußten gerufen werden bzw. waren am üblichen Handelsplatz präsent.

Lieferung mit Wagen, in Kraxen und per Floß

Die Marktplätze für Kohlen wechselten im Laufe der Zeit mehrmals. So bestimmte die schriftliche Dienstanweisung für die Marktmeister, die 1609[7] erstmals niedergeschrieben und laufend ergänzt wurde, daß »alles Kohl von U. L. Frauen Thor herein biß zu der Heuwag feil gehalten« werde. Das Frauentor stand bis 1885 auf der Frauentorstraße südlich der Einmündung der Jesuitengasse. Die Heuwaage befand sich bis 1649 beim Dom gegenüber dem jetzigen Bischofspalais. Um die Domkurve und ein Stück die Frauentorstraße hinaus standen 1609 die Kohlenanbieter mit ihren Wagen oder Handkarren. 1646 findet sich der Holzkohlenmarkt auf dem Mittleren Kreuz[8] – er wurde also etwas stadtauswärts verlegt. Und wie der Handel abzulaufen hatte, geht aus einem städtischen Dekret von 1682[9] hervor: »Alles Kohl, so in die Statt gebracht wirdt, muß auf den freyen Marckt gebracht werden«, heißt es da. »Solcher Marckt soll wie von Alters hero jedesmal an den Freytägen Mittags umb 12 Uhr seinen Anfang nemmen und Samstag umb eben diese 12.te Stund zu Mittag wiedrumb sich enden.« Bestellte Kohle fiel nicht unter diese Vorschrift, sie konnte nach dem Messen sofort in das Haus des Käufers geführt werden. Nach Ende des Marktes entfiel die Platzbindung – die Köhler konnten mit ihrer Ware hausieren gehen. 1682 ist Kohle in Säcken auch als Beiladung auf Holz- oder Getreidefuhrwerken der Bauern erwähnt. Diese Kleinmengen durften täglich die Stadttore passieren.

»Schwarze Kohle gegen weiße Taler«

Auch die ein halbes Jahrhundert später, Anno 1738, neu gefaßte umfassende Marktordnung läßt den Kohlenhandel anschaulich nachvollziehen, bei dem zwischenzeitlich einige einschneidende Änderungen erfolgt waren: Kohlen dürfen – wie Holz – nun an allen Werktagen in die Stadt gebracht werden. Marktplatz ist »Auf dem Kreuz oberhalb des Sanct Georgs-Gäßleins« (jetzt Sebastian-Kneipp-Gasse) – wie bereits seit 1646. Hier werden jene Kohlen angeboten, die auf Kärren in die Stadt kommen. Sie müssen im Sommer bis 11 Uhr, im Winter bis 12 Uhr auf diesem Marktplatz zum Verkauf angeboten werden, nachdem sie zuvor in geeichten Zubern von den Holz- und Kohlenmessern taxiert wurden.
Als Meßbestätigung erhielt der Verkäufer ein Zeichen, das er beim Verlassen der Stadt beim Torwächter abliefern mußte. Hatte der Anbieter bis 11 bzw. 12 Uhr nicht alle seine Kohlen verkauft, durfte er ab diesem Zeitpunkt seine Stammkunden aufsuchen und diesen seine Kohlen anbieten oder sie per Ausruf anpreisen. Nur jene Kohlen, die in Säcken oder Kraxen – die Ware ist ja leichtgewichtig – in die Stadt gebracht werden, durften sofort nach Passieren das Stadttores ausgerufen und verkauft werden. Zu jedem Kohlengeschäft mußte – das wurde in jedem Ratserlaß wiederholt – ein vereidigter Kohlenmesser beigezogen werden, ehe der Tausch »schwarze Kohle gegen weiße Taler«, wie ein geflügeltes Wort der Köhler lautete, erfolgen durfte. Wer beim (abgabensparenden) Vorbeimogeln an den Amtspersonen erwischt wurde, hatte mit empfindlicher Bestrafung und Konfiszierung der Ware zu rechnen.

Städtischer Kohlenstadel auf dem Gänsbühl

Eine am 13. August 1761 ausgefertigte Marktplatzordnung, die viele Märkte neu plazierte, bestimmt: »Der Kohlen-Markt verbleibt auf dem Creutz an dem alten

Seine leichtgewichtige »Kohl« aus der Rückentrage und dem Sack unter dem Arm ruft dieser Holzkohlenverkäufer in Augsburgs Straßen aus (aus einem kolorierten Stich mit Marktrufen um 1790).

Orth.« Und Paul von Stetten führt in seinem Stadtführer von 1788 zum Kohlenmarkt aus: »Kohlen werden auf dem Holzmarkt verkauft, wozu Kohlenmesser bestellet sind. Das Proviantamt aber hat auch sein eigenes Kohlenmagazin für die Bedürfnisse der Stadt: H. 272« (Auf dem Gänsbühl). Diesen Kohlenstadel zeigt bereits der großformatige Kilian-Stadtplan von 1626 als Miniatur.
Der oft genannte Kohlenzuber darf als spezielle Augsburger Maßeinheit beibehalten werden, als die Stadt 1809 das bayerische Maß- und Gewichtsystem übernehmen muß. Das königliche Innenministerium beläßt nämlich

Das »Kohlebrennen« ist bereits um 1550 in mehreren Produktionsstufen auf Bildern dargestellt. Einem 1766 in London gedruckten Lexikon ist dieser anschauliche Kupferstich entnommen, der das damals in ganz Europa ähnliche Verfahren von der Kohlstatt-Vorbereitung über das Aufrichten des Mittelpfahls und das kegelförmige Aufschichten der Holzscheite bis zum dichten Abdecken des Meilers zeigt.

alle Kohlen-Lokalmaße wie hergebracht.[10] Der Augsburger Kohlenzuber beinhaltete 32 bayerische Kubikfuß, das sind 795 Liter oder rund 0,8 Kubikmeter.

Noch zu Beginn des 19. Jahrhunderts zählte Holzkohle zu jenen Importwaren, auf deren vorschriftgemäßen Handel die Stadt allergrößten Wert legte. Markplatz dafür war nach der Ordnung von 1815[11] »wie ehehin« allein die Straße Auf dem Kreuz, wo auch der schwäbische Holz- und Heumarkt stattfand. Dieser Marktplatz wird noch 1831 bestätigt. Am 18. April 1821 weist 2. Bürgermeister Kremer in einem Anschlag – wohl aus gegebenem Anlaß – auf das Zwischenhandelsverbot mit Holzkohle hin:[12] »Es ist zur Anzeige gekommen, daß vor den Thoren der Stadt, besonders vor dem Jakoberthore, Holz- und Kohlenkäufe geschehen, ohne daß die Wägen vorerst auf die bestimmten Marktplätze in der Stadt gebracht oder die Kohlenfuhren wenigstens bei den Thorzöllnern zur vorschriftsmäßigen Behandlung angezeigt werden. Da hierdurch nicht allein dem Publikum die Zufuhr entzogen, sondern auch das Stadt-Aerar durch Entzug des Pflasterzolls gefährdet wird, so wird jedermann gegen derartige Übertretung der bestehenden Marktordnung hiemit bei Strafe gewarnet.«

»Weiche Kohle« verliert gegen Steinkohle

1845 wird der Kohleaufschlag – also eine Extrabesteuerung – abgeschafft.[13] Die 1853 bekanntgemachte »Holz-, Kohlen- und Kalkmesser-Ordnung«[14] schreibt zwar noch vor, daß bei der Mengenbestimmung der Kohlen geeichte Zuber zu verwenden seien, aber auch eine Schät-

Der letzte Köhler vom Rauhen Forst

Albert Wieland aus Lauterbrunn war der letzte Köhler des Augsburger Umlands[15]. Die Bilder zeigen ihn auf seiner Kohlstatt im Rauhen Forst und halten drei Stufen im etwa viertägigen Herstellungsprozeß fest: die um den »König« gelehnten Scheite, das gleichzeitige Brennen von zwei Meilern und das Ablöschen. Das Verfahren war ähnlich, wie bereits 1698 im »Berufsbild« des Köhlers[16] beschrieben und auf Stichen demonstriert: Dem Schichten der Fichten- oder Hartholzscheite rund um einen Pfahl, den »König«, folgte das Abdecken des abgekappten Kegels mit Fichtenreis und mit »Kohlenkot«, dem feinkörnigen Abfall vom letzten Meiler. Das »Brennen« begann oben an der Kuppe. Der Meiler durfte nur langsam von oben nach unten und außen glühen – nie brennen. Diesen Vorgang durch Regelung der Luftzufuhr an den richtigen Stellen der Abdeckung zu steuern, war die Kunst des Köhlers. Tag und Nacht beobachtete er seinen rauchenden Meiler, mehr als drei Stunden Schlaf am Stück waren ihm dabei in seinem Häuschen nicht vergönnt. Wind konnte die Glut anfachen und Flammen auflodern lassen, und das Holz wurde nicht zu Kohle, sondern zu wertloser Asche. War die unterste Schicht durchglüht, folgten das Aufbrechen des Meilers und Ablöschen der fertigen Grillkohle. 1995 mußte Albert Wieland aus gesundheitlichen Gründen die Köhlerei aufgeben.

zung durch Kohlenmesser zugelassen sei. Die Entlohnung dafür: bei Messung pro Kaufpartei 4 Kreuzer pro Zuber, bei Schätzung nur je 2 Kreuzer! Eine Pflicht zur Inanspruchnahme eines Kohlenmessers bestand um diese Zeit nicht mehr – es handelt sich bereits um eine »Kann-Bestimmung«. Käufer und Verkäufer dürfen bei gegenseitigem Einvernehmen auch selbst messen. In der Folgezeit sind keine Erlasse in bezug auf »weiche Kohlen«, wie Holzkohle in Marktberichten zur Unterscheidung von Stein- oder Pechkohle genannt wird, mehr bekannt.

Schon im Jahre 1759 waren Kohlen von Buchberg und 1785 Steinkohle von Bad Tölz nach München geschickt worden, man habe sich jedoch keine weitere Mühe »zur Hebung dieser Schätze« gemacht, erläutert ein Leserbriefschreiber 1833[17]. Und er blickt in die Zukunft: »Welche Möglichkeiten bietet die Eisenbahn!« Er behielt recht. Die ab 1840 in Betrieb genommenen neuen Bahnlinien mit ihren den bisher leistungsfähigsten Spediteuren, den Flößen und Pferdefuhrwerken, weit überlegenen Beförderungsmöglichkeiten begünstigten die Verbreitung der »echten« Kohle auch in Augsburg.

Freier Handel erlaubt – Kohlenmarkt endet

Mit der Industrialisierung fielen ab 1825 bzw. 1868 schrittweise aufgrund neuer bayerischer, die »freie Konkurrenz fördernder« Gewerbegesetze und ab 1872 von Reichsgesetzen in allen Bereichen die engen Augsburger Verkaufsbestimmungen mit Marktbindung. Eine ungehinderte Direktversorgung von Großverbrauchern war möglich. Um 1850 bezog beispielsweise das größte Augsburger Eisenhammerwerk J. Lipp aus Schongau und Füssen Holzkohle per Floß und aus Heretsried per Achse, hielt einen ständigen Vorrat von 500 Zubern (375 Kubikmeter) und bezahlte im Großeinkauf 4½ Kreuzer pro Kubikfuß (= rund 25 Liter).[18] Lauterbrunner und Heretsrieder Köhler lieferten um 1880 große Mengen an Augsburger Gießereien und das Bahnreparaturwerk.[19]

Mit der Verbreitung des elektrischen Schweißens, Zufuhr preisgünstiger Steinkohle und aus Rumänien importierter billiger Holzkohle reduzierte sich nach dem Ersten Weltkrieg die heimische Holzkohle-Erzeugung beträchtlich. Während des Zweiten Weltkriegs stieg der Bedarf noch mal kräftig an, so daß jene, die das Köhlerhandwerk noch beherrschten, wieder zahlreiche Meiler in den Wäldern rauchen ließen. Nach Kriegsende dauerte diese Holzkohle-Konjunktur noch einige Jahre an, bis andere Energien wieder ausreichend verfügbar waren. Danach verlor die Köhlerei im Augsburger Umland völlig an Bedeutung. Die »Kohlstatt« lebt dort als Name manchen Waldreviers oder in Straßenbenennungen weiter.

Inserat von 1921: Brennmaterialien vom Holz bis zu den Holzkohlen und Torf liefern zu dieser Zeit nur mehr Holz- und Kohlehandlungen. – Unteres Bild: Torflieferung um 1895 im Hunoldsgraben.

Der Torfmarkt

Augsburgern stank Anno 1575 der »Dorffen« zu sehr

Der Torfmarkt hat die zeitlich kürzeste Geschichte unter den Augsburger Brennstoff-Märkten. Torf als Heizmaterial für jedermann gewann in der Stadt erst um 1820/30 an Bedeutung. Zuvor war dessen Verbrauch in Augsburg nur gering. Hohe Holzpreise verhalfen dem Torf zu erhöhter Nachfrage. 1838 ist der für manchen Städter kaum bekannte bröselige Brennstoff Thema vieler Zeitungsartikel, woraus die gewachsene Bedeutung erkennbar wird. Was beim Rückblick in der Augsburger Torf-Geschichte überrascht, ist der frühe Versuch einer »Bedarfsweckung« in der Lechstadt. Die folgende Chronologie beginnt nämlich bereits im 16. Jahrhundert. Die Stadtchronik des Marx Welser d. J. berichtet vom erstmaligen Versuch, im Jahre 1575 den Torf als Brennmaterial in Augsburg einzuführen.[1]

»New Kunst das Erdtrich zu brennen«

Unter der Randüberschrift »New Kunst das Erdtrich an statt deß Holtzes zum brennen zu gebrauchen« schreibt der Chronist: »Eben in diesem Monat Augusto fiengen Christoph und Leonhardt Stamler, Gebrüder und Geschlechter zu Augspurg, an die Wasen deß sümpfigen Erdtrichs, so da ist zwischen Stetzlingen und Mühlhausen, den Dörffern an dem Beyrlandt gelegen, gleich wie in Holland geschicht, zu dörren und an der Sonnen resch zu machen, daß man hernach dieselben auff den herdten an statt deß Holtzes verbrennet. Solche Erdenklötz eines Schuchs groß formiert, nennet man Dorffen, und stincken sehr ubel und ist die Aschen darvon, wann sie verbrunnen seyn, zu niergend nutz.« Soweit die Nachricht im Original-Augsburgisch des 16. Jahrhunderts.

Die etwa 30 Zentimeter großen Torfwürfel wurden also von der Bevölkerung abgelehnt – wegen des Gestanks beim Verbrennen und weil die Asche, die man sonst zur Düngung verwendete, dazu nicht brauchbar war. Die Augsburger Jungunternehmer – zwei Patriziersöhne – mußten die Torfgewinnung im Derchinger Moos wieder einstellen. Die Lechhauser jedoch, arm an ortseigenen Waldungen, erinnerten sich immer wieder der »Zweitnutzung« ihrer ertragarmen Moorwiesen und stachen den unter einer dünnen Erdschicht liegenden Torf zum Eigenverbrauch. Die dortigen Kalkbrenner benutzten das preiswerte Brennmaterial für ihre Kalköfen.

Am Ende des 18. Jahrhunderts wird Torf mit etlichen gedruckten praktischen Anleitungen zur Gewinnung und Nutzung als Brennmaterial propagiert.[2] In den Moorgebieten im weiteren Augsburger Umland ist um diese Zeit das Torfstechen mancherorts bereits üblich, doch erst Anfang des 19. Jahrhunderts gewinnt Torf in städtischen Haushalten als Heizmaterial an Bedeutung.

Torf als preisgünstige Alternative zu Holz

Auch im industriellen Bereich wird er genutzt: 1837 führte die Chemische Fabrik Bosch u. Comp. die Torffeuerung ein, ab 1842 diente Torf in der Augsburger Kattunfabrik Schöppler & Hartmann zum Feuern der Kessel. Die 1781 gegründete Kattunmanufaktur (die ab 1885 NAK hieß und 1996 in Konkurs ging) hatte durch ihren Mitinhaber Carl Forster im Gennacher Moos südwestlich von Schwabmünchen[3] 36 Tagwerk Torfgrund erworben. Um 1850 lassen Augsburger Unternehmer in verschiedenen Mooren jährlich 12 bis 15 Millionen Stück Torf stechen, teils zum Eigenverbrauch, aber zum Verkauf an andere Fabriken sowie an die Eisenbahndirektion. Die Loks werden um 1850 auf der Strecke bis Donauwörth mit Torf beheizt.[4]

Anno 1838 war Torf offenbar ein wichtiges Thema, das in vielen Presseberichten seinen Niederschlag fand. Daraus geht unter anderem hervor, daß »durch die teuren Holzpreise die Verwendung des Torfes als Brennmaterial in unserer Stadt schon so ziemlich allgemein geworden ist«. Berichte aus anderen Gegenden wie beispielsweise Bayreuth, wo eine »Aktiengesellschaft in verschiedenen Qualitäten und beliebigen Partien Torf verkauft«, scheinen als Anregung für Augsburg gedacht, wo der Torfhandel noch nicht so flexibel gehandhabt wurde.

Aus Pöttmes, Günzburg, Lechhausen, Ettringen

Eine Fülle von Informationen über Herkunft und Güte des in Augsburg vermarkteten Torfes enthält eine Leserzuschrift, die im Dezember 1838 unter der Überschrift »Warnung vor feuchtem Torf« veröffentlicht wurde. »Es wird seit einiger Zeit Torf von Pöttmes und der Gegend, auch von der Umgegend von Oberndorf hierher gebracht, der nicht, wie der von Günzburg und Lechhausen, Stück für Stück getrocknet, sondern nur in ganzen

Ballen aneinander getrocknet ist. – Diesen Torf soll Niemand, der nicht Platz zum völligen Austrocknen hat, kaufen, denn wenn er nicht ganz trocken ist, so riecht der Torf beim Verbrennen übel und gibt wenig Hitze.«
Der Briefschreiber verfügt über einschlägige Erfahrungen: »Überhaupt muß Einsender dies, der seit 9 Jahren alle Gattungen Torf von Günzburg, Ettringen, Ustersbach u.s.w. gebrauchte, erklären, daß der best abgetrocknete Lechhauser Torf 3 fl. 12 kr., höchstens 3 fl. 15 kr. werth ist; heuer jedoch zeigt sich dieses Torflager besser und fester als je, ja es fehlt nicht viel, so ist die Qualität des Günzburger Torfes erreicht.« Der mit »Ein unpartheiischer alter Torf-Verbrenner« unterzeichnete Brief belegt etliche Torf-Herkunftsgebiete, aus denen der Augsburger Markt mit offenbar recht unterschiedlichen Qualitäten beliefert wird. Der beste jedoch komme aus Günzburg, mit dem der Lechhauser in gut getrocknetem Zustand fast konkurrieren könne.[5]

Einfuhr nur mit Pflasterzollschein

1845 wird Torf auch als Einfuhrware in einer amtlichen Verlautbarung faßbar – ein Hinweis darauf, daß er mengenmäßig eine größere Rolle spielt. »Die Aus- und Einfahrt bei dem Vogel-, Oblatter- und Stephingerthore in Augsburg betr.« ist ein Erlaß von I. Bürgermeister Carron du Val betitelt, der besagt, daß die Einfahrt »hiesigen Einwohnern mit Brennholz und Torf« erlaubt sei, wenn sie zuvor an anderer Stelle den Pflasterzoll bezahlt hätten. An diesen wenig frequentierten Toren waren nämlich keine »Einnehmer« postiert, sondern nur Wachen. Doch die Stadt ließ keine Ware ohne Besteuerung bzw. Pflasterzollentrichtung passieren.[6] Das Inserat in Ausgaben des Augsburger Tagblatts des Jahrgangs 1855 »Guter Torf in kleineren und größeren Partien im Äußeren Pfaffengäßchen E 205« zeigt, daß auch Brennstoffhändler auf dem Torfmarkt »eingestiegen« waren.
1861 wird Torf neben Holz als das übliche Heizmaterial in privaten Haushalten genannt. »In den Fabriken großenteils Steinkohlen, welche in neuerer Zeit auch einzeln von Privaten verwendet werden, und bei den steigenden Holzpreisen allem Anschein nach einer größeren Zukunft entgegengehen«, wird ein Wandel bei den verwendeten Wärmelieferanten angezeigt.[7] Die 1872 erlassenen neuen »Vorschriften in Bezug auf Reinlichkeitspolizei« erwähnen auch das Abladen von Torf in die Häuser. Neben Kohlen, »Coaks« und Kalk ist Torf als schmutzintensives Massenprodukt genannt, das möglichst nicht auf der Straße, sondern in den Höfen abzuladen sei.[8] Auch Torf durfte nicht abgabenfrei auf dem Augsburger Markt gehandelt werden: Für eine einspännige Fuhre kassierte die Stadt 1875 drei Pfennig Gebühr, für eine zweispännige das Doppelte.[9] Verkauft wurde aufgrund behördlicher Anweisung der Torf zumindest bis 1878 ausschließlich auf dem Bayerischen Holzmarkt auf der Jakoberstraße östlich der St.-Jakobs-Kirche, dem traditionellen Vermarktungsplatz der von jenseits des Lechs aus dem Altbayerischen angefahrenen Brennstoffe. Ein Leserbrief vom April 1878[10] weist auf die Unzumutbarkeit für die »Unterstädtler« beim Kleinholz- und Torfeinkauf hin: sie müßten »mit der Kirche ums Dorf fahren« – genauso wie die Lieferanten aus dem Schwäbischen. Diese hatten ihren Verkaufsplatz für Brennholz Auf dem Kreuz. Mit der Ausnahme: Ofenfertiges, also bereits gespaltenes Kleinholz und Torf durften auch sie nur in der Jakobervorstadt verkaufen.

Verkauf zeitweise nur in der Jakobervorstadt

Die Bitte an den Magistrat um Änderung dieser Anweisung scheint Erfolg gehabt zu haben, denn bald danach wird vom »Heu-, Holz- und Torfmarkt« Auf dem Kreuz geschrieben. Eine eingehende Torfmarkt-Reglementierung erfolgte allerdings erst Jahrzehnte später in der Wochenmarktordnung vom 9. September 1890, die letztmals 1903 publiziert wurde,[11] also auch nach der Jahrhundertwende noch Gültigkeit besaß.
Die umgesetzten Mengen tauchen in den veröffentlichten Statistiken nicht auf, die Preise jedoch sind den Marktberichten in Zeitungen zu entnehmen. Im Jahre 1855 beispielsweise bezahlte man für 1000 Stück Torf zwischen 1,58 und 2,12 Gulden (der Durchschnitt entsprach zu diesem Zeitpunkt dem Marktpreis von etwa acht Pfund Schweinefleisch oder zwei Gänsen oder 32 Maß Weißbier). 1893 kostete die gleiche Menge dann zwischen 3,50 und 4,15 Mark (1871 hatte die Mark à 100 Pfennig den Gulden à 60 Kreuzer abgelöst).

»Kann zählen wie ein Lechhauser Torfbauer...«

Das aufstrebende, schnell wachsende Lechhausen initiierte 1882 als Konkurrenz zu Augsburg eigene Wochenmärkte und erließ aus diesem Grund »Ortspolizeiliche Vorschriften für den Verkehr auf Wochenmärkten«, die fast wortgetreu die Augsburger Marktordnungen kopieren. Darin taucht auch Torf als Handelsware auf. Es wurde festgelegt, daß der Käufer bestimmen kann, ob er nach Maß oder nach Stückzahl kaufen möchte.[12] Übrigens: Die Lechhauser Torfverkäufer galten als besonders clever und gingen deshalb in das um die Jahrhundertwende geläufige Augsburger Sprichwort ein: »Der kann zählen wie ein Lechhauser Torfbauer...« Diese sollen nämlich wahre Meister im »Verzählen« zu ihren Gunsten

In Augsburg an Privathaushalte verkaufter Torf kam meist von bäuerlichen Lieferanten, die ihn als Nebenerwerb auf den eigenen Moorgrundstücken gewannen – so wie hier nahe Burgau: Auf der von Humus geräumten Wiese wird aus dem Flöz der Torf herausgestochen, auf der Schubkarre zum Trockenplatz gebracht, dort zu winddurchlässigen Türmchen geschichtet, danach getrocknet im Schuppen gelagert.

gewesen sein, wenn sie beim Pro-Stück-Verkauf ihre Ware sehr schnell mit Auslassungen abzählten: »83, 84, 85, 88, 90, 91, 94 usw.« Eingeflochtene Sprüche oder Späße sollen der Überlieferung zufolge vom Abzählen mit »Verlust« abgelenkt haben.

1886: Werbung für Torf auf Kreis-Ausstellung

»Torf hat nicht bloß eine Bedeutung als Brennmaterial, er ist vielmehr noch höchst wichtig zur Bereitung einer vortrefflichen Streu für das Lager unserer landwirthschaftlichen Nutzthiere und als Rohmaterial zur Herstellung mancher anderer nützlicher Gegenstände«, nennt der Bericht über die 1886 in Augsburg veranstaltete Schwäbische Kreis-Ausstellung[13] den Grund für eine Sonderschau zum Thema Torf. 125 Firmen waren vertreten, 170 Artikel aufgeführt. Anbieter aus Ungarn, Holland, den norddeutschen Staaten sowie aus Bayern und Württemberg präsentierten sich auf der achttägigen Schau.

Die Wochenmarktordnung vom 9. September 1890 geht detailliert auf den ausgeweiteten Torfhandel ein. Sie legt fest, daß »jeder Verkäufer verpflichtet ist, auf Verlangen des Käufers nach dem Gewichte oder nach der Stückzahl zu verkaufen«. Und weiter: »Es ist verboten, auf dem Torfmarkte… Wagenladungen von Torf feilzuhalten, bei welchen das Innere der Wagenladung aus Partien schlechterer Qualität besteht als das Äußere.«[14] Dazu muß man wissen, daß dunkler, fast schwarzer Torf dank fortgeschrittener »Verkohlung« einen höheren Brennwert besitzt als hell- oder mittelbrauner.

Marktplätze waren nach 1890 »An der blauen Kappe« und in der Volkhartstraße bis zur Haus-Nr. 5 sowie der »Bayerische Holzmarkt« auf der Jakoberstraße. Die Preise wurden wöchentlich veröffentlicht.[15] Gegen Kohle und Koks konnte Torf auf Dauer trotz seines vergleichsweise niedrigen Preises nicht konkurrieren. So verlor um 1900 der Torfmarkt für Direktanlieferer an Bedeutung und schlief ein.

Der Heu- und Strohmarkt

Stadtpferde wären ohne Heu-Importe verhungert

Heu, Grummet, Stroh und Gehäckseltes (»Gsod«) für die in der Stadt gehaltenen Tiere waren überwiegend Einfuhrware aus dem nahen Umland. Davon wurden große Mengen als Futter bzw. Stallstreu für die Augsburger Schweine, Ziegen, Schafe, Kühe und vor allem für Reit- und Zugtiere benötigt. Rösser gab es viele: Reiche Haushalte hielten eigene Reit- und Kutschpferde, jeglicher Speditionsverkehr war auf Pferdekraft angewiesen, ebenso Fiaker – die »Taxis« früherer Jahrhunderte. Mitte des 19. Jahrhunderts verfügte allein die Chevaulegers-Kaserne südlich von St. Ulrich über Stallungen für 600 Pferde, die weiteren Militäreinrichtungen benötigten für ihr Fuhrwesen über eine Vielzahl von Zugtieren.[1] Exakt 1159 Gäule in Privatbesitz wurden z. B. bei der Pferdemusterung des Jahres 1878 innerhalb der Stadtgrenzen registriert. Zu deren Versorgung war ständig ein reichlich beschickter Futtermittelmarkt nötig.

Heuwaage am Dom, Heumärkte im Stadtzentrum

Heu und Stroh als Einfuhr-Landprodukte sind schon in einer Urkunde vom 9. März 1276 nachweisbar: Unter den Gebühren, die für das Passieren der Hochzoller Lechbrücke erhoben werden, die seit 1030 dem Reichsstift St. Ulrich und Afra gehört, nennt das Stadtrechtsbuch »1 Pfennig für 1 Wagen mit Heu« und einen halben Pfennig für einen Wagen mit Stroh. Dieser Brückenzoll belegt die Zufuhr aus der altbayerischen Nachbarschaft.[2] 1448 werden auch die Marktplätze bekannt: »Holz, Heu, Stroh nirgendwo anderswo als bei St. Ulrich, St. Anna, beim Dom und St. Martin«, so lautet bei einer Neuverteilung von Marktplätzen 1448 die Anweisung. An vier verschiedenen Plätzen fand demnach der Verkauf dieser auf Fuhrwerken anrollenden Landprodukte statt. Dies scheint sich nicht bewährt zu haben, denn »Heumarkt« wird bald danach nur mehr die jetzige Philippine-Welser-Straße genannt. Dort wurde zuvor der Ochsen- und Rindermarkt abgehalten. Jakob Fuggers Kontor, das Haus mit dem »goldenen Erker« (das jetzige Kröll & Nill-Haus), lag am »Rindermarkt«.[3]

Ein Chronist berichtet aus dem Jahre 1523,[4] daß in diesem Jahr der Heumarkt nebst Waage an den Dom verlegt worden sei. Vermutlich wurde jedoch nur eine Heuwaage am Dom eingerichtet. Der Heu-Umschlagplatz findet sich nämlich noch 1609 im Bereich des heutigen Fuggerdenkmals. Längerzeitige Verlegungen von Marktplätzen fanden bei Reichstagen statt, während deren Dauer Heuwagen oder Marktstände auf den stark frequentierten Innenstadtstraßen weder Platz hatten noch dem Ansehen einer Reichsstadt dienlich schienen. Am 10. Juni 1595 wird eine neue Heuwaag-Ordnung erlassen. Der Grund dafür ist der Neubau einer Waage auf dem »Freyt-Hof

Auf dem Platz der Heuwaage, Auf dem Kreuz 40, steht jetzt die Agnes-Bernauer-Realschule. Bilder wie die Zeichnung von 1889 (linke Seite) und das Foto um 1910 (oben) erinnern an den 1944 zerstörten kleinen Bau mit dem Stufengiebel, vor dem die durch vier eiserne Pfosten geschützte Waage in den Boden eingelassen war.

Zwei Details aus dem großen Stadtplan von Wolfgang Kilian aus dem Jahre 1626. Links: Ein Heufuder an der Heuwaage südlich des Domes, wo sie bis 1649 plaziert war. Auf dem rechten Planausschnitt sind zwei Heuwagen auf jenem kleinen Platz vor dem Maximilianmuseum erkennbar, wo seit 1857 das Fuggerdenkmal steht. Dieser Straßenbereich hieß jahrhundertelang auch offiziell »Heumarkt«.

bei S. Johannis-Kirche«, also südlich des Domes am Rande des Hohen Weges. Die Fundamente der genannten Johanniskirche liegen als archäologisches Denkmal frei.[5]

Der 8. Mai 1602 ging durch einen Brand der Heuwaage in die Chroniken ein: Sie brennt nebst 15 daran gelegenen Kramläden »durch Verwahrlosung eines Goldschmieds«, der dort seinen Laden hatte, völlig ab. Die Erneuerung erfolgt unverzüglich.[6] Die Marktmeister-Ordnung, erstmals 1609 niedergeschrieben, enthält genaueste Anweisungen über die Abwicklung des Heuhandels in der Stadt: Die Wagen müssen erst zur Waage an den Dom und dürfen dann auf einer vorgeschriebenen Route zum Verkaufsplatz gezogen werden. Dieser befindet sich 1609 immer noch auf dem marktartig verbreiterten Straßenbereich vor dem Köpfhaus.[7]

»Hew Marckt« und »Hew Wag« 1626 gezeichnet

Der Heumarkt wird 1626 auch bildlich bestätigt: Der Stadtplan von Wolfgang Kilian bezeichnet den angestammten Heu- und Strohumschlagplatz, auf dem seit 1857 das Fuggerdenkmal steht, als »Hew Marckt« und illustriert diesen Bereich mit drei Heufudern. Der Rest dieser Straße – entlang dem jetzigen Rathausplatz – trägt bis zur Neubenennung 1837 den Namen »Rinder Marckt«! Die Waage am Dom zeichnet Kilian 1626 sehr anschaulich beim Wiegevorgang mit einem hängenden Heuwagen und abgespannten Pferden. »Hew Wag« ist in der Bildlegende verzeichnet.

Schon 1629 sagte die Stadt dem Hochstift vertraglich die Räumung des Bereiches südlich des Domes von städtischen Bauten zu. Dazu zählte neben Mietläden und einer »Küchelhütte« die Heuwaage. Doch die blieb noch weitere 20 Jahre an diesem Platz. Nach Ende des Dreißigjährigen Krieges, Anno 1649, erinnerte das Domkapitel den Rat eindringlich an den Vertrag, und erst danach erfolgte die Verlegung der Heuwaage in die Judengasse (die 1806 in Karlstraße umbenannt wurde) in das der Stadt gehörige »Endorfferische Haus«.[8]

»Alter Heumarkt« als Straßenname bis 1837

Zehn Jahre zuvor, Anno 1639, wird die Entfernung des Heumarktes aus der von repräsentativen Patrizier- und Kaufmannshäusern gesäumten Philippine-Welser-Straße und die künftige Abhaltung in der Judengasse (= Karlstraße) verfügt.[9] Doch der Name blieb. Dies ist nichts Ungewöhnliches. Die Augsburger trennten sich nie gern und schon gar nicht schnell von lange gebräuchlichen Ortsbenennungen, die von Marktplätzen herrührten. Der Milchberg, die Kohlergasse, der Kitzenmarkt, der Fischmarkt, der Kesselmarkt und der Hafnerberg tragen noch

Der Heumarkt und die Heuwaage Auf dem Kreuz aus einer Kupferstich-Serie Augsburger Ansichten und Marktplätze um 1740. Es wird gerade mit der althergebrachten Kettenwaage, wie schon beim Dom dargestellt, gewogen. Erst mußte das beladene, später das leere Fuhrwerk zum Wiegen hochgezogen werden. Ab 1839 vereinfachte eine Brückenwaage, unter Straßenniveau versenkt, den Wiegevorgang.

heute die traditionsreichen Namen, obwohl dort teilweise seit Jahrhunderten die genannten namengebenden Waren nicht mehr angeboten werden.

Als Unterscheidung zum neuen Auffahrplatz der Heu- und Strohwagen bürgerte sich im 17. Jahrhundert allmählich die topographische Bezeichnung »Alter Heumarkt« für die Straße vor dem Maximilianmuseum ein. Diese hielt sich fast 200 Jahre lang. Erst 1837 erfolgte die Umtaufe in Philippine-Welser-Straße, und zwar durch ein Dekret von König Ludwig I. Der bayerische Monarch und die Stadt erwiesen mit der Neubenennung der Peutinger- und der Philippine-Welser-Straße erstmals alten Augsburger Patrizierfamilien ihre Reverenz. Ähnliche Ehrungen folgten später mit den Namensvergaben für Fugger-, Schaezler-, Halder- und Stettenstraße.

Heu- und Holzmarkt Auf dem Kreuz vereint

Die Jahreszahl 1702 erinnerte noch in unserem Jahrhundert an der Heuwaage Auf dem Kreuz an deren Erbauungsjahr. Wann genau jedoch der Heumarkt und die Waage von der Karlstraße in diesen langen Straßenzug – der ursprünglich nicht von ungefähr »Breite Straße« hieß – etwas außerhalb der Stadtmitte übersiedelten, ist noch unklar. Es muß vor 1690 gewesen sein.[10] Das Waaghaus mit Treppengiebel trug die Anschrift »Auf dem mittleren Kreuz – Lit. F 269«, nach Abschaffung der Literazahlen 1938 die Hausnummer 40. Abbildungen von 1740 bis 1943 überliefern das Aussehen. 1944 wurde es von Bomben getroffen; auf seinem Platz steht nun die Agnes-Bernauer-Realschule. Auf dem Kreuz fand auch der schwäbische Holzmarkt statt. Das heißt, jene Holzlieferanten, die aus den Stauden, dem Holzwinkel und dem weiteren schwäbischen Umland kamen, hatten hier nach Durchfahrt des Wertachbrucker Tores ihren Umschlagplatz.

»Heu, Ohmat und Stroh kann alle Werck-Tag bey der Heu-Waag verkauft werden«, vergißt die ausführliche Marktordnung von 1738 auch diese Landprodukte nicht. Zuvor müssen Heu und Grummet (schwäbisch: »Ohmat«) gewogen werden. Zur Kontrolle hat jeder zum Tor hereinfahrende Heubauer beim Torwächter ein Pfand anzufordern und dieses zusammen mit dem Waagzettel beim Verlassen der Stadt dort wieder abzugeben. Auch die 50 Jahre später erschienene »Beschreibung der Reichsstadt Augsburg«[11] erwähnt kurz den Heumarkt, »wo das vom Land hereinkommende Heu und Stroh nach Gewicht verkauft wird«.

Mit Beginn des 19. Jahrhunderts nehmen die Veröffentlichungen von Zahlenmaterial aus dem Marktwesen zur besseren Unterrichtung der Bevölkerung über das Angebot und die Preise im »Intelligenzblatt« (Amtsblatt) und in den Lokalzeitungen zu. Die darin wiedergegebene Statistik der Marktinspektion verzeichnet beispielsweise im Monat September des Jahres 1808 die Zufuhr von 109 Wagen Heu auf dem Augsburger Markt.¹²

1816: »Verkehrschaos« Auf dem Kreuz entwirrt

Die am 4. Januar 1816 in Kraft gesetzte neue Marktordnung entwirrt die Abläufe des bis dahin auf dem gleichen Straßenzug abgehaltenen Heu-, Stroh-, Holz- und Holzkohlenmarktes. Diese »Vermengung, welche so viele Unbequemlichkeiten für die Käufer und Verkäufer, auch vorzüglich für andere Fußgeher erzeugte«, wird mit einer exakten An- und Abfahrtsregelung beseitigt. Die Heuwagen dürfen nur an der »Waagseite« auf dem Unteren Kreuz, also der nördlichen Straßenseite, auffahren. Verkaufsplatz ist nun das Obere Kreuz bis zur Langen Gasse. Die leeren Fuhrwerke haben dann durch die Georgengasse (seit 1937 Sebastian-Kneipp-Gasse) die Stadt wieder zu verlassen.¹³

1839 wird die Heuwaage erneuert: Statt einer jahrhundertelang üblichen Kettenwaage, an der das beladene Gefährt hochgezogen wurde, installiert die Stadt eine Brückenwaage im Straßenniveau. Vier Pfosten markieren die in einer Einbuchtung gelegene »Städtische Heuwaage«, wie auf dem zugehörigen Haus zu lesen war. In dessen oberem Geschoß wohnte der Waagmeister, im Parterre schob er die Gewichte und stellte nach dem Einpendeln den amtlichen Waagzettel aus. »Heu- und Strohmarkt ist jeden Freitag«, vermerkt ein handlicher Stadtführer von 1846, der auch die Augsburger Märkte registriert. Die wöchentlichen Angebotsmengen und Preise werden veröffentlicht: An einem Markttag im Juli 1847 werden beispielsweise 596 Zentner Heu umgesetzt.¹⁴

1875: Für eine kleine Fuhre 3 Pfg. Marktgebühr

23. Dezember 1875: Das Amtsblatt – damals immer noch »Intelligenzblatt« genannt – veröffentlicht die neuen Marktgebühren für Holz, Torf, Stroh und Heu: Für eine einspännige Fuhre 3 Pfg., einen zweispännigen Wagen 6 Pfg. und für eine drei- und vierspännige Fuhre hatte künftig der Marktmeister 9 Pfg. zu kassieren. Ein ab Anfang 1899 geltender neuer Gebührentarif für die Benutzung der Heuwaage bringt nicht nur enorme Verteuerungen – 30 Pfennig pro beladenem Wagen sind fällig –, er führt auch Vieh als Wiegegut auf. Für Großvieh sind 30, für Kleinvieh 15 Pfennig Gebühr zu entrichten. Auch andere Gegenstände können dort gewogen werden – außer Korn für den öffentlichen Verkauf. Das Getreidegewicht darf nach wie vor nur in der Schranne an der Halderstraße amtlich festgestellt werden.

Auch auf den Landproduktenhandel bleiben die spätestens 1872 voll wirksamen reformierten Handels- und Gewerbegesetze nicht ohne Auswirkungen. Fast alle Marktordnungen werden im Verlauf des 19. Jahrhunderts mehrmals neu gefaßt und jeweils den gegenüber früher entschieden freieren Vermarktungsbedingungen angepaßt. Die am 9. September 1890 signierte »Bekanntmachung, die Marktplätze betr.« legt fest, daß »für den Heu- und Strohmarkt der Platz am oberen und mittleren Kreuz und in der Langen und Alten Gasse« sei. Verkauft werden könne an den Wochenmarkttagen Montag, Mittwoch, Freitag und Samstag. Der Handel konzentrierte sich aber auf den Freitag, den Hauptwochenmarkttag, an dem auf allen Marktstraßen der meiste Betrieb herrschte.

Anno 1893 bis zu 240 Fuder an einem Tag

Die Presseinformationen über die Märkte fließen um diese Zeit reichlich. »Der Heu- und Strohmarkt war am 7. Juli 1893 stark frequentiert. 112 Fuhren Heu und 128 Fuhren Stroh wurden angefahren«, meldet beispielsweise das »Lechhauser Amts- und Anzeigeblatt« in seinem wöchentlichen Marktbericht über den Handel mit Landprodukten in Augsburg. Hier haben die Lechhauser Bauern einen wichtigen Absatzmarkt, obwohl auch in ihrem Dorf seit 1882 ein derartiger Markt eingerichtet ist. Doch die Augsburger Preise gelten für Anbieter wie Käufer gleichermaßen als Richtwerte. Die Zufuhr von Heu und Stroh ist sehr unterschiedlich: Sie schwankt 1893 zwischen insgesamt 80 und 240 Fuhren an einem Markttag. Die Statistik von 1896 fällt weit schlechter aus: Am 24. Juli werden nur 12 Fuder Heu und 16 Wagen Stroh angeboten, am 20. November 23 bzw. 28 Fuhren.

Bis zum Beginn des Ersten Weltkrieges erscheinen allwöchentlich die Heu- und Strohmarktberichte mit Umsätzen und Preisen. Doch dann folgt – wie für die meisten Waren – die Zeit der Zwangsbewirtschaftung mit Ablieferungssoll direkt in die Militärdepots. Diese hatten zuvor bei Bedarf inseriert und so für Nachschub gesorgt. Der freie Handel mit den verbleibenden geringen Überschüssen kommt praktisch zum Erliegen.

»Städtische Heuwaage« wird zur »Stadtwaage«

Einige Jahre nach Kriegsende wurde amtlicherseits eine Wiederbelebung eines Heu- und Strohmarktes versucht, doch daß dieser Landprodukte-Handel auf den Straßen nicht mehr »ansprang«, darauf deuten das Fehlen jeglicher Marktberichte aus Augsburg und ein im Juli 1926 veröffentlichter Aufruf: »Die Heu-, Stroh- und Holzmärkte in Augsburg können wie in der Vorkriegszeit beschickt werden. Hauptmarkttag ist der Freitag jeder Woche. Marktplatz für Holz: An der Blauen Kappe; für Heu und Stroh: Am Kreuz.«¹⁵

»Der alte Heumarckt« als Skizze und als Foto um 1900. Der Bemalungsentwurf von Karl Nicolai für einen Erker und die Aufnahme erfassen die Philippine-Welser-Straße. Dieser Bereich war bis 1639 einer der vier Heu-Verkaufsplätze. Nach Einstellung des Heumarktes an dieser Stelle hieß die Straße 200 Jahre lang »Alter Heumarkt«. Im Jahre 1837 erfolgte die Umbenennung in Philippine-Welser-Straße.

Heuernte im 17. Jahrhundert mit allen Arbeitsgängen auf dem Monatsbild »Juli« des Augsburger Künstlers Wolfgang Kilian (1581 bis 1662).

Um 1930: Noch trägt das Haus Lit. F 269 Auf dem Kreuz die Aufschrift »Städtische Heuwaage«. Wie sich Zeitzeugen erinnern, werden auch noch Heuwagen auf der in die Straße eingelassenen Waage gewogen. Doch es seien nur noch wenige gewesen. Denn die Zeiten hohen Heu- und Strohbedarfs in der Stadt waren vorbei – Autos hatten die Droschken ersetzt, Lkws die schweren rösserbespannten Transportwagen. Die zunehmende Motorisierung ließ die Pferde im Stadtbild weniger werden. 1928 stellte die Post in Augsburg die Brief- und Paketbeförderung per Postillion ein. Speditionen und Brauereien bedienten sich bei der Auslieferung im Stadtbereich noch am längsten der Rösser vor ihren schweren Wagen. Erst nach dem Zweiten Weltkrieg wurden deren Stallungen zu Autogaragen umgebaut oder abgebrochen.

Als im Laufe der dreißiger Jahre der Heu- und Strohmarkt Auf dem Kreuz endgültig der Vergangenheit angehörte, bekam das Waaghaus anläßlich einer Fassadenrenovierung eine neue Aufschrift, in der das ländliche »Heu-Image« getilgt wurde und der historische Bezug nur noch in der Jahreszahl aufschien: »Stadtwaage« ist darauf zu lesen, und in einen aufgemalten Reichsadler eingefügt »1702«. So zeigen kurz vor dem Zweiten Weltkrieg aufgenommene Fotos das Gebäude.

Realschule steht auf dem Grund der Waage

1944 trafen Bomben die Waage. Auf ihrem Grund und dem einiger Nachbarhäuser steht seit 1972 die Agnes-Bernauer-Realschule. Bauernwagen wie die auf dieser Seite abgebildeten zählten Auf dem Kreuz jahrhundertelang zum gewohnten Anblick. Jetzt kann man sie bestenfalls noch in einem Bauernhofmuseum besichtigen. Und das Beladen von Heufudern gehört ebenso der Vergangenheit an wie das Vorspannen von Ochsen als Zugtiere. Die Fotos (um 1940 bei Augsburg entstanden) sind in unserer volltechnisierten Zeit bereits Dokumente einer gar nicht so fernen bäuerlichen Arbeitswelt.

Fotos von der Heuernte um 1940: Mit Muskelkraft wird ein Fuder beladen (oben), zwei Ochsen werden als Zugtiere vorgespannt (unten).

Johann Michael Frey hielt auf einer um 1790 entstandenen Zeichnung die Vorbeifahrt eines mit drei Rindern und etlichen Ferkeln (in dem Brettergeviert) beladenen Floßes an der Spickelwirtschaft fest. Dieser Bildausschnitt belegt die sonst nur in Statistiken genannten Viehtransporte aus dem »Oberland« auf dem Wasserweg Lech. Das Floß war am nahen Hochablaß in den stadtwärtsführenden Kanal eingefahren und belieferte mit Hilfe des damals schnellsten und bequemsten Beförderungsmittels die Augsburger Viehmärkte.

Die Viehmärkte

Rinder, Schweine, Kälber auf Stadtstraßen verkauft

Pferdemärkte zählen in unserer Zeit noch zu den »angesehenen« Viehmärkten, die sogar viel Schaupublikum anziehen. Alle anderen Nutz- oder Schlachtviehmärkte finden entweder nur vor Züchtern und Händlern oder Metzgern und vornehmlich Einkäufern von Fleisch-Großvermarktern statt. Die Viehmarktgelände – häufig mit angeschlossenem Schlachthof wie in Augsburg – liegen zweckmäßigerweise an der Peripherie der Städte. Dem Verbraucher bleibt damit der Anblick von Schlachttieren erspart. Das ist noch nicht allzu lange so. Bis 1957 war die Widderstraße in Lechhausen allmonatlich Viehmarktplatz. Bis 1864 fand in Augsburg jahrhundertelang auf Straßen und Plätzen der Rinder-, Schweine-, Kälber- und Kitzenhandel statt. Und diese Marktstraßen trugen zum Teil offiziell die entsprechenden Namen.

Anno 1416 begann man am »Rindermarkt« das erste Augsburger Kieselpflaster zu legen.[1] Am Rindermarkt kaufte 1488 Ulrich Fugger für 2032 Gulden ein stattliches Anwesen von der Witwe Felicitas Grässlein. Es ist das jetzige Kröll & Nill-Haus. Heute heißt dieser Straßenzug Philippine-Welser-Straße. Der Kaiser und sein Gefolge seien über den »Vorchermarkt« zum Dom geritten, heißt es in einer Chronik.[2] Auf dieser zentralen Straße (jetzt »Obstmarkt«) fand bis 1444 der Handel mit Schweinen statt, die einst »Vorche« oder »Ferche« genannt wurden.

Rindermarkt, Saugasse, Kitzenmarkt ...

Der Jakobsplatz in der Jakobervorstadt heißt erst seit etwa 1880 so – zuvor steht »Saumarkt« in den Stadtplänen. Lediglich die Saugasse in der benachbarten Fuggerei erinnert noch an diesen Markt. Dort gibt es nicht ohne Grund auch eine Ochsengasse: Die Jakoberstraße war ein paar hundert Jahre lang der Ochsenmarkt. Die Bäckergasse bot Platz für den Handel mit Kälbern und Schweinen, ebenso der Hintere Perlachberg. Die einzige noch heute gebräuchliche »Viehmarktstraße« ist der Kitzenmarkt. Er hieß Anno 1302 schon so.

Der Viehhandel war ursprünglich in allen Städten innerhalb der Befestigung üblich. Er zählte zu den wichtigsten Versorgungsmärkten. Große Städte waren aufgrund geringer »Eigenerzeugung« auf die Zufuhr oft von weither angewiesen, kleinere profitierten wirtschaftlich vom Zustrom an den Markttagen. In München liegt der »Rindermarkt« jetzt im besten Geschäftsviertel. Im Mittelalter glichen dieselben Plätze und Straßen bestenfalls morastigen Dorfangern: unbefestigt, zerfurcht, mit allerlei Unratablagerungen. Freilaufende Tiere – Hühner, Gänse, Schweine – waren auf den Stadtstraßen etwas Selbstverständliches. Erst als 1416 die Pflasterung mit Großkieseln begann, fing man an, die Tier-Hinterlassenschaften als störend zu empfinden. Viehhandel paßte nicht mehr in das feiner werdende Stadtzentrum.

Ochsen und Schweine in der Jakobervorstadt

Anno 1448 begann die Verlegung der Viehmärkte aus der Kernstadt in Randbereiche. Auch die neuen Marktplätze bei der Jakobskirche und in der Bäckergasse lagen innerhalb der Stadtmauern. Diese umschlossen ja bis 1860 die Stadt völlig, die Passage war nur durch die leicht kontrollierbaren Stadttore möglich. Noch die Viehmarktordnung von 1816[3] besagt: »Marktplätze: für Kälber die Bäckergasse, die Jakobervorstadt, der hintere Perlach; für Schweine: der sogenannte Saumarkt.«

Die breite Jakoberstraße zwischen der Jakobskirche und dem Jakobertor wird auf einem Bild um 1740 als der Bereich bezeichnet, »wo die ungarischen Ochsen geteilt werden«. Dies besagt, daß dort die zur Deckung des hohen Augsburger Fleischbedarfes ab dem 15. Jahrhundert in Wien, Böhmen, Ungarn und Polen gekauften Ochsen zur Schlachtung an die Metzger aufgeteilt wurden. Tausende Rinder wurden mit städtischen Krediten, Geldern der Metzger und von Handelsgesellschaften in den genannten Gebieten aufgekauft, in großen Herden nach Augsburg getrieben und auf Weiden zwischen Lech und Wertach, bei Hochzoll oder bei Kriegshaber nochmals gemästet.[4] Auf der Jakoberstraße wurden auch Rinder von Bauern aus der Umgebung vermarktet.

Viehhandel beschäftigt häufig den Rat

Noch zu Beginn des 19. Jahrhunderts herrschte Marktzwang, das heißt, der Viehhandel durfte nur auf dem öffentlichen Markt zu den festgesetzten Zeiten stattfinden. »Der Betrieb von Handelschaften dieser Art in Wirts- oder Bräuhäusern mit Umgehung der Markt-Ordnung ist ausdrücklich verboten«, hieß es 1816.

Die Jakoberstraße war Bayerischer Holzmarkt und Viehmarktplatz. Die Beschriftung des Stiches um 1750 spricht den Ochsen-Großeinkauf in Ungarn an. Auf der Jakoberstraße wurden die nach dem großen Treck nochmals in Stadtnähe gemästeten Schlachttiere verteilt.

Viele Dekrete zu Reichsstadtzeiten verdeutlichen die Gründe dafür: Von jeglichem Handel floß etwas in den Stadtsäckel, und außerdem sollte eine Ausfuhr von Schlachttieren nur dann erfolgen, wenn der innerstädtische Bedarf reichlich gedeckt war, also ein größeres Überangebot herrschte. Speziell zum Kälberkauf durch auswärtige Metzger ergingen zwischen 1645 und 1773 elf teilweise wortgleiche Ratserlasse. Jener von 1760[5] bestimmt beispielsweise, es solle »fremden Metzgern nur am Donnerstag von 12 bis 4 Uhr, zur Winterszeit von 12 bis 3 Uhr allein in der Becken-Gassen nächst dem sogenannten Wilden Mann (wo ohnehin der völlige Markt gehalten wird) Kälber zu kaufen erlaubt sein«. Dort gekauftes Vieh durfte der Kontrolle wegen ausschließlich durch das Rote Tor aus der Stadt gebracht werden.

Erhöhtes Hygienebewußtsein nach Epidemien

Im 19. Jahrhundert folgte für den Viehhandel die einschneidendste Marktverlegungswelle. Diesmal standen vor allem die Hygiene und die Verkehrserschließung durch die Eisenbahn als Gründe obenan. Der Schock der Cholera- und Brechruhr-Epidemien (1854) mit der Erkenntnis, daß diese höchstwahrscheinlich auf Verseuchung des aus innerstädtischen Brunnen entnommenen Trinkwassers zurückzuführen waren, bewirkte die Planungen für eine Wasserentnahme im Siebentischwald (das Hochablaß-Wasserwerk wurde 1879 in Betrieb genommen). Etwas eher wurde die Zusammenfassung der in den 1850er Jahren nach wie vor donnerstags an etwa fünf verschiedenen Stellen in der Stadt abgehaltenen »Horn- und Schlachtviehmärkte« auf ein einziges Areal an der Peripherie in die Wege geleitet. Zwar wurden 1856 noch Bereiche innerhalb der Stadt diskutiert,[6] doch Weitsichtige erblickten schon damals am Güterbahnhof an der Halderstraße das ideale Gelände für alle Viehmärkte.

1864: Zentrales Viehmarktgelände am Bahnhof

1855 hatte die Stadt dort eine große Fläche zum Bau einer Schrannenhalle erworben,[7] doch noch war Augsburg völlig von Mauern und Stadtgräben umgeben und dieses Areal verkehrsmäßig nur unzureichend erschlossen. Erst nach Abbruch des Gögginger Tores (1862), aber noch vor der völligen »Entfestigung« der Stadt (ab 1866) bekam das einstige Haldersche Gartengut zwischen Hermanfriedhof, Bahnanlagen und Hermanstraße eine neue Nutzung: Es wurde zum ersten zentralen Augsburger Viehmarkt für alle Tierarten!

Die Neuigkeit wird im November 1864 im Amtsblatt[8] verkündet: »Am Dienstag, Donnerstag und Freitag jeder Woche wird in dem eigens dazu hergestellten Marktlokale am Bahnhofe für Rindvieh aller Gattungen, Schafe, Schweine und Ziegen Markt abgehalten. Hauptwochenmarkt ist der Donnerstag. Am ersten Donnerstag jeden Monats findet ein Hauptmonatsmarkt statt.« Die Stadtstraßen sind erstmals in der Geschichte Augsburgs viehmarktfrei! Doch die städtebauliche Entwicklung ging so rasch voran, daß auf diesem kernstadtnahen Gelände der Markt keine lange Bleibe hatte. Spätestens mit dem Baubeginn für die Schran-

Viehmarktszenen nach der Währungsreform von 1948. Für einen kurzen Zeitabschnitt fanden in Augsburg, Lechhausen und Gersthofen nochmals Großauftriebe statt. Viele Landwirte beschafften sich damals die neue D-Mark für den Traktorkauf durch Viehverkäufe.

nenhalle im April 1872 mußte das »Viehmarktlokal« an der Halderstraße und damit auch der Markt verschwunden sein. So werden um 1870 Menschen und Tiere wieder von dem bequemen Schienenverkehr abgekoppelt.

Verlegung vors Jakobertor, ins Klauckeviertel

Auf der entgegengesetzten Stadtseite, vor dem Jakobertor an der Straße nach Lechhausen, hat die Stadt ein neues Gelände ausgewiesen. Noch 1877 wird »von den Viehmarkt-Lokalitäten vor dem Jakober-Thore« geschrieben.[9] Dieses Marktgelände wird ebenso als »vorübergehend, bis ein besseres gefunden« betrachtet wie das nächste: »Ab Donnerstag, 3. Januar 1878, wird die neue provisorische Viehmarktanlage unterhalb der Klaucke-Vorstadt dem Verkehre übergeben.«[10] So kündigte das »Intelligenzblatt« die neuerliche Verlegung an.

In dem zwischen Kanal-, Klaucke-, Bleich- und Brückenstraße liegenden Gelände[11] waren Stallungen errichtet worden, die eine Einstellung der für den Viehmarkt bestimmten Tiere möglich machten. Das »Provisorium« blieb über zwei Jahrzehnte in Gebrauch. 1880 lief eine heiße, auch in den Zeitungen ausgetragene Diskussion über eine eventuelle Angliederung eines Schlachthofes beim Klauckeviertel. Die öffentliche Schlachthalle lag nämlich immer noch neben der Metzg am Schlachthausgäßchen, außerdem konnten die Metzger auch in ihren eigenen Häusern schlachten. Diese Situation wurde amtlicherseits als gesundheitspolitisch unhaltbar angesehen. 1889 begannen die Planungen für einen neuen Schlacht- und Viehhof.[12] Die Bodenuntersuchungen von ins Auge gefaßten Bereichen zogen sich hin, ehe man sich für ein sechs Hektar großes, der Stadt gehörendes Gelände an

Oben: Der im Oktober 1900 in Betrieb genommene Schlacht- und Viehhof in einer Panoramaaufnahme aus dieser Zeit. Dort finden seither die Augsburger Viehmärkte statt. In der Großviehhalle (unteres Bild) mit 1725 qm Fläche konnten rund 280 Tiere zum Verkauf gestellt werden, unter ihren Vordächern im Freien weitere 70.

der Johannes-Haag-Straße entschied. Hier sah man mit Grundwasserströmen und der Windrichtung – wegen der Übertragung von Geräuschen und Gerüchen – keine Schwierigkeiten. Außerdem führte die Localbahn vorbei. Für die Entwässerung war der Lech nahe.

»Wandergeschichte« geht Anno 1900 zu Ende

Im Oktober 1900 beendete die mit dem Schlachthof verbundene »Viehmarktanlage« die »Wandergeschichte« dieses Augsburger Marktsegments. Eine neue Viehmarktordnung mit 21 Paragraphen regelte ab 8. Oktober 1900 den Betrieb auf dieser großzügigen, nach modernsten Erkenntnissen für 2 979 787 Mark erbauten städtischen Einrichtung: Alle Tiere, ob zum Schlachten oder zur Zucht wie die Ferkel und die Milchkühe, sollten fortan nur mehr dort vermarktet werden. Selbst Pferde waren zu den am ersten Montag jeden Monats stattfindenden Nutzviehmärkten erwünscht.

Bis Ende des 19. Jahrhunderts war vor allem die Eigenversorgung der Stadtbevölkerung das oberste Ziel der ungezählten Viehmarkt-Erlasse. Auch als 1906 ein Re-

sümee über die ersten fünf Betriebsjahre des Schlacht- und Viehhofs gezogen wurde, heißt es: »Die Augsburger Schlachtviehmärkte sind eigentlich nur Bedarfsmärkte für die Stadt und ihre Umgebung, ein Export findet nur in sehr geringem Umfang statt.« Immerhin kamen 1904 genau 12157 Stück Großvieh und 64318 »Kleinvieh« (18646 Kälber, 2078 Schafe, 632 Ziegen, 42962 Schweine) auf den Markt. Rund 50 Prozent der Tiere wurden damals mit der Localbahn direkt auf das Marktareal gefahren. Daneben fanden in dieser Zeit auf dem Gelände auch die Ferkelmärkte (jeden Freitag) und außerhalb auf einer Wiese die Schafmärkte (fünf pro Jahr) statt. Die Umsätze 1904: 18366 Schweinchen und 7860 Woll-/Fleischlieferanten.

Ein Zeitsprung in die jüngere und jüngste Viehmarktgeschichte: Am besten läßt sich die Marktentwicklung in Augsburg anhand reichlich vorhandener Statistiken nachvollziehen. Darin sind beim Schlacht- und Viehhof unter der Rubrik »Marktanlieferung« im Jahre 1974 insgesamt 144452 Tiere verzeichnet (56621 Rinder, 80856 Schweine und 6975 Kälber). Doch die Zahlen gehen stetig nach unten, sechs Jahre später haben sich die Marktumsätze schon fast halbiert: Nur mehr 80462 Stück Vieh (davon 50800 Rinder) werden 1980 angeboten.[13]

1993: Schweinemarkt wird eingestellt, Rindviehhandel läuft weiter

Diese Entwicklung setzte sich fort: Während 1992 noch 26819 Rinder zum jeweils am Dienstag morgens um 8 Uhr beginnenden Markt gebracht wurden, registrierte man im selben Jahr neben 2129 Kälbern nur mehr 693 (!) Schweine. Im folgenden Jahr lautete die Jahresbilanz: 45 vermarktete Schweine![14] Für diese Tiergattung gibt es inzwischen in Augsburg keinen Markt im herkömmlichen Sinne mehr. Das Borstenvieh (fast 200000 wurden in Augsburg zwischen 1992 und 1994 jährlich geschlachtet) wird nur mehr über Agenturen vermittelt. Rund 3500 Stück »durchlaufen« allwöchentlich zwar 1997 noch die große Markthalle, doch da steht kein Anbieter und kein Käufer mehr. Rindviecher dagegen werden nach wie vor jeweils am Montag nachmittag angeliefert und am nächsten Morgen verkauft.

Demnach Ein Hoch-Edler und Hochweiser Rath mehrmahlen mißfällig vernommen/ daß etwelche allhiesige Burgerliche Becken ihre habende S. V. Schweine nicht in denen dazu gewidmeten Ställen vor dem Jacober- und Wertachbrucker-Thoren/ sondren in ihren Häuseren/ und also in der Stadt Ställen/ und abmästen/ auch daß die Müller und besonders die Brandwein-Brenner gleichfalls in den Häuseren; und also in der Stadt die Anzahl der Schweine nach eigenem Gefallen halten/ und also die Obrigkeitliche Verordnungen und Gebott de Anno 1609, 1622, und 1692. gäntzlich ausser schuldiger Befolgung lassen/ durch so viles Schweinhalten aber sehr übler S. V. Gestanck und grosse Ungelegenheit in allhiesiger Stadt verursachet und gemacht wird.

Als will wolermeldt Ein Hoch-Edler und Hochweiser Rath die obbesagte Obrigkeitliche Verordnungen hiemit ernstlich widerholt; und gesammte Burgerschafft/ absonderlich aber

Erstlich Den Becken nochmalen alles Ernsts verbotten und gebotten haben/ daß sie niemalen einiges Schwein in ihren Häuseren oder Höfen halten/ sonderen selbe alle in die vor Jacober-und Wertachbrucker-Thor befindliche darzu gewidmete Ställe stellen sollen/ und zwar bey Straff von jedem zu Hauß haltenden Schwein/ das erstemal 1. das anderemal 2. und das drittemal fl. 3. ohnnachläßlich zu bezahlen.

Zweytens Sollen die Mahlmüller in der Stadt mehr Schweine allhier nicht halten/ als sie Mahl-Gänge haben/ bey obbemeldter Straff/ wie bey den Becken.

Drittens Die Brand-Wein-Brenner/ Melber/ Trändler und dergleichen sollen im Sommer keine/ sondren allein zu Winters Zeit/ und zwar mehr nicht als 5. Schweine auf einmal zu halten/ und zu mästen/ Erlaubnus haben/ bey mehrmaliger Straff/ von jedem zu vil oder mehr haltenden Stuck à 1. 2. und 3. fl.

Viertens All übrige Burger; als Wein- und Bier-Wirthe Professionisten/ und Handwercker aber sollen allein zwey Schweine/ und zwar nur bey angehender Herbst/ Winter/ und Früh Jahrs Zeit auf einmal einzustellen/ und zu mästen befugt seyn. Mehrmalen bey obgesetzter Straff von jedem Stuck zu bezahlen.

Auf welches dann beyde Stättmeistere durch ihre untergebene Kastenknechte fleissige Obsicht und Visitation wenigst jedes Monats einmal/ zu ungewisen Tägen und Stunden halten/ die Ubertrettere in dem Baumeister-Amt anzeigen/ und allda dise obbesagter Massen zu gebührender Straff ohne alle Nachsicht gezogen werden sollen. Davor sich dann Männiglich zu hüten/ und für Schaden selbst in acht zu nehmen wissen wird.

Decretum in Senatu
den 14. Octob. 1741.

Eines der vielen Ratsdekrete, »Schweine betreffend«. Dieser Erlaß von 1741 wendet sich zuvörderst an die Bäcker, Müller und Branntweiner, durch deren »so viles Schweinhalten aber sehr übler S. V. Gestanck und grosse Ungelegenheit in allhieiger Stadt verursachet und gemacht wird«. Den Bäckern war – wie unter »Erstlich« geschildert – gänzlich verboten, in ihren Häusern Schweine zu mästen. Andere durften dies nur zur Sommerzeit nicht – wegen des Geruchs. Auch zum Saumarkt und zum Schlachten erließ der Rat wiederholt Anweisungen.

Der Schweinemarkt

1495 rümpfte Kaiser Maximilian die Nase über »Straßensäue«

»Saumarkt« war über rund vier Jahrhunderte bei den Augsburgern zugleich die Bezeichnung für den Handel mit Schweinen und den entsprechenden Marktplatz. Das heutzutage im Schimpfwortbereich angesiedelte Wort »Sau« wird meist als derb oder gar vulgär empfunden – es sein denn, es dreht sich um das populär gewordene Lieblingsgericht von Bundeskanzler Helmut Kohl, den »Pfälzer Saumagen«. Die Sprache früherer Jahrhunderte war in der Ausdrucksweise längst nicht so empfindsam, sondern direkt und kaum umschreibend. Selbst Johann Wolfgang von Goethe läßt im »Faust« in Auerbachs Keller zu Leipzig singen: »Uns ist ganz kannibalisch wohl als wie 500 Säuen.«

Doch die »Sau« machte auch in Augsburg einen Wertwandel durch, und zwar schon um 1840. Ein Chronist fand damals »Sau« als Teil einiger Platz- und Gassenbezeichnungen als allzu anrüchig und empfahl schönere Namen dafür.[1] Die »Saugasse« in der Fuggerei blieb bis heute als Relikt von ursprünglich fünf in ihrer Herkunft historisch klar nachvollziehbaren, damals gerügten Platz- und Straßenbenennungen.

»Saugäßchen« klang zu anrüchig

Aus dem »Saumarkt«, wo jahrhundertelange Schweine gehandelt wurden, ist um 1880 der Jakobsplatz geworden. Aus der auf die Bäckergasse – zeitweise ebenfalls Schweinemarkt – mündenden Saugasse wurde um dieselbe Zeit die Werbhausgasse. Das daran anschließende »Saubrückle«, das die Verbindung mit der Schwibbogengasse über den Schwallech hinweg herstellte, verlor allmählich diese ohnehin nur inoffizielle Bezeichnung.

Nur das die Karolinenstraße mit dem tiefergelegenen Belzmühlgäßchen (dort könnte einmal eine Suhle, ein Schlammbad, gewesen sein) verbindende »Saugäßchen« konnte seinen Namen ins 20. Jahrhundert hinüberretten – doch keineswegs ohne »Angriffe«! Letztmals lag am 31. März 1931 dem Stadtrat nach bereits mehrjährigen »Ausrottungsversuchen« (unter anderem durch Leserbriefe) ein Umbenennungsantrag zur Abstimmung vor. Bürgermeister Pfaff leitete die Sitzung: »Die Nachforschungen im Archiv haben ergeben, daß der Name bereits mehrere hundert Jahre besteht – und er soll weiter bleiben«, verkündete er unter allgemeinem Hallo das Votum des Rates zur Beibehaltung.[2] Während des Zweiten Weltkriegs verschwand das schmale Saugäßchen im Trümmerberg – an dieser Stelle verläuft der 1953 neu geschaffene Leonhardsberg.

Alle diese Bezeichnungen hatten direkten Bezug zu den Schweinemärkten und zur Schweinemast in der Stadt. Wie das allgemein üblich war, bürgerte sich für jene Gassen, durch die oft Schweine getrieben wurden, die entsprechende Benennung ein. Diese vom Volksmund gebrauchten Namen wurden auch in die Stadtpläne übernommen und in den Steuerlisten bzw. Adreßbüchern als offizielle Bezeichnungen verwendet.

Anno 1276: »Swin« auf dem »Vorchermarckt«

Der erste durch Chronisten nachgewiesene, lokalisierbare »Vorchermarckt« oder »Verhenmarkt« in der Stadt war der jetzige Obstmarkt zwischen Hohem Weg und Kesselmarkt.[3] »Verche«, »varhe« oder »farch« war das Schwein in der Sprache des ausgehenden Mittelalters.[4] »Vorch« und »swin« tauchen schon im Stadtrecht von 1276 unter den Schlachttieren auf. Anno 1448 war das inmitten der Stadt wahrscheinlich mehrmals pro Woche aufgetriebene, auf den seit 1416 gepflasterten »vornehmsten Gassen« viel Dreck hinterlassende Borstenvieh so nahe beim Dom doch zu lästig geworden. So erfolgte eine Marktverlegung »hinter die S. Jakobs-Kirche« draußen in der Jakobervorstadt.[5] Dieser Bereich ist der jetzige Jakobsplatz bei der Fuggerei.

Ab 1448 Saumarkt bei St. Jakob

War 1448 der Saumarkt nur aus dem vornehmeren Viertel in die damals noch sehr locker bebaute Handwerker-Vorstadt um die Jakobskirche verlegt worden, erfolgte 1559 eine »Abdrängung« aus der ummauerten Stadt vor das Vogeltor. Ob dafür der Bau der Fuggerei (1523 Fertigstellung der 53 Häuser) ausschlaggebend war? Der Markt außerhalb der Befestigung bewährte sich wohl aus Sicherheits- und fiskalischen Gründen gleichermaßen nicht. So wurde die Bäckergasse zum »Saumarkt« zusammen mit dem Kälbermarkt. Die Zuführung von jenseits der Stadtmauer erfolgte über das eingangs geschilderte Saubrückle und die Saugasse (jetzt Werbhausgasse). Auch die relativ schmale Bäckergasse taugte nicht auf Dauer als

SCHWEINEMARKT

Handelsplatz für das Borstenvieh, und nach wenigen Jahren durften die Bauern und Händler aus der Umgebung wieder auf dem Areal zwischen Fuggerei und Kappeneck den Saumarkt abhalten. In den folgenden rund 300 Jahren trug der relativ große Dreiecksplatz zu Recht den Namen »Saumarkt« als amtliche Bezeichnung. Er durfte ihn noch ein paar Jahre über das Ende der innerstädtischen Schweine-Vermarktung im Jahre 1864 hinaus behalten, ehe er in Jakobsplatz umgetauft wurde.

»Das Borstenvieh aus der Stadt verbannen...«

Der Schweinemarkt war zwar seit 1448 aus der Kernstadt verbannt, doch die Schweinehaltung in Häusern, Höfen und Verschlägen blieb im Stadtzentrum üblich. Und so scheinen im 15. Jahrhundert in den Straßen und Gassen eine Menge Ferkel und ausgewachsene Borstentiere im Unrat gewühlt zu haben – und es muß recht »schweinisch« gerochen haben. So empfand es jedenfalls Kaiser Maximilian I. In einem Brief vom 16. August 1495[6] an den Augsburger Bürgermeister zeigt er sich sehr ungehalten darüber. Wie er beim letzten Aufenthalt habe feststellen müssen, werde die berühmte Reichsstadt »mit Schweinen unreinlich gehalten«. Fieber und Pestilenz, die zu dieser Zeit in vielen Gegenden auftraten, könnten daraus erwachsen, befürchtete der Kaiser. Und er befahl unter Androhung von Strafen, »solches Vieh« in den Vorstädten oder in anderen Gegenden »ohne sonderlichen Nachteil und Schaden des gemeinen Volkes, das es zu seiner Nahrung braucht«, zu halten. Dieser Anordnung des höchsten Souveräns der kaiserlichen Reichsstadt hatte der Rat unverzüglich nachzukommen.

Schweine auf dem zentralen Marktplatz am Perlachturm müssen im 16. Jahrhundert nichts Ungewöhnliches gewesen sein, wie diese aquarellierte Federzeichnung aus der Zeit um 1550 verdeutlicht.

Schweinemarktszene aus dem großen Augsburger Winterbild vom Perlachplatz um 1530. Links prüft ein Käufer durch Kneifen die Dicke des damals begehrten Specks bei einem der borstigen Tiere.

SCHWEINEMARKT

Zumindest die von den Abfällen der Bäcker gefütterten Schweine mußten in Zukunft in von der Stadt errichteten Großställen vor dem Jakobertor und dem Wertachbrukker Tor untergebracht werden. Diesem Berufszweig blieb fortan die Schweinemast im eigenen Haus gänzlich verboten, den Müllern, den Branntweinern und den Wirten waren jedoch zwischen zwei und fünf Schweine auf ihrem Anwesen erlaubt – mit der Einschränkung: »allein zur Winterszeit, im Sommer aber keine«. Es stank bei Wärme zu sehr! Nicht nur 1609, 1622 oder 1692 hat »Ein Hoch-Edler und Hochweiser Rath mehrmahlen mißfällig vernommen, daß etweliche allhiesige Burgerliche Becken ihre habende S. V. Schweine nicht in denen dazu gewidmeten Ställen vor dem Jacober- und Wertachbrucker-Thoren, sondern in ihren Häusern abmästen...«[7]

Bäcker hatten Ställe vor der Stadt

Der Hohe Rat erinnerte die Bäcker an das bestehende Verbot solcher Hausmästerei. Auch 1741 mußte die Stadtregierung ein und dasselbe Verbot aus gegebenen Anlässen wiederholen und Strafen androhen. 1863 stellte die Bäckerinnung die gemeinsame Mast ein und verkaufte die Gemeinschaftsställe. Bald danach wurden die westlich der Wertachstraße im damals noch unbebauten Gelände stehenden Stallgebäude abgebrochen, während jene beim Jakobertor schon früher beim Entstehen des dortigen Fabrikviertels aufgegeben worden waren.

Ganz konnten die Schweine nie aus der Stadt vertrieben werden, wie vielfach im 17./18. Jahrhundert wiederholte Dekrete über »so vieles Schweinehalten, das sehr üblen Gestank und große Ungelegenheit in allhiesiger Stadt

Ein Marktbild um 1790: »Span Säu« (Spanferkel) zählten neben Hühnern, Gänsen und anderen Kleintieren zur Wochenmarktware.

Ein Schweinehirt um 1820 – ein damals auf den Dörfern gewohntes Bild. Man trieb die Schweine auf Felder, an Suhlen und in Buchen- oder Eichenwälder, wo sie ihr Futter selbst suchen mußten.

verursacht«, beweisen. Noch im 19. Jahrhundert sah sich die Obrigkeit zum Hinweis auf das bestehende sommerliche Schweinehaltungsverbot genötigt, wie eine amtliche »Verbannung« vom 10. März 1836 belegt:[8] »Es wird zur allgemeinen Nachachtung wiederholt zur Kenntnis gebracht, daß das Einstellen der Schweine in der Stadt Augsburg vom 1. März bis zum 1. Oktober durchaus bei Strafe verboten ist.«

Mästen innerhalb der Mauern nur im Winter

Im Winter durfte also nach wie vor gemästet werden, spätestens am letzten Tag im Februar aber mußte der Vorschrift zufolge Schlachttag sein! Doch selbst manche Bäcker hielten sich nicht an das ihrem Berufszweig völlig verbotene Mästen im eigenen Haus, wie ein Leserbrief im Jahre 1857 offenbart, in dem ein Anwohner über den Gestank klagt und anfragt: »Besteht in der Bäckergasse dafür eine Ausnahmegenehmigung?« Auch anderweitig sah sich über Jahrhunderte hinweg die städtische Obrigkeit oft mit dem Thema »Schweine« konfrontiert. Ein Ratserlaß von 1750[9] zählt auf, wie viele Verordnungen ein »Hoch-Edler und Hoch-Weiser Rath« allein in bezug auf »Erkauff- und Wiederverkauffung, das Mästen und Mezgen« der Schweine seit 1609 erlassen habe. Es waren deren elf, die 1750 fast alle noch galten.

So reichlich die schriftliche Überlieferung zu den Saumärkten ist, so rar ist die bildliche. Auf dem großformatigen, um 1530 entstandenen Winterbild vom Perlachplatz aus einem Jahreszeiten-Zyklus ist auch der Schweinehandel wiedergegeben. Da prüft gerade ein Käufer durch Kneifen die Dicke der Speckschicht eines der kleinen, an Wildschweine erinnernden acht abgebildeten Borstentiere. Und auf einer aquarellierten Zeichnung aus derselben Zeit, ebenfalls mit Rathaus und Perlachturm im Hintergrund, lugen auch ein paar Schweine in unmittelbarer Nähe des Stadtturms seitlich ins Bild.

Wohin mit dem Schweinemarkt?

Schon Anfang des 19. Jahrhunderts wollte man in Augsburg das Schweinemarkt-Image loswerden. Schließlich verursachte der wöchentliche Markttag mit durchschnittlich 80 in die Jakobervorstadt gefahrenen oder getriebenen und von dort zu den Metzgern gebrachten Schlachtschweinen und einer Vielzahl von Zuchtferkeln einen Fuhrwerksstau sowie eine sehr ländliche Atmosphäre zwischen Kappeneck, Fuggerei und Jakobskirche. Nur – man wußte lange nicht, wohin mit dem Schweinemarkt und den anderen Viehmärkten! Es bot sich offenbar kein geeigneter Platz in unmittelbarer Nähe der Stadt an, und innerhalb des bis zum Abbruch des Gögginger Tores und eines kurzen Abschnitts der Befestigung 1860/62 völlig geschlossenen Mauerrings wollte man keine Verlegung mehr. Diese Überlegungen scheinen des öfteren in Marktplatzanweisungen wie zum Beispiel 1816 auf.

Für Schweine, so bestimmte die Marktordnung von 1816, stünde »zu Kauf und Verkauf der sogenannte Saumarkt in der Jakobervorstadt« zur Verfügung, »bis die Haltung dieses Marktes an einem bereits in Vorschlag gebrachten Platze außerhalb der Stadt möglich wird«. Es sollte sehr lange dauern, bis diese geplante Verlegung in die Tat umgesetzt werden konnte: 1855 wird wieder von baldiger Verlegung geschrieben – und der Schweinemarkt fand immer noch bei der Fuggerei statt! Die Jahres-Marktstatistik von 1856 listet unter der »Zahl des auf die Wochenmärkte gebrachten Viehs« 4140 Schlachtschweine auf. Insgesamt kamen jedoch 8863 Borstentiere für die zu diesem Zeitpunkt etwa 36 000 Bewohner Augsburgs unters Messer, da die Metzger ja auch im Umland einkauften.[10]

Aus dem »Saumarkt« wurde der Jakobsplatz

Erst mit der Zusammenfassung aller Viehmärkte im Jahre 1864 beim Bahnhof wurde der wenige Jahre später von »Saumarkt« auf Jakobsplatz umgetaufte Bereich schweinefrei. Nur die Saugasse in der angrenzenden Fuggerei erinnert heute noch an den rund 400 Jahre lang unmittelbar vor den Toren dieser Armen- bzw. Altensiedlung plazierten Markt – so wie übrigens die Ochsengasse an den ebenfalls in der Nähe auf der Jakoberstraße abgehaltenen Großviehmarkt.

Bevor am Bahnhof 1872 die Bebauung an der Südseite der Halderstraße mit der Schranne und 1875 mit der Zentralturnhalle (jetzt Stadtsparkassen-Hauptstelle) begann, mußte der Viehmarkt stadtauswärts wandern. Er fand ab etwa 1870 auf der Bleich vor dem Jakobertor und ab Januar 1878 beim Klauckeviertel[11] statt.

Alle Viehmärkte ab 1900 beim Schlachthof

Seit Oktober 1900 ist der Schlacht- und Viehhof an der Berliner Allee in Betrieb, und seit dieser Zeit finden sämtliche Viehmärkte dort statt. Auf dem als »Provisorische Viehmarktanlage« östlich des Klauckeviertels in den Stadtplänen zwischen 1880 und 1900 eingezeichneten Gelände wurden beispielsweise in einer Woche (6. bis 12. April 1883) 294 Mastschweine, 35 Läuferschweine und 364 Ferkel angeliefert und wohl auch verkauft.[12]

Gewaltig stiegen die Zahlen der auf den Markt gebrachten Schweine seit Inbetriebnahme des neuen, in den Schlacht- und Viehhof integrierten Marktgeländes mit Hallen und Localbahn-Anschluß. Für die Zufuhr ist der Viehhof im Jahre 1906 noch Tag und Nacht geöffnet. Jeden Dienstag und Donnerstag findet zu dieser Zeit dort zwischen 10 und 12 Uhr der Schweinemarkt statt. 1904 werden 42 962 Schweine umgesetzt, 1905 sind es 35 864 (die Einwohnerzahl dieses Jahres: 94 923)![13] Die Schlacht- und Viehhof-Statistik für das Jahr 1914[14] vermerkt: »Die Zahl von 60 597 Schweineschlachtungen ist die höchste bisher in Augsburg erreichte.« Die Einwohnerzahlen wuchsen damals sprunghaft (1910: 102 487, 1925: 165 522), und damit der Fleischbedarf.

Seit 1993 ist Augsburg ohne Schweinemarkt

Ein Zeitsprung ans Ende des 20. Jahrhunderts: Jeweils rund 200 000 Schweine wurden 1993 und 1994 in Augsburg geschlachtet[15] – ein Schweinemarkt jedoch findet nicht mehr statt. Er schlief nach 1992 (Gesamt-Marktauftrieb in diesem Jahr: 693 Stück) ein. Die Tiere landen inzwischen per Direktzufuhr in den Hallen an der Provinostraße, angeliefert von Agenturen. Diese kaufen die Schlachttiere bei den »Erzeugern« auf dem Land ein und organisieren den Transport.

Das Feilschen um den Preis des Schweins zwischen Händler oder Metzger und dem Bauern mit abschließendem Handschlag auf Marktplätzen und selbst in der großen Markthalle des Schlacht- und Viehhofes hat gänzlich aufgehört. Augsburg ist »saumarktfrei«!

SCHWEINEMARKT

Oben: Auf dem Jakobsplatz bei der Fuggerei fand zwischen 1448 und 1864 der Saumarkt statt – und der Platz hieß auch so. Erst nach Verlegung aller Viehmärkte an den Bahnhof, dann vors Jakobertor, danach ins Klauckeviertel und schließlich im Jahre 1900 in den Schlacht- und Viehhof (unten: Entladung aus Localbahn-Waggons 1906) wurde daraus der Jakobsplatz. Neptun steht seit 1888 dort.

Der Roßmarkt

»Roßtäuschler« überwachten den Pferdehandel

»Auf dem Roßmarkt« hieß Anno 1465 in den Listen der Steuereinnehmer ein kurzes Straßenstück vom Beginn der Jakoberstraße in Richtung Vogeltor. Dieser verbreiterte Abschnitt vor dem Hotel Fischzug Petri ist inzwischen Teil des Oberen Grabens. Hier fand der Augsburger Pferdehandel statt, der Bereich war offiziell als »Roßmarkt« ausgewiesen. 1471 wurde dieses Straßenstück zur Hebung der Attraktivität gepflastert.[1] Für unverkauft gebliebene Pferde kaufte im 15. Jahrhundert die Stadt das nahegelegene Anwesen Mittlerer Lech 2 – das östliche Nachbarhaus der Kreßlesmühle – und ließ es zum Pferdestall umbauen.

1545 veranlaßte der Rat den Durchbruch der Stadtmauer am Oberen Graben, »legte über den Graben ein hölzernes Brücklein, damit man auß der Statt auff den Roßmarkt einen nähern Weg hette«, schreibt ein Chronist.[2] Damals wurde der »Neue Gang« beim Vogeltor angelegt. Trotz dieser Zugangserleichterung sei schon Anno 1552 der Roßmarkt derart rückläufig gewesen, daß der städtische Pferdestall unterhalb des Perlachberges zum »Ganthaus« (Pfandhaus) umfunktioniert wurde.

»Roßmarkt« überlebte nur auf Stadtplänen

Die topographische Bezeichnung »Roßmarckt« wird in amtlichen Dokumenten 1650 und 1715 verwendet, in einem Stadtführer von 1846 ist dieser Name noch aufgeführt und fast alle Stadtpläne bis etwa 1855 haben auf dem kurzen Straßenstück die Beschriftung »Roßmarkt« eingetragen. Dabei hatte der Pferdehandel an dieser Stelle schon 1631 – also mitten im Dreißigjährigen Krieg – aufgehört.[3] Der Markt war damals wegen zu geringen Interesses eingestellt worden.

Eine Beschreibung der Augsburger Verhältnisse und Gepflogenheiten von 1788[4] stellt fest: »Der Pferdehandel ist völlig frei« – dies besagt allerdings nur, daß der Handel nicht an einen bestimmten Marktplatz gebunden war. »Indessen sind drei Roßtäuschler oder Unterkäufler aufgestellt, welche bei jedem Kaufe die Waren untersuchen und für die vier Hauptmängel gutstehen müssen«, wird darin der nach wie vor städtischerseits geregelte Handelsablauf erläutert. Das Amt des »Roßtäuschlers« kann um diese Zeit bereits eine 500jährige Tradition nachweisen: Zwölf »Underkäuffel« (Makler) sind zur Überwachung verschiedenster Handelschaften im Stadtrecht von 1276 eingesetzt. Sechs davon sind für Wein, Honig, Salz und eben auch für Pferde zuständig.

Seit 1276: Erlasse zu Kauf, Verkauf und Tausch

Im Laufe der Jahrhunderte werden in unregelmäßigen Abständen Ratsbeschlüsse über »Kauf, Verkauf oder Vertauschung derer Pferde« gefaßt und veröffentlicht, da bei diesem Handel »Mißbräuche, heimliche Contracte, Vervorteilung und Beschädigungen« vorkämen, »wo-

Linke Seite: Die Pferdeschwemme und der steinerne Roßbub (rechts in Großaufnahme) am Zusammenfluß von Kaufbach und Wolfsbach wurden nicht von ungefähr 1913 an dieser Stelle am Beginn der Friedberger Straße plaziert. Das Foto aus dieser Zeit zeigt links die Nordostecke des nur mehr in Resten erhaltenen Schüleschen Fabrikschlosses und gegenüber den 1967 abgebrochenen alten Gasthof »Bachwirt«, der dank seiner ausgedehnten Stallungen bevorzugtes »Marktlokal« auswärtiger Pferdehändler war.

Solch ausführliche Anschläge zu »Kauf, Verkauf oder Vertauschung von Pferden« ließ der Rat der Stadt drucken, öffentlich anschlagen sowie bei Wirten aushängen. Niemand sollte sich auf Unkenntnis der augsburgischen Pferdehandelsbestimmungen hinausreden können.

durch hernachmals weitläufige Irrungen und Processe entstanden«. So erläutert das ausführlichste, oben als Faksimile wiedergegebene Dekret vom 17. Juli 1749[5] die Fürsorge der Stadt für ihre Bürger, die ihren Niederschlag in langen »Stadtgesetzen« auch in bezug auf den Pferdehandel fand. Aufgabe des unbedingt beizuziehenden »Roßtäuschlers« war einerseits die gesundheitliche Prüfung des Gauls, zugleich aber auch die Beurkundung des Kaufes oder Tausches, wofür er eine Gebühr von etwa drei Prozent des Wertes kassieren durfte.

Am 23. Dezember 1841 wurde erneut ein städtischer Beschluß »Die Aufstellung eines Pferdeunterhändlers betreffend« veröffentlicht.[6] Darin ging es nicht nur um die Bekanntgabe der Namen der beiden vereidigten, bei Kauf oder Tausch zuzuziehenden »Roßtäuschler«, sondern es wurde auch zum wiederholten Male auf die 1749, 1779 und 1791 von der vormaligen Reichsstadt ausgefertigten und noch gültigen Vorschriften zum Pferdehandel verwiesen. Hauptumschlagplätze waren einschlägig dafür bekannte Gasthöfe mit Stallungen, vor allem der »Bachwirt« – offi-

ziell »Zum goldenen Kreuz« genannt. 1846[7] heißt über diese Wirtschaft »auf dem Bach«: »Hier ist namentlich der Ablagerungsort von Fuhrleuten, auch wegen der geräumigen Stallungen der Schau- und Verkaufsplatz für die hier durchziehenden nordischen Pferdehändler«. Das Inserat vom 18. Dezember 1857[8] (oben) bestätigt dies.

Pferdeschwemme und »Roßbub« als Erinnerung

Der »Bachwirt« bildete einen Teil des sogenannten »Gläser-Dreiecks«. Der gesamte Baukomplex wurde 1967 abgebrochen. Seither rollt der Verkehr über diesen Abschnitt der Remboldstraße vielspurig über den Grund dieser traditionsreichen Wirtschaft. Wenige Meter davon entfernt, an der Ecke Caritasweg/Friedberger Straße, erinnert nur mehr die 1913 geschaffene, am Anfang des Ka-

Oben: Der Stadtplan von 1602 mit dem eingezeichneten Roßmarkt (mit Pferden) vor dem Barfüßertor. Das Foto um 1860/70 (unten) zeigt diesen Bereich am Schnittpunkt Barfüßerstraße/Jakoberstraße.

Fotos aus der Endzeit der Pferde-Ära: Links die Aufstellung zur letzten Dienstfahrt der geschmückten Augsburger pferdebespannten Postwagen am 16. April 1928. Rechts ein typisches Pferdemarktbild: Das Gebiß des Rosses liefert dem erfahrenen Händler viele Informationen.

pitels abgebildete Steinplastik des Knaben auf dem Roß, der in die dortige Pferdeschwemme im Zusammenfluß von Kaufbach und Wolfsbach reitet, an die mit dieser Örtlichkeit verbundene Pferdehandels-Geschichte. Die komfortable Pferdeschwemme mit dem »Bachwirt« im Hintergrund ist inzwischen abgebaut. Das Großfoto auf der Seite 256 überliefert ihr Aussehen.

Roßmarkt-Wiederbelebung gelang nicht

Im 19. Jahrhundert versuchte man des öfteren, in Augsburg einen Markt für Gebrauchspferde einzurichten. Das gelang nicht. Über die Viehmärkte landeten lediglich ausgemusterte Rösser bei den Pferdemetzgern, wie die Statistik von 1856/57 zeigt: 116 sind dort aufgeführt. 1904 werden 530 geschlachtet, im Jahr darauf 419. 1864, als für einige Jahre das Viehmarktgelände am Hauptbahnhof lag, heißt es: »Es dürfen auch Pferde auf den Viehmarkt gebracht werden.«

Dasselbe gilt für die am 8. Oktober 1900 in Kraft getretenen Markt-Regelungen im neuen, jetzt noch genutzten Schlacht- und Viehhof. »Zu den allmonatlichen Nutzviehmärkten können auch Pferde gebracht werden, für die halbjährlichen Pferdemärkte gelten aber besondere Bestimmungen«, ist darin zu lesen. Doch solche »Roßtage« nach nieder- und oberbayerischem Vorbild konnten sich in Augsburg nicht etablieren. Im übrigen fand Pferdehandel als Teil der allgemeinen Großviehmärkte seit 1882 auch in Lechhausen statt – allerdings meist mit mäßigem Angebot. (Näheres darüber in »Die Lechhauser Märkte«, Seite 275.)

Über die Anzahl der in Augsburg gehaltenen Pferde geben im 19. Jahrhundert die alljährlichen Musterungen auf Militärdiensttauglichkeit Auskunft: Bei jener am 14. Mai 1878 wurden in der Stadt 1159 Rösser in Privatbesitz gezählt.[9] Dazu kam die beträchtliche Anzahl der Dienstpferde des Militärs. Allein die Stallungen der Chevaulegers-Kaserne zwischen Kappelberg und Eserwallstraße waren für etwa 600 Reittiere berechnet. Die Postställe konnten 200 Pferde aufnehmen, und etliche Gasthöfe waren zur Unterbringung von bis zu 40 oder 50 Pferden eingerichtet. Die Gesamtzahl der um 1880 im Stadtbereich gehaltenen Rösser dürfte weit über 2000 gelegen haben. Ab 1881 waren zudem 99 »Tram-Gäule« als Zugtiere dieses neuen Nahverkehrsmittels unterwegs.

Die Kitzen- und die Schafmärkte

Zicklein gaben ältester Marktstraße den Namen

Die Augsburger scheinen im 12./13. Jahrhundert Gourmets gewesen zu sein, die das zarte Fleisch junger Ziegen – der Kitzlein oder Zicklein – besonders schätzten. Wie sonst ist es erklärlich, daß es einen speziellen Marktplatz dafür gab? Denn der Name »Kitzenmarkt« für eine Straße westlich von St. Ulrich ist die älteste bis heute gebräuchliche »Marktstraßen«-Bezeichnung. Sie taucht bereits in einer am 9. August 1302 ausgefertigten Urkunde[1] über einen Hausbesitzwechsel auf. 1346 und 1390 nennen die Steuerbeschreibungen diese Ortsbezeichnung. 1433[2] berichtet der Chronist Burkard Zink: »Item es ward gesetzt ein Rörkast an dem Kitzenmarkt bei der Lachen« – beim dortigen Weiher wurde ein Brunnen gesetzt.

Die auf einen Zicklein- oder Ziegenmarkt weisende topographische Bezeichnung wird also schon zu Beginn des 14. Jahrhunderts verwendet, was auf einen solchen Handelsplatz bereits vor dieser schriftlichen Erwähnung schließen läßt. Wie andere Beispiele in Augsburg belegen, waren für Platz- und Straßenbenennungen die dort stattfindenden Märkte ausschlaggebend. In Chroniken ist um diese Zeit über die Abhaltung eines Kitzenmarktes allerdings nichts zu finden. Erwähnt wird jedoch in den folgenden Jahrhunderten des öfteren der Straßenname. Nach dem Chronisten Christoph Jakob Haid[3] soll diese ursprünglich an der Stadtmauer zwischen Eserwall und Rotem Tor endende Straße von Anfang des 16. Jahrhunderts bis 1721 Verkaufsplatz für Schweine, Kälber, Schafe sowie Kitzen und Böcke gewesen sein.

Schlachthof-Statistiker zählen auch Kitzen

Da Geißen und Kitzen jahrhundertelang unter dem Oberbegriff »Kleinvieh« verschwanden, also nicht gesondert aufgelistet wurden, ist ihr Handel bis ins 19. Jahrhundert nicht verfolgbar. Erst seit die amtlichen Statistiken unter bayerischer Herrschaft ab 1806 detaillierter nach Tierarten unterscheiden, tauchen auch die Ziegen und ihre Jungtiere in amtlichen Dokumenten auf. Ebenso bei den Viehmarktordnungen: Neben Spanferkel und Lämmern seien auch »Zicklein auf den Viktualien-Märkten zugelassen«, vermerken die Anweisungen von 1864 und 1877.[4] »Span-Säue« zeigt auch ein Wochenmarktbild vom Ende des 18. Jahrhunderts, Zicklein sind jedoch nicht wiedergegeben.

Mengenangaben liefern ab 1900 die exakten Zählungen des neuen Schlacht- und Viehhofes.[5] 1904 beispielsweise werden bei den auf den Markt gebrachten Tieren unter der Rubrik »Kleinvieh« 16 Ziegen und 616 Kitzen aufgeführt, im Jahr darauf 720 Kitzen. Die Schlachtzahlen liegen weit höher: 1617 Jungziegen im Jahre 1904, im folgenden gar 2031. 1914 werden 2235 dieser possierlichen Tiere zum Verzehr freigegeben.[6]

Schafe und Hammel zu Tausenden verzehrt

Eine entschieden größere Beachtung als den offenbar stets nur in geringen Mengen auf den Markt gekommenen Kitzen kam den Schafen zu. Sie tauchen des öfteren in frühen Urkunden und Marktreglementierungen auf. Daraus kann geschlossen werden, daß der Schafhandel in Augsburg stets eine gewisse Bedeutung besaß. Als Fleischlieferanten finden Schafe bereits im Stadtrecht von 1276 Erwähnung, und zwar bei der Festsetzung des Brücken- bzw. Torzolls. Ihre Vermarktung findet in den schriftlichen Quellen allerdings nur sporadisch Erwähnung. Im 14./15. Jahrhundert ist eine Ausweitung des Einzugsgebietes für Schafe für den Augsburger Markt weit ins Schwäbische und Bayerische, ja bis in die Schwäbische Alb nachweisbar.

Verkaufs- bzw. Schlachtzahlen sind vom Ende des 18. Jahrhunderts verfügbar. Im Jahre 1789 verzeichneten beispielsweise die Statistiken der Schlachttiere 8232 Hammel und 3475 Lämmer. In den folgenden beiden Jahren gibt es große Schwankungen: 9398 Hammel und 3841 Lämmer werden in Augsburg 1790 verzehrt, 1791 nur 2397 männliche, dagegen 6632 weibliche Tiere.[7] Gesteigerte Aufmerksamkeit kommt den Schafen in Augsburg im 19. Jahrhundert zu. Während sie in der Marktordnung von 1816 noch nicht erwähnt sind, erläßt die Stadt zwanzig Jahre später eine umfangreiche Schafmarktordnung.

Ab 1837 Schafmarkt auf dem Exerzierplatz

Einhergehend mit der in Bayern von höchsten Stellen geforderten und geförderten Ausweitung und Intensivierung der Schafzucht zwecks preiswerter Wolle- und Fleischerzeugung, schließt sich Augsburg diesem Trend an: 1837 werden zwei Schafmärkte pro Jahr ins Leben gerufen. Für diesen Markt läßt sich eine Chronologie er-

Der Schafhirte aus dem Augsburger Frühdruck »Spiegel des menschlichen Lebens« um 1475/76 von Günther Zainer. Er war der erste Augsburger Drucker und verhalf mit solchen Holzschnitten dem illustrierten Buch bereits im 15. Jahrhundert zum Durchbruch.

stellen. Am 10. Mai 1837 wird die neu erlassene Schafmarktordnung publiziert. Jeweils am 24. Juli und am 17. September soll alljährlich ein eintägiger Schafmarkt auf dem Kleinen Exerzierplatz abgehalten werden. Dieser ist vor allem als Zuchtmarkt ins Auge gefaßt, wie die Ausschreibung erkennen läßt. Merinos, Landschafe, Brack- und Mastschafe sollen in getrennten Pferchen angeboten werden, ein fachkundiges Schiedsgericht zur Beurteilung zur Stelle sein. Verkäufer und Käufer haben pro Tier je einen Kreuzer Gebühr an die Stadt zu entrichten.

Zunehmende Markt-Frequentierung

Der Umsatz scheint sich 1837 und in den nächsten Jahren in Grenzen gehalten zu haben, wie aus einer Kurzmeldung von 1846 hervorgeht:[8] »Auch zwei jährlich im Juli und im September hier stattfindende Schafmärkte dürften mit der Zeit größere Frequenz erhalten.« Allgemein erwartete man durch das neue Verkehrs- und Transportmittel Eisenbahn auf vielen Gebieten Handelszuwächse.[9] Auch auf die Wochenviehmärkte werden Schafe als Schlachttiere gebracht. 1856 waren das 1398 Stück. Unter dieselbe Rubrik fallen auch die Ziegen, die in dieser Zahl enthalten sind. Die Schlachtzahlen weisen 1856 in Augsburg 3697 Schafe aus.

4. März 1883: Das »Intelligenzblatt der Königl. Bayer. Stadt Augsburg« veröffentlicht wieder eine neue Schafmarktordnung. Viermal im Jahr werden künftig Schafe in Augsburg gehandelt. Mit dem jeweils ersten Auftrieb im März ist ein Zuchtwiddermarkt verbunden. »Die hiesigen Schafmärkte werden von jetzt an nicht mehr auf dem kleinen Exerzierplatz, sondern in den Lokalitäten des hiesigen allgemeinen Viehmarktes abgehalten«, werden in derselben Ausgabe der alte und der neue Marktplatz für Schafe genannt. Letzterer befand sich seit 1878 beim Klauckeviertel.[10]

Die Situation 1893: Wie schon vor zehn Jahren, werden vier Schafmärkte in Augsburg abgehalten. Einige Zahlen aus dem Jahr 1893: Am 27. Juli wurden 4590 Tiere angeboten, aber nur 2660 gekauft – die meisten davon von Münchner Händlern. Der letzte »Hauptschafmarkt« 1893 am 5. November war aus Württemberg, Oberbayern und Schwaben mit 3179 Schafen in 57 Partien beschickt. 2582 Schafe fanden Käufer, die 14 bis 19 Mark pro Paar bezahlten.[11]

Ab 1900: Wiese beim Schlachthof für Schafe

Als im Oktober 1900 der neue Schlacht- und Viehhof seinen Betrieb aufnahm – wozu auch das gesamte Viehmarktwesen zählte –, gab es dort auch einen gesonderten Marktplatz für Schafe. Er lag außerhalb des Betriebsgeländes auf einer nahen Wiese. Fünf über das Jahr verteilte Markttage waren angesetzt, und wie die Umsatzzahlen von 1904 (Zufuhr insgesamt 7860 Stück) und 1905 (8867) beweisen, wurden große Herden vermarktet.

Einen Zuchtwiddermarkt und vier Schafmärkte zwischen Juli und Oktober führen weiterhin die amtlichen überregionalen Marktverzeichnisse auf.[12] Mitte der zwanziger Jahre werden sie jedoch eingestellt. 1933 verkündet dann das Augsburger Amtsblatt: »Die mit dem Jahre 1926 unterbliebenen Schafmärkte werden wieder gehalten: Am 25. August und am 27. Oktober 1933 auf dem Gartengrundstück des Landwirts Georg Steppich in Kriegshaber, Ramsbergstraße 19 (neben dem Großen Exerzierplatz).«[13] Die weitere Entwicklung 1935 bis 1943: Am 29. August, 11. Oktober und am 27. November 1935 finden abermals Schafmärkte in Kriegshaber statt. Bis zum November 1943 lassen sich diese Märkte in den Amtsblättern verfolgen. Diese stellten im Februar 1944 ihr Erscheinen ein, und auch die Augsburger Schafmärkte dürften in diesem Jahr kaum mehr abgehalten worden sein.

Schafhaltung wieder attraktiv gemacht

Pressemeldungen spiegeln die Entwicklung der Schafhaltung seit 1945. 1957 beleuchtet der Bericht »Schafzucht ohne Existenzgrundlage« die Sorgen der Schafhalter in Bayern, wo 1956 noch 254 000 Schafe gezählt wurden – 20 000 weniger als im Jahr zuvor. Die Wollpreise sind niedrig, »obwohl es in den letzten Jahren gelang, eine einheitliche, gute Wollqualität zu züchten«.[14] Staatliche Förderung und verbesserte Vermarktungsmöglichkeiten zeitigten nach stetigem Niedergang in den neunziger Jahren Erfolge: »In Schwaben hat die Schafhaltung in den letzten Jahren eine große Bedeutung erreicht«, ist 1996 zu erfahren.[15] Es gebe derzeit 1922 Halter mit 59 309 Schafen. Diese trügen neben ihrer Eigenschaft als Fleischlieferanten erheblich zum Erhalt der Kulturlandschaft bei, in der Brachfelder ständig zunehmen.

Schaf und Schäfer als Attraktionen

Als im August 1996 Welden im Holzwinkel sein Marktfest feierte, war die besondere Attraktion die Sonderschau »Alles vom Schaf«. Die Schafhaltung mit Pferch und Schäferwagen und die breite Palette der vom Schaf stammenden Produkte wie Fleisch, Wurst, Leder und natürlich Wolle standen im Mittelpunkt. Die »Schwäbische Wollkönigin« aus Mindelzell unterstützte die Propagierung dieses Naturprodukts, dessen Schur, Spinnen und Weben vorgeführt wurden.[16] Und 1998 fand im Stockerhof beim Hammerschmiede-Museum in Naichen (Landkreis Günzburg) die Ausstellung »Schäfer und Schafhaltung in Schwaben« statt. Auch hier wurden an vielen Beispielen der hohe Nutzen des Woll- und Fleisch-Tieres aufgezeigt sowie Historie und Gegenwart der Schäferei den Besuchern gleichermaßen anschaulich nahegebracht.

Die Schafmärkte werden 1883 vom Kleinen Exerzierplatz auf das Viehmarktgelände an der Klauckestraße verlegt. – Unten: Ein Kitzlein vervollständigt die ländliche Postkarten-Idylle (um 1900).

Der früheste Nachweis für den Wollhandel bereits im römerzeitlichen Augsburg ist das Fragment eines Händler-Grabmals aus dem 2. Jahrhundert (oberes Bild). Das Steinrelief zeigt das Verschnüren eines Woll- oder Textilballens. An den Wollmarkt der Neuzeit erinnert das Foto von 1911. Er fand von 1855 bis 1914 im Prioratshaus und im Hof des ehemaligen Dominikanerinnenklosters zu St. Margareth statt.

Der Wollmarkt

Wollbörse sollte ab 1835 die Schafzucht fördern

Drei Inschriften belegen den Textilhandel in Augsburg bereits zu römischer Zeit. Der anschaulichste und bekannteste Nachweis dafür ist das im Römischen Museum gezeigte Relief, das vier Männer beim Verschnüren eines Woll- oder Stoffballens zeigt. Den Beinamen »Textilstadt« erwarb sich Augsburg im ausgehenden Mittelalter. Den Rohstoff bezogen damals die Weber zunächst aus dem Umland – Schafwolle und Flachs. Mit Flachsgarn ließ sich Leinwand weben. Um das feinere Mischgewebe Barchent herstellen zu können, mußte Baumwolle aus dem Mittelmeerraum importiert werden. Ab etwa 1370 hatte sich das gewinnträchtige Exportgut Barchent durchgesetzt. Auf den Messen in Frankfurt sind Augsburger Barchent-Händler Anno 1395 nachweisbar, bald danach in Köln, Prag, Breslau und Wien[1].

Garnmärkte gab's in der »Weberstadt« Augsburg an mehreren Wochentagen, teils auch am Sonntag. Doch hier konnte der hohe Bedarf bei weitem nicht gedeckt werden – die Weberzunft zählte Anno 1536 immerhin 1451 Mitglieder, 1612 war die Zahl der Meister auf 3024 angestiegen. So war die Beschaffung auf auswärtigen Märkten und durch Händler wichtiger als der heimische Markt. Oft griffen die Zünfte, der Rat, bayerische Behörden und der Schwäbische Kreis ein. Ähnlich war es bei Schafwolle. Dieses Woll- und Garnhandels bis Ende des 18. Jahrhunderts nehmen sich umfangreiche Forschungsarbeiten zur Weber- und Textilgeschichte an. Seine Schilderung in dem in diesem Buch üblichen Rahmen würde der sehr speziellen Thematik nicht gerecht. Dieser Abschnitt widmet sich daher lediglich der Wollmarkt-Wiederbelebung im 19. Jahrhundert.

Einstige Wollkunden: Lodweber und Hutmacher

Schafwolle benötigten einst vor allem die Lodweber (1536: 62 Zunftmitglieder) und die Hutmacher. Sie kauften die Wolle auf dem Augsburger Markt, bei heimischen Metzgern sowie auf den Märkten und bei den Bauern in Bayern, Schwaben und Franken. 1622 wird auch von Wolle aus Böhmen und Thüringen berichtet. Kam ein Kaufmann mit Wolle in die Stadt, so mußten einer Anordnung von 1560 zufolge alle schafwollverarbeitenden Meister zusammengerufen werden, damit keiner einen Vorteil aus dem alleinigen Wissen um diese Lieferung ziehen sollte. Diese Handwerke kamen mit der industriellen Entwicklung großteils zum Erliegen (im Jahre 1818 nur noch elf Lodweber- und sieben Hutmacherbetriebe)[2], und so hatte man bei der »Wiedererweckung« von Wollmärkten im 19. Jahrhundert vor allem Großabnehmer wie die 1825 gegründete erste mechanische Schafwollspinnerei von J. A. Vanoni im Auge.

Handelsplatz für Bayerisch-Schwaben

Mit regionalen Absatzmärkten für Schafwolle versprach man sich im jungen Königreich Bayern eine Wirtschaftsbelebung und die Förderung der Schäferei. In Württemberg und vor allem in Preußen hatten Schafzucht und Wollvermarktung bis 1820 eine weit größere Bedeutung erlangt als in Bayern. Daran orientierten sich die bayerischen Wirtschafts- und Landwirtschaftsexperten und schlugen Würzburg und München für neu einzurichtende Wollmärkte vor. Das würde im Königreich einen Nachahmungseffekt in kleineren Städten auslösen. So prognostizierte man Anno 1820.[3] Zum bedeutendsten bayerischen Wollumschlagplatz entwickelte sich jedoch Nürnberg und diente Augsburg als Vorbild. Die Stadt am Lech sollte ein solcher Handelsplatz für ein großes schwäbisch-bayerisches Einzugsgebiet werden.

Jesuitenkirche St. Salvator wurde zur Markthalle

1835 wird schließlich der Augsburger Schafwollmarkt von der Stadt ins Leben gerufen. Eine detaillierte Wollmarktordnung folgt diesem ersten Versuch. Sie wird am 6. April 1836 von Bürgermeister Dr. Carron du Val unterzeichnet. Darin lädt das Stadtoberhaupt zum Markt am 13. Juni ein, auf dem ausschließlich Schafwolle umgesetzt werden soll. Um einen besonderen Anreiz zu bieten, genießen In- und Ausländer (aus Württemberg und anderen deutschen Kleinstaaten) gleiche Rechte. Alle Marktbeschicker und Käufer sind von Lagergebühren befreit und dürfen die städtischen Straßen ohne die übliche Entrichtung von Pflasterzoll befahren. »Der Wollmarkt wird in der ehemaligen St. Salvator-Kirche in der Jesuitengasse gehalten«, bestimmt § 4 der Marktordnung, in der alle Modalitäten festgelegt sind. Ab dem zweiten Juni-Montag jeden Jahres soll künftig ein viertägiger Schafwollmarkt in Augsburg stattfinden.[4]

Die 1807 säkularisierte Jesuitenkirche St. Salvator (links) diente von 1835 bis 1854 als »Wollmarkt-Lokal«. Der Kupferstich entstand kurz nach dem Bau des Kolleg-Theaters gegenüber (1741). Die Kirche wurde 1872 abgebrochen, der Theaterbau 1944 durch Bomben zerstört.

Die Geschichte der Schafwollbörse ist eng mit zwei Gebäuden verbunden: der 1871/72 abgebrochenen Jesuitenkirche St. Salvator an der Jesuitengasse und dem Prioratsbau des einstigen Dominikanerinnenklosters bei St. Margareth. Letztere Klosterrelikte und der zugehörige Hof führen heute den inoffiziellen Namen »Wollmarkt«. Das erste »Wollmarkt-Lokal« – wie ab 1835 geschrieben wurde – stand infolge der Säkularisation zur Verfügung: 1807 wurde die Jesuitenkirche St. Salvator in der Jesuitengasse profaniert. Der letzte Gottesdienst fand darin am 8. Oktober 1807 statt. 1808 übernahm das Militär die ehemaligen Kolleggebäude, benutzte den dazugehörigen »Comoediensaal« (1944 zerstört) als Reithalle und den »Jesuitengarten« als Kasernenhof und Exerzierplatz. Im Jahre 1832 kaufte die Stadt vom bayerischen Staat die Jesuitenkirche für 2500 Gulden. Drei Jahre später wurde sie Umschlagplatz für Schafwolle.

1838 beschäftigt sich die Lokalpresse ausführlich mit dem Wollmarkt. Er fand vom 12. bis 16. Juni statt, 1284 Zentner (bis zur Einführung der Dezimalgewichte ab 1. Januar 1872: ein bayer. Zentner = 56 kg) wurden angeboten. Man unterschied vier Qualitäten: Neben »grober deutscher Wolle« (250 Zentner) wurden »mittelfeine Merinos« (892 Ztr.), »hochfeine Wolle« (125 Ztr.) und 17 Zentner »Gerber-Wolle« angeboten. Bis auf einen Überstand von 89 Zentnern konnte der Markt geräumt werden. Es herrschte allgemeine Zufriedenheit über Umsätze und Abwicklung, und man versprach sich eine künftige Ausweitung vor allem aufgrund der bereits im Bau befindlichen Eisenbahn Augsburg–München.[5]

1846 berichtet ein Stadtführer über den seit zehn Jahren bestehenden Markt: »... ist noch der jedesmal im Monat Juni abgehaltene Schafwollmarkt von Bedeutung, und verspricht solches von Jahr zu Jahr noch mehr zu werden, indem der hiesige Platz sowohl Verkäufern als Käufern Vortheile namentlich in Geldangelegenheiten darbietet, welche auf andern Märkten in dieser Weise vergeblich gesucht werden.« Es wird auch eine mechanische Brückenwaage in der »zweckmäßig dazu hergerichteten ehemaligen Jesuitenkirche nächst dem Frauenthor« als besondere technische Ausstattung erwähnt.[6] Der Bericht vom »XVIII. Wollmarkt zu Augsburg«[7] (Juni 1852) vermerkt eine Umsatzsteigerung auf »2201 bayer. Zentner oder 2465 Zollzentner« (= Dezimalgewicht), für die 195371 Gulden bezahlt wurden.

Verarbeitet wurde Schafwolle um 1850 in Augsburg nicht nur in der Mechanischen Schafwollspinnerei J. A. Vanoni mit 600 Spindeln, die 40 Personen beschäftigte und pro Woche 12 Zentner verarbeitete. Es gab um diese Zeit eine Reihe weiterer Wollspinnereien. Hand- und Maschinenwebereien benötigten teils Schafwolle, teils Baumwolle.[8]

Ab 1855 Wollmarkt bei St. Margareth

Im April 1855 erfahren die Leser eines Lokalblattes[9]: »Mit dem Herrichten der neuen Halle für den Wollmarkt bei St. Margaretha ist begonnen worden. Die dazu bestimmten Räumlichkeiten bieten hinlänglich Platz für den in erfreulicher Weise rasch gehobenen und vermehrten Verkehr.« Aus dieser kurzen Zeitungsnotiz geht hervor, daß der Wollmarkt in das einstige Klostergebäude unterhalb des Milchbergs verlegt wird, das noch heute diese Bezeichnung trägt. Die Umsätze sind auch jetzt noch exakt belegbar. Aus den »Wollmarktakten« geht beispielsweise hervor, daß 1860 über 2000 Zentner Schafwolle den Besitzer wechselten. Die jährliche, jeweils viertägige Wollbörse findet weiterhin bei St. Margareth statt – doch die »Wollmarkthalle am Roten Tor« bekommt einen Zusatz: Die Gebäude der Spital-Stiftung werden in den Adreßbüchern als »Hopfen- und Wollmarkthalle« geführt. Der Hopfenmarkt ist 1855 ebenfalls aus der Jesuitenkirche hierher umgesiedelt.[10]

Juni 1914: Letztmals freier Schafwollhandel

Eine am 28. Mai 1877 signierte neue Wollmarkt-Ordnung samt Gebührensatzung regelt die künftigen Märkte. Und auch fortan lädt die Stadt alljährlich in der Presse zum viertägigen, im beginnenden 20. Jahrhundert nur mehr dreitägigen Wollmarkt jeweils im Juni ein. In allen überregionalen Marktverzeichnissen ist er angekündigt. So auch im Jahre 1914: »Der diesjährige Wollmarkt beginnt am Montag, 8. Juni, und endet am Mittwoch, 10. Juni.«[11] Dies sollte die letztmalige Nutzung der »Wollmarktlokalitäten« zum Wollhandel sein.

Wenige Wochen nach Ende des 1914er Schafwollmarktes bricht der Erste Weltkrieg aus, und damit beginnt die »Bewirtschaftung aller Rohstoffe« durch den Staat. 1915 ist zwar Schafwolle des öfteren Inhalt von amtlichen Verlautbarungen, deren erste jedoch lautet: Lagernde Wolle, »ob bei Schafhaltern oder ob sie sich noch auf den Schafen befindet«, wird beschlagnahmt![12] Weitere Verfügungen des Kriegsministeriums in Berlin betreffen Bestandserhebungen, Verarbeitungsverbote und Ablieferungsanordnungen. »Der Verkauf von Wolle der deutschen Schafschur 1914/15 auf Märkten oder öffentlichen Versteigerungen ist verboten«, lautet eine der vielen amtlichen Veröffentlichungen im April 1915.[13] Der freie Wollmarkt endet bei Kriegsbeginn.

»Wollmarktsaal« als beziehungsreiche Erinnerung

In der einstigen Klosterküche, die an den als Wollbörse benutzten Saal anschließt, wird 1919 oder 1920 die »Kupfersammlung« eingerichtet. In diesem Museum werden bis zum Beginn des Zweiten Weltkriegs eine Vielzahl von alten, teils wertvollen Haushaltsgegenständen von kompletten Serien kunstvoller Waaggewichte über Pfannen, Siebe und Tiegel bis zu wappengeschmückten Humpen gezeigt, die aus Metallsammlungen ab 1915 von einem Augsburger an verantwortlicher Stelle »abgezweigt« und vor dem Einschmelzen bewahrt worden waren.

Schäferin mit Schaf und Schere samt Schafewaschen in einem Fluß auf dem Monatsbild Juni von Wolfgang Kilian (1581 bis 1662).

Aus der einstigen Wollmarkthalle ist in unserer Zeit der »Wollmarktsaal« geworden – ein dreischiffiger Veranstaltungsraum mit kleinem Podium, in dem vielerlei Gruppen wie Lebensabend-Bewegung, Behinderte, Senioren usw. eine stilvolle Räumlichkeit geboten wird.

Die Spinnräder schnurrten trotzdem weiter...

Das Thema Schafwolle blieb auch nach Einstellung des Augsburger Wollmarktes aktueller denn je. Während des Ersten Weltkrieges und etliche Jahre danach gehörte das Spinnen und Stricken zu den selbstverständlichen Tätigkeiten vieler Kinder und Frauen – und das nicht nur auf dem Land. Selbstgefertigtes aus Schafwolle half über die von Versorgungsengpässen jeglicher Art und Arbeitslosigkeit bestimmten Zeiten hinweg. Dies wiederholte sich während des Zweiten Weltkriegs und in der Nachkriegszeit. Da wurde in vielen Haushalten wieder gesponnen, gestrickt und gewebt. Schafwolle war hoch begehrt. Schlagartig ließ das Interesse an Schafwolle nach, als wieder »feinere« Wollen, Garne, Stoffe und Gewirke zu bekommen waren, denen nicht mehr der Ruch von Armut, Mangel oder Holzfäller-Grobschlächtigkeit anhaftete. Rund 40 Jahre später ist das Naturprodukt Schafwolle wieder ins Blickfeld gerückt – als hochwertiger ökologischer Dämmstoff und für selbstgefertigte Strickwaren. Selbstgestricktes aus Schafwolle hat wieder ein hohes Image erreicht.

Nach dem Ersten Weltkrieg befand sich im früheren Wollmarktsaal das »Kupfermuseum« mit metallenen Haushaltsgegenständen.

Eine Waage hängt noch im Vorraum des um 1521 erbauten »Wollmarktsaales«, der diesen Namen auch nach der Umgestaltung in einen stilvollen Veranstaltungsraum beibehielt – als Erinnerung an rund 60 Jahre Schafwollhandel unter diesen massiven alten Gewölben.

Der Hopfenmarkt

Verkaufslokale: Jesuitenkirche und bei St. Margareth

Der 1914 eingestellte Wollmarkt ist durch den weiterhin verwendeten Namen für das letzte Marktlokal nahe dem Roten Tor in Erinnerung geblieben. Daß in denselben Räumlichkeiten auch der keineswegs unbedeutende Hopfenhandel für den Großraum Augsburg abgewickelt wurde, geriet in Vergessenheit.

»Hopfen und Malz – Gott erhalt's!« – »Malz und Hopfen gibt gute Tropfen!« Diese Sprüche sind Biertrinkern geläufig, besteht doch bekanntlich aus den genannten Grundstoffen und reinem Wasser der nach dem bayerischen Reinheitsgebot von 1516 gebraute Gerstensaft. Das war nicht immer so! In der frühen Geschichte des Bieres sind Gebräue aus Hafer, Weizen, Gerste, Dinkel und Hirse überliefert, denen zwecks Haltbarmachung und Geschmacksabrundung allerlei Kräuter und Gewürze zugesetzt wurden. Römische Geschichtsschreiber bezeichneten derartiges Bier als Getränk der Germanen, das für die weingewohnten Eroberer aus dem Süden absolut ungenießbar sei.

Hopfenanbau Anno 736 erstmals beurkundet

Hopfenanbau in Deutschland[1] taucht erstmals Anno 736 in einer Urkunde auf: Es ist darin die Rede von Hopfengärten bei Geisenfeld in der Hallertau. Im Jahre 768 siegelt Frankenkönig Pippin der Jüngere ein Pergament über eine Schenkung von »Humlonaria« (Hopfengärten) in der Freisinger Gegend. Hundert Jahre später, Mitte des 9. Jahrhunderts, werden in Beurkundungen des Klosters Freising wiederum Hopfenkulturen genannt, ohne daß der Verwendungszweck der Hopfendolden erwähnt würde. Doch wird den Klöstern um diese Zeit die Weiterentwicklung der Bierbraukunst zugeschrieben. Die in der Heil- und Lebensmittelkunde bewanderten Mönche dürften als erste erkannt haben, daß die Bitterstoffe im Hopfen (Lupolon und Humulon) das Bier lagerfähig machten, ohne seine Bekömmlichkeit zu beeinträchtigen. Zudem sorgen sie für eine ansprechende Schaumkrone! Erst Anno 1079 führt eine Urkunde den Hopfen ausdrücklich als Bierbestandteil auf.

In Augsburg sind das Bierbrauen, die Überwachung der Bierqualität sowie des Ausschanks bereits in dem von Kaiser Friedrich I. 1156 bestätigten Stadtrecht geordnet. Als ältester Biernachweis in Augsburg wird jedoch das aus dem Jahre 1104 stammende Rechtsbuch angesehen, das jenem von 1156 zugrunde lag und worin auch das Braurecht erwähnt ist.[2] Darin heißt es, es liege in den Händen der »Tabernarii qui cerevisiam faciunt«, also der Wirte, welche Bier machen.

»Birbriwen« (Bierbrauer) im Stadtrecht von 1276

Bier besitzt im süddeutschen Raum bis zum ausgehenden Mittelalter nur beschränkte Popularität – Wein ist das vornehmliche Genußgetränk. Dies ist unter anderem an den ausführlichen Handels- und Ausschankbestimmungen für Wein im Stadtrecht von 1276 ablesbar, wo die Bierbrauer (in damaligem Augsburgisch: »birbriwen«) nur kurz erwähnt werden. Diese Niederschrift führt auch Zölle für importiertes Bier auf, was darauf hinweist, daß bereits um diese Zeit in Augsburg nicht nur Augsburger Bier getrunken wurde. Die Herstellung ist Anno 1276 noch nicht schriftlich festgelegt. Es sind also keine Rückschlüsse über die Bierbeschaffenheit und den Geschmack unserer Vorfahren möglich.

Daß Wein ein paar hundert Jahre lang in Augsburg den Vorrang vor Bier hatte, belegen die entsprechenden Steuereinnahmen, aber auch eine Urkunde, die den Weingenuß als selbstverständlich ausweist: Anno 1283 wird eine Stiftung errichtet, nach der in der Siechenstube des Heilig-Geist-Spitals »Brot und Wein« ausgeteilt werden sollten.[3] Wein bleibt danach in Augsburg fast zwei Jahrhunderte lang das Getränk Nr. 1.

Anno 1445: »ain seydlins biers« für Pfründner

Erst im 15. Jahrhundert wandelten sich die Trinkgewohnheiten endgültig zugunsten des Biers. Selbst den Bewohnern der St.-Antons-Pfründe steht nach der 1445 festgelegten Speiseordnung zu den Mahlzeiten »ain seydlins biers« zu.[4] Auch in der gestiegenen Zahl der Mitglieder der Brauerzunft drückt sich die gewachsene Beliebtheit des Biers aus. 1539 werden 68 siedende Angehörige der seit 1368 bestehenden, ursprünglich nur wenige Genossen zählenden Zunft genannt.

Ein aufgrund von Getreidemangel ergangener Ratsbeschluß von 1433 soll nicht unerwähnt bleiben: Gerste und Weizen dürfen nicht mehr zur Bierherstellung verwendet werden! Statt dessen sei das Bier ausschließlich

Eine Hopfenranke dient als Schmuck dieser Lithographie (um 1890) von der Brauerei Lorenz Stötter am Lauterlech in der Jakobervorstadt. Sie zählte bis zu ihrem Verkauf im Jahre 1920 zu den Hopfen-Großverbrauchern.

aus Hafer zu brauen. Ab dem 15. Jahrhundert reglementiert die Zunft, wie und von wem Bier gebraut wird. »Sauerbier-Geschauer« wachen nun darüber, daß es bekömmlich ist. Eine ausführliche Bierbrauer-Ordnung wird im Jahre 1442 niedergeschrieben. Auf deren Grundlage erfolgen viele Male Erweiterungen und Neufassungen. In allen diesen Regelungen spielt der Hopfen eine wichtige Rolle. 1442 griff der Rat der Reichsstadt wohl nicht ohne Grund in die Bierherstellung ein und gab die Anweisung: Nur das beste Augsburger Wasser aus frischen Brunnen, aus der Wertach oder »by der wolffmül uss dem Lech und sonsz nindert« dürfe zum Bierbrauen verwendet werden. In dieser Zeit begann der Bierkonsum jenen von Wein offenbar zu überflügeln. Auch auswärts gebrautes Bier schien den Augsburgern zu schmecken – es war zudem preiswerter. Allzu hohem Importbier-Verbrauch jedoch beugte die Stadtregierung 1511 mit einem Erlaß vor: Nur am Donnerstag und Freitag dürfe »fremdes Bier« auf dem Perlachplatz verkauft werden. Das Hausieren damit aber sei gänzlich verboten.[5]

XIV. Augsburger Hopfenmarkt vom 15. bis 21. Januar 1864.

Inländisches Gut.	Voriger Rest.	Neue Zufuhr.	Gesammt-Betrag.	Heutiger Verkauf.	Im Rest geblieben.	Höchster Durchschn.-Preis für 100 Pfund.	
	Pfd.	Pfd.	Pfd.	Pfd.	Pfd.	fl.	kr.
Alten Hopfen verschiedenen Ursprunges	77	248	325	248	77	—	
Landhopfen	—	—	—	—	—	—	
Wolnzacher Au und Umgebung	—	—	—	—	—	—	
Spalter Stadt-Gut	—	—	—	—	—	—	
Spalter Umgebung	2260	795	3055	1566	1489	125	—
Mittelfränkisches Gewächs	6239	137	6376	3255	3121	101	—
Hollebauer	393	—	393	—	393	—	
Saazer Stadt- } Böhmisches Gut							
Saazer Kreis- }	2238	—	2238	150	2088	—	
Ohne Blei u. Ausweis	—	325	325	325	—	—	
Auscha	609	191	800	412	388	125	—
Summa aller Hopfen	11816	1696	13512	5956	7556		

Detaillierte Tabellen unterrichteten allwöchentlich in den Zeitungen über Angebot, Umsätze und Preise am Augsburger Hopfenmarkt.

Anfang des 16. Jahrhunderts ergeht ein oft zitiertes Bier-»Gesetz«: Am 23. April 1516 verkünden Herzog Wilhelm IV. und sein Bruder Ludwig X. das sogenannte Bayerische Reinheitsgebot für Bier. In der Urkunde heißt es, daß zu dessen Herstellung »allain Gersten, Hopffen und Wasser genomen und geprauche sölle werden«

Reinheitsgebot von 1516 galt nicht für Augsburg

Für Augsburg besitzt diese Anordnung keine Gültigkeit, da die kaiserliche Reichsstadt nicht im Hoheitsgebiet der Wittelsbacher liegt – dies ist erst ab 1806 der Fall. Erst seit 1819 gilt offiziell auch in der Lechstadt dieses vielzitierte frühe bayerische »Lebensmittelrecht«, das jeglichen Chemiezusatz im Bier verbietet.

Aufgrund des ständigen Bedarfs entwickelte sich der Augsburger Hopfenmarkt, der wie alle Märkte einer obrigkeitlichen Regelung bedurfte: Der gemeinsame Hopfeneinkauf ohne Bevorteilung oder Benachteiligung eines einzelnen Brauers bzw. Wirtes ist am 12. August 1543 festgelegt[6]. Dieses Datum trägt die Bestimmung der »Ehrbaren Zunft der Brauer«, den Hopfenkauf und den Beginn des Siedens »miteinander anzugehen«. Der Braubeginn wird also durch Zunftbeschluß bestimmt.

Keine schädlichen Kräuter und Wurzeln ins Bier!

Ein paar Jahre später, am 26. März 1549, wird »Des hanndtwercks des Bierpreuen Ordnung« neu gefaßt. Sie enthält vermehrt Qualitätsvorschriften wie »Es soll auch kein Bierpreir schedliche Kreuter oder Wurzeln in das bier thon…« Dies deutet darauf hin, daß mancher Wirt ein Getränk herstellte, das die Bezeichnung »Bier« kaum verdiente und wohl auch gesundheitsschädlich sein konnte. Auch beim Hopfeneinkauf scheint mancher Brauer aus dem Zunft-Reglement ausgeschert zu sein, denn ein Ratserlaß vom 13. Mai 1604 erinnert nochmals daran, daß der Hopfen von den Zunftgenossen gemeinsam gekauft und jedem Brauer ein vorliegendes Angebot mitgeteilt werden muß, wie das vordem schon der Fall gewesen sei.

Auch die »Erneuerte und revidierte Bierpreuen-Ordnung« von 1659 legt in Artikel 41 »Vom Hopffen-Kauff« in aller Ausführlichkeit fest: »Wann hinfüro Hopfen in die Stadt gebracht würdet, solle keiner dern von Bierschenckhen sollichen für sich selbsten kauffen, sondern es dem Handwerckhs Diener, dieser aber denen Vorgehern anmelden, wellliche alßdann im Nahmen des gantzen Handtwerckhs den Kauf tractieren und schlüssen, volgendes denselben umbsagen und jeden, so thail daran haben will, mit anligen lassen…« Außerdem solle jeder Brauer, der innerhalb von vier Meilen (rund 30 km) um die Stadt Hopfen kaufe, den von ihm nicht benötigten

Hopfenbau. Anbinden der jungen Triebe.

Der Hopfenbau wurde im 19. Jahrhundert in Bayern stark propagiert. Zeitschriften informierten ihre Leser mit solchen Bildserien über die Arbeitsabläufe beim Anbau dieses Bierbestandteils.

Hopfenbau. Abnehmen des Hopfens von den Stangen.

Rest zum Einkaufspreis per Rundsagen seinen Kollegen anbieten und verkaufen. Die Einkaufsanweisung für Hopfen ist in dieser Ordnung von 1659 am deutlichsten geschildert. Daran änderte sich im Laufe der folgenden eineinhalb Jahrhunderte nur wenig.

Anno 1819 ist Augsburg bereits seit 13 Jahren bayerische Provinzstadt, doch erst jetzt erlangt auch hier das bayerische Reinheitsgebot für Bier aus dem Jahre 1516 Gültigkeit: In den »Neuen Artikeln« für die Bierbrauer wird festgelegt, daß Bier nur aus Hopfen und Malz zubereitet werden darf. Die Beimischung anderer Ingredienzien wird strengstens verboten.

Augsburger Braunbier: ein wahrer »Labetrank«

»Weißes und braunes Bier brauen die hiesigen 98 Bierbräuer, welche sich rühmen, ihr Gebräude sey eine königliche Erfindung…« vermerkt das »Neueste Taschenbuch von Augsburg« von 1830[7]. Das Sieden des Braunbieres könne nur im Spätherbst und Winter mit Erfolg betrieben werden, da die Witterung auf das Gelingen bedeutenden Einfluß habe. Als »flüssiges Brot« werde der mit fünf Kreuzer pro Maß sehr teure Braunbier-»Labetrank« bisweilen bezeichnet. Weißes Bier, das billiger und gesünder sei, werde immer beliebter – so der Kurzbericht von 1830 weiter.

Bis zum Erlaß der ersten bayerischen Handels- und Gewerbegesetze im 19. Jahrhundert hat die zünftische Regelung für den Hopfeneinkauf Gültigkeit. Allmählich wird nach 1825 der Hopfenbezug von Beschränkungen befreit. Kauf und Verkauf werden dem Einfluß der Zunft entzogen. Auch der Marktplatz wird nachweisbar: Es ist um 1830 der Kesselmarkt, wo der Handel unter freiem Himmel stattfindet. Komfortabler wird es 1845[8]. Mit einer fast drei Buchseiten umfassenden »Hopfenmarkts-Ordnung« vom 1. März 1845 erfolgt eine Neuordnung des Hopfenverkaufs und zugleich die Verlegung »unter Dach«. »Das Marktlokale befindet sich in der Wollmarkts-Halle, Jesuitengasse Lit. F. Nro. 411«, lautet § 2. Es ist die Anschrift der Jesuitenkirche St. Salvator.

Ab 1845 Hopfenhandel in der Jesuitenkirche

Ab »Michaelis« 1845 (29. September) bis zum 30. April – also nur während des Winterhalbjahres, in dem damals gebraut wurde – findet künftig der Hopfenmarkt in der 1808 säkularisierten Jesuitenkirche statt. Auskünfte über die umgesetzten Mengen und die Ursprungsorte des Hopfens gibt das »Intelligenzblatt«, der Vorläufer des Amtsblatts. Dort werden wöchentlich ausführliche Marktberichte veröffentlicht. Einige Umsatzzahlen aus der Herbst-/Winter-Brausaison 1846/47: am 8. Oktober 1846 werden 23 791 bayerische Pfund (à 560 Gramm) verkauft, eine Woche später 8413 und am 10. Dezember 13 618.[9] Ein Jahr danach, am 16. Dezember 1847, sind's gar 15 236 Pfund. Zu den Spitzenumsatztagen zählten immer die ersten Märkte der Brauperiode wie z. B. der zweite Markttag im Herbst 1852. 21 417 Pfund werden am 7. Oktober verkauft.[10] Die Brauereien konnten zu dieser Zeit nicht mehr auf eigene Lagerbestände zurückgreifen und versorgten sich aus der neuen Ernte.

Die amtlichen Marktberichte schlüsseln die Preise nach Herkunft auf. Wolnzach, Au, Spalt und Umgebung, »Mittelfränkisches Gewächs«, Holledau, Saaz und Auschar in Böhmen werden als Ursprungsangaben verzeichnet. Vor allem Hopfen aus Spalt und anderen fränkischen Anbaugebieten, relativ wenig aus der Holledau, aber vier Sorten aus Böhmen standen in Augsburg zum Verkauf (siehe Tabelle auf Seite 270 unten).

Nach 1855: Marktverlegung nach St. Margareth

Als 1855 der Wollmarkt in die ehemaligen Klostergebäude bei St. Margareth verlegt wird, folgt der Hopfenmarkt nach, denn die beiden Märkte kommen sich zeitlich nicht in die Quere. Während der viertägige Wollmarkt alljährlich Mitte Juni stattfindet, beginnt der Hopfenverkauf Anfang Oktober und endet mit dem 30. April. Jeweils donnerstags ist Markttag, zu- und abgefahren werden kann der Hopfen aber an allen Werktagen. Wie die Auflistung der Lagerbestände zeigt, stand stets ein mengenmäßig üppiges Angebot von etwa zehn verschiedenen Sorten der extrem leichtgewichtigen Ware zur Auswahl. Da ein Zentner Hopfen einen riesigen Sack füllte, ist anzunehmen, daß bei 100 bis 150 Zentner ständigem Lagerbestand im Winterhalbjahr auch alle Nebenräume der Hopfenmarkthalle belegt waren.

Die Bilanz für das Sudjahr 1856/57[11] berichtet von einem Hopfenmarkt-Umsatz von 170 607 Pfund (= 95,5 Tonnen) zu insgesamt 138 160 Gulden. Am meisten nahmen die Augsburger Brauereien ab, wobei der preiswerte mittelfränkische Hopfen mit rund 760 bayer. Zentner (à 56 kg) Spitzenreiter war, gefolgt vom Spalter (350 Zentner) und vom Saazer Kreisgut (Böhmen, über 280 Zentner).

Böhmischer Hopfen am teuersten

Der böhmische Hopfen galt lange Zeit als der beste und war entsprechend teuer. Solcher vom Landgut Saaz kostete beispielsweise im Dezember 1852 pro 100 Pfund 98 Gulden, während »Niederbayerisches Gewächs« (also aus der Holledau) für 37 Gulden zu haben war. Dazwischen lagen »Spalter Umgebung« (65 Gulden) und »Spalter Stadtgut« mit 82 Gulden pro bayer. Zentner.[12] Vor allem für das stärkere Braunbier war guter und relativ viel

Hopfen ausschlaggebend: Man rechnete um 1860[13] etwa acht Pfund (rund 4,5 kg) Hopfen auf ein Schäffel (222,35 Liter) Malz, das reichte für »sechs Eimer« (à 68,42 Liter = 410 Liter) Sommerbier. Beim dünnen und billigeren Weißbier dagegen ergaben zumindest auf dem Land häufig ein Schäffel Malz und lediglich zwei Pfund Hopfen bis zu 18 Eimer (= rund 1230 Liter) dieses Gebräus! Das leichte »Weiße« galt denn auch als »Ernte«- oder »Werktagsbier«, während man sich sonntags das gehaltvollere, aber teurere Braunbier leistete.

Direktbezug läßt Hopfenmarkt erlöschen

Zur Regelung des Handels in Augsburg wurde 1862 nochmals eine modifizierte Hopfenmarkt-Ordnung erlassen. Doch schon bald nach der Verkündung der bayerischen Gewerbegesetze vom 30. Januar 1868, die unter anderem die Auflösung der Augsburger Bierbrauer-Innung nach sich zogen, verlor der städtische Hopfenmarkt an Bedeutung. Großhändler beherrschten schon in den 1850er Jahren den Augsburger Hopfenmarkt. Nicht einmal vier Prozent der Menge wurden beispielsweise im Winter 1856/57 von Produzenten direkt angeliefert.

Ein 1914 aufgelegter Stadtführer erwähnt zwar noch die »Woll- und Hopfenmarkthalle« bei St. Margareth, die Augsburger Zeitungen zitieren aber bereits um die Jahrhundertwende lediglich die Preise vom größten bayerischen Hopfenmarkt in Nürnberg. Nach 1914 wird dann zu Recht die Bezeichnung »sog.« oder »ehem. Wollmarkt« verwendet. Die den Hopfenmarkt beeinflussende Entwicklung zu Großbraustätten bei gleichzeitigem Eingehen der selbst ihr Bier brauenden Wirtschaften nahm ab etwa 1830 ihren Lauf. 1818 siedeten in der Stadt noch 98 Brauereien unterschiedlichster Größe, 14 davon ausschließlich Weißbier, 72 nur Braunbier und 12 beide Biersorten. Ihre Zahl reduzierte sich bis 1847 auf 83, und 1863 zählte man noch 74.

Im Jahre 1903 gab es lediglich noch 48 und zu Beginn des Ersten Weltkriegs 33 Augsburger Bierhersteller. Und das Brauereiensterben ging vornehmlich aufgrund von Aufkäufen durch kapitalkräftige Großunternehmen weiter: Das Adreßbuch von 1933 führt noch ein Dutzend auf, nennt aber gleichzeitig 15 Bierdepots auswärtiger Braustätten. Dieser Trend setzte sich fort: 1996 ist die Anzahl der Brauhäuser in der Stadt auf fünf reduziert.

»Malz & Hopfen gibt gute Tropfen« – Steintafel an einem Haus in der Jakobervorstadt. In diesem Viertel siedeten früher viele Brauereien.

Die Lechhauser Märkte

Anno 1882 Viehmarkt und Wochenmarkt eingeführt

Lechhausens Schicksal war immer eng mit dem Augsburgs verknüpft – in Friedens- wie in Kriegszeiten. Als sich im 19. Jahrhundert das altbayerische Dorf auf der östlichen Lechseite durch den Sog der industriellen Entwicklung zum Schlafort der in Augsburg Arbeitenden entwickelte und innerhalb von 50 Jahren seine Einwohnerzahl vervierfachte (1840: 2556 Bewohner, 1890: 10 563), da versuchte sich Lechhausen auch als Marktort zu etablieren. Die Deckung des täglichen Bedarfs sollte in der Gemeinde möglich sein, aber auch die Förderung der ortsansässigen Geschäftswelt und die Auffüllung der chronisch leeren Gemeindekasse waren Gründe für diese »Emanzipation«. So trat Lechhausen 1882 mit eigenen Wochen- und Viehmärkten in Konkurrenz zur Großstadt.

Über Jahrhunderte waren die Lechhauser Bauern Lieferanten und Kunden der Augsburger Viehmärkte. Am 25. November 1880 beschloß der Lechhauser Gemeinderat die Abhaltung eines Viehmarkts. Die Genehmigung der Regierung wurde binnen Jahresfrist erteilt, und so konnte am 19. Dezember 1881 die erste Viehmarktordnung[1] veröffentlicht werden. Jeden zweiten Montag im Monat sollte fortan im Sommer ab 6 Uhr morgens, winters ab 7 Uhr die breite Friedberger Straße (seit 1913: Blücherstraße) zwischen Schlößle und Pankratiuskirche zum Viehmarktgelände werden.

Hunderte Ochsen auf der Blücherstraße

Die Aktion »Viehmarkt« klappte auf Anhieb: »Das war wie ein großes Volksfest«, schrieb ein Lechhauser Bauer über den ersten Viehmarkt in der Gemeinde am 15. Februar 1882 in sein Tagebuch. Etwa 15 Pferde, 450 Ochsen, 60 Stück Mastvieh, 20 Stiere, 100 Kühe, 80 Jungrinder und 80 Schweine wurden aufgetrieben – eine Anzahl, die offenbar nur mehr geschätzt werden konnte.[2] Waren es bei diesem ersten Markt etwa 800 Tiere, so wurden beispielsweise am 13. Februar 1893[3] insgesamt 1022 »Rindviehstücke«, darunter 566 Ochsen, angeboten. Drei Jahre danach, beim stets stark beschickten Februarmarkt, zählten die Marktinspektoren 1484 Tiere. Das bedeutete für die Gemeindekasse Einnahmen von 429 Mark.

Am 13. Januar 1896 verkündete das »Lechhauser Anzeigeblatt«: »Der heutige Viehmarkt gehört zu den größten aller hier abgehaltenen Viehmärkte.« 1350 Tiere wurden auf den Markt gebracht, darunter 848 Ochsen und 48 Stiere. Der Umsatz erbrachte die gewaltige Summe von 153 985,50 Mark. Die absolute Höchstzahl wurde am 10. Februar 1913, einen Monat nach der Eingemeindung Lechhausens nach Augsburg, mit 1976 Tieren erreicht. Der Pferdemarkt allerdings nahm nie den gewünschten Umfang an. Also startete Lechhausen Anfang des Jahres 1901 eine Werbeaktion für einen Roßmarkt. Zwar brachten Händler und Züchter am 11. März 1901 insgesamt 265 Pferde auf den Markt, doch als davon lediglich 16 verkauft werden konnten, mieden künftig die Roßhändler wieder die Lechhauser Viehmärkte.

Trotz »Stunk« keine Verlegung aus dem Zentrum

Daß Lechhausen zu Ende des 19. Jahrhunderts trotz des Zuzugs Tausender in Augsburg tätiger Fabrikarbeiter noch eindeutig ländlich geprägt und damit zu Recht ein bedeutender Viehmarktort war, zeigte die Viehzählung vom 1. Dezember 1892: 180 Pferde, 1905 Rinder, 2606 Schafe, 376 Schweine und 93 Ziegen registrierte man im damals größten Dorf Bayerns (über 11 000 Einwohner). An Viehmarkttagen ging's im Ortszentrum sehr dörflich zu, denn trotz mancher Proteste wegen des hinterlassenen Drecks und der Gerüche blieb er hier angesiedelt. Ein Lechhauser Leserbriefschreiber regte sich im Februar 1896 heftigst auf: Ausgerechnet in einem Bereich, »der von den gemeindlichen Prachtbauten wie Rathaus, Kirche und den beiden Schulhäusern umgeben ist«, auf einer Straße, die »von massenhaftem Fuhrwerks-, Militär- etc. Verkehr frequentiert« sei, schaue es wegen der Viehmärkte aus wie auf einer Düngerstätte.

Eine Auslagerung aus dem Ortszentrum kam aufgrund der Widerstände von Geschäftsleuten nicht in Frage. Markttag war ja auch Großeinkaufstag in Lechhausen. Also beschloß der Gemeinderat 1896 lediglich eine Entflechtung des Marktes. Der Ochsenmarkt blieb auf der

---

Linke Seite, oben: Zwei Marktfrauen mit ihren Transport- und Verkaufswagen auf dem Lechhauser Marktplatz vis-à-vis dem Schlößle (im Hintergrund ist die Gaststätte »Grüner Kranz« erkennbar). – Unteres Bild: Der Viehmarkt fand jahrzehntelang auf der Blücherstraße statt. An den eisernen Pfosten am Rand der Gehsteige waren in langen Reihen die Ochsen angebunden.

Blücherstraße, Kühe wurden künftig auf der oberen Widderstraße und Pferde (so wirklich einige angeboten wurden) an der Neuburger Straße vermarktet. Mit der Eingemeindung nach Augsburg am 1. Januar 1913 änderte sich bei den Lechhauser Viehmärkten vorerst wenig.

Augsburg hatte stets seinen eigenen Viehmarkt, auch Gersthofen und Donauwörth entwickelten sich zu bedeutenden Viehmarktorten. Diese Konkurrenz blieb nicht ohne Folgen: Die Lechhauser Märkte verloren allmählich an Bedeutung. Ein Beispiel: Während am 13. Oktober 1930 in Lechhausen 118 Stück Großvieh, 17 Kälber, 85 Ferkel und fünf Läufer zum Markt gebracht wurden,[4] verzeichnete tags darauf der Augsburger Schlachtviehmarkt einen Auftrieb von 1638 Tieren. Dann kam ein behördlicher Eingriff: Ab 1934 durften in Lechhausen nur mehr Nutzviehmärkte stattfinden – Metzger waren also ausgeschlossen. Im Februar 1936 wurden neben 37 Zuchtrindern noch 257 Mast- oder Zugochsen angeboten.

Am Markttag: Kuttelfleck im »Deutschen Haus«

Dann folgte die Zeit der Zwangswirtschaft. Zuchtferkel und Zugochsen als Ersatz für die militärdiensttauglichen, eingezogenen Pferde bildeten die frei verkäufliche »Marktware«. Und diese wurde spärlich: Lediglich neun Ferkel wurden am 2. Februar 1940 auf den Marktplatz gebracht, sieben davon verkauft. Wie es jedoch zuvor an lebhaften Markttagen zuging, daran konnten sich die Wirtsleute der mitten im Viehmarktgeschehen liegenden Gastwirtschaft »Deutsches Haus« an der Friesenstraße auch im Ruhestand noch sehr lebhaft erinnern.[5] Der Großvater von Georg Brecheisen (1910–1992) hatte 1876 diese Gaststätte gekauft. Der kleine Schorsch wuchs darin auf und übernahm sie später.

Der Viehmarkttag begann für die Wirtsleute sehr früh: »Um 6 Uhr morgens mußte bereits ein großer Kessel Voressen – das waren hauptsächlich Kuttelfleck – fertig sein. Da kamen die ersten Bauern mit einem Riesenhunger. Sie waren oft schon Stunden von ihrem Dorf im Bayerischen mit dem Vieh nach Lechhausen unterwegs. Gegen 10 Uhr leisteten sich viele eine Lungenwurst oder die Reicheren auch ein Stück Siedfleisch«, wußte Georg Brecheisen von guten Umsätzen zu berichten. »Und um Zwölfe kam der Großputz«, fügte seine Frau an.

1942 bis 1949: Sieben Jahre Viehmarktpause

»Viele Ochsen und kleine Ferkel« lautete die Zeitungsüberschrift anläßlich des ersten Nachkriegsviehmarktes in Lechhausen am 15. November 1949. Nach etwa siebenjähriger Pause trafen sich dabei erstmals wieder die Händler und Bauern aus den Landkreisen Augsburg,

Ferkelmarkt! Solche Szenen gehörten in Lechhausen am zweiten Montag jeden Monats bis zum Juli 1957 zum gewohnten Anblick.

Friedberg und Aichach zum Viehmarkt. Die Widderstraße war zum Marktplatz für sämtliche Vierbeiner geworden. 79 Stück Großvieh, darunter 51 Ochsen, wurden beim ersten Markt gegen die seit eineinhalb Jahren gültige D-Mark angeboten, wobei ein Ochse bis zu 1100 DM kosten konnte. Jeden zweiten Montag im Monat war wieder Viehmarkt. Monatlich wechselnd wurde einmal Großviehmarkt, das andere Mal Schweinemarkt abgehalten. Ferkel durften zu jedem Markt gebracht werden.

Diese Markt-Wiederbelebung war nur einige Jahre von Erfolg gekrönt. Schlepper lösten die bis dahin als Zugtiere benötigten Kühe, Ochsen und Pferde ab. So hieß es schon 1955/56 einige Male im Lechhauser Viehmarktbericht: Großvieh: kein Auftrieb; Ferkel: gut beschickt. 40

bis 80 Schweinchen fanden jeweils Käufer. Im Juli 1957 zog der Wirtschaftsausschuß des Stadtrates die Konsequenz: »Der früher allmonatlich abgehaltene Viehmarkt in Lechhausen entfällt künftig!«[6] Das Marktpersonal vom Veterinär bis zum Marktbeauftragten sei manchmal zahlreicher gewesen als die Anbieter. Beim allerletzten Viehmarkt war lediglich ein Rind in der Widderstraße angepflockt worden. Damit endete die 75jährige Viehmarktgeschichte Lechhausens.

Wochenmarkt: Vom Gemüse bis zum Torf

Bei der Initiierung eines Viehmarktes dachten die Lechhauser Gemeindeoberen Anfang der 1880er Jahre ebenso an das weite ländliche Einzugsgebiet wie wohl auch beim Wochenmarkt. Während jedoch die meisten gekauften Tiere wieder ins Umland zurückkehrten, nur eben in andere Ställe – wenn nicht Metzger die Aufkäufer waren –, spekulierte man beim Wochenmarkt auch auf Kunden aus der nahen Stadt. Sicher hatte man außer der Einnahme von Standgeldern die preiswerte Versorgung der Lechhauser mit sämtlichen Viktualien und auch mit Holz, Torf, Heu und Stroh im Auge. All diese Waren gab's zuvor jahrhundertelang nur auf Augsburger Märkten, wohin die Lechhauser Bauern, Gärtner, Jäger, Fischer, Köhler usw. lieferten. Nun sollten sie all das auf dem örtlichen Wochenmarkt verkaufen können.

Die Erstschrift einer Lechhauser Wochenmarkt-Ordnung stammt vom 14. November 1882.[7] Sie orientierte sich an jener von Augsburg, ebenso die Standgelder. Diese lagen in Lechhausen nur bei wenigen Waren niedriger als die erst am 1. April 1880 neu festgelegten Augsburger Marktgebühren.[8] Die langen Listen, auf denen fast jeder Wochenmarktartikel aufgeführt ist, geben einen informativen Einblick in das – zumindest erwünschte – Warenangebot. 42 Positionen mit vielen Untergruppierungen weist die Lechhauser Marktabgaben-Aufstellung von 1882 auf. Beginnend mit Butter und Schmalz, wofür die Gemeinde 2 Pfennig pro 5 kg kassierte, über alle Arten von Geflügel über Reh, Hirsch, Federwild jeglicher Art, Fische, Gemüse, Käse bis zu Brennholz und Torf reichte das Sortiment auf dem Papier.

Käufer aus Augsburg über den Lech locken...

Für den Verkauf von Haushalts-Bedarfsartikeln und Handelschaften geringen Umfangs mußte die Marktgebühr »nach Auslagenlänge« entrichtet werden. So konnte jedermann bei einem halben Meter Platzbedarf für zwei Pfennig Standgebühr Stiefelwichse, Zündhölzchen, Honig, Hopfenkeime, alle Arten von heimischen Gewürz- und Teepflanzen, Vogelfutter, Beeren, Honig, aber auch

Wochenmarkt auf der Radetzkystraße vor der »Floßlände« um 1940. Vornehmlich Grünzeug und Obst wurden hier verkauft.

Schnecken oder »ordinäre Schwämme« auf dem Wochenmarkt feilhalten. Wer dafür einen Stand von zwei Meter Breite brauchte, der hatte pro Markttag zehn Pfennig an den Gemeindekassier zu berappen.

Lechhausen wies nicht das zahlreiche kaufkräftige Publikum wie Augsburg auf. Vor allem für »Luxuswaren« wie Wild, teure Fischarten und feines Obst rechneten die örtlichen Kommunalpolitiker mit dem Auftauchen von Gastwirten, Händlern oder Hausfrauen aus Augsburg. Deshalb bestimmten die Lechhauser 1882 den Donnerstag zum Wochenmarkttag[9] – die »Lücke« zwischen den Augsburger Mittwochs- und Freitagsmärkten ausfüllend. Weiterhin solle »an allen Tagen, an welchen Monatsviehmarkt abgehalten wird«, ein Wochenmarkt stattfinden, verlautbart die erste Satzung. Man zeigte sich im Vorfeld bereits geschäftstüchtig und wollte den erwarteten Käuferzustrom an den Viehmarkttagen ausnützen.

Von 6 Uhr früh bis 1 Uhr mittags war die Wochenmarkt-Normalzeit angesetzt, »ohne daß jedoch die Marktbesuchenden an längerer Feilhaltung der nicht verkauften Vorräte gehindert werden sollen«. Marktbindung wurde eingeführt. »Jeder Kauf oder Verkauf innerhalb, vor den Häusern oder sonstigen Plätzen innerhalb des Ortsrajons außer den polizeilich bestimmten Marktplätzen ist verboten«, verkündete Paragraph 2 der Wochenmarktordnung. Das war praktisch ein Hausierverbot.

1904: Jeder Tag ist Markttag auf den Straßen

»Für die Feilhaltung der verschiedenen Arten von Viktualien mit Einschluß der grünen Ware« wurde der »Marktplatz« bestimmt, daneben sollte auf demselben Bereich der Holz- und Torfmarkt stattfinden. Der genannte Marktplatz trug bis zur Eingemeindung offiziell diesen Namen. Er umfaßte die Fläche vor dem »Grünen Kranz« und den daran anschließenden Häusern. Für den Heu- und Strohmarkt war 1882 die Sonnenstraße (seit 1913: Widderstraße) vorgesehen.

Stolz nennt sich im Mai 1900 beim Erlaß einer neuen, ausführlichen Holzmarktordnung[10] der »Magistrat der Stadt Lechhausen« als beschließende amtliche Institution – man war seit 1. Januar Stadt, wenn auch nur für 13 Jahre, bis zur Eingemeindung nach Augsburg am 1. Januar 1913! In zehn Paragraphen ist die Abwicklung des zum Wochenmarkt gehörenden Holzhandels geregelt. Wie oft die Holzmesser in Aktion treten durften – ihre Zuziehung war nicht mehr Pflicht, sondern lag im Ermessen von Verkäufer und Käufer –, ist allerdings nirgendwo vermerkt. Auf tatsächlich zustande gekommene Umsätze sind also keine Rückschlüsse möglich.

Radetzkystraße wird zum Grünzeugmarkt

In über 20 Jahren Markthaltung seit Veröffentlichung der ersten Marktordnung Anno 1882 hatte sich Grundlegendes geändert. Dem trug eine neue Wochenmarktordnung Rechnung. »Wochenmarkt findet in der Stadt Lechhausen jeden Tag statt, und zwar an Werktagen von 6 Uhr morgens bis 1 Uhr mittags und 5 Uhr nachmittags bis 8 Uhr abends vom 1. Mai bis 30. September«, verkündete die revidierte Marktordnung von 1904.[11] Im Winter endete der Markt bereits um 19 Uhr, an Sonn- und Feiertagen durfte nach dieser neuen Ordnung zwar ebenso öffentlich Markt gehalten werden, doch galten dann eingeschränkte Marktzeiten. Zu den üblichen Gottesdienstzeiten sollte kein Verkauf stattfinden.

Bei den Marktplätzen orientierte man sich völlig neu: An allen Werktagen sollten auf der »Oberen Lechdammstraße« (jetzt: Radetzkystraße) bei ihrer Einmündung in die »Augsburger Straße« (ab 1913: Neuburger Straße) auf dem westlichen Gehsteig Kartoffeln und Gemüse angeboten werden, die übrigen Viktualien auf der »Verkehrsinsel« vor der Gaststätte »Floßlände«. Das war eine größere Fläche zwischen Gasthof und ehedem schmaler Neuburger Straße. Als zweiter täglicher Marktteil wurde 1904 der Viehmarktbereich an der »Friedberger Straße« (umbenannt in Blücherstraße) bis zur Friesenstraße bestimmt. Hier durfte auch an Sonn- und Feiertagen zwischen 6 und 8 Uhr sowie von 10 bis 16 Uhr verkauft werden, an der »Floßlände« nur werktags.

1926 gab's für die Radetzkystraße, die weiterhin Wochenmarkt-Platz blieb, während der »Ableger« im Zentrum entlang der Blücherstraße eliminiert wurde, eine Neuerung: Nur zum Verkauf frischen Obstes durften dort während der Erntezeit der einzelnen Obstsorten auch an Sonn- und Feiertagen von 10 bis 15 Uhr die Stände aufgebaut oder die Obstkarren plaziert werden.[12] Auch in der Auflistung der Augsburger Märkte von 1938[13] heißt es: »Wochenmärkte einschließlich des Lechhauser Wochenmarktes finden jeden Tag statt; Hauptmarkttage sind Mittwoch, Freitag und Samstag.« Noch in den ersten Jahren des Zweiten Weltkriegs gab's dort Gärtnerware aus heimischer Erzeugung. Dann folgte eine sehr lange marktlose Zeit. Nach dem Krieg dauerte es nämlich über vier Jahrzehnte, ehe man wieder auf einem Lechhauser Wochenmarkt einkaufen konnte.

Markt-Wiederbelebung im März 1990

Die »Ökowelle« und die Devise »Vom Erzeuger direkt zum Verbraucher« bewirkten die Wiederbelebung. Die »Aktionsgemeinschaft Lechhausen e. V.« ergriff die Initiative, und am 30. März 1990 fand mit Blechmusikbegleitung der erste Markttag in der Widderstraße statt. Ein vorwiegend »grüner« Markt mit Gemüse, Obst, Kartoffeln und Blumen sollte sich da jeweils ab Freitagmittag für einige Stunden etablieren. Man bangte etwas, ob sich ein solcher Stadtteil-Wochenmarkt auf Dauer würde halten können. Doch die Bedenken zerstreuten sich rasch.[14] Die Angebotspalette wurde schnell vielfältiger, und der Zuspruch seitens des Kaufpublikums wie der Beschicker nahm zu. Von Geflügel bis Fisch, von Bioprodukten bis zu Milcherzeugnissen, von griechischen Spezialitäten bis zu Honig und natürlich grüner Ware in jahreszeitlich unterschiedlicher Vielfalt reicht inzwischen das Wochenmarktangebot jeweils freitags von 12 bis 18 Uhr auf der Widderstraße zwischen Neuburger und Bärenhorststraße.

Bildnachweis

Bodo Beier, Augsburg: 259u.

Helmut Burger, Augsburg: 35o, 42, 70, 75, 124, 130o+u, 142, 143, 196, 253l.

Central-Molkerei Augsburg: 65.

Graphische Sammlung Augsburg: 12/13 (G 12115), 19, 21, 22o (aus G 21645), 22u (aus G 8711), 23 (G 20888), 26or (aus G 21645), 30, 34, 35u (aus G 21645), 36 (G 837), 39 (aus G 8606), 43 (G 2364-55), 44 (G 9214-9220), 46 (G 20883), 47, 48, 51o (G 1808), 51u (aus G 8606), 54 (G 20885), 55 (aus G 21645), 57o, 58o (aus G 12201), 58u G 9214-9220), 59 (G 20887), 62l (aus G 8710), 62r (aus G 8606), 66o (aus G 8606), 66u (aus G 26445), 67, 69 (G 9214-9220), 74, 77 (aus G 8710), 94 (aus Inv.-Nr. 9375), 97 (aus G 12115), 98, 106, 108, 110 (Gr. 15504), 111 (aus G 8606), 112o, 112u (aus G 12115) 120 (Gr. 15504), 131 (G 3467/1960), 144o (G 835), 144u, 145 (G 20643), 159 (G 9218), 164, 198, 206, 208, 213 (aus G 8710), 216 (G 506), 218 (aus G 12115), 220l, 220r (aus G 8606), 221o+u (aus G 8710), 229 (aus G 8711), 239, 242, 246, 252l (aus G 10258), 252r, 252r (aus G 8710), 259o, 267.

Haus der Geschichte Baden-Württemberg, Stuttgart (Sammlung Metz): 16 (Bild-Nr. 28523), 105 (Bild-Nr. 41974).

Hochbauamt der Stadt Augsburg: 25, 37, 60, 78, 81, 93, 119, 232u, 248/249, 256, 257.

Kerzen Miller KG, Augsburg: 181, 184, 185.

Max Lechner, Ottmaring: 148o+u, 168.

Emil Linse, Augsburg: 162.

Karl Lischer, Augsburg († 1975): 247l+r, 260, 276.

Maximilianmuseum Augsburg: 92r+l.

St. Moritz, Pfarrarchiv: 104.

Museum der Stadt Schwabmünchen: 125.

Gudrun Nitsch, Gablingen: 122o.

Josef Oßwald, Burgau († 1978): 235.

Marc Patrick, Augsburg: 193.

Römisches Museum Augsburg: 8o+u (Computer-Rekonstruktion von Dr. D. Rothacher, Informationsdesign, Freiburg), 126, 264o.

Alfred Schmid, Augsburg: 270o.

Manfred Schmidt, Augsburg: 231 (alle).

Staats- und Stadtbibliothek Augsburg: 11u, 18 (aus 8° Cod. Aug. 101, Bl. 60v.), 28, 31, 33, 49, 50u, 63, 72, 89, 91, 99u, 101, 102 (Graph. 31/73a), 132, 133, 139, 140, 141, 160, 165, 199, 207, 219r, 227, 244, 258, 262.

Stadtarchiv Augsburg: 14, 68, 113o, 146, 182, 183, 209, 211, 214, 241o, 250.

Städt. Fotolabor, Bildarchiv: 103o+u, 163r, 223.

Zwei Mohren Antiquitäten, Augsburg: Einbandbild (inzwischen in Privatbesitz).

Sammlung des Autors: 11o, 15, 24o+u, 27o+u, 29, 38, 41, 45, 50o, 53, 57u, 64, 71l+r, 79, 80, 83 (alle), 84, 85, 86, 87, 90, 99o, 107, 109, 113u, 115, 116, 118, 121, 122u, 127, 128, 134, 135, 136, 137, 138, 148, 149, 150, 151, 153o, 154, 156, 158, 161, 163l, 166, 171, 172, 173, 174, 175, 176, 177, 178, 180, 186, 187, 189, 192, 194, 197, 200, 201, 202, 203, 204, 205, 212, 215, 219l, 224, 225, 226, 228, 230, 236, 237, 238, 241u, 243o+u, 255o+u, 260l, 263, 264, 266, 268 (alle), 271, 273, 274o+u, 277.

Zeichenerklärung:
Zahlen = Seite, o = oben, u = unten, r = rechts, l = links, aus = Ausschnitt aus dem mit G + Zahl (= Registriernummer der Graphischen Sammlung) identifizierbaren Original.

Abkürzungen · Quellen · Literatur

Fettdruck = in den Anmerkungen benutzte Abkürzungen

Amtsblatt/Intelligenzblatt = Amtsblatt der Stadt Augsburg, gegründet 1746. Enthält ab 1853 alle Verordnungen und amtlichen Erlasse der Stadt Augsburg.

StStB.A. = Staats- und Stadtbibliothek Augsburg

StA.A. = Stadtarchiv Augsburg

AZ = Augsburger Allgemeine, begründet am 30. Oktober 1945 als Schwäbische Landeszeitung, am 1. November 1959 Umbenennung in »Augsburger Allgemeine«.

Haid, Hist. Straßen 1833 = Christoph Jakob Haid, »Historische Nachweise über die ursprüngliche Benennung aller Straßen, Plätze, Thürme, Häuser, Höfe etc. in der Kreis-Hauptstadt Augsburg«, Augsburg 1833.

Marktmeister-Ordnung 1609 = »Neue Ordnung der Stättmeister und Marckt-Knecht, wie dieselb jeziger Zeit und fürs künfftig anzustellen seyn möchte.« Nach einem Ratsbeschluß vom 28. April 1609 geschriebene ausführliche »Dienstanweisung« für die Marktmeister und ihre Gehilfen. Einige der insges. fünf handschriftl. Exemplare (offenbar nie gedruckt) mit vielen Nachträgen teilweise bis 1720. – StA.A., Ordnungen und Statuten, Ordner 372, Marktordnungen Karton 9 (zitiert meist Fasz. 217).

Meyer, Stadtbuch 1276 = Dr. Christian Meyer, »Das Stadtbuch von Augsburg, insbesondere das Stadtrecht vom Jahre 1276«, Augsburg 1872.

Meyer, Urkunden I bzw. II = Christian Meyer, »Urkundenbuch der Stadt Augsburg«, Erster Band: 1104 bis 1346, Augsburg 1874 – Zweiter Band: 1347 bis 1399, Augsburg 1878.

NAZ = Neue Augsburger Zeitung

Roeck, Bäcker = Bernd Roeck, »Bäcker, Brot und Getreide in Augsburg«, 262 S., Jan Thorbecke Verlag, Sigmaringen 1987.

Stadtführer 1837 = »Augsburg wie es ist!, Beschreibung aller Merkwürdigkeiten der Stadt für Einheimische und Fremde«, 200 S., Verlag J. C. Wirth, Augsburg 1837.

Stadtführer 1846 = »Augsburg wie es ist!, Beschreibung aller Merkwürdigkeiten dieser altberühmten Stadt, Hand- und Adreßbuch für Alle.«, 256 S., Verlag J. C. Wirth, Augsburg 1846.

Stetten-Chronik = Band I: »Geschichte Der Heil. Röm. Reichs Freyen Stadt Augspurg. Aus Bewährten Jahr-Büchern und Tüchtigen Urkunden gezogen und an das Licht gegeben Durch Paul von Stetten.« Franckfurt und Leipzig. In der Merz- und Mayerischen Buch-Handlung, 1743. – Band II: »Zweyter Theil.« Franckfurt und Leipzig. Eberhard Klettische Buchhandlung, 1758.

Stetten, Stadtführer 1788 = Paul von Stetten, »Beschreibung der Reichsstadt Augsburg nach ihrer Lage…«, Stage, Augsburg 1788.

Verordnungen 1855 = »Neueste Sammlung der Verordnungen und Vorschriften für die königlich bayerische Kreishauptstadt Augsburg«, Albr. Volkhart'sche Buchdruckerei, Augsburg 1855.

Verordnungen 1903 = »Sammlung der Ortspolizeilichen Vorschriften, Statuten, Normativbestimmungen etc. der Stadt Augsburg«, Hrsg. Stadt Augsburg, Augsburg 1903.

Welser-Chronik = »Chronica Der Weitberuempten Keyserlichen Freyen und deß H. Reichs Statt Augspurg, Aus des Edlen und Ehrenvesten Marx Welsers deß Jüngeren…« Frankfurt 1595.

Zink-Chronik = Die Chroniken der schwäbischen Städte. Augsburg. Zweiter Band. »Chronik des Burkard Zink. 1368–1468.« Leipzig 1866. Die zitierten Seiten beziehen sich auf diese Ausgabe.

Die in den Anmerkungen als Quellen genannten Zeitungen und Intelligenz- bzw. Amtsblätter bis Anfang 1945 wurden überwiegend in der Staats- und Stadtbibliothek Augsburg eingesehen. Da bei den Lokalblättern »Augsburger Tagblatt« (1830 bis 1886) und »Augsburger Anzeigblatt« (1842 bis 1883) Jahrgänge bzw. einzelne Ausgaben fehlen, wurden diese Zeitungen auch im Stadtarchiv Augsburg benutzt. Auch dort ist jedoch der Bestand nicht vollständig. – Die »Schwäbische Landeszeitung« (ab Oktober 1945) bzw. die »Augsburger Allgemeine« wurden ausschließlich im Archiv der »Augsburger Allgemeinen« ausgewertet.

Allgemeine Literatur

»Augusta 955–1955«, Hrsg. Hermann Rinn, 468 S., Augsburg 1955.

Roland Bettger, »Das Handwerk in Augsburg beim Übergang der Stadt Augsburg an das Königreich Bayern«, Abhandlungen zur Geschichte der Stadt Augsburg, Bd. 25, Verlag Hieronymus Mühlberger, Augsburg 1979.

Gunther Gottlieb, Wolfram Baer, Josef Becker u. a., »Geschichte der Stadt Augsburg«, 708 S., Konrad Theis Verlag, Stuttgart 1984.

Rolf Kießling, »Herrschaft – Markt – Landbesitz« in »Zentralität als Problem der Mittelalterlichen Stadtforschung«, Köln/Wien 1979.

»Nothwendiges Hand- und Hülfsbuch für alle Bürger der kgl. Bayer. Kreis-Haupt-Stadt Augsburg«, Augsburg 1831.

Dieter Weber, »Geschichtsschreibung in Augsburg. Hektor Mülich und die reichsstädtische Chronistik des Spätmittelalters«, Abhandlungen zur Geschichte der Stadt Augsburg, Bd. 30, Verlag Hieronymus Mühlberger, Augsburg 1984.

»Wegweiser für die Stadt Augsburg«, 220 S., bei August Bäumer, Augsburg 1828.

Weitere Quellen und Literatur zu den jeweiligen Märkten sind in den Anmerkungen aufgeführt.

Anmerkungen für das gesamte Buch

Die Funktion der Märkte (Seite 9 bis 15)
[1] Claus-Peter Clasen, »Textilherstellung in Augsburg in der frühen Neuzeit«, 2 Bände, Verlag Dr. Bernd Wißner, Augsburg 1995.
[2] Zum Zutatenbedarf der römischen Küche: Begleitheft zu einer Ausstellung vom 23. Mai bis 8. September 1996 im Röm. Museum, Christian Holliger, »Culinaria Romana – So aßen und tranken die Römer«, 64 S.
[3] Lothar Bakker, »Eine römische Markthalle an der Stephansgasse« in »Stephania« Nr. 66, 1994.
[4] Ausführlich zum Handel in der Römerzeit: »Die Römer in Schwaben«, Arbeitsheft 27, Bayerisches Landesamt für Denkmalpflege, München 1985.
[5] Paul von Stetten, »Beschreibung der Reichsstadt Augsburg«, C. H. Stage, Augsburg 1788.
[6] Zur Problematik der Einwohnerzahlen: Barbara Rajkay, »Die Bevölkerungsentwicklung von 1500 bis 1648«, in »Geschichte der Stadt Augsburg«, S. 253 ff., Konrad Theiss Verlag, Stuttgart 1984.
[7] Veröffentlicht im »Regierungs-Blatt für das Königreich Bayern«, Nr. 59, vom 19. August 1869.
[8] Stadt-Werkschuh (29,6 cm), Barchent-Elle (58,6 cm), Leinwand-Elle (60,8 cm), halber Klafter (85,5 cm). – Längenangaben nach eigener Abmessung. Zweifel an der Exaktheit dieser »Eichmaße« sind angebracht.

Der Wochenmarkt (Seite 17 bis 27)
[1] Fritz Steinhäußer, »Augsburg in kunstgeschichtlicher, baulicher und hygienischer Beziehung«, Augsburg 1902.
[2] Stetten, Stadtführer 1788.
[3] Meyer, Stadtbuch 1276, S. 48, 202.
[4] StA.A., Anschläge & Dekrete.
[5] StA.A., Anschläge & Dekrete, Marktordnungen, Karton 9.
[6] StA.A., Anschläge & Dekrete.
[7] StStB.A., Anschläge.
[8] StA.A., Ratsprotokolle, Bd. I, S. 179.
[9] Vollständig abgedruckt in Verordnungen 1855, S. 300 ff.
[10] Verordnungen, 1855.
[11] Stadtführer 1846.
[12] StA.A., Plakatsammlung Nr. 3.
[13] Augsburger Tagblatt, 16. Oktober 1878.
[14] Verordnungen 1903, Gebührensatzung v. 1. April 1880: S. 471 ff., Wochenmarkt-Ordnung v. 9. September 1890: S. 432 ff.
[15] Amtsblatt, 15. Mai 1898.
[16] NAZ, 1. Oktober 1898.
[17] Amtsblatt, 19. Januar 1899.
[18] »Augsburger Stadtfraubas«, 10. November 1904.
[19] Augsburger Neueste Nachrichten, 13. Oktober 1914 und 12. April 1915.

Der Fischmarkt (Seite 29 bis 37)
[1] Augsburger Amtsblatt, 8. u. 15. Oktober 1982: Dr. Leo Weber, »St. Peter am Perlach«.
[2] Meyer, Stadtbuch 1276.
[3] Wagenseil-Chronik und Welser-Chronik.
[4] Zink-Chronik, S. 144.
[5] Stetten-Chronik.
[6] Sender-Chronik, S. 213.
[7] StStB.A., Ordnungen, 2° Aug, 1. Abt., Dok. Nr. 50.
[8] Dagobert Smija/Olav König, »Die Fischfauna der Donau und ihre Altwässer« in »Das Schwäbische Donaumoos« (S. 112–125), Brigitte Settele Verlag, Augsburg 1996.
[9] StA.A., Marktmeister-Ordnung 1609.
[10] »Der Häringe Not« in »Augsburger Rundschau«, 2. Jahrgang, 10. Januar 1920, S. 173-175.
[11] StStB.A., Statuten, 2° Aug, Bd. 4, Dok. Nr. 188.
[12] StStB.A., Ordnungen.
[13] Stetten, Stadtführer 1788.
[14] Augsburger Intelligenzblatt, Oktober 1808.
[15] Stadtführer 1846.
[16] F. J. Kollmann, Die Wasserwerke von Augsburg, Augsburg 1850.
[17] NAZ, 14. April 1883.
[18] Fritz Steinhäußer, »Augsburg in kunstgeschichtlicher, baulicher und hygienischer Beziehung«, Augsburg 1902.
[19] Augsburger Neueste Nachrichten, 24. Juli 1914, 2. März 1915, 12. April 1915.
[20] NAZ, 11. Oktober 1930.

Der Brotmarkt (Seite 39 bis 45)
[1] Ausführlich: Ludwig Haider, »Geschichte des Bäckergewerbes der Stadt Augsburg«, 120 S., hrsg. zum 50-Jahr-Jubiläum der Bäckerinnung, Mai 1925.
[2] »Geschichte der Stadt Augsburg«, 1985, S. 133.
[3] Leo Weber in Amtsblatt, 8./15. Oktober 1982.
[4] StA.A., Urkundensammlung: Ausgefertigt am 29. März 1283. Text in: Meyer, Urkunden, Bd. I, Nr. 78, S. 58 f.
[5] Zink-Chronik.
[6] Welser-Chronik.
[7] Bayer. Hauptstaatsarchiv München, Urkunde vom 10. Mai 1392. – Teilabdruck in Meyer, Urkunden, Bd. II, S. 255 f.
[8] Haider, »Geschichte des Bäckergewerbes«, siehe Anm. 1, S. 12/13, und Vertrag von 1694, S. 118 bis 129.
[9] Stetten-Chronik I, S. 166.
[10] Meyer, Stadtrecht 1276, S. 194-197.
[11] StA.A., Zunftbuch der Bäcker von 1440 bis 1468.
[12] Welser-Chronik, 1491.
[13] Bernd Roeck, »Bäcker, Brot und Getreide in Augsburg«, Thorbecke-Verlag, Sigmaringen, S. 154/155.
[14] Bernd Roeck, »Elias Holl, Architekt einer europäischen Stadt«, Pustet Verlag, Regensburg 1985, S. 25.
[15] Welser-Chronik.
[16] Roeck, »Bäcker«, S. 219 ff.
[17] Stetten, Stadtführer 1788.
[18] Verordnungen 1855, S. 310.
[19] Intelligenzblatt, 6. September 1829, Schrannen-Anzeige, Brotsatz u. Mehlsatz.
[20] Regierungserlasse vom 16. August und 16. September 1829.
[21] Verordnungen 1855, S. 104/105.
[22] Augsburger Intelligenzblatt
[23] Augsburger Anzeigblatt, 27. Juli 1854.
[24] Verordnungen 1903, S. 163/164.
[25] Verordnungen 1903.

Der Fleischmarkt (Seite 47 bis 53)
[1] »Die Römer in Schwaben«, Bayer. Landesamt für Denkmalpflege, Arbeitsheft 27, 1985, S. 128.
[2] Meyer, Stadtbuch 1276, Art. CXXI, § 3.
[3] Welser-Chronik, Dritter Teil, S. 101.
[4] Welser-Chronik, Bd. II, S. 136.
[5] Stetten-Chronik, Bd. I, S. 169.
[6] Welser-Chronik, III. Teil, S. 72. – Rolf Kießling, »Augsburg in der Reformationszeit«, in »...wider Laster und Sünde«, Katalog zur gleichnamigen Ausstellung 1997, S. 26. Hrsg.: Haus der Bayer. Geschichte/DuMont Buchverlag, 1997.
[7] Stetten-Chronik, Bd. I, S. 427, und StA.A., Ratsdekrete, Bd. 22, 1548, S. 34 und 69.
[8] StStB.A., 2° Aug., Ordnungen, 1. Abt., Nr. 50, »Marktordnung 1555«.
[9] Bernd Roeck, »Elias Holl, Architekt einer europäischen Stadt«, Verlag Friedrich Pustet, Regensburg 1985, S, 108 ff.
[10] Simon Grimm, »Templum Minoritarum – Barfüsser Kirchen«, datiert 1681.
[11] Johannes Schneider, »Der Schlacht- und Viehhof der Stadt Augsburg«, Augsburg 1906.
[12] Stetten-Chronik, Bd. II, S. 305.
[13] »Ordnung und Articul Eines Ehrbaren Handwercks der Becken«, Pergament-

Handschrift im Besitz der Bäckerinnung, ausgestellt im Schwäbischen Handwerkermuseum in Augsburg.
[14] Anordnung von Bürgermeister Carron du Val vom 19. Juli 1845 unter Berufung auf einen Vertrag mit den Bäckern vom 29. Januar 1750.
[15] StA.A., Dekrete & Erlasse, Bd. IV, Dok. Nr. 485 vom 12. Juli 1736, »das Hereinbringen fremden Fleisches betreffend«.
[16] StA.A., Dekrete & Erlasse, Bd. IV, Erlaß vom 26. Januar 1760, fast gleichlautend: 15. September 1768 und letzterer wortgleich wiederholt am 26. Januar 1773 (Dok. Nr. 744).
[17] Roland Bettger, »Das Handwerk in Augsburg beim Übergang der Stadt an das Königreich Bayern«, Schriftenreihe des Stadtarchivs Augsburg, Bd. 25, Berufetabellen 1720-1830, S. 177 f.
[18] C. J. Wagenseil, »Versuch einer Geschichte der Stadt Augsburg«, 4. Band, 2. Teil, S. 500.
[19] Stetten, Stadtführer 1788, S. 112.
[20] »Augsburgischer Adreß- und Beleuchtungskalender für das Schaltjahr 1824, verlegt bei Joh. Andr. Brinhaußers Wittwe.
[21] Intelligenzblatt für Augsburg, 1. Dezember 1836, mit Nennung sämtlicher Namen und den bei ihnen zu zahlenden Fleischpreisen.
[22] Intelligenzblatt für Augsburg, Anfang Januar 1857, mit Viktualienmarkt-Preisen und Taxen.
[23] Verordnungen 1903, S. 166ff.
[24] Schneider, »Schlacht- und Viehhof« (wie Anm. 11).
[25] Augsburger Neueste Nachrichten, 23. April 1915.

Der Obstmarkt (Seite 55 bis 59)

[1] Meyer, Stadtbuch, Art. CXXIV, § 2.
[2] Meyer, Urkundenbuch.
[3] Welser-Chronik, S. 166.
[4] Stetten-Chronik, Bd. I, S. 170.
[5] Zink-Chronik, S. 326.
[6] StA.A., Ratsprotokolle, Bd. 14, 1523.
[7] Anton Birlinger, »Schwäbisch-Augsburgisches Wörterbuch«, München 1864.
[8] StA.A. Ratsprotokolle, Bd. 16, S. 156ff.
[9] StA.A., Anschläge & Dekrete, Marktordnungen, Karton 9.
[10] Johann Lambert Kolleffel, »Schwäbische Städte und Dörfer um 1750«, herausgeg. v. Robert Pfaud, Anton A. Konrad Verlag, Weißenhorn 1974.
[11] Stetten, Stadtführer 1788.
[12] Augsburger Intelligenzblatt, Oktober 1808, »Verzeichnis der im Monat September 1808 zu Markt gebrachten Victualien«.
[13] Stadtführer 1837.
[14] Stadtführer 1846.
[15] Städt. Kunstsammlungen, Graphische Sammlung.

Der Milchmarkt (Seite 61 bis 65)

[1] Haid, Hist. Straßen 1833.
[2] Stetten-Chronik, Bd. I, S. 350.
[3] StA.A., Dekrete & Verordnungen, Marktordnungen, Karton 9.
[4] Stadtplan von Mair, 1602, Stadtplan von Lukas Kilian, 1626.
[5] StA.A., Ratsprotokolle, Bd. XV, S. 32 und 44.
[6] Haid, Hist. Straßen, 1833.
[7] Pankraz Fried, »Die Situation auf dem Lande« in »Aufbruch ins Industriezeitalter«, Bd. 2, Hrsg. Haus der Bayer. Geschichte, R. Oldenbourg Verlag, München 1985, S. 418.
[8] Augsburg-Führer 1846.
[9] Verordnungen 1903, S. 164.
[10] Inserat im Augsburger Tagblatt, 30. März 1884.
[11] Amts- und Anzeigeblatt für Lechhausen und Umgebung, 25. Juni 1896.
[12] Augsburger Stadtfraubas, 4. August 1904.
[13] Augsburger Allgemeine, 12. Dezember 1995.
[14] W. Frisch/K. W. Obermeier, »Brecht in Augsburg«, Suhrkamp Taschenbuch 297, 1976.
[15] Stadtratsbeschluß vom 30. Juli 1926, abgedruckt im Adreßbuch von Augsburg, 1933.
[16] Hans Lang, Die Milcherzeugung einer Großstadt, Kempten 1931.
[17] Fünf Jahre Aufbau der Stadt Augsburg, hrsg. v. d. Stadt Augsburg 1938.
[18] Amtsblatt, 21. März 1997: »Verordnung über das Offenhalten von Verkaufsstellen für frische Milch, Bäcker- und Konditorwaren…« vom 5. März 1997.

Der Gänsemarkt (Seite 67 bis 71)

[1] Jahrbuch des Historischen Vereins von Schwaben 1993, Jahrg. 86.
[2] StA.A., Ordnungen & Dekrete, Marktmeister-Ordnung, Karton 9.
[3] Kunstsammlungen Augsburg (G 21645), Verlag Johann Martin Will, Blatt »Mittwoch-Wochenmarkt«, um 1790.
[4] Kunstsammlungen Augsburg (G 9214), Zeichnungen von Johann David Nessenthaler, um 1750/60.
[5] Intelligenzblatt, Oktober 1808.
[6] Intelligenzblatt, 2. September 1829.
[7] Stadtführer 1846.
[8] »Cosmographia« von Seb. Münster, lat. Ausgabe mit Holzschnitt einer Gans. – Ausführlich: Leonhard Simon, »Von der Rieser Gans« in »Schwabenland«, Jahrgang 1934, Heft 5, S. 161–166.
[9] Verordnungen 1855, S. 300 ff.
[10] Verordnungen 1855, S. 180.
[11] Christoph Haid in seinen handschriftlichen Nachträgen in »Hist. Straßen«, 1833.

Der Vogelmarkt (Seite 73 bis 77)

[1] Schiedsspruch im Streit zwischen Kardinal Peter von Schaumburg und der Reichsstadt Augsburg, 3. Juni 1456, Druck: Monumenta Boica 34, S. 478–487, Nr. 189.
[2] Welser-Chronik, Teil 2, S. 270.
[3] »Aus der Geschichte von Lechhausen«, Sammlung von Veröffentlichungen des Lechhauser Rektors Josef Niedermaier († 16. 12. 1960) im StA.A., S. 81/82, 90/91.
[4] Michael Gorgas, »Tierhandel zwischen Indien und Westeurasien im 16. Jahrhundert. Die Rolle der Fugger im Tierhandel«, S. 195 bis 225 in: S. Mathew, »Indo-Portuguese Trade and the Fuggers of Germany« (engl.), New Delhi 1997.
[5] Stetten-Chronik, Bd. I, S. 828. Hier sind die beim Lerchenfang gebrauchten Netzarten, ihre Abstände und ihre Anzahl genau festgelegt.
[6] Anschläge & Dekrete, 1736 bis 1750, Teil IV (braun), Dok. Nr. 556: vom 6. Juli 1745.
[7] NAZ, 28. Juli 1904. Ausführliche Beschreibung damaliger Erkenntnisse über die heimische Vogelwelt mit vielen Daten.
[8] Wochenmarkt-Gebührentarif vom 1. April 1880, Wildbretaufschlag vom 21. Februar 1895, vollständig abgedruckt in Verordnungen 1903.
[9] »Erneuerte Polizey-, Zierd-, Kleider-, Hochzeit-, Kind-Tauf- und Leich-Ordnung« vom 23. Oktober 1683, StA.A., »Anschläge & Dekrete«, 1682 bis 1765, Tom 2 (blau), Dok. Nr. 107.
[10] Intelligenzblatt für Augsburg, November 1808.
[11] Vollständig abgedruckt in Verordnungen 1855.
[12] Verordnungen 1855, S. 468.
[13] Augsburger Tagblatt, 1. und 3. April 1835.
[14] Kreisamtsblatt für Schwaben und Neuburg, 23. Juni 1866.
[15] Amtsblatt, 1875 ff.
[16] Augsburger Neueste Nachrichten, 4. und 18. April 1883.
[17] Amtsblatt, 12. November 1908 (Reichsgesetz vom 30. Mai 1908 und bayerische Verfügungen bzw. Ergänzungen dazu vom 19. Oktober 1908).
[18] »Meyers Konversations-Lexikon«, 3. Aufl., 16. Band (Ergänzungen und Register), Leipzig 1878, Stichwort »Käfigvögel«, S. 454f.
[19] Augsburger Allgemeine, 26. Januar 1995.

Der Stadtmarkt (Seite 79 bis 85)

[1] Lothar Bakker, »Eine römische Markthalle an der Stephansgasse«, in »Stephania 66«, Jahresbericht Gymnasium St. Stephan, Dezember 1964.
[2] NAZ, März 1885.
[3] Fritz Steinhäußer, »Augsburg in kunstgeschichtlicher, baulicher und hygienischer Beziehung«, Augsburg 1902.
[4] Die Firma Lotzbeck & Cie. übersiedelte nach Ingolstadt und erlosch dort erst im Jahre 1997.
[5] NAZ, 2. Juni 1927 und 2. Oktober 1930.
[6] Amtsblatt, 12. Mai und 14. Juli 1928.
[7] Amtsblatt, 26. September 1930, und NAZ, 10., 11. Oktober 1930.
[8] NAZ, 25. September 1931.
[9] »Fünf Jahre Aufbau der Stadt Augsburg«, hrsg. vom Oberbürgermeister, Augsburg 1938.
[10] Amtsblatt, 21. Juli 1936
[11] Schwäbische Landeszeitung, 28. Juli 1950.
[12] Amtsblatt Nr. 42, 21. Oktober 1955
[13] »50 Jahre Augsburger Stadtmarkt«, Faltblatt, Hrsg. Stadt Augsburg, 1980.
[14] AZ, 19. Oktober und 22. Dezember 1995
[15] AZ, 17. September und 29. Oktober 1996.

ANMERKUNGEN

Der Weinmarkt und der Salzmarkt (Seite 87 bis 93)

[1] Umfassend zur Gesamtgeschichte des Salzes in Bayern: »Salz Macht Geschichte«, Aufsatzband zur gleichnamigen Ausstellung in Bad Reichenhall, Rosenheim und Traunstein 1995. Haus der Bayer. Geschichte, 1995.
[2] StA.A., Bestand Reichsstadt, Ratsprotokolle, Bd. I, 1392 bis 1441, S. 169.
[3] StA.A., Akte Nr. 722/0216, Häusergeschichte von Werner, S. 165.
[4] Zink-Chronik, S. 335.
[5] Rolf Kießling, »Augsburgs Wirtschaft im 14. und 15. Jahrhundert«, in »Geschichte der Stadt Augsburg«, 1984, S. 174.
[6] Stetten-Chronik I, S. 77.
[7] StA.A., Schätze 71/6 (Stadtbuch von 1396).
[8] StA.A., Bauamtsrechnungen 1440, Blatt 94b.
[9] Meyer, Stadtbuch 1276, S. 45/46.
[10] Kießling (wie Anm. 5), S. 171.
[11] Meyer, Urkunden I, S. 387. – Orig.: StA.A., Urkundensammlung
[12] Meyer, Stadtbuch 1276, S. 29/30, § 15.
[13] Meyer, Urkunden I, S. 237.
[14] StA.A., Baumeisterbuch 1, Fol. 88b.
[15] StA.A., Ratsbuch III, Fol. 15a.
[16] StA.A., Baumeisterbuch von 1391a, S. 16-20.
[17] Meyer, Urkunden I, S. 58.
[18] Wagenseil, Bd. II, S. 98.
[19] Welser-Chronik, Teil 3, S. 110.
[20] Stetten-Chronik, Bd. I, S. 780.
[21] StA.A., Salzfertiger-Ordnung von 1572.
[22] Stetten-Chronik I, S. 593, 708.
[23] Stetten-Chronik I, S. 817, 854.
[24] Roeck, »Bäcker, Brot…«, S. 64.
[25] StA.A., Dekret Nr. 718 in Anschläge & Dekrete 1751–1775, Nr. 594–757 (braun), Teil V.
[26] Stetten, Stadtführer 1788, S. 115.
[27] Augsburgische Ordinari Postzeitung, 24. Juli 1822.
[28] Verordnungen 1855, S. 305.
[29] »Aufhebung des Salzmonopols«, in »Gesetz-Blatt für das Königreich Bayern«, Nr. 15 vom 25. November 1867.
[30] Augsburger Tagblatt, 14. Dezember 1855.
[31] »Augsburgischer Addreß- und Beleuchtungs-Kalender für das Schaltjahr 1824«, S. 111.
[32] Augsburger Allgemeine, 17. Juli 1996.

Der Kornmarkt (Seite 95 bis 105)

[1] Ausführlich dazu: Christian Holliger, »Culinaria Romana – So aßen und tranken die Römer«. Begleitheft zur gleichnamigen Ausstellung im Römischen Museum vom 23. Mai bis 8. September 1996.
[2] Rolf Kießling, Vortrag »Bauern und Landweber im Spannungsfeld des großstädtischen Marktes« am 30. Oktober 1986 im Augsburger Landratsamt und Bericht dazu im AZ-Landboten am 4. November 1986.
[3] Kornhäuser und Vorräte im 16./17. Jahrhundert: Bernd Roeck, »Bäcker, Brot und Getreide in Augsburg«, Thorbecke Verlag Sigmaringen 1987, S. 94 ff. – 1788 z. B. die Gebäude Litera B 201 und F 152. Siehe auch Stetten, Stadtführer 1788.
[4] Roeck, »Bäcker…«, S. 121 f.
[5] Meyer, Urkunden, Nr. LXXIII, 23. November 1282.
[6] Meyer, Urkunden, Bd. I, S. 149 f., Nr. CLXXXVIII, 25. Mai 1303.
[7] Welser-Chronik, Teil II, S. 165.
[8] Einwohnerzahlen nach Barabara Rajkay, »Die Bevölkerungsentwicklung von 1500 bis 1648«, in »Geschichte der Stadt Augsburg…«, Konrad Theiss Verlag Stuttgart, 1984, S. 252 ff.
[9] Schrannenordnung, erlassen am 3. September 1517, die nächste 1526, vom 15. Oktober 1562 datiert eine weitere. Siehe Stetten-Chronik.
[10] Rainer Frank, »Fußgängerzone und neuer Hallenbau vor St. Moritz«, Augsburger Blätter, Jahrgang 6, Heft 3, Augsburg 1980.
[11] Stetten-Chronik, Bd. I, S. 382, 387. – Norbert Lieb, »Augsburger Baukunst der Renaissance« in »Augusta 1955«, S. 229 ff.
[12] »Ordnung und Sazung des Getreidekauff unnd Verkauffung betr.« 5. Dezember 1624, StA.A., Ordnungen und Statuten 31.
[13] Stetten-Chronik, Bd. I, S. 600: »eine blecherne Fahne, auf welcher der Stadt Wappen gemahlet war«.
[14] Zink-Chronik, Beilage VII, S. 437. – Stetten, Stadtführer 1788: »Der Innhalt des Schafs ist 10348 französische Cubikzoll« (à 19,8356 Kubikzentimeter = 205,259 Liter) – Georg Freiherr von Vega, »Natürliches Maß-, Gewichts- und Münz-System«, Wien 1803 gibt 205,2669 Liter an. – Georg Kaspar Chelius, »Allgemeines Comptoir-Buch, 9. Teil oder Maß- und Gewichtsbuch«, 3. Aufl., Frankfurt a. M. 1830: »Augsburger Schaff = 205,30 Liter«. – Die von Roeck u. a. in jüngerer Zeit errechneten 212 bis 215,5 Liter für das Augsburger Schaff scheinen demnach zu inhaltsreich.
[15] Stetten, Stadtführer 1788.
[16] StA.A., Anschläge + Dekrete (braun), Teil IV, 1736-1750, Dok.-Nr. 484: »Schrandt-Ordnung de Anno 1736«.
[17] Augsburger Intelligenzblatt, 7. Februar 1809.
[18] Abgedruckt in Verordnungen 1855, S. 376-381.
[19] Intelligenzblatt, 29. August 1829.
[20] Gesetzblatt für das Königreich Bayern, Verordnungen vom 28. Februar 1808 und 29. April 1869.
[21] 1852, in Verordnungen 1855, S. 381.
[22] Augsburger Intelligenzblatt, Januar 1857.
[23] Augsburger Tagblatt, 19. April 1855.
[24] Kurze Beschreibung der Schrannenhalle mit Plänen in Fritz Steinhäußer, »Augsburg in kunstgeschichtlicher, baulicher und hygienischer Beziehung«, Augsburg 1902, S. 113.
[25] Statistisches Amtshandbuch für den kgl. Bayer. Regierungsbezirk Schwaben und Neuburg, Augsburg 1888.
[26] Augsburger Tagblatt, 16. April 1886.
[27] Augsburger Anzeigblatt.
[28] Amtsblatt.
[29] Augsburger Neueste Nachrichten, 24. Juli 1914.
[30] Augsburger Neueste Nachrichten, 26. September 1914, 2. März 1915, April 1915.
[31] Augsburger Neueste Nachrichten, 1. April 1915.
[32] »Wo die Äpfel und Apfelsinen anrollen« in »Goldenes Augsburg – Ein Buch über die Fuggerstadt«, S. 269. Perlach-Verlag Augsburg, 1952.
[33] AZ-Stadtanzeiger, 10. November 1964: Rudolf Schülke, »In der Schrannenhalle fand früher der Getreidemarkt statt.«

Das Tanzhaus – Markthalle und Festsaal (Seite 107 bis 109)

[1] Welser-Chronik, Teil II, S. 138.
[2] Welser-Chronik, Teil II, S. 166. – Zink-Chronik, S. 72.
[3] StStB.A., 2° Cod. 28, Aug., »Augsburger Chronik bis zum Jahr 1569«, Handschrift, 1156 S., vermutlich von Ratsschreibern verfaßt und fortgeführt. Als Anhang (S. 1151 bis 1156) enthält der Codex die Geschichte der Trinkstube und des Tanzhauses.
[4] Zink-Chronik, S. 160.
[5] Welser-Chronik, Teil II, S. 188 f.
[6] Nach Codex 28 (s. Anm. 3), »Tanzhauß und Trinckstuben verbrunnen Anno 1452«.
[7] Städt. Kunstsammlungen Augsburg.
[8] Welser-Chronik, Teil II, S. 270.
[9] Katalog »Welt im Umbruch« III, S. 42, Augsburg 1981.
[10] Augsburg, Geschichte in Bilddokumenten, C. H. Beck Verlag, München 1976, Abb. 183.
[11] Orig. in den Städt. Kunstsammlungen, Graph. Sammlung.
[12] Stetten-Chronik, Bd. II, S. 217 (mit weiteren Quellen). – Haid, Hist. Straßen 1833.

Die Fronwaage und der Schmalzmarkt (Seite 111 bis 115)

[1] Meyer, Stadtbuch 1276, S. 38/39, 43.
[2] Stetten-Chronik, Bd. I, S. 109.
[3] Welser-Chronik, Teil II, S. 181. Zink-Chronik, S. 182.
[4] Stetten-Chronik, Bd. I, S. 742. Ratsprotokolle 1596, Bd. II, S. 13, 17.
[5] StA.A., 22. März 1602. Stetten-Chronik, Bd. I, S. 762–771.
[6] Revers des Waagmeisters vom 4. Oktober 1641, Stetten-Chronik, Bd. II, S. 588.
[7] Stetten-Chronik, Bd. I, S. 427, 592, 628.
[8] StA.A., Dekrete & Verordnungen.
[9] Haid, Hist. Straßen 1833.
[10] Stetten, Stadtführer 1788, S. 110.
[11] Stetten, Stadtführer 1788, S. 127.
[12] Wagenseil, Bd. 4/II, S. 368 ff.
[13] »Wegweiser für Augsburg«, 1828, S. 13.
[14] Verordnungen 1855, S. 302.
[15] Verordnungen 1855, S. 376.
[16] Verordnungen 1855.
[17] Verordnungen 1903. S. 471.

Das Hallamt und die »Halle« (Seite 117 bis 121)

[1] Das »Schwäbische Wörterbuch« von Fischer (Tübingen 1904–1936) nennt diese Bezeichnung als einen der am schwierigsten zu deutenden Begriffe, dessen Verwendung in Augsburg des öfteren zitiert wird.
[2] Zink-Chronik, S. 144, 155, 274 (»Ungelter auf dem Ungelthaus«, wo u. a. das Wein-Ungeld und das Barchent-Ungeld zu zahlen waren).
[3] Stetten-Chronik, Bd. I, S. 780.
[4] Stetten-Chronik, Bd. I, S. 753.
[5] Hallordnung vom 16. Dezember 1642, zit. nach Stetten-Chronik, Bd. II, S. 604
[6] StStB.A., Dekrete, 2° Aug 324, Statuta, Bd. 2, Dok. Nr. 15 (25. April 1652), Dok. Nr. 183 (4. Oktober 1735) mit zwei Tax-Ordnungen.
[7] Ausführlich dazu: Claus-Peter Clasen, »Textilherstellung in Augsburg in der frühen Neuzeit«, Verlag Dr. Wißner, Augsburg 1995, S. 533-544.
[8] Stetten, Stadtführer 1788, S. 127.
[9] Haid, Hist. Straßen 1833. – Augsburger Stadt-Lexikon.
[10] »Erneuerte Marckt-Ordnung« 1738.
[11] Personal von 1824 laut »Augsburgischer Addreß- und Beleuchtungs-Kalender für das Schaltjahr 1824«.
[12] Stadtführer 1837.
[13] Intelligenzblatt von Augsburg, 29. September 1875: Das königl. Appellationsgericht zieht zum 1. Oktober vom Börsengebäude in das neue Justizgebäude.
[14] Augsburger Tagblatt, 8. April 1877.
[15] »Holbein-Gymnasium Augsburg 1833 – 1983«, Festschrift zur 150-Jahr-Feier des Holbein-Gymnasiums, 1983. Enthält eine Reihe von Beiträgen zur Kloster- und Schulgeschichte.
[16] »Schulhausbauten«, Sonderdruck der Stadt Augsburg um 1906/7, 42 Seiten, mit vielen Plänen und Fotos.

Der Hafnermarkt (Seite 123 bis 127)

[1] »Die Römer in Schwaben«, Bayer. Landesamt für Denkmalpflege, Arbeitsheft 27, 1985. – »Forschungen zur Geschichte der Keramik in Schwaben«, Bayer. Landesamt für Denkmalpflege, Arbeitsheft 58, 1993.
[2] »Forschungen zur Geschichte der Keramik in Schwaben«, wie Anm. 1, S. 174 bis 178 mit Grafik.
[3] Haid, »Hist. Straßen«, 1833.
[4] StA.A., Ratsprotokolle, Bd. I, 1392 bis 1441, S. 235.
[5] Stetten-Chronik, S. 539.
[6] Original im Heimatmuseum der Stadt Schwabmünchen.
[7] Siehe Anm. 1.
[8] Siehe Anm. 1.
[9] Urteil vom 27. Juli 1741.
[10] Robert Pfaud, Schwäbische Städte und Dörfer um 1750, Anton H. Konrad Verlag, Weißenhorn, 1974.
[11] »Chronik Lützelburg«, Hrsg. Photogruppe des Theater- und Sportvereins Lützelburg, Lützelburg 1980.
[12] Roland Bettger, »Handwerk in Schwaben beim Übergang der Stadt an das Königreich Bayern«, Schriftenreihe des Stadtarchivs Augsburg, Bd. 25, Augsburg 1979, S. 136.
[13] Stadtführer 1837.
[14] »Gablinger Chronik«, Hrsg. Gemeinde Gablingen 1994, S. 36-37.

Die Dult (Seite 129 bis 137)

[1] Peter Lengle, »Handel und Gewerbe bis zum Ende des 13. Jahrhunderts«, in »Geschichte der Stadt Augsburg…«, Theiss Verlag Stuttgart 1984, S. 166f.
[2] Hermann Fischer, »Schwäbisches Wörterbuch«, Tübingen 1902 bis 1936. – J. Andreas Schmeller, »Bayerisches Wörterbuch« Neuauflage Leipzig 1939.
[3] Gedrucktes Programm unter dem Titel »Augusta Commune Emporium oder Augspurger Dult«, 8 S. Augsburg, gedruckt bei Joseph Antoni Labhart, 1755. StStB.A., Signatur 4° Aug 524-162.
[4] Welser-Chronik, 1595, geschrieben von dem Arzt und Geschichtsschreiber Achilles Pirminus Gasser. Von Stetten zitiert diese Stelle und schließt auf das Bestehen eines Jahrmarktes (»Jahrmeß«).
[5] StStB.A., 2° Aug 324, Statuta Bd. 2, Dok. Nr. 99. Dekret vom 25. April 1724: »Auf der Deputierten zum Hall-Amt Implorieren und Vorstellung solle der bevorstehende St. Ulrichs-Marckt allhier an diesem Tag seinen Anfang nehmen und 8 Tage hinnach continuiren.«
[6] Claus-Peter Clasen, »Textilherstellung in Augsburg in der frühen Neuzeit«, 2 Bände, Verlag Dr. Bernd Wißner, Augsburg 1995.
[7] 5. Juni 1557, Stetten-Chronik, Bd. I, S. 521.
[8] StStB.A., z. B. Dekret vom 27. September 1731.
[9] »Das Bayerland«, Illustrierte Wochenschrift, München 1908, S. 551.
[10] Stetten, Stadtführer 1788, S. 119.
[11] Augsburg wie es ist!, 1846.
[12] Regierungsblatt für Bayern, 1811, S. 649 bis 654. Verordnung vom 8. Mai 1811.
[13] Eine bescheidenere Ulrichsdult lebte jedoch rasch wieder auf. In den Tagen der am 4. Juli beginnenden Ulrichsoktav waren laut Zeitungsnotizen bis zum Zweiten Weltkrieg einige Devotionalienstände aufgebaut.
[14] Vollständig abgedruckt in Verordnungen 1855, S. 124–126. Damit wurde die letzte Dultordnung vom 22. März 1873 aufgehoben.
[15] Augsburger Tagblatt, 16. Mai 1878. Die Zuschrift zog mehrere ebenfalls veröffentlichte Antworten nach sich.
[16] Augsburger Intelligenzblatt, 17. Juli 1883.
[17] Augsburger Tagblatt, 14. März 1884.
[18] Vollständig abgedruckt in Verordnungen 1903, S. 423–426.
[19] Amtsblatt, 27. Februar 1908.
[20] NAZ, 3. Oktober 1914, und Augsburger Neueste Nachrichten, 5. Oktober 1914.
[21] Augsburger Neueste Nachrichten, 12. April 1915.
[22] Schwäbische Volkszeitung, 12. April 1926.
[23] NAZ, 13. April 1931.
[24] NAZ, 7. Oktober 1930.
[25] NAZ, 3. Oktober 1938.
[26] NAZ, 8. April und 17. April 1939.
[27] NAZ, 1. April 1940.
[28] Schwäbische Landeszeitung, 7. und 17. Mai 1946.
[29] Amtsblatt, 22. Juli 1948.
[30] Schwäbische Landeszeitung, 24. August 1948.
[31] Augsburger Allgemeine, 26. April 1965.
[32] »Satzung über die Dulten und den Christkindlesmarkt in der Stadt Augsburg« vom 25. Juli 1988 (Amtsblatt S. 76).

Der Plärrer (Seite 139 bis 155)

[1] Ausführlich zu den frühen Tier-Präsentationen: Michael Gorgas/Willy Schweinberger, »Tiere, Kaiser, Anekdoten – Von Fuggers Menagerie zum Großstadtzoo«, Vindelica-Verlag, Gersthofen 1986.
[2] AZ, Dezember 1995: Christian Krug, »Das Staunen der Welt – Am 26. Dezember 1194 kam Friedrich II., der letzte Stauferkaiser zur Welt«.
[3] Michael Gorgas, »Tierhandel zwischen Indien und Westeurasien im 16. Jahrhundert. Die Rolle der Fugger im Tierhandel«, S. 195 bis 225 in K. S. Methew, »Indo-Portuguese Trade and the Fuggers of Germany« (engl.), New Delhi 1997.
[4] Max Radlkofer, »Die Schützengesellschaften und Schützenfeste Augsburgs im 15. und 16. Jahrhundert«, in Zschr. des Hist. Vereins für Schwaben und Neuburg, 21. Jahrg. S. 87 bis 138.
[5] Schiedsspruch im Streit zwischen Kardinal Peter von Schaumberg und der Reichsstadt Augsburg, Druck. Monumenta Boica 34, S. 478-487, Nr. 189.
[6] Wagenseil, Stadtchronik, 1822, Bd. 4/II, S. 40ff.
[7] StStB.A., Graph. 29/77.
[8] Radlkofer, »Die Schützengesellschaften…«, S. 112 f.
[9] Umfassend zu »Volksfeste im 19. Jahrhundert in Bayern«: Michael Henker, »Auf daß die Baiern recht oft an ihr Vaterland denken«, in Aufsatz-Band zu »Vorwärts, vorwärts sollst du schauen… Geschichte, Politik und Kunst unter Ludwig I.«. Haus der Bayerischen Geschichte, Band 9/86.
[10] Ausführliche Beschreibungen des Königsbesuches von 1829: Julius Freiherr von Ecker von Eckhofen, »Huldigungen des Oberdonaukreises, Teil II, enthaltend die Reise Ihrer königl. Majestäten vom 29. August bis 4. September 1829«, Augsburg 1829. – Theodor Rolle, »Die Reise König Ludwigs I. von Bayern durch den Oberdonaukreis und nach Augsburg im Jahre 1829«, in Zeitschrift des Hist. Vereins für Schwaben, 80. Band, Augsburg 1986/87, S. 9 bis 65.
[11] Stadtführer 1837 u. 1846.
[12] StA.A., Plakatsammlung und Akten-Bestand Nr. 10 (hier: Zirkus-Auftritte).
[13] Erlassen am 6. September 1851.
[14] Augsburger Tagblatt, 8., 10., 15. April 1877.
[15] Verordnungen 1855, »Schafmarktordnung«, S. 369.
[16] Aufschlußreich zur Entwicklung der Karussells, Schiffschaukeln und anderer Vergnügungsgeräte: Florian Dering, »Bildreiche Kulturgeschichte von den Fahr-, Belustigungs- und Geschicklichkeitsgeschäften der Schausteller vom 18. Jahrhundert bis zur Gegenwart«, Verlag Franz Greno, Nördlingen 1986.
[17] Augsburger Volks-Zeitung, 30. April 1879.
[18] Hermann Fischer, »Schwäbisches Wörterbuch«, Tübingen 1904–1936.
[19] NAZ, 30. August 1919.
[20] NAZ, 25. September 1904.
[21] Amtsblatt, 8. Februar und 25. März 1914.
[22] NAZ, 28. August 1926.
[23] Augsburger Anzeigblatt, 4., 5., 14. September 1880.

²⁴ Augsburger Neueste Nachrichten, 3. April 1883.
²⁵ NAZ, 3. April, 28. September, 17. Oktober 1883.
²⁶ 1. Lechhauser Volksfest vom 13. bis 20. August 1905, weitere: 8. bis 17. August 1908, 6. bis 16. August 1910 und das letzte im Eingemeindungsjahr vom 5. bis 13. Juli 1913, etwas vorgezogen zur Vermeidung einer Terminkollision mit dem Plärrer.
²⁷ Amtsblatt, 27. Februar 1908.
²⁸ Paul Jochim, »Geschichte und Entwicklung der Augsburger Volksfeste«, maschinengeschr. Manuskript (Kopie beim Autor), 12 S., datiert »28. 04. 1991«. Enthält viel persönlich Erlebtes des Schaustellers und langjährigen Vorsitzenden des Schwäbischen Schaustellerverbandes.
²⁹ Amtsblatt, 8. Februar und 25. März 1914.
³⁰ Augsburger Neueste Nachrichten, 5. August 1914.
³¹ Augsburger Neueste Nachrichten, 6. April 1915.
³² Augsburger Neueste Nachrichten.
³³ W. Frisch / K. W. Obermeier, »Brecht in Augsburg«, Suhrkamp-Taschenbuch, S. 173-176.
³⁴ Rainer Braun, »Augsburg als Garnison und Festung in der 1. Hälfte des 19. Jahrhunderts« in »Aufbruch ins Industriezeitalter«, München 1985, S. 74.
³⁵ Schwäbische Volkszeitung, 3. und 6. April 1926.
³⁶ Schwäbische Volkszeitung, 27. August und 12. September 1927.
³⁷ NAZ, 1. September 1928.
³⁸ »Fünf Jahre Aufbau der Stadt Augsburg«, Augsburg 1938, S. 194.
³⁹ Schwäbische Landeszeitung, 7. Mai 1946.
⁴⁰ Schwäbische Landeszeitung, 29. August 1947.
⁴¹ Amtsblatt, 2. August 1996, S. 120.

Das Turamichele (Seite 157 bis 163)

¹ Achilles Pirminus Gasser in der Welser-Chronik.
² Walter Pötzl, »Augusta Sacra« in Jahrbuch des Vereins für Augsburger Bistumsgeschichte, 9. Jahrgang, Augsburg 1975, S. 19–75.
³ Günther Kapfhammer, »Brauch und Fest in Augsburg«, in »Aufbruch ins Industriezeitalter«, Bd. 2, R. Oldenbourg Verlag München, 1985, S. 570–577.
⁴ Detlev Schröder, »Historischer Atlas von Bayern – Stadt Augsburg«, München 1975.
⁵ Augsburger Anzeigblatt, 28. September 1854.
⁶ Augsburger Tagblatt, 30. September 1877.
⁷ Darauf verwies der Kenner der Mentalität seiner Mitbürger, der Augsburger Architekt und Bauhistoriker Gerhard Ludwig (geb. am 14. Mai 1913, gest. am 8. Januar 1997).
⁸ Welser-Chronik. – Stetten-Chronik, Bd. I, S. 302.
⁹ Stetten-Chronik, Bd. I, S. 309 u. 641.
¹⁰ Zur gegenreformatorischen Bedeutung des hl. Michael in Augsburg: Helmut Friedel, »Bronzebildmonumente in Augsburg 1589–1606«, Bd. 22 der Schriftenreihe des Stadtarchivs Augsburg, Augsburg 1974, S. 112 f.
¹¹ Norbert Lieb, »Vom Augsburger Turamichele« in »Der Schwäbische Heimatbote«, 2. Jahrg., 24. September 1949 (StA.A., Akte Turamichele). Ders.: »Das Turamichele lebt wieder«, in Schwäbische Landeszeitung, 21. September 1949.
¹² Augsburger Allgemeine, 9. Oktober 1995.
¹³ »Schwäbischer Hauskalender 1986«, S. 40 ff.
¹⁴ Norbert Lieb, »Vom Augsburger Turamichele« (wie Anm. 11).
¹⁵ Kunstsammlungen Augsburg, Graphische Sammlung.
¹⁶ Frdl. Hinweis des Mozartforschers Dr. Josef Mancal, Augsburg.
¹⁷ C. J. Wagenseil, »Versuch einer Geschichte der Stadt Augsburg«, Augsburg 1820, Zweiter Teil, S. 147.
¹⁸ »Das Kunstwerk am Perlachthurme zu Augsburg, Thum-Michel genannt.«, o. Verf. (Carl Böheimb), o. J. (1822), 8 S., (StStB.A., Aug 258).
¹⁹ Augsburger Tagblatt, 30. September 1847.
²⁰ »Augsburg um 1860«, in Zeitschrift des Hist. Vereins für Schwaben, 76. Band, 1982, S. 92-137.
²¹ Augsburger Neueste Nachrichten, 29. September 1914.
²² NAZ, 30. September 1919.
²³ NAZ, 30. September 1920.
²⁴ Augsburger National-Zeitung, 29. September 1944, in einem »Nachruf« auf das verbrannte Figurenpaar.
²⁵ Norbert Lieb, »Vom Augsburger Turamichele« (wie Anm. 11).
²⁶ Amtsblatt, 7. Oktober 1948.
²⁷ Amtsblatt, 5. September 1997.

Die Jakober Kirchweih (Seite 165 bis 179)

¹ Schwäbische Landeszeitung, 26. Juli 1954: Stadtrechtsrat Fink bei der Eröffnung (wohl den ersten Biographen der Jakobskirche, Johann Martin Christell, »Besondere und ausführliche Nachrichten von der Evangelischen Barfüsser und St. Jacobs-Kirchen in Augsburg«, 1733, zitierend): Schon im 6. Jahrhundert sei inmitten der damaligen Wildnis eine Jakobus-Kapelle gestanden, die Anno 1088 Herzog Wolf zerstörte.
² Klaus Herbers, »Deutsche Pilgerfahrten nach Santiago de Compostela und Spuren des Jakobskults in Deutschland«, in »Santiago de Compostela – Pilgerwege«. Weltbild Verlag, Augsburg 1996, S. 297 bis 331.
³ »In St. Jakob zieht wieder die Gotik ein – Unterm Fußboden zeigte die Kirche ihr erstes Aussehen…«, in AZ, 15. Juli 1988.
⁴ »Denkmäler in Bayern – Stadt Augsburg«, hrsg. vom Bayer. Landesamt für Denkmalpflege, Karl M. Lipp Verlag, München 1994.
⁵ Zur Gründungsgeschichte: »700 Jahre Augsburger Stadtrecht«, Katalog zur gleichnamigen Ausstellung 1976, Stadtarchiv Augsburg 1976, Seite 124.
⁶ Welser-Chronik, Teil II, S. 106, sowie Information von Dr. Wolfgang Wüst (Stadtarchiv Augsburg) über seine Nachforschungen.
⁷ Welser-Chronik, Teil II, S. 165. Dort wird das Stiftungsjahr (fälschlicherweise) mit 1426 angenommen.
⁸ Ausstellungskatalog »Hans Burgkmair«, Augsburg 1973, Kat.-Nr. 31.
⁹ Ausstellungskatalog »Welt im Umbruch«, Bd. II, S. 178–180. Augsburg 1980.
¹⁰ Mündl. Mitteilung von Hans Trometer, Augsburg, aus seinen Forschungsergebnissen.
¹¹ Hans Herbers, »Deutsche Pilgerfahrten…« (wie Anm. 2).
¹² Walter Pötzl, »Die Sorge des Augsburger Domkapitels um die Pilger (1600 bis 1620)«, in Bayerisches Jahrbuch für Volkskunde 1982, S. 1–15.
¹³ AZ, 19. und 26. Juli 1996.
¹⁴ StA.A., Bestand Reichsstadt, Ratsprotokolle 1392–1441, Bd. I, S. 31 (1415) und S. 91 (1422).
¹⁵ Sender-Chronik über das Jahr 1485.
¹⁶ Alle die Feiertage und Kirchweihen betreffenden Gesetze und Verordnungen vom 16. Mai 1772, 14. Dezember 1772, 4. Dezember 1801, 23. Oktober 1806, 23. September 1813 und 18. Juni 1862 im Originalwortlaut samt Erläuterung enthält die »Neue Gesetz- und Verordnungen-Sammlung für das Königreich Bayern«, zusammengestellt von Karl Weber. Nördlingen, Verlag der C. H. Beck'schen Buchhandlung, 1880.
¹⁷ Augsburgische Ordinari Postzeitung, 27. Juli 1822 und 26. Juli 1823.
¹⁸ Augsburger Tagblatt, Mittwoch, 1. August 1838.
¹⁹ Augsburger Tagblatt, 25. Juli 1847.
²⁰ Augsburger Ordinari Postzeitung, 25. Juli 1808.
²¹ Augsburger Tagblatt, 25. und 28. Juli 1852.
²² Inserate im Augsburger Tagblatt der Jahre 1846, 1847, 1852 sowie teilweise Berichte, nach Vereinheitlichung des Termins Anzeigen von Gaststätten im Umland im Jahre 1864, konzentriert um den 16. Oktober 1864.
²³ Augsburger Tagblatt, Leserbrief vom 12. Juli 1854.
²⁴ Augsburger Tagblatt, 21. Juli 1854.
²⁵ Augsburger Tagblatt, 28. Juli 1856.
²⁶ »Medizinisch-Topographische und Ethnographische Beschreibung Bayerns.« Der Abschnitt »Stadt Augsburg« wurde von dem 1851 in Augsburg als Bezirksgerichtsarzt installierten Dr. Johann Michael Koller verfaßt. Vollständig abgedruckt in »Zeitschrift des Historischen Vereins für Schwaben«, 76. Band, Augsburg 1982, S. 92–137.
²⁷ Augsburger Tagblatt.
²⁸ Anton Birlinger, »Schwäbisch-Augsburgisches Wörterbuch«, München 1864.
²⁹ Augsburger Anzeigblatt, 24. und 27. Juli 1880.
³⁰ NAZ, 24. Juli 1904.
³¹ Augsburger Neueste Nachrichten, 25. und 31. Juli 1914.
³² Augsburger Neueste Nachrichten, 23., 25. und 27. Juli 1914.
³³ NAZ, 26. Juli 1920.
³⁴ NAZ, 24. und 26. Juli 1926.
³⁵ Interviews aus dem Jahre 1985 mit Margot Geuther (geb. 4. September 1921) und Lotte Obergröbner (geb. 2. Februar 1925), beide Töchter des Wirtes »Zum Goldenen Stern«, Meinrad Zettler, und Rektor a. D. Wilhelm Wagner (geb. 1925), aufgewachsen im Haus Remshartgäßchen 2.
³⁶ NAZ, Inserate ab 23. Juli 1938.
³⁷ NAZ, 24. Juli 1941.
³⁸ Die Schilderung des Kirchweihverlaufs seit 1949 ist den Berichten der »Schwäbischen Landeszeitung« bzw. der »Augsburger Allgemeinen« (ab 1959) sowie der »Schwäbischen Volkszeitung« entnommen. Die Zahlenangaben entstammen großteils den jeweiligen Veröffentlichungen des Marktamtes und des Augsburger Amtsblattes.
³⁹ »Satzung über die Jakober Kirchweih…« vom 25. Juli 1988 (veröffentlicht im Amtsblatt): »§ 3, Beginn, Dauer und Betriebszeiten: (1) Fällt Jakobi (25. Juli) auf einen Sonntag, Montag, Dienstag oder Mittwoch, so beginnt die Jakober Kirchweih am vorhergehenden Samstag. Trifft der 25. Juli auf einen Donnerstag, Freitag oder Samstag, so beginnt die Jakober Kirchweih am Samstag dieser Woche. Sie dauert zehn Tage.«
⁴⁰ AZ, 21. Juli 1997.

Der Christkindlesmarkt (Seite 181 bis 193)

[1] StA.A., Bestand Reichsstadt, Ratsbuch Nr. 13 (Ratsprotokolle 1498-1500, Bd. XII b, S. 64). – Den Hinweis verdanke ich Prof. Dr. Rolf Kießling, »Augsburgs Wirtschaft im 14. und 15. Jahrhundert« in »Geschichte der Stadt Augsburg«, 1984, S. 171–181.
[2] StA.A., Bestand Reichsstadt, Ratsbuch Nr. XIV, S. 156.
[3] Allgemeine Zeitung, 22. Dezember 1894.
[4] Zur Geschichte der Modeln und Lebzelter: »Festliches Backwerk. Holzmodeln usw.«, Katalog zur gleichnamigen Ausstellung des Germanischen Nationalmuseums Nürnberg, 1981. – Original-Lebkuchenmodeln besitzen auch das Maximilianmuseum, das Volkskundemuseum in Oberschönenfeld und das Ulmer Brotmuseum.
[5] Claus und Liselotte Hansmann, »Viel köstlich Wachsgebild«, Verlag F. Bruckmann München, 1959, 70 S. mit 57 Abbildungen.
[6] Dazu u. a.: Christoph Weigel, »Abbildung und Beschreibung der gemeinnützlichen Hauptstände«, Regensburg 1698, S. 517: »Ob nun zwar ihre meiste Arbeit in Wachs-Arbeiten und Bleichen besteht, so nennen sie sich doch von uhr alten Zeiten her nach der ersten Arbeit… mehrenteils und an anderen Orten Lebküchner.«
[7] »Ordnung und Articul Eines Ehrbaren Handwercks der Becken«, Pergamenthandschrift, 1763. Im Besitz der Bäckerinnung, verwahrt und ausgestellt im Schwäbischen Handwerkermuseum in Augsburg.
[8] Augsburger Adreß- und Beleuchtungskalender für das Jahr 1824.
[9] Dr. Hannelore Müller, »Göggingen«, 1969, S. 288.
[10] Gustav Wulz; »Von altem Nördlinger Brauch« in »Schwabenland«, Jahrgang 1934, Heft 5.
[11] StA.A., Dekrete & Erlasse, Marktmeister-Ordnung 1609, Fasz. 217, S. 38.
[12] StA.A., Dekrete & Erlasse, Marktordnungen, Karton 9, Ratsdekret vom 13. August 1761.
[13] StA.A., Bestand 10, vor allem: »Der Christ-/Weihnachts-Marckt«, Band 1: 1814 bis 1916, und weitere Akten.
[14] Augsburger Tagblatt, 17. und 20. Dezember 1835.
[15] Augsburger Tagblatt, 24. Dezember 1846.
[16] Augsburger Tagblatt 20. Dezember 1847.
[17] Magistratsbeschluß vom 12. Dezember 1854.
[18] Augsburger Tagblatt, 17. Dezember 1855.
[19] Augsburger Volks-Zeitung, 18. Dezember 1878.
[20] Augsburger Tagblatt, Dezember 1878.
[21] NAZ, 15. Dezember 1895.
[22] Amtsblatt, 4. Dezember 1898, ergänzt am 9. Dezember 1899, veröff. im Amtsblatt, 14. Dezember 1899.
[23] NAZ, 16., 17., 20. Dezember 1898.
[24] Amtsblatt, 10. Dezember 1903.
[25] NAZ, 21. Dezember 1911.
[26] Das Lechfeldmuseum in Königsbrunn zeigt eine komplette Wiegel-Krippe mit den typischen farbenfroh bemalten Tonfigürchen.
[27] NAZ, 18. Dezember 1914.
[28] Amtsblatt, 7. November 1915.
[29] Schwäbische Volkszeitung, Dezember 1927.
[30] Schwäbische Landeszeitung, 21. Dezember 1945.
[31] Amtsblatt, 27. November 1947.
[32] Schwäbische Landeszeitung. Alle folgenden Daten und Schilderungen sind dem Amtsblatt, den Pressemitteilungen des Marktamtes und der Schwäbischen Landeszeitung bzw. Augsburger Allgemeinen entnommen.
[33] »Satzung über die Dulten und den Christkindlesmarkt in der Stadt Augsburg« vom 25. Juli 1988 (Amtsblatt, S. 76). Damit werden die Satzung vom 2. August 1982 und die Änderung vom 19. Juni 1986 außer Kraft gesetzt.

Die Geschichte des Christbaums (Seite 195 bis 205)

[1] StA.A., Sammelakt Christkindlesmarkt 1814 bis 1916.
[2] Manfred Klauda, »Die Geschichte des Weihnachtsbaumes«, Begleitheft (66 S.) zur Ausstellung »Christbaum und Gabentisch im Wandel der Zeit«, Weihnachten 1993 im Zentrum für Außergewöhnliche Museen, München, Westenriederstraße 26.
[3] »Historisches vom Christbaum«, in Marianne Bernhard, »Gnadenbringende Weihnachtszeit«, Südwest Verlag München, 4. Aufl. 1972.
[4] Wolfram Metzger, Jutta Tremmel-Endres, »Bäume leuchtend, Bäume blendend… Historischer Christbaumschmuck«. Info Verlagsgesellschaft Karlsruhe 1996. Katalog zur gleichnamigen Ausstellung des Badischen Landesmuseums vom 9. November 1996 bis 23. Februar 1997 in Karlsruhe und zu deren Zweitpräsentation unter dem Titel »Pracht und Fülle – Historischer Christbaumschmuck«, im Schwäbischen Volkskundemuseum Oberschönenfeld vom 27. November 1997 bis 1. Februar 1998. Dieser reich bebilderte 208-Seiten-Katalog geht nur am Rande auf die bayerisch-schwäbische Christbaum-Geschichte ein.
[5] »Das Bayerland«, Jahrgang 1895, S. 93 und 167.
[6] »Simplicianischer Wundergeschichtenkalender« auf das Jahr 1795, Nürnberg 1795.
[7] Aus einem in Nürnberg gedruckten Blatt für Kinder in Augsburger Privatbesitz, von Dr. Schoch (Germanisches Nationalmuseum Nürnberg) datiert »um 1810«.
[8] NAZ, »Geschichtliches vom Christbaum«, 20. Dezember 1911.
[9] Katalog III/2 zur Ausstellung »Wittelsbach und Bayern«, Hirmer Verlag München 1980, Kat.-Nr. 990 (mit Bild), S. 526–529.
[10] Städt. Kunstsammlungen Augsburg: Johann Michael Voltz (1784–1858), »Der Christtag«, Verlag Herzberg, Augsburg, 1823.
[11] Augsburger Tagblatt, 19. Dezember 1857.
[12] Augsburger Tagblatt, 24. Dezember 1852.
[13] »Augsburg um 1860«, in Zeitschrift des Historischen Vereins für Schwaben, 76. Band, Augsburg 1982, S. 122.
[14] Walter Pötzl, »So lebten unsere Urgroßeltern«, Heimatverein für den Landkreis Augsburg, Augsburg 1988, S. 139.
[15] »Landkreis Schwabmünchen«, Hrsg. Landkreis Augsburg, 1975, S. 372.
[16] NAZ, 22. Dezember 1898.
[17] StA.A., Bestand 10, Aktensammlung »Der Christ-/Weihnachts-Marckt«, Band 1, 1814 bis 1916.
[18] Verordnungen, 1903.
[19] Kreis-Amtsblatt von Schwaben und Neuburg, Nr. 61, 15. Dezember 1910. Die weiteren genannten Gesetze vom 16. Oktober 1887, 22. September 1902, 13. Oktober 1907, 19. November 1909 und 18. November 1911 sind im »Gesetz- und Verordnungs-Blatt für das Königreich Bayern« enthalten.
[20] Amtsblatt, Januar 1929.
[21] Amtsblatt, 1937.
[22] Amtsblatt, 9. Dezember 1939.
[23] Augsburger Nationalzeitung, Dezember 1944.
[24] Schwäbische Landeszeitung, 21. Dezember 1945.
[25] Amtsblatt.
[26] Amtsblatt.
[27] Süddeutsche Zeitung, 2./3. August 1997: »Plastikbäume sorgen für stete Weihnachtsstimmung«.
[28] AZ, 24. Dezember 1996.

Der Trödelmarkt (Seite 207 bis 212)

[1] Meyer, Stadtbuch 1276, S. 217/218.
[2] Stetten-Chronik.
[3] Stetten-Chronik.
[4] StA.A., Dekrete & Erlasse, Marktordnungen, Karton 9.
[5] Stetten-Chronik, Bd. II, S. 65.
[6] Neue Käufler-Ordnung, 6. Juli 1686.
[7] 5. Oktober 1726, erwähnt in »Revidierte und erneuerte Käuffler- und Unter-Käuffler-Ordnung« vom 13. März 1732. StStB.A., 2° Aug 324, Statuta, Bd. 2, Dok. Nr. 139.
[8] 18. Februar 1740.
[9] 13. August 1761, StA.A., Dekrete & Verordnungen, Marktordnungen, Kart. 9.
[10] Augsburger Anzeigblatt, 27. Juli und 28. September 1854.
[11] 11. März 1777.
[12] 23. September 1797, vollständig abgedruckt in Verordnungen 1855.
[13] Gesetzblatt für das Königreich Bayern, Nr. 21, 6. Februar 1868.
[14] »Drei Tage in Augsburg oder Beschreibung der Sehenswürdigkeiten dieser Stadt für Fremde«. Anhang der »Geschichte der Kreishauptstadt Augsburg« von Karl Jäger. Verlag Lampart & Comp., Augsburg 1840, S. 264.
[15] »Vom Tandelmarkt« in »Die Feierstunde«, Beilage zur Augsburger Postzeitung, 8. Juli 1905. Ausführlicher Bericht mit Bild vom Trödelmarkt.
[16] »Einwohnerbuch der Stadt Augsburg 1933«, IV.Teil, S. 46.
[17] AZ, 1. Februar 1974.
[18] AZ, 28. Juli 1975.

Der Fegsand-Verkauf (Seite 213 bis 215)

[1] StA.A., Ordnungen und Statuten, Ordner 372, Marktordnungen Karton 9, Fasz. 217.
[2] Städt. Kunstslg., Grafik G 8710.
[3] Augsburger Tagblatt, 14. September 1835.
[4] Aus den erzählten Erinnerungen des Lechhausers Karl Ranner (1912–1983).
[5] Werner Frisch/K. W. Obermeier, »Brecht in Augsburg«, Suhrkamp Verlag, 1976.

ANMERKUNGEN

⁶ »Landkreis Schwabmünchen«, 1975, S. 194. – Das Lechfeldmuseum in Königsbrunn, Schulstraße 6, widmet sich ebenfalls dem Fegsandhandel.
⁷ Mündliche Mitteilung von Ludwig Feigl an den Verf.
⁸ Mitteilung von Josef Müller, geb. 1914, an den Verf.
⁹ Adreßbuch der Stadt Augsburg 1933.

Der Holzmarkt (Seite 217 bis 225)

¹ Meyer, Stadtbuch 1276, S. 29/30 und 46/47.
² Stetten-Chronik, Bd. I, S. 217.
³ StA.A., »Aus der Geschichte von Lechhausen«, Sammelakt mit Veröffentlichungen des Lechhauser Rektors Josef Niedermaier (gest. 16. Dezember 1960), S. 90.
⁴ Städtische Kunstsammlungen: Heinrich Vogtherr d. J. (?), »Winterbild« aus der Jahreszeiten-Serie.
⁵ Mitteilung von Dr. Wolfgang Trapp, Direktor a. D. des Bayer. Landesamtes für Maß und Gewicht, München, vom 17. August 1994.
⁶ Maß- und Gewichtsordnung: »Regierungs-Blatt für das Königreich Bayern«, Nr. 59, 19. August 1869.
⁷ Verordnungen 1903, Holzmesser-Ordnung v. 21. August 1889, S. 426 f.
⁸ Stetten-Chronik, Bd. I, S. 170.
⁹ StA.A., Dekrete & Erlasse, Marktmeister-Ordnung 1609, Fasz. 217, S. 38 f.
¹⁰ Stetten-Chronik, Bd. I.
¹¹ Stetten-Chronik, Bd. I, S. 277. – StA.A., Ratsprotokolle, Bd. 13, S. 183.
¹² Stetten-Chronik, Bd. I, S. 451f. Ausführlich zu diesen Unternehmungen: Xaver Daiser, »Die Flößerei auf dem Lech«, in der Zeitschrift »Alt-Füssen«, 3. Jahrgang, Heft 22, 7. Dezember 1927.
¹³ StStB.A., Erlasse und Dekrete.
¹⁴ StA.A., Erlasse, Bd. IV (braun): Die Dok. Nrn. 581 – 589 betreffen meist Holz (1749).
¹⁵ Stetten, Stadtführer 1788, S. 115 bis 117.
¹⁶ Johann Lambert Kolleffel, »Schwäbische Städte und Dörfer um 1750«, hrsg. von Robert Pfaud, Konrad Verlag, Weißenhorn 1974.
¹⁷ Stetten, Stadtführer 1788.
¹⁸ C. J. Wagenseil, »Versuch einer Geschichte der Stadt Augsburg«, S. 564.
¹⁹ Intelligenzblatt, Oktober 1808.
²⁰ »Hand- und Hülfsbuch«, Augsburg 1831.
²¹ »Intelligenz-Blatt«, 2. September 1829.
²² Augsburger Tagblatt, 14. September 1835.
²³ Augsburger Tagblatt, 14. April 1878.
²⁴ Stetten-Chronik, Bd. I, S. 574.
²⁵ Stetten, Stadtführer 1788, S. 116.
²⁶ Marktmeister-Ordnung 1609. – Stetten-Chronik Bd. I, S. 818 (Ratsdekret vom 21. Juli 1615). – StStB.A., Statuta Bd., 2° Aug 324, Dekret Nr. 180 (30. August 1735).
²⁷ Augsburger Tagblatt, 11. April 1835.
²⁸ Verordnungen 1855.
²⁹ Verordnungen 1903, Holzmesser-Ordnung v. 21. August 1889, S. 426 ff.
³⁰ Verordnungen 1855, S. 205 ff.
³¹ Verordnungen 1903, Holzmesser-Ordnung v. 21. August 1889, S. 426 ff.
³² Adreßbuch der Stadt Augsburg für das Jahr 1902, Teil III, S. 32. Hrsg.: Stadtmagistrat Augsburg.
³³ Intelligenzblatt für Augsburg, 23. Dezember 1875.
³⁴ Verordnungen 1903, S. 435 f.
³⁵ Adreßbuch von Augsburg 1896, Inseratenteil und Branchenverzeichnis.
³⁶ Im Besitz des Autors.
³⁷ NAZ, 14. Oktober 1911.
³⁸ StA.A., Ausschnitt aus »MNN« (wohl Münchner Neueste Nachrichten) vom 13. Juli 1926.

Der Holzkohlenmarkt (Seite 227 bis 232)

¹ StA.A., Zunftbuch der Schmiede, S. 5, und Ratsprotokolle 1482, Bd. X, S. 30.
² »Die Jesuiten und ihre Schule St. Salvator in Augsburg 1582«, hersg. Von Wolfram Baer und Hans Joachim Hecker, Stadtarchiv Augsburg 1982.
³ Haid, »Hist. Straßen«, 1833.
⁴ StA.A., Ratsprotokolle Bd. 15, S. 25.
⁵ Stetten-Chronik, Bd. I, S. 311. – Rolf Kießling, »Zusmarshausen-Chronik«, S. 87.
⁶ Robert Pfaud, »Schwäbische Dörfer und Städte um 1750«, Anton H. Konrad Verlag, Weißenhorn, 1974.
⁷ StA.A., Dekrete & Verordnungen, Marktmeister-Ordnung 1609.
⁸ Haid, Hist. Straßen, 1833.
⁹ StA.A., Anschläge & Dekrete 1650–1711, Teil II/braun.
¹⁰ Beschluß des bayerischen Innenministeriums vom 12. April 1832: »... hiemit beschlossen, daß der Verkehr mit Kohlen auch fernerhin der freien Bewegung nach örtlicher Convenienz und Übung im Gebrauche verschiedener Localmaße überlassen sei.« (Mitteilung des ehemaligen Leiters des Bayerischen Landesamtes für Maß und Gewicht, Dr. Wolfgang Trapp, vom 17. August 1994). – Die Maßeinheit »1 Zuber = 32 bayerische Kubikfuß« wird genannt in »Die Fabriken von Augsburg«, Augsburg 1850, S. 36 (Anmerkung).
¹¹ Verordnungen 1855, S. 305/306.
¹² Verordnungen 1855, S. 211.
¹³ Verordnungen 1855, S. 232.
¹⁴ Verordnungen 1855, 26. August 1853.
¹⁵ AZ-Landbote, 7. August 1985.
¹⁶ Christoph Weigel, »Abbildung und Beschreibung der gemein-nützlichen Hauptstände«, Regensburg 1698, S. 663.
¹⁷ Augsburger Tagblatt, 28. September 1833.
¹⁸ Ferd. Aug. Oldenburg, »Die Fabriken von Augsburg«, Augsburg 1850, S. 35 f.
¹⁹ »700 Jahre Lauterbrunn – Offizielle Chronik zur 700-Jahr-Feier«, Festschrift 1985. – »750 Jahre Heretsried – Geschichte und Geschichten aus unserem Dorf«, Festschrift.

Der Torfmarkt (Seite 233 bis 235)

¹ Welser-Chronik, Teil III, S. 139.
² »Über Torf, dessen Entstehung, Gewinnung und Nutzung«, München 1795. – Joh. Chr. Eiselen, »Handbuch oder Einleitung zur näheren Kenntniß des Torfwesens« (mit 6 Kupfern), Berlin 1795.
³ Seit 1788 stachen die Gennacher Bauern hier Torf.
⁴ Ferd. Aug. Oldenburg, »Die Fabriken von Augsburg«, Augsburg 1850, S. 57, 58.
⁵ Augsburger Tagblatt, 4. August, 9. Dezember, 20. Dezember 1838.
⁶ Erlaß vom 15. Januar 1845, abgedruckt in Verordnungen 1855.
⁷ »Augsburg um 1860«, in »Zeitschrift des Historischen Vereins für Schwaben«, 76. Band, Augsburg 1982, S. 104.
⁸ Verordnungen 1903.
⁹ Intelligenzblatt für Augsburg, 23. Dezember 1875.
¹⁰ Augsburger Tagblatt, 14. April 1878.
¹¹ Verordnungen 1903.
¹² Adreßbuch der Stadt Lechhausen 1908, Erlaß vom 14. November 1882.
¹³ »Bericht über die Schwäbische Kreis-, Industrie-, Gewerbe- und kunsthistorische Ausstellung Augsburg 1886«, 284 S., Augsburg 1889.
¹⁴ Verordnungen 1903.
¹⁵ Amts- und Anzeigeblatt für Lechhausen und Umgebung, Jahrgänge 1893 und 1896 (im Besitz des Verf.).

Der Heu- und Strohmarkt (Seite 237 bis 243)

¹ Stadtführer 1846. S. 102/103.
² Meyer, Stadtbuch 1276, S. 29, 30.
³ Stetten-Chronik, Bd. I, S. 170.
⁴ Haid, Hist. Straßen, 1833.
⁵ Stetten-Chronik, Bd. II, S. 737.
⁶ Stetten-Chronik, Bd. II, S. 772.
⁷ StA.A., Dekrete & Verordnungen, Karton 9, Marktmeister-Ordnung 1609.
⁸ Stetten-Chronik, Bd. II, S. 65, 553, 1042.
⁹ Haid, Hist. Straßen 1833.
¹⁰ Nach einem anonymen Bericht aus dem Jahre 1690, abgedruckt in »Augsburg in alten und neuen Reisebeschreibungen«, ausgew. von Klaus-Jörg Ruhl, Droste Verlag Düsseldorf, 1992, S. 73.
¹¹ Stetten, Stadtführer 1788, S. 111.
¹² Augsburger Intelligenzblatt, 1808.
¹³ Verordnungen 1855.
¹⁴ Augsburger Tagblatt, 18. Juli 1847.
¹⁵ StA.A., Ausschnitt aus »MNN«, datiert 13. Juli 1926.

Die Viehmärkte (Seite 245 bis 249)

¹ Zink-Chronik.
² Sender-Chronik, Erwähnung in den Jahren 1508 und 1527.
³ Verordnungen 1855.
⁴ Rolf Kießling, »Augsburgs Wirtschaft im 14. und 15. Jahrhundert«, in »Geschichte der Stadt Augsburg«, Theiss Verlag Stuttgart 1984, S. 179. – Bernd Roeck, »Bäcker, Brot und Getreide in Augsburg«, Thorbecke Verlag Sigmaringen 1987, S. 54 ff.
⁵ StA.A., Anschläge & Dekrete, 26. Januar 1760.

[6] Augsburger Anzeigblatt, 23. Juli 1856.
[7] Augsburger Tagblatt, 19. April 1855.
[8] Intelligenzblatt für Augsburg, November 1864, Marktordnung vom 12. November 1864. Änderungen erfolgen am 18. Oktober 1869, 6. September 1870 und am 4. Dezember 1875.
[9] Intelligenzblatt, 24. März 1877.
[10] Intelligenzblatt, Ende Dezember 1877.
[11] Alois Gutbrod, »Die unmittelbaren Städte und Bezirksämter des Kreises Schwaben und Neuburg«, Augsburg 1890.
[12] Johannes Schneider, »Der Schlacht- und Viehhof der Stadt Augsburg«, Augsburg 1906. Enthält ausführliche Informationen zu Planung, Bau und Betrieb bis 1906. Mit Plänen, reich bebildert.
[13] Informationsmappe der Städtischen Pressestelle Augsburg: »Schlacht- und Viehhof – Acht Jahrzehnte im Dienst der Bürger. Fertigstellung des Schlachtzentrums. Freitag, 27. November 1981.« Enthält detaillierte Angaben über die 1975 bis 1981 durchgeführte umfassende Modernisierung.
[14] Stadt Augsburg, Jahresbericht 1994, S. 37.

Der Schweinemarkt (Seite 251 bis 255)

[1] Ch. J. Haid in einem Nachtrag zu seiner Beschreibung historischer Straßen und Plätze von 1833.
[2] NAZ, 1. April 1931.
[3] Zink-Chronik: »verhenmarkt«. – Sender-Chronik, 1508 und 1527 ist der »alte Forchermarckt« erwähnt, wo bis 1448 der Schweinemarkt stattfand.
[4] Anton Birlinger, »Schwäbisch-Augsburgisches Wörterbuch«, München 1864.
[5] Stetten-Chronik.
[6] Ernst Deuerlein, »Kaiser Maximilian I. Freund Augsburgs und der Schwaben«. Sonderseite der Schwäbischen Landeszeitung, 21. März 1959.
[7] StA.A., Anschläge & Dekrete, Bd. IV (braun), Dekret vom 14. Oktober 1741.
[8] Intelligenzblatt für Augsburg, 10. März 1836.
[9] StA.A., Anschläge & Dekrete, Ratserlaß vom 6. Juni 1750.
[10] Intelligenzblatt für Augsburg, Januar 1857.
[11] Intelligenzblatt für Augsburg, Dezember 1877 (Viehmarktordnung vom 13. Dezember 1877). – Augsburger Anzeigblatt, 11. April 1880.
[12] NAZ, Wochenmarktbericht.
[13] Johannes Schneider, »Der Schlacht- und Viehhof der Stadt Augsburg«, Augsburg 1906.
[14] Augsburger Neueste Nachrichten, 23. April 1915.
[15] Stadt Augsburg, Jahresbericht 1994, S. 37. – Über den Stand des Marktwesens Mitte 1997: Telefonische Auskünfte durch den Leiter des Schlacht- und Viehhofes, Dr. Tetzel.

Der Roßmarkt (Seite 257 bis 260)

[1] Stetten-Chronik, Bd. I, S. 208.
[2] Welser-Chronik, S.
[3] Haid, Hist. Straßen, 1833.
[4] Stetten, Stadtführer 1788.
[5] StStB.A., Anschläge und Dekrete, 2° Aug. Anschläge, 1. Abt., Dok. Nr. 403 vom 17. Juli 1749.
[6] Verordnungen 1855. Zitiert auch etliche Rats-Dekrete aus Reichsstadt-Zeiten.
[7] Stadtführer 1846.
[8] Augsburger Tagblatt, 18. Dezember 1857.
[9] Augsburger Tagblatt, 14. Mai 1878.

Die Kitzen- und die Schafmärkte (Seite 261 bis 263)

[1] Meyer, Urkunden I, S. 148.
[2] Zink-Chronik.
[3] Haid, Hist. Straßen 1833.
[4] Intelligenzblatt: Viehmarktordnung vom 12. November 1864 und 13. Dezember 1877.
[5] Johannes Schneider, »Der Schlacht- und Viehhof der Stadt Augsburg«, Augsburg 1906.
[6] Augsburger Neueste Nachrichten, 23. April 1915.
[7] Wagenseil, Augsburg-Chronik, 1822.
[8] Verordnungen 1855.
[9] Stadtführer 1846.
[10] Augsburger Intelligenzblatt, 8. März 1883.
[11] Amts- und Anzeigblatt für Lechhausen, Jahrg. 1893.
[12] Bayer. Statistisches Jahrbuch für das Jahr 1907.
[13] Amtsblatt, 12. August 1933.
[14] Schwäbische Landeszeitung, 6. Juni 1957.
[15] Aichacher Nachrichten, 21. Februar 1996.
[16] AZ-Landbote, 3. August 1996.

Der Wollmarkt (Seite 265 bis 268)

[1] Zum Woll- und Garnhandel grundlegend und ausführlich: Claus-Peter Clasen, Textilherstellung in Augsburg in der frühen Neuzeit, 2 Bände, Verlag Dr. Bernd Wißner, Augsburg 1995.
[2] Roland Bettger, »Das Handwerk in Augsburg beim Übergang der Stadt an das Königreich Bayern«, Band 25 der Schriftenreihe des Stadtarchivs Augsburg, Augsburg 1979.
[3] »Wochenblatt des landwirtschaftlichen Vereins in Baiern«, 10. Jahrgang 1820, S. 629, 772, 805, 842.
[4] Die gesamte Wollmarktordnung abgedruckt in »Verordnungen«, 1855.
[5] Augsburger Tagblatt, 12., 22. und 27. Juni 1838.
[6] Stadtführer 1846.
[7] Augsburger Tagblatt, 1. Juli 1852.
[8] Zur Schafwollverarbeitung um 1850: Ferd. Aug. Oldenburg, »Die Fabriken von Augsburg«, Augsburg 1850, S. 12 bis 22.
[9] Augsburger Tagblatt, 19. April 1855.
[10] Augsburger Hausbesitzerverzeichnis 1869.
[11] Amtsblatt, 13. Mai 1914.
[12] Amtsblatt, 10. März 1915. Weitere die Schafwolle betreffende Erlasse am 27. Juni und 15. August 1915.
[13] Augsburger Neueste Nachrichten, 3. April 1915.

Der Hopfenmarkt (Seite 269 bis 273)

[1] Zur Geschichte des Hopfens: Meyers Konversationslexikon, 3. Aufl., Bd. 9, 1876 (mit vielen Quellenangaben). – »Geschichtliches vom Bier« in »Das Bayerland«, 37. Jahrg., 1926, S. 505 ff.
[2] Zur Augsburger »Biergeschichte« am ausführlichsten: Hans Eberlein, »350 Jahre Hasenbrauerei Augsburg, 1589–1939«, Augsburg 1939. – Details zum Augsburger Brauereiwesen: Hans Merkel, »Die Augsburger Brauereirealrechte«, Augsburg 1931, sowie August Vetter, »Geschichte der Brauerei in Augsburg«, Festschrift zum III. Bayer. Brauertag, 19. bis 21. Juni 1903 in Augsburg.
[3] Meyer, Urkundenbuch I, S. 58f., Urk. Nr. 78.
[4] Anni Hartmann in »Geschirr und Gerät in alter Zeit«, S. 88, Hrsg. Landkreis Augsburg, Augsburg 1995.
[5] StA.A., Ratsprotokolle für das Jahr 1511, S. 48.
[6] »350 Jahre Hasenbrauerei Augsburg«, S. 65 ff.
[7] Lic. Wilhelm, »Neuestes Taschenbuch von Augsburg«, mit 9 Kupferstichen. Verlag J. C. Wirth, Augsburg 1830.
[8] 1. März 1845. Vollständig abgedruckt in Verordnungen 1855, S. 211 ff.
[9] Augsburger Tagblatt.
[10] Augsburger Tagblatt, 10. Oktober 1852.
[11] Intelligenzblatt für Augsburg, 18. Juli 1857. Der Bericht enthält auch die Umsätze von 1854/55 (nur 71,8 Tonnen) und 1855/56 (142,5 Tonnen).
[12] Augsburger Tagblatt, 18. Dezember 1852.
[13] Anni Hartmann, »Geschirr und Gerät in alter Zeit«, S. 88 (wie Anm. 4).

Die Lechhauser Märkte (Seite 275 bis 278)

[1] Viehmarktordnungen von 1881 und 1902 vollständig im »Adreßbuch der Stadt Lechhausen für das Jahr 1910«.
[2] Einen Überblick bietet der Artikel »Pfosten stürzen« (undatiert) von Rektor Josef Niedermaier, enthalten in der Sammlung seiner Veröffentlichungen im StA.A. unter dem Titel »Aus der Geschichte von Lechhausen«.
[3] Viehmarktberichte und weiteres Zahlenmaterial aus den Jahren 1893 und 1896 sind den Jahresbänden des »Amts- und Anzeigeblattes für Lechhausen und Umgebung« (im Besitz des Verf.) entnommen.
[4] NAZ, 13. Oktober 1930.
[5] Tonband-Interview des Autors mit Georg Brecheisen (gest. Januar 1992) und seiner Frau über Lechhauser Kirchweih und Viehmärkte im Jahre 1990. Sie hatten ihre Gaststätte »Deutsches Haus« bis 31. Dezember 1980 selbst geführt.
[6] Schwäbische Landeszeitung, 26. Juli 1957.
[7] Alle Wochenmarktordnungen und Gebührentarife sind in den Adreßbüchern der Stadt Lechhausen von 1908 und 1910 enthalten.
[8] Vollständig abgedruckt in Verordnungen 1903.
[9] Erste Marktordnung vom 14. November 1882.
[10] Erlassen am 30. Mai 1900, abgedruckt im Adreßbuch von Lechhausen 1908.
[11] In Kraft gesetzt am 3. September 1904, geändert am 25. September 1906.
[12] Bekanntmachung des Stadtrats vom 30. Juli 1926, Amtsblatt Nr. 33, S. 85.
[13] »Fünf Jahre Aufbau der Stadt Augsburg«, Augsburg 1938, S. 194.
[14] »Lech-Anzeiger«, 16. April 1997.